儿童手写技能发展特点与量化评估方法研究

孙增武　著

山东大学出版社

图书在版编目(CIP)数据

儿童手写技能发展特点与量化评估方法研究/孙增武著．—济南：山东大学出版社，2016.11
ISBN 978-7-5607-5672-1

Ⅰ．①儿…　Ⅱ．①孙…　Ⅲ．①儿童—写作—技能学习—研究　Ⅳ．①H05

中国版本图书馆 CIP 数据核字(2016)第 314841 号

责任策划：李昭辉
责任编辑：李昭辉
封面设计：张　荔

出版发行：山东大学出版社
　　社　址　山东省济南市山大南路 20 号
　　邮　编　250100
　　电　话　市场部(0531)88364466
经　　销：山东省新华书店
印　　刷：山东省英华印刷厂
规　　格：720 毫米×1000 毫米　1/16
　　　　22.75 印张　430 千字
版　　次：2016 年 11 月第 1 版
印　　次：2016 年 11 月第 1 次印刷
定　　价：40.00 元

前　言

手写运动是人们不可或缺的精细运动技能，其运动的执行涉及复杂的生理心理机制，依赖于广泛的神经网络。手写技能的顺利发育和正常发展有利于人体早期脑结构及功能的成熟，因此手写对儿童认知能力发育和知觉的完整性发展至关重要。然而有统计表明，中国有10%以上的学龄儿童存在手写问题，很难完成正常的学习活动，这严重损害了其正常的身心发展和智力发育。

目前在儿童书写困难、发展性协调障碍、精细运动障碍等重要疾病的诊断中缺乏有效的量化手段，对手写动态信息研究较少，尤其是缺乏对手写运动的力矢量信息的获取能力，无法全面解析儿童手写运动过程。另外，相关的研究也缺乏一个可共同参考的健康儿童手写运动数据库，并且用于量化儿童手写能力的特征指标也不相同，从而使得各研究结果之间难以进行对比。

为此，本书围绕儿童手写实验方案设计、手写信息全面获取方法、手写特征提取与数据库设计、手写运动特征集构建方法以及手写运动指标量化系统设计等关键问题展开了研究。本书的主要研究内容如下：

(1)对儿童手写实验方案设计的研究。该研究基于手写运动的物理意义，在临床医师的指导下，结合儿童认知及其动作技能的发展特点，设计了相应的学龄儿童手写信息获取实验，主要包括自由追随绘画任务、恒速追随绘画任务、恒力追随绘画任务、恒力恒速度追随绘画任务和简单汉字手写任务。

(2)对儿童手写信息全面获取方法的研究。该研究基于设计的多维力传感器手写信息采集平台，完成了对学龄儿童手写运动信息的采集，实现了对手写过程中三维力矢量信息和位置信息的全面获取，为手写运动分析技术提供了一种有效的信息采集工具。

(3)对儿童手写特征提取方法与数据库设计的研究。该研究通过对学龄儿童手写绘画横线、竖线和圆圈的实验样本的采集，完成了对手写运动特征参数的提取，重点研究了三维力矢量手写运动特征的提取方法，在此基础上建立了健康学龄儿童群体的手写运动数据库，为学龄儿童手写运动研究提供了公用的基础数据源。

(4)对儿童手写特征集构建方法的研究。该研究基于学龄儿童群体的手写运动数据库，通过相关性分析和模式识别方法，完成了对学龄儿童手写运动特征集的构建。

(5)对儿童手写运动指标量化方法的研究。该研究利用构建的学龄儿童手写运动特征集，采用统计学方法分析了学龄儿童手写运动的分布特点，研究了相关特征参数的显著性分布区间，完成了对学龄儿童群体的手写运动指标的量化，构建了相应的指标量化系统。

本书不仅为学龄儿童手写能力的研究提供了有效的量化评估方法，也为儿童书写困难、发展性协调障碍及精细运动障碍等疾病的定量评估提供了新的技术手段和思路，并且为其他研究提供了面向健康儿童群体的手写样本数据库。另外，本书的研究也为儿童认知能力的培养、脑部功能神经重塑等方面的应用研究提供了基础数据与工具。

孙增武

2016 年 9 月

目　录

第一章　手写运动概述

第一节　引　言

动作是人类生活中最基本的一种能力，也是个体进行社会活动不可或缺的重要运动技能。精细运动技能是指人们在注意和感知觉等多方面心理活动的配合下，主要凭借手和手指等部位的小肌肉或小肌肉群完成特定任务的能力。手是大脑功能的延伸，具有精细的敏感度，它不仅是人们用于劳动的器官，而且是一个重要的感觉器官。研究表明，手的感知能力与大脑的功能有着密切的关系，通过对手部精细运动技能进行有计划的训练，可以实现对脑皮层映射区功能的重组，从而达到实现神经可塑性的目的。

从远古时期起，人们就有在石头上或是其他物品上留下记号记录生活日常的习惯。如今，虽然计算机得到了普遍的使用，但日常生活中人们还是习惯以书写文字或图表记录的方式来与人沟通。

对大多数人来说，手写是一种非常熟悉的输入形式。孩子们一旦会抓握书写工具，就会开始涂鸦。随着孩子逐渐长大，他们的涂鸦就会发展成写字的技能。曾有学者观察发现，学校里的儿童花费课堂上四分之一到一半的时间在写字上。写字是学龄孩童的一项重要技能，好的写字能力对学生的表达、沟通、记录能力及教育发展相当重要。

手写不仅仅是人类的一种学习工具，而且还是一种人与人之间自然交互的工具。在现实生活中，人们使用纸和笔可以自然地表达各种信息，如图形、声音(如乐谱)、文字等。通过手写活动，人们可以方便地捕捉想法、重要事件，进行抽象思考(如演算)、形象的描述(如勾画地图)并开展一些初步的设计(如绘制机械草图、电路图等)。直到今天，虽然计算机技术已得到了飞跃式的发展，但是纸和笔仍无处不在——参加会议时，人们仍然习惯于用纸和笔来记录演讲人的言论和数据；医生们仍然在用笔和纸来记录患者的病情和开药方；学校的老师和学生们还是使用纸和笔完成教学和课业;即便是家庭主妇也习惯于用笔和纸而非计算机来统计家里的月度收支情况;等等。因此,只要可能,使用者都会选择手写作为输入模式。

手写具有非常明显的个性化特点。人人都有自己的书写风格,儿童刚学习写字时就开始形成个人的书写习惯,握笔的位置、书写的姿势、笔尖用力的大小等每个儿童都不尽相同,而且这些习惯一旦建立就会延续到成年。

人类的双手在改造自然及传承文明的过程中发挥着重要的作用,是人与人、人与自然交互的重要通道。但是,人类如何将大脑中的信息通过手写表达、手写本身又如何增进理解和记忆等机制目前还不十分清楚。随着网络技术和计算机技术的发展与普及,人们有效地利用笔交互,实现了人与人、人与计算机之间自然的沟通,使计算机实现了对人的意图的理解。

手写运动是一项复杂的精细运动技能,其运动执行能力涉及大脑的广泛区域,是大脑各功能区域协同活动的结果。手写运动包括绘画活动和书写活动,作为人类所特有的精细运动技能,它不仅涉及复杂的生理心理机制,而且依赖于广泛的神经网络。通过对与手写相关的神经中枢进行功能磁共振成像(functional magnetic resonance imaging,FMRI)研究表明,手写活动的执行与大脑的许多部位,如顶叶、额叶、颞叶等有关,它们分别参与手写的运动控制、视觉空间分析和语言处理等活动,而不存在单独的书写中枢。左侧顶上小叶在手写运动执行中有着非常重要的作用;右侧顶上小叶有可能与手写运动执行中的视觉参照有关,它被认为是手写运动中更高层次的联络皮质;辅助运动区后部直接参与了手写运动的执行;基底节区和小脑半球也参与了手写活动的执行过程。总之,手写运动的执行会涉及大脑的众多区域,手写运动的变化也会反映大脑神经功能的变化。

随着神经系统可塑性理论的发展成熟,手部精细运动(特别是手写运动)技能的发展与脑认知的关系引起了研究者的广泛关注。神经电生理、神经解剖功能学、心理学、分子生物学、行为学等多领域的研究表明,早期精细运动技能的发育与脑认知的发展进程存在时间和空间上的吻合,早期精细运动技能的顺利发育有利于脑皮层结构和功能的成熟,从而可促进认知系统的发展。

近年来,研究者对大脑皮层的各功能区进行研究后发现,在精细运动活动中,大脑皮层除感觉区、运动区被激活外,与认知能力密切相关的前额叶也同时被激活。前额叶不仅是感知、记忆等多种认知功能的基础,同时也在运动技能学习和执行中有着重要的作用。这些研究表明,精细运动过程可以通过直接激活大脑皮层认知部位而促进人类认知能力的发展。

在脑器质性疾病造成的动作障碍中,小脑的问题通常是动作障碍的重要神经生理因素。研究发现,与手指精细动作相关的技能可能受基底神经节控制,而手指动作的精确性又受小脑的控制，当小脑、脑干、基底神经节等部位受到损伤或出现病变时便会造成手写震颤、手眼协调困难、书写困难综合征等问题。

学龄期(6～12岁)是儿童手写能力发展最为关键的阶段。据国内外统计，学龄儿童在校期间有30％～60％的时间都与书写或其他精细活动有关，而其中均有超过10％的学龄儿童存在手写困难。书写困难儿童在写字方面的问题主要表现为用力过重、字不匀称、握笔过紧、字与字之间空间关系不正确、笔画顺序错误、身体姿势与握笔方法不正确等。书写困难儿童很难完成正常的学习活动，从而影响他们的学业成绩，严重损害其正常的身心发展和智力发育。目前，书写障碍已经成为中国孩子最主要的学习障碍。

引起书写困难的病理原因目前尚不十分清楚，但是大量的研究发现，手写运动的执行和调整是精细运动控制机制的具体体现，它反映的是人体与语言、记忆、注意等的交互作用，并且能够对某些受损中枢神经系统起到修复作用。另外，通过进行早期的手写运动干预训练，能够有效对书写困难等精细运动控制障碍进行康复治疗。

作为人类特有的精细运动技能，手写运动对学龄儿童智力的发育、认知能力的培养和自尊心的形成都非常重要。因此，对学龄儿童进行手写运动分析的研究有着重要的意义，这不仅能够让人们了解正常儿童手写能力的发展变化和手写的控制机制，而且有助于人们理解书写困难、发展性协调障碍及其他各种精细运动障碍的潜在病理。

目前，在儿童书写困难、发展性协调障碍、精细运动障碍等重要疾病的诊断中尚缺乏有效的量化评估手段，对手写动态信息的研究较少，尤其是缺乏对手写运动的力矢量信息的获取能力，无法全面地解析儿童的手写运动过程。此外，相关的研究也缺乏一个可共同参考的健康儿童手写运动数据库，并且用于量化儿童手写能力的特征指标也不相同，从而使得各研究结果之间难以进行对比。

第二节　手写运动分析

手写运动研究是指借助数字手写板和计算机技术，通过分析手写运动过程和结果的物理特性，来反映手写运动执行者的心理和生理特点的研究。手写运动不仅指传统意义上的书写(handwriting)，还包括绘画(drawing)。对手写运动的分析研究在早期没有形成统一的学科名称。1982年，“Graphonomics”这一概念被首次提出，用来表示对手写运动轨迹(在纸上或电子媒介上产生的笔迹)和精细运动的动态特征进行研究的科学，从而明确了手写运动的计划与产生之间的关系。1987年，该领域的研究学者成立了“International

Graphonomics Society"(IGS),以推动和促进对手写及相关技能在多学科领域进行的基础和应用实验研究。关于"Graphonomics"这一概念,国内目前尚未有统一的翻译术语,谢爱武将其译为"手书学",本书将其称为"手写运动研究"。从首次提出至今,手写运动研究在许多基础和应用领域均得到了迅速发展,具体涉及运动控制、运动技能学习、运动障碍、神经心理学、生理物理学、法医学、计算机科学、认知科学等。

手写运动包括书写运动(handwriting movement)和绘画运动(drawing movement),是一项长期训练形成的复杂精细运动技能。手写运动的执行涉及语言能力、视觉—空间知觉、运动控制等的交互作用,同时,手写运动也是人类的高级神经系统活动,而且涉及大脑皮层的广泛区域。手写运动的执行过程极为复杂,至少包括文本产生、短时储存、运动执行和调整等过程。手写运动在时间和空间上的变化特点能够反映手写运动的执行能力,同时也反映了注意、记忆、语言等的交互作用。因此,手写运动的顺利执行依赖于大脑及各机能系统间的协调活动,其中任一环节的功能障碍都会使手写运动的进行受到影响,从而使手写过程和手写结果发生系列变化,并通过手写特征反映出来。

在数字化时代,电脑、移动终端带来了信息记录和处理方式的变革,人们越来越多地使用数字设备输入和处理文字。然而,基于纸笔交互的手写运动仍是儿童的主要学习方式,并伴随着他们的成长。幼儿从握笔涂鸦开始,逐渐形成写字技能;到了学龄阶段,儿童的书写和绘画技能在学校里将得到全面且深入的指导和培养——无论是做笔记、写作业,还是参加考试,都要通过书写来完成。

随着计算机技术的发展,便捷的笔交互设备的出现为手写运动的研究和相关学科的发展提供了支持。借助数字手写设备采集手写结果和过程信息,通过手写特征提取和分析,建立有效的定量评价指标,能够为运动障碍疾病的检测评估以及治疗评价提供方便快捷、客观定量的手段,同时具有非侵入性的特点。

基于数字手写设备和计算机的手写运动分析技术包括运动学分析(kinematics analysis)和动力学分析(kinetics analysis)。目前国外学者在运动学分析方面已进行了深入的研究,提出了大量运动学参数,包括平均速度、速度曲线方向变化次数(number of changes in direction of velocity,NC *V*)和加速度曲线方向变化次数(number of changes in direction of acceleration,NC *A*)等。在动力学分析方面,国外学者对手写过程中的轴向压力特征(axial pen force)进行了探讨。相比于国外的技术积累,国内研究较多从现象学的角度对手写笔迹进行静态分析。近年来,华南师范大学的郑希付团队借助数字手写技术开展了学业成绩对书写运动影响以及数学成绩不佳儿童手写运动特点的研究,香港理工大学的李曾慧平团队以及台湾义守大学的张韶霞和余南莹团队则进行了基于计算机系统的汉字书写量化评估工作。

手写运动是人们不可或缺的精细运动技能，其运动执行涉及复杂的生理心理机制，依赖于广泛的神经网络。手写技能的顺利发育和正常发展有利于早期脑结构及其功能的成熟，因此手写对儿童认知能力发育和知觉的完整性发展至关重要。然而有统计表明，中国有10%以上的学龄儿童存在手写问题，很难完成正常的学习活动，这严重损害了其正常的身心发展和智力发育。

书写技能在儿童的学习中扮演着相当重要的角色，工整的字迹以及快速且高效地完成书写的能力有助于儿童的思想交流和学业进步。此外，书写、绘画这类手写运动的发展对于儿童运动和认知能力的发展也至关重要，甚至会对孩子的自尊和学业表现产生深远的影响。手写技能的习得障碍可能导致儿童出现逃避书写的心态，进而导致手写技能发展的停滞。

临床研究已表明，患有发育性运动协调障碍(developmental coordination disorder，DCD)、自闭症谱系障碍(autism spectrum disorder，ASD)等运动障碍疾病或神经类疾病的儿童，在执行书写和绘画这类技能型动作时常表现出精细运动缺陷。手写运动的早期干预训练对这类疾病的康复治疗能够产生有效的促进作用。6～12岁的儿童是手写能力发展的关键阶段，学龄儿童，尤其是患儿的手写能力问题得到了家长和老师的广泛关注。分析研究学龄儿童的书写和绘画运动有助于了解儿童的精细运动和认知发展机制，并且可以为儿童运动障碍疾病或发育神经类疾病提供诊断和治疗依据。

对儿童手写能力评价的常规方式主要基于纸笔测试，受试者执行书写或绘画任务，由医师或教师依据评价量表对书写或绘画结果进行评分。这种类型的评估直接取决于医师和教师的观察判断，不可避免地带来了主观和模糊的因素，因此其信度和效度受到了人们的质疑。此外，由于分析结论主要依据对静态笔迹的目视检查，因此并不能提供关于手写执行的过程信息和潜在机制信息，而实际上这类信息对于手写评估是非常重要的。传统评价方式的缺陷使得客观、定量、有效的手写功能评价方法的提出成为迫切需要，同时，对手写功能障碍进行客观准确的早期诊断为儿童手写的早期干预提供了条件，对运动障碍疾病或发育神经类疾病儿童的早期治疗和康复具有十分重要的意义。

第三节　手写运动的神经模型

一、手写技能的影响因素

手写属于人类所特有的精细运动技能。儿童时期是人类掌握手写运动技能的关键时期，正如其他很多感知运动行为(sensory-motor behavior)是通过模仿获得的一样，儿童的写字能力也是通过模仿学习获得的。手写这项复杂的精细运动技能通常被分解为不同的运动控制协调效应，即不同肌肉群的协调活动。写字过程肌肉群的协调活动在时间上是重叠且连续的。当人们在学习一个新的、不熟悉的动作时，通常会将这个动作分解为几个不连续的小段，而人们熟练掌握的动作活动通常是连续的。熟练的动作活动速度为钟形曲线，并且是非常平滑的。

当人们开始学习一个新的动作时，视觉注意力会随着所要模仿的形状而移动，并通过运动皮层细胞产生矢量运动。在这个动作模仿过程中，小脑浦肯野细胞(Purkinje cell，是从小脑皮质发出的唯一能够传出冲动的神经元)按照一定频率传出神经冲动响应需要模仿的动作，并且能够学习预测这个动作的方向变化信息，同时把学习的信息反馈给脑皮层，从而调整肌肉的协调活动，完成整个动作。

在这个模仿动作的运动过程中，如果眼睛的注意力偏离了被模仿的轨迹或轮廓，视觉系统的注意力就会发生转移并伴随着眼球的运动，最终使偏离得到纠正，从而为手臂的运动系统提供正确的方向信息，精确地完成动作的闭环控制。闭环的模仿动作会不断地循环重复，直到小脑的磷锌促皮质素(cortico-cerebellar)系统能够通过记忆来精确地完成这个动作为止。皮质工作记忆缓冲区可以按照一定的速率暂时性地存储小脑产生和释放的神经冲动，并且能够快速地压缩学习到的动作，这个压缩的速度是由小脑的记忆读出速度决定的。由于小脑延迟细胞的频率响应速度不同，因此学习一项动作技能的快慢也不同。

手写运动是一项复杂的精细运动技能，其运动执行过程涉及知觉、运动和认知的交互作用，是视觉运动协调能力、运动规划、认知能力、知觉技能以及触觉和肌肉运动知觉敏感性的综合，因此手写技能的学习过程是受一系列生物力学、人体工程学、视觉、感知觉、运动学等因素的影响的。

在评估儿童手写能力时，应该重视书写表现的三个方面：①生物力学和人体工程学因素，如坐姿、握笔以及书写工具和纸张等；②书写质量，如字母书写的方向性和间距等；③其他观察项。另外，书写表现取决于停顿时间、速度、压力和可读性。书写的最终结果由内在因素和外在因素共同决定：运动、感知、基本认知技能和心理是影响书写结果的主要内在因素，其他内在因素还包括年龄、性别和惯用手情况；外在因素主要包括文化、任务因素和书写模式等。

手写运动过程所涉及的人体工程学因素主要包括身体的坐姿方式和握笔方式。先来看坐姿方式。坐姿通常被认为是影响手写执行过程和书写结果有效性的一个重要因素。坐姿的正确与否不仅影响学生书写的质量、速度，还严重影响着小学生的身体健康发育。Rosenblum 等人探讨了人体工程学因素与笔迹质量、书写效度以及计算机量化指标之间的关系，前三项均采用希伯来文手写评估量表(Hebrew handwriting evaluation，HHE)来度量。他们在研究中发现，书写时的身体姿势在熟练书写儿童和不熟练书写儿童之间具有显著的统计差异，且与笔迹质量、书写效度以及量化指标（总时间、纸笔接触时间、抬笔时间、总长度和抬笔长度）存在显著的相关性，这表明了坐姿对儿童手写运动的重要性及影响。

其次再来看握笔方式。作为手写运动技能的重要组成部分，握笔是需要手、眼及小肌肉等的共同协调才能完成的精细动作。在对书写困难儿童进行干预治疗的过程中，握笔姿势是专业治疗师的一个重要关注方面。从儿童发展的角度来看，成熟的握笔姿势需要经由先天的生理成熟以及后天的手部精细动作练习才能获得。因此，尽管教育工作者和专业治疗师通常提倡儿童采用动态三点式握笔（dynamic tripod grip），但儿童在书写的不同阶段仍会表现出多种握笔姿势。根据儿童手写技能发展的先后顺序，可以将 7 岁前儿童的握笔姿势分为自然阶段、过渡阶段和成熟阶段三个发展阶段：自然阶段握笔主要出现在 4 岁前，属于不成熟的早期精细动作，有五种握笔类型；过渡阶段握笔处于 3～6 岁的年龄阶段，主要包括三种握姿；成熟阶段握笔常见于 4～6 岁的儿童，包括侧面三点握姿和动态三点握姿。

Rosenblum 等人分析了握笔一致性与书写表现之间的关系，结果表明熟练书写儿童和不熟练书写儿童在握笔和握笔一致性上均存在统计学差异，且握笔一致性与书写笔迹质量显著相关。

为了流畅且清晰地完成手写任务，儿童必须具备一定程度的知觉和运动技能，具体包括运动觉、运动规划、视觉运动整合、手眼协调和精细运动控制。

（一）运动觉

运动觉是指在不需要视觉的情况下辨别自身姿势和身体各部位的运动状态（运动幅度和方向）的能力。在手写运动过程中，运动觉提供书写时的方向信息，同时运动觉的准确度会对儿童在书写工具上的施力大小产生影响。

运动觉的准确性对手写运动的执行至关重要，高效的手写执行依赖于运动觉输入，因为躯体感觉系统提供即时的、高度特定的运动信息，在检测运动误差和指导高精度运动时，躯体感觉系统反馈比视觉输入更为重要。握笔姿势评分较低的儿童和书写较差的儿童往往是运动觉反馈较差的儿童，这一结果展现了运动觉对手写运动的重要性。

（二）运动规划

运动规划能力对手写技能的影响主要取决于文字、图画的复杂结构，如字母序列、组合形状等，故需要对正在进行的手写运动进行持续的运动规划。运动规划可影响儿童对字母形状和单词字母顺序的构思以及执行。由于在执行不熟悉的动作时需要进行运动规划，所以运动规划能力在儿童刚开始学习书写或绘画时特别重要。运动规划能力是表征书写较差儿童字迹辨识度的最佳指标。

(三)视觉运动整合

视觉运动整合(visual motor integration,VMI)是儿童手写技能的一个重要影响因素,特别是在进行文字抄写和图形抄绘的时候。视觉运动整合是指将字母或图形的视觉形象与适当的运动反应整合的能力。

视觉运动整合在操作上定义为抄绘几何形状的能力。最常用的儿童视觉运动整合发育测试是"Beery developmental test of visual motor integration"(Beery VMI Test)。这项测试要求受试儿童抄绘由若干几何形状组成的有序序列,几何形状的总数最高可达 24 个。这个序列中几何形状的复杂度递增,从早期阶段简单的二维直线到后期阶段的复杂的三维图形。如果儿童能够抄绘 Beery VMI Test 的前 9 个形状,则认为他们具备了学习书写的基本技能。如图 1.1 所示,这 9 个几何形状分别是垂直线、水平线、圆、十字线、从右到左的对角线、正方形、从左到右的对角线、X 交叉线和三角形。

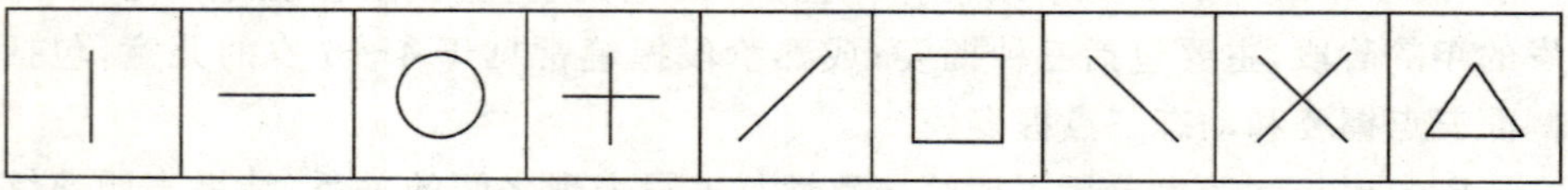

图 1.1　Beery VMI Test 的前 9 个图形

视觉运动整合能力被认为是书写表现的一个重要预测指标。许多研究致力于检验视觉运动整合能力与手写技能之间的关系。Daly 等人的研究证实了 VMI 测试得分与儿童抄写字母的字迹辨识度之间存在很强的正相关性,能够正确抄绘视觉运动整合发育测试中前 9 个形状的儿童比不能正确完成抄绘的儿童在字迹辨识度测试上明显表现得更好。在最近的一项研究中,Duiser 等人检验了 VMI 测试的三个子测试与书写质量的关系,回归分析表明,视觉运动整合测试和运动协调测试都能作为衡量书写质量的显著指标。

(四)手眼协调

手眼协调是指在视觉指导下对手的使用熟练程度,是手写运动不可缺少的组成部分。手写协调能力可以采用运动准确性测验(motor accuracy test, MAC)测量。MAC 测试是一项追随任务,要求受试者根据视觉指导手部运动来描绘一条预先印好的曲线,最后根据儿童运动控制的准确度和手部运动的速度综合评分。MAC 测试分数与书写能力相关,且能够显著区分书写较好儿童与书写较差儿童。手眼协调有助于手写技能的提高,但是并不能解释手写技能。当运动觉衰退时,手写过程中将会用到更多的视觉反馈,也就是说,运动觉缺陷儿童需要依靠对手部运动的视觉指导来补偿运动觉反馈的缺失。

(五)精细运动控制

精细运动控制能力指个体控制手和手指的肌肉运动,在感知觉、注意等心理活动的配合下完成特定任务的能力，包括控制精细动作的肌肉力量、动作的灵活性及动作的准确度等。手写运动是一项多关节活动，手写过程中需要通过手和手指实现对书写工具的精确、快速控制。手写运动的执行是以对精细运动的控制作为前提的，有协调和运动控制问题的儿童通常表现为书写困难。

二、手写运动的研究模型

(一)VITE 模型

VITE（vector integration to endpoint，VITE）模型最早是 Bullock 和 Grossberg 在 1988 年提出的，如图 1.2 所示。在 VITE 模型的内部有一个接口，可以实时计算目标位置矢量(target position vector，TPV)与笔尖当前位置矢量(present position vector，PPV)的差别矢量(difference vector，DV)，并且将差别矢量结果反馈到模型中，用于调整笔尖当前位置矢量的值。当差别矢量超过 GO 信号(volitional speed control signal，意志速度控制信号)门的阈值时，就会执行运动矢量命令，从而调整运动的速度，以减小差别矢量值，使位置信息更加准确。当所画直线偏离目标太大时，就会通过调整速度以减小偏移量，其速度曲线表现为多峰。

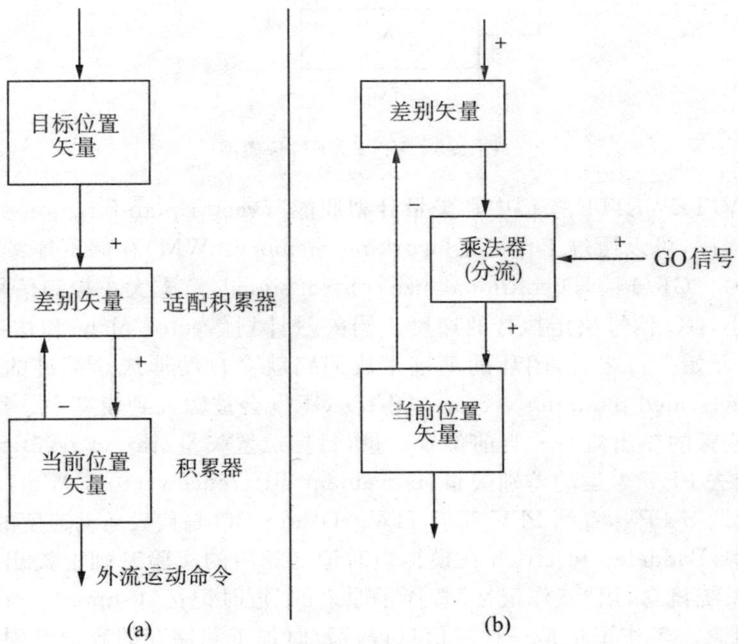

图 1.2　VITE 模型

由于 VITE 模型没有解决手写运动过程中的曲线运动问题，因此 Bullock、Grossberg 和 Mannes 提出了 VITEWRITE 模型对其进行了改进。

（二）VITEWRITE 模型

Bullock、Grossberg 和 Mannes 在 1993 年提出的 VITEWRITE 模型对 VITE 模型进行了改进。VITEWRITE 模型对手写运动过程中的曲线运动问题进行了研究，如图 1.3 所示。

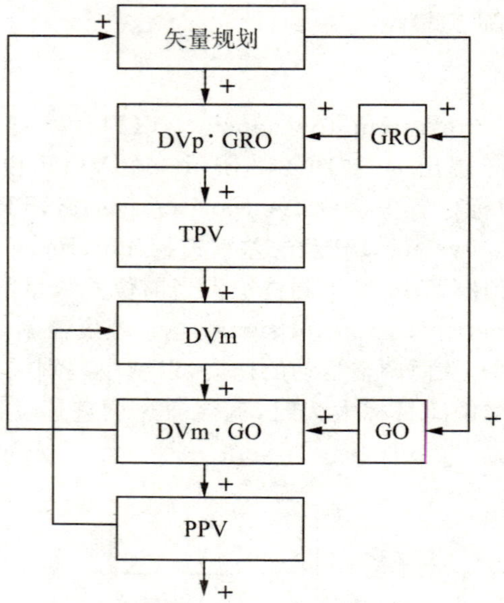

图 1.3　VITEWRITE 模型

在 VITEWRITE 模型中，“矢量计划职能”(vector plan functions)是一个运动执行程序，可以通过工作记忆(working memory, WM)存储不连续的计划矢量(DVp)。GRO 信号(volitional size control signal，意志大小控制信号)决定笔迹的大小，GO 信号决定执行的速度。当矢量计划(vector plan)和这些 will-to-act 信号开始执行之后，闭环的笔迹生成回路就会自动形成。笔迹的大小计划矢量(size-scaled planning vectors)DVp · GRO 会被输入到模型中。用 PPV 代表当前位置的输出流——当前位置矢量，目标位置矢量(target position vector, TPV)减去 PPV 为运动差别矢量(movement difference vector，DVm)。DVm · GO 用于调节 PPV，直到 PPV 等于 TPV。DVm · GO 是代表运动速度的输出流。

其中，Baddeley 和 Hitch 在模拟短时记忆障碍的实验基础上提出了工作记忆的三系统概念，用“工作记忆”替代了原来的“短时记忆”(short-term memory, STM)概念。工作记忆是一种对信息进行暂时加工和储存的容量有限的记忆系统，在许多复杂的认知活动中起重要作用。

弯曲笔迹的手写运动过程比较复杂，不是简单的点对点运动就可以完成的。弯曲笔迹的产生过程表现为组件协同效应(component movement synergies)，即各肌肉群共同按照预定的指令驱动上肢完成指定的动作活动，各肌肉群的活动在时间上是重合的。

VITEWRITE 模型通过协同重叠（synerge-overlap）策略来解释曲线轨迹的生成过程。然而，VITEWRITE 模型中的运动控制是通过预定义的"计划矢量"序列进行的，计划矢量在每一个方向的协同控制动作的速度轮廓是一个单峰曲线。VITEWRITE 模型没有解释计划矢量是如何产生的，也没有解释计划矢量的学习和存储过程。2000 年，S. Grossberg 针对这一问题提出了 AVITEWRITE（Adaptive VITEWRITE）手写运动模型。

（三）AVITEWRITE 模型

2000 年，Grossberg 和 Paine 对 VITE 模型和 VITEWRITE 模型进行了改进，提出了 AVITEWRITE 手写运动模型。

AVITEWRITE 模型描述了手写过程中的复杂运动序列是如何通过之前绘制曲线模仿学习得到的。通过不断的模仿学习，速度由多峰变成了平滑的单峰。在儿童学习手写的早期，容易出错的手写运动常常伴随着多视觉反应动作，这些容易出错的运动随着时间的推移和不断的学习练习会慢慢得到矫正，最终成为没有错误的自动化的动作，这种自动化的动作甚至可以在没有视觉反馈的条件下执行。图 1.4 即为 AVITEWRITE 模型的简图。

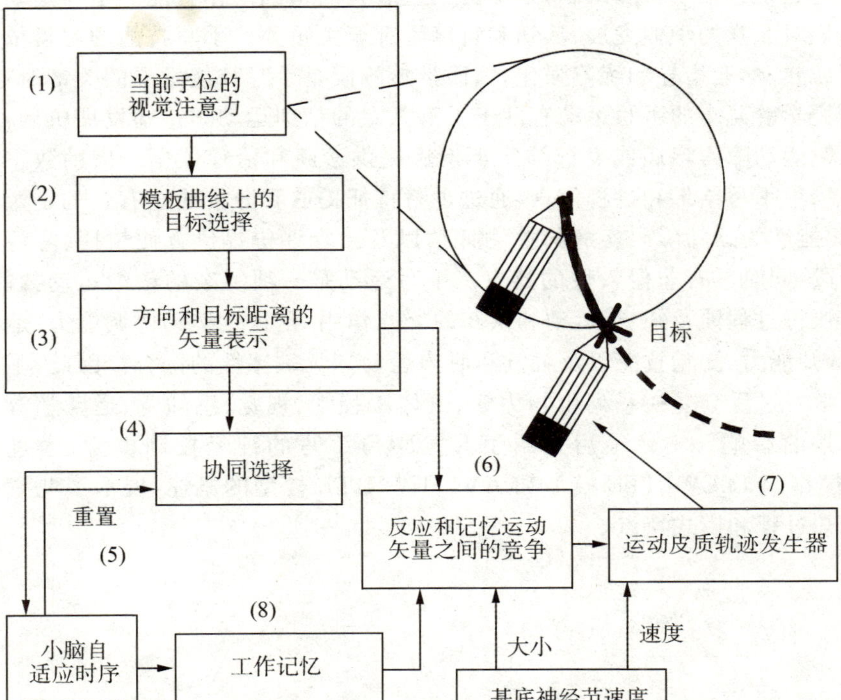

图 1.4　AVITEWRITE 模型的简图

在手写运动的开始，视觉注意力(1)集中于手所在的当前位置，并向所追随的曲线上的目标位置移动(2)。差异矢量(3)指向目标位置，大小由当前手指所在位置(PPV)和新目标所在位置(TPV)之间的距离决定。差异矢量会激活相应的肌肉群完成协同(4)活动，从而使最终的手写运动向目标方向移动。与此同时，小脑适应性计时系统(5)会学习这种肌肉协同活动模式，并且开始与被动视觉注意力合作(6)来控制运动皮质轨迹发生器(7)。工作记忆(8)暂时性地存储学习的运动指令，通过基底神经节(9)控制手写过程中执行的速度和轨迹的大小。当记忆出现错误时反应视觉控制就会起作用，从而补偿改正错误。当运动轨迹和记忆吻合后，反应视觉控制就会停止工作，这时由记忆来完成运动。这个过程会如此反复，直到完成手写任务。连续、视觉反应动作是通过人的注意力在选择的目标曲线上产生的，记忆是在完成绘画任务过程中的肌肉协同活动中产生的。经过多次跟踪曲线后，只凭记忆就可以完成没有错误的动作。

第四节　本章小结

手写运动包括书写和绘画，是学龄儿童必备的精细动作技能。手写运动的熟练掌握对儿童的学业发展、认知和自尊心都至关重要。手写技能的习得依赖于生理成熟、学业指导和练习强化，因而学龄阶段是手写技能发展的关键时期。分析研究学龄儿童的手写运动有助于了解儿童的精细运动和认知发展机制，并且为儿童运动障碍疾病或发育神经类疾病提供诊断和治疗依据。借助数字手写设备采集手写结果和过程信息，通过手写特征提取和分析建立有效的定量评价指标，能够为运动障碍疾病的检测评估以及治疗评价提供方便快捷、客观定量的手段，同时具有非侵入性的特点。手写运动是一项复杂的精细运动技能，其运动执行过程涉及知觉、运动和认知的交互作用，是视觉运动协调能力、运动规划、认知能力、知觉技能以及触觉和肌肉运动知觉敏感性的综合。因此，手写技能的学习过程会受一系列生物力学、人体工程学、视觉、感知觉、运动学等各方面因素的影响。本章最后介绍了儿童学习手写的神经控制模型，通过对VITE模型、VITEWRITE模型和AVITEWRITE模型的概述，展示了儿童手写的认知过程和模式特点。

第二章　手写运动分析研究现状

第一节　引　言

书写需要手腕和手指动作的互相配合，并由脑控制各关节肌肉运动，使笔按照一定的轨迹运动，通过墨水在纸张或其他媒介上留下书写信息。因此，拿笔写字是感觉动作、认知能力和心理因素等多种能力的集合表现，不仅反映着人的大小肌肉发育情况与手眼协调能力，而且反映了人的视觉辨别能力、对空间的概念以及书写时的心情。

20 世纪 80 年代以来，手写签名、刑事笔迹鉴别、生物物理与精神运动学等领域的研究者们都认识到了书写过程中笔在书写表面产生的力的重要性。例如，在手写签名与身份认证中，不同的人在手写过程中笔在纸上产生的力是有差别的，如果能够获取有关这些力矢量的信息，那么不仅能够给签名认证过程增加许多重要的原始信息，而且对深入探索笔尖的力与书写者控制笔的过程之间的映射关系也有很重要的意义。

与讲话不同，书写不是人天生就能具备的功能，必须经过多年的训练。书写的训练是从一个包括主动的注意和眼—手协调的、较慢的反馈过程到较快的、自动的轨迹过程。一般认为，书写中的垂直笔画部分由手指屈曲和伸直的动作产生，水平笔画则由腕关节往两侧的动作产生，肌肉力量、姿势控制、动作计划、手部操作或手眼协调能力等都会对书写的笔迹产生很大的影响。

目前，大部分在线手写设备都能够获取笔尖在纸张平面内的运动轨迹，即二维时间序列位置信息 $x(t)$和 $y(t)$以及笔尖与纸张接触点的力矢量信息。大多数手写板的数字笔能够获取到笔的轴向力。

使用数字手写板（digitizing graphic tablet）不仅可以对手写的结果进行显

示，还能实时记录和跟踪手写运动的相关运动学和动力学参数，从而可以客观而精确地对手写运动这一过程进行研究。数字手写板具有精确、灵敏和即时等优点，其作为研究工具得到了广泛的使用，被用于正常手写运动控制机制以及各种精细运动障碍潜在病理的研究。现有研究多采用 WACOM 公司的手写设备进行，可采集到手写的位置、正向压力、笔倾角和转角等信息。

第二节　手写运动研究现状

一、国外手写运动研究现状

在国外，基于数字手写设备和计算机的手写运动分析技术已经被用于各种精细运动障碍疾患的临床研究，包括儿童书写障碍、帕金森氏症、书写痉挛、阿尔茨海默病、强迫症、抑郁症和精神分裂症等。国外学者在运动分析方面进行了广泛的研究，形成了一些各具特色的研究团队，并提出了大量的运动学参数，包括时间变量和空间变量等指标。在动力学分析方面，国外的研究学者对手写运动过程中笔尖的压力特征进行了探讨，主要包括整体手写压力均值、峰值压力、峰值压力与压力均值之比等指标。在不同的研究中，人们可以根据具体的研究目标选取合适的参数进行评估。这些参数的不同变化不仅反映了个体或不同群组之间的生物力学差异，而且也从不同的角度反映了他们认知能力的差别。本章主要关注手写运动分析方法在医学领域的应用，包括对运动障碍疾病的检测评估以及客观定量的疗效评价。

(一)对儿童发育性运动协调障碍及儿童书写障碍的研究

发育性运动协调障碍(developmental coordination disorder，DCD)是指非躯体疾病引起的运动协调能力的显著受损，且这种协调性的损害会对患儿的日常活动或学业成绩产生影响，是儿童期常见的特殊发育障碍之一。

书写障碍(dysgraphia 或 agraphia)是一种以手写字所产生的学习不利现象，跟阅读能力或是智力障碍无关。书写障碍者通常还是可以写字的，但是缺乏某些精细动作技巧。在美国《精神疾病诊断与统计手册》中，书写障碍被定义为“所期望的书写技巧远远低于与其相应的年纪、智力评估和同等年级教育的现象”。

在国外，基于数字手写设备和计算机的手写运动分析技术已经被广泛用于儿童书写障碍的研究。Van Galen 等在 1993 年运用手写运动分析技术，采用

“神经运动噪声”的概念说明了儿童在书写运动中缺乏精确性和一致性的现象。他们研究发现，书写困难儿童的书写速度快，运动节拍大，不能有效地适应空间精确性的要求，可出现“脱靶”或“过击”现象，缺乏时间和空间的精确性。

2003 年，Sara Rosenblum 等同时采用了抄写和听写的模式，对段落书写进行了动力分析，所用的运动参数包括：①纸面运动变量（on paper variables），即笔接触纸面书写的时间和轨迹长度；②空中运动变量（in air variables），即笔离开纸面在空中运动的时间和轨迹长度。研究发现，书写困难学生在书写过程中笔在空中的运动时间和运动轨迹长度比书写良好的学生长，而且书写困难学生的这两个指标值与实验中所采用的传统测验的各个指标显著相关，但是在书写良好的学生中不存在这种显著相关。这些发现可以用来解释书写困难学生在书写运动过程中连续性、一致性和效率的降低。

Rosenblum 和 Livneh-Zirinski 等人基于手写评估系统（ComPET）比较了发育性运动协调障碍患儿与正常发育儿童在书写过程和书写结果上的特性。结果表明，书写过程指标（纸笔接触时间和抬笔时间、平均压力）和书写结果特征（全局易读性、擦除或者重写的字母数、空间布局，以及第一分钟内所写字母的数目）在两组之间表现出了显著的差异，并且判别分析显示擦除或者重写的字母数是两组之间的最高区分变量。Smits-Engelsman 等人采用花形轨迹追随任务检验了发育性运动协调障碍儿童干预治疗的效果，发现患儿在接受三个月的治疗后运动速度明显提高且速度曲线峰值点个数减少，证实了干预治疗对于儿童手写能力提高的有效性。

2008 年，Rueckriegel 等通过对学龄儿童在书写和画圆过程中的运动学参数和压力信息的处理发现，年龄与各参数显著相关（$p<0.003$），速度、自动化程度和压力随着年龄的增加而增长，然而变化率则随着年龄的增加而减小。非线性回归分析显示手的灵活性会在某个年龄段时达到成熟（这个年龄段与手写任务相关，即与任务复杂度相关）。从速度和自动化程度来看，书写活动的成熟期要晚于画圆任务。在画圆过程中，男性的速度要显著大于女性。精细运动训练和利手情况对各个运动学参数无影响。通过方差分析进一步确定了年龄与任务复杂度中的速度和自动化程度显著相关（$p<0.001$）。

2007 年，以色列研究者通过表面肌电图（SEMG）对三、四年级书写正常的学生进行了实验，研究表明，近端肌肉的活动相对远端肌肉的活动明显要弱。近端肌肉的活动降低时，远端肌肉的活动变化也会随之降低，并且书写速度会随着远端肌肉活动的减小而加快。研究者认为，近端肌肉在书写过程中起到了

“稳定器”的作用。

(二)对帕金森氏症的临床诊断及药效评估研究

帕金森氏症(Parkinson's disease,PD)是一种常见的神经系统变性疾病,其临床表现主要包括静止性震颤、运动迟缓、肌强直和姿势步态障碍,同时患者可伴有抑郁、便秘和睡眠障碍等非运动症状。

运动不能是帕金森氏症患者的主要临床表现之一,而帕金森氏症患者的发病通常都是由一侧的手部开始的,因此通过手写能力来对帕金森氏症患者的病情进行诊断是临床上的常用方法。目前研究者主要通过患者对螺旋线模板的描画情况对其手写运动机能状况进行诊断和评定。通过对描画误差和手写板受力情况的分析可以辅助临床医生对患者的病情进行诊断,也可以对用药或手术治疗效果进行评定。目前主要的螺旋线描画模板有圆形螺旋线模板和方形螺旋线模板,如图 2.1 所示。

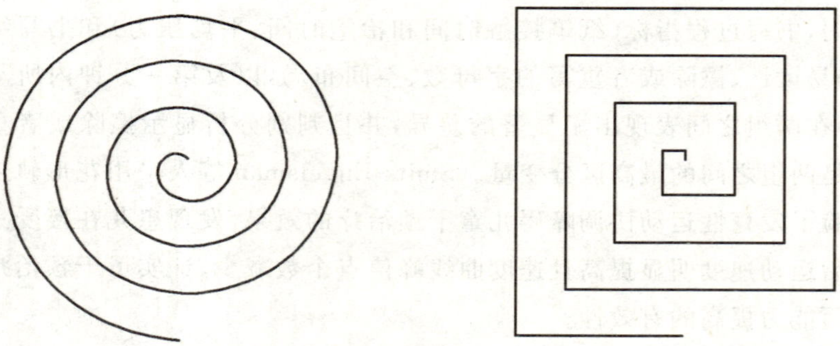

图 2.1　圆形螺旋线模板和方形螺旋线模板

螺旋线分析法(spiral analysis)是一种广泛应用于帕金森氏症手写运动障碍定量评价的方法。Pellizzer 团队验证了螺旋线分析法应用于帕金森氏症早期诊断的有效性,并且提出了极坐标系下患者螺旋线几何特征提取方法以及临床严重程度评价指标 DOS (degree of severity)。进行螺旋线压力特点、震颤特点等研究的学者也致力于该方法的应用研究,并将研究的应用范围扩展到了其他神经性运动障碍疾病。有学者开展了帕金森氏症患者的辅助诊断研究,提出了极坐标系下基于变化原点的螺旋线特征提取方法。Westin 团队通过画图和书写任务研究了帕金森氏症患者对运动速度和幅度的控制能力及波动性,还研究了患者在执行顺序运动中的运动规划能力。此外,通过设计不同的手写任务、计算速度控制、归一化波动等指标,可以用于帕金森氏症与药物导致的帕金森综合征的诊断，以及对帕金森氏症患者手部协调控制能力的评估。Westin 团队得到的电脑、正常受试者和帕金森氏症患者绘制的螺旋线及其对应的极坐标半径—角度图，如图 2.2 所示。也有学者对帕金森氏症患者手腕、手指运动的协调障碍进行了量化分析。

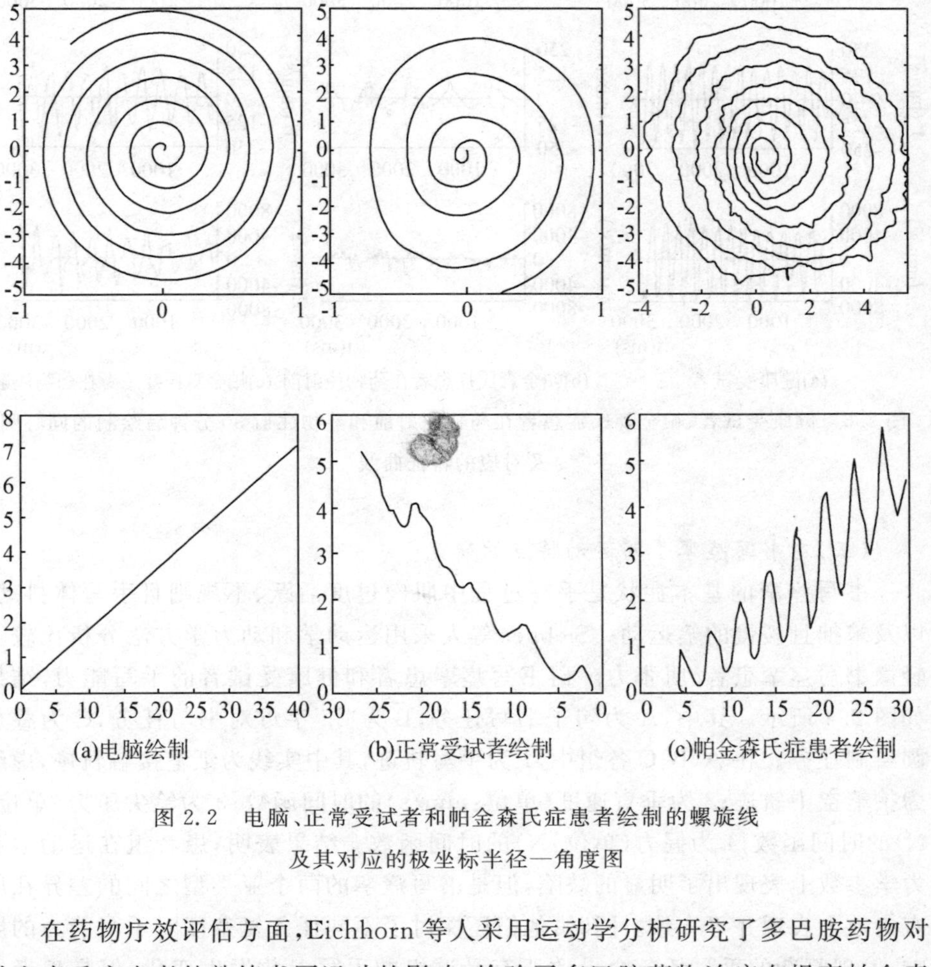

(a)电脑绘制　(b)正常受试者绘制　(c)帕金森氏症患者绘制

图 2.2　电脑、正常受试者和帕金森氏症患者绘制的螺旋线及其对应的极坐标半径—角度图

在药物疗效评估方面，Eichhorn 等人采用运动学分析研究了多巴胺药物对帕金森氏症患者的熟练书写运动的影响，检验了多巴胺药物治疗在提高帕金森氏症患者运动自动化水平上的效果，如图 2.3 所示。从图中可以看出，健康受试者的手写运动是完全自动化的（NC V＝1.00；NC A＝1.00）；帕金森氏症患者在药物注射前绘制的同心圆在外形上看起来正常，但是速度和加速度曲线却是多峰的，NC V 和 NC A 分别为 5.84 和 7.67；在药物注射 30 分钟之后该患者手绘同心圆的自动化水平明显提高（NC V＝1.20；NC A＝2.04）。

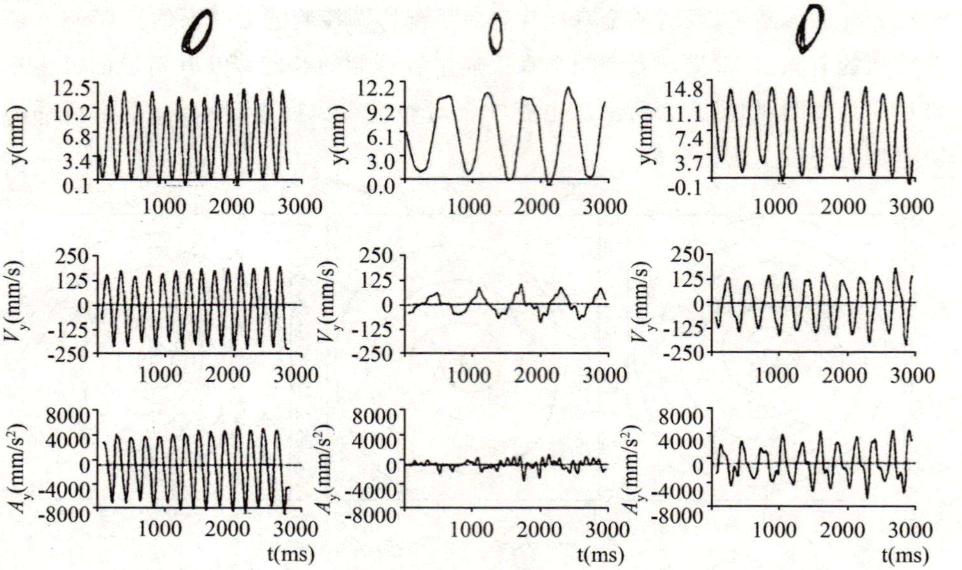

(a)健康受试者　(b)帕金森氏症患者在药物注射前　(c)帕金森氏症患者在药物注射后

图 2.3　健康受试者、帕金森氏症患者在药物注射前和药物注射 30 分钟后绘制的同心圆及对应的特征曲线

（三）对书写痉挛手写运动特点的研究

书写痉挛的基本症状是手写过程中肌肉过度活跃、不规则且手写体抖动，以及笨拙且缓慢的笔运动。Siebner 等人采用运动学和动力学方法分析比较了轻微书写痉挛患者、肌张力障碍书写痉挛患者和健康受试者的手写能力，结果如图 2.4 所示。其中，A 为句子书写任务，B 为“ll”字母对书写任务，C 为叠加圆绘制任务。在 A、B、C 各组中，1 为手写轨迹，其中实线为纸笔接触轨迹，虚线为抬笔空中轨迹；2 为垂直速度（单位：mm/s）的时间函数；3 为笔尖压力（单位：N）的时间函数；4 为握力（单位：N）的时间函数。结果表明，患者组在运动学和力学参数上表现出了明显的缺陷，但是书写痉挛的两个亚类型之间的差异在所有参数上表现并不一致。同时，他们还探讨了不同任务复杂度对手写能力的影响，发现复杂的手写任务会导致所有受试组的手写参数发生变化，但是患者组在较低复杂度的任务上并未表现出障碍减轻。通过采集患者组和正常控制组书写一个测试例句过程中的动力学特征、垂直笔尖压力和握力进行对比研究后发现，书写痉挛患者的所有参数都反映了很差的书写表现。

2007 年，Kirsten 等人对 21 位有书写痉挛的患者进行了研究，通过与健康组对比后他们发现，患者组在画圆的过程中垂直峰值平均速度（mean vertical peak velocity）的变化率比控制组高，这可能是由于书写痉挛患者不能在重复运动中维持一致的运动学参数所致。在画圆过程中，在垂直方向的压力（施力大小乘以笔尖与桌面的角度的正弦值）与对照组相比没有明显的差异。然而，在书写过程中垂直方向的压力要明显比控制组高，这可能是因为患者在书写过程中努力维持笔的稳定性所致。此外，比起运动学参数的异常，过大的施力更为常见，并伴随着运动时间的延长和书写频率的减少。此外，在运动学参数与力参数之间以及两种力参数之间均不存在相关性。

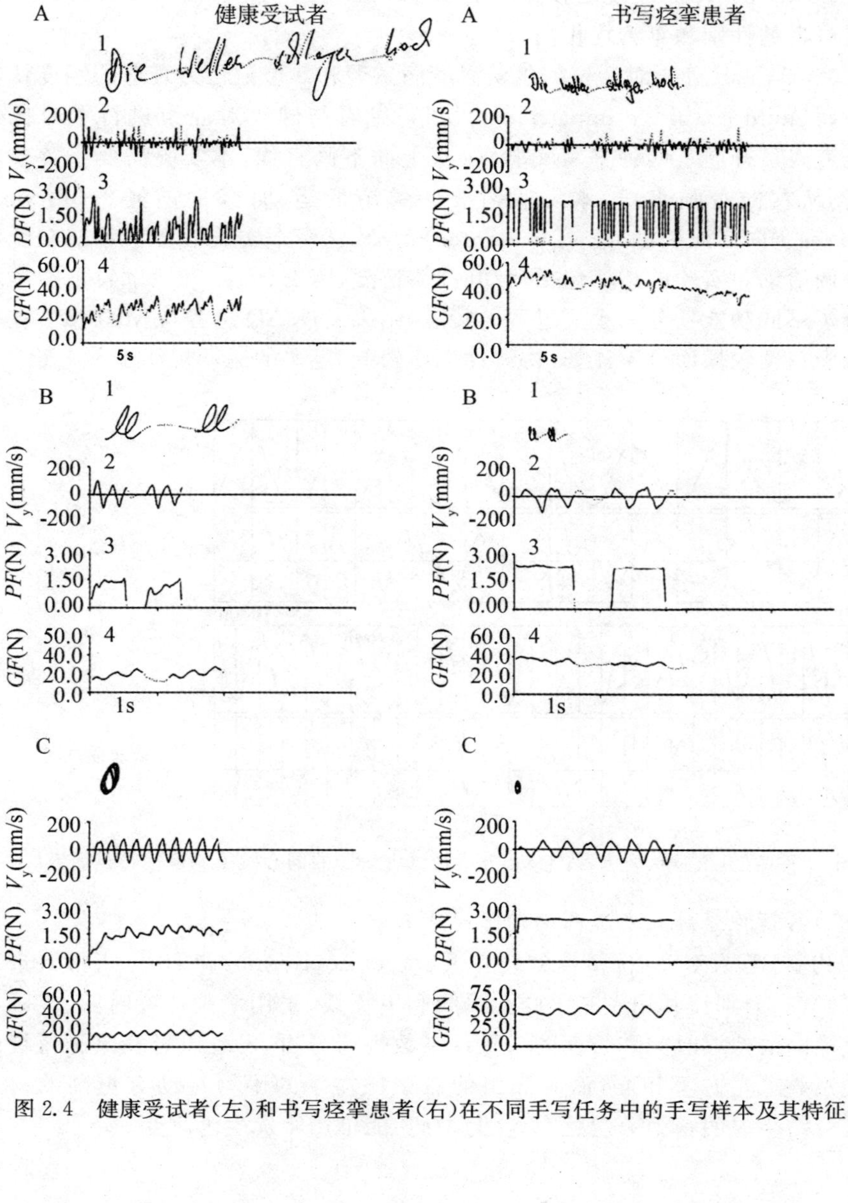

图 2.4　健康受试者（左）和书写痉挛患者（右）在不同手写任务中的手写样本及其特征曲线

(四)对阿尔茨海默病和轻度认知功能障碍患者的研究

Schroter 等人采用手写频率和速度曲线方向变化次数(NC *V*)度量同心圆绘画任务执行过程中的运动自动化能力的方法量化分析了阿尔茨海默病(Alzheimer's diease,AD)患者和轻度认知障碍患者与健康受试者在手部精细运动功能上的差异,结果如图2.5所示。研究发现,阿尔茨海默病患者在同心圆绘制任务中表现出受干扰的手写自动化能力(NC *V*=5.41),而健康控制组受试者(healthy control)表现出较高的手部运动自动化程度(NC *V*=1.27),并且两位受试者的性别和年龄均相同。

2008 年,Yan 等人对 9 位阿尔茨海默病患者和 9 位记忆力衰退的轻度认知功能障碍(mild cognitive impairment,MCI)患者与健康对照组进行了对比研究。研究人员开展了四种书写实验:①从上向下画直线,本实验需要指关节的运动;②从左向右画直线,本实验需要腕关节的运动;③向前倾斜(forward slanted)和④向后倾斜(backward slanted)运动,这两个实验需要指关节和腕关节的协调活动。实验的指标包括运动时间、速度、跨度(jerk)和轮廓特征。本实验评价了不同功能任务中手写过程的特点,结果发现 AD 患者与 MCI 患者在书写实验中速度较慢而且不流畅,协调性也比较差,笔迹的运动规律也不一致。

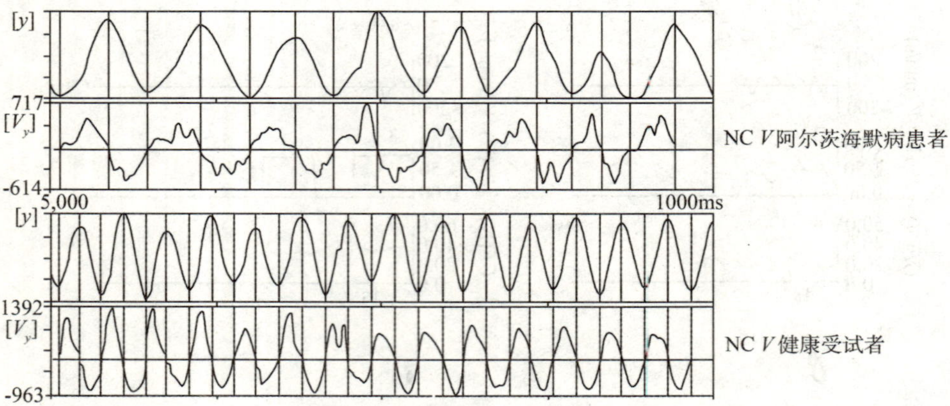

图 2.5　阿尔茨海默病患者(上)和健康受试者(下)的同心圆绘制运动特点研究

(五)对精神分裂症患者的运动障碍研究

Gallucci 等人对 20 位精神分裂症患者(schizophrenic)和 20 位正常人进行了对照研究,分别让其用左右手画上弧线和下弧线,采用笔画持续时间、笔画长度以及笔画的持续时间和长度的一致性系数进行分析,发现患者在笔画持续的一致性系数上左右手相同,而对照组的右手比左手的手写运动有更高的一致性。这一结果说明精神分裂症患者的大脑功能单侧化发生了改变。

Tigges 等人设计了不同的手写任务，计算了速度控制（velocity scaling）和归一化波动（normalized jerk）等指标，监测了用于精神分裂症患者的抗精神病药物和精神抑制药的运动障碍副作用。研究结果表明，波动时间函数随着笔画长短和书写时间的不同而不同，由于笔画的长度存在长短不一、笔画的运动速度存在快慢，因此，可以将归一化后的值作为最后的度量指标。

（六）对手写运动分析其他领域的研究

1. 手写运动分析在轻度偏瘫方面的研究

2010 年，Harada 等人对 25 位右部轻度偏瘫患者（mild right hemiparesis）和 15 位健康者进行了书写实验，实验方法是通过让受试者对一个字母进行不同大小的书写，记录书写时间和平均速度。结果表明，右侧（受影响侧）书写所需时间明显比左侧（未受影响侧）长。

2. 在多发性硬化症方面的研究

2006 年，Longstaff 等研究人员对 7 例平均年龄为 40 岁的多发性硬化症（multiple sclerosis，MS）患者进行了研究，并与 7 位年轻的健康控制组人员（平均年龄为 20 岁）和 8 位年龄相仿的健康控制组人员（平均年龄为 40 岁）进行了手画螺旋线的研究。结果发现，多发性硬化症患者组手画螺旋线的速度比控制组慢，压力较健康控制组小。三组受试者的速度和压力会随着画螺旋线半径的增大而增加，但是健康控制组的变化更加明显，这提示研究者可以用力量的变化率作为多发性硬化症患者的评价指标。两个健康控制组之间没有显著性差异，这说明年龄不是主要的影响因素。

书写运动分析技术不仅可用于书写运动障碍的研究，在强迫症、抑郁症和精神分裂症等病症中也有大量的研究。

3. 手写运动分析在强迫症方面的研究

Mavrogiorou 等人采用数码写字板运动分析技术对 22 位强迫症（obsessive-compulsive disorder）患者和 22 位正常人进行了手写对照研究，让被试者分别用左、右手画同心圆、签名、写一句话、书写字母系列。结果表明，与正常的个体相比，在签名和句子书写的结果中，强迫症患者显示出了较低的峰值速度，在小型书写中每一笔画的加速度相位减短；而画同心圆的结果却显示出比正常个体更高的峰值速度，左右手手写运动不存在组别差异。研究者认为，强迫症患者的手写运动执行障碍与手写任务有关，在简单的手写任务中强迫症患者表现出了更强的运动执行能力，这是过度学习的简单行为模式所致。在复杂的手写任务中显示出了运动功能下降，而且强迫的严重程度与手写不良程度相关显著。

4. 手写运动分析在抑郁症方面的研究

1993 年，van Hoof 等人使用运动分析技术比较了 20 位抑郁症

(psychomotor retardation)患者和 20 位正常人的表现,实验要求被试者尽快地摹画简单和复杂的图形。结果表明,抑郁症患者的手写运动速度显著慢于正常者,而且速度与抑郁程度显著相关。Sabbe 等采用数码写字板技术研究了运动时间和反应时间等书写运动学参数,发现抑郁症患者存在精神运动能力延迟。Mergl 采用手写运动分析技术,采用画同心圆、书写句子、在分心任务下画同心圆的手写任务对 37 位抑郁症患者和正常人进行了比较研究,研究人员运用笔画的峰值速度均值、峰值速度的变化系数、笔画长度的均值三个运动学参数考察了运动的速度、规则性和运动幅度,发现在画同心圆的手写运动中抑郁症患者显示出了更不规则的峰值速度。研究结果表明,在分心任务下,抑郁症患者和正常者的手写速度和峰值速度的变化性显著增加,但抑郁症患者和正常者的手写运动差异不显著,这被认为不论是对抑郁症患者还是正常者来说都减弱了其开环运动的执行,结果导致组别差异不显著。他们还发现,正常者在分心状态下的峰值速度变化系数与抑郁症患者在单任务下的相同,这被假设为抑郁症患者在单任务下的注意障碍所致。对句子书写的分析结果显示,抑郁症患者在手写速度上慢于正常者。

此外,一些学者也对健康群体样本进行了研究,主要有:Mergl 等研究者通过画同心圆、签名、书写不同大小的字母等实验任务研究了年龄、受教育程度、性别和个性等因素对手写运动能力的影响,他们研究发现,年龄会影响手写的速度和自动化水平,与青年人相比较,老年人的手写速度要慢,自动化程度低;受教育水平的高低常常意味着不同程度的语言认知和书写实践能力,言语智力水平高的手写者在手写过程中每笔画的速度和加速度平均峰值要高;个性和性别以及利手情况对手写运动的影响不显著。年龄、受教育水平和职业特点对手写运动的影响较大。Vuillermot 等选择了 186 位 3 岁以上的人群作为研究对象,通过所设计的笔套装置对受试者左右手进行画直线的实验,所得结果通过变化的 Fitts Law 进行处理,得到仅与年龄相关的变化指标。研究结果表明,不同年龄段的人群手写能力有显著差异。另外,Genna 等使用运动学参数研究了性别和年龄对未成年人手写特点的影响,van Drempt 等对 65 岁以上的健康老年人的手写特点进行了研究,Burger 等对澳大利亚 60～99 岁的健康老年人的手写速度进行了研究。

国外学者在手写运动分析方面申请了很多专利,比较有代表性的主要有:

(1)Pullman 在 2002 年提出的一种新的运动机能临床评估系统和方法(system and method for clinically assessing motor function)。该系统基于计算机分析数字手写样本对运动机能的客观评估,可以用于运动障碍的临床诊断和监测,并能够对儿童即兴运动技能的发育情况和用手习惯进行评估。该专利提出了通过采集用户手绘螺旋线的运动信息,并在极坐标系下提取平滑度、紧度、过零点比率等几何指标的计算方法，给出了运动机能临床评分的计算公式。其中，特征指标中的平滑度主要用于检测手绘螺旋线对常规螺旋线（健康人绘制的螺旋线）形状的偏移程度；而特征指标中的紧度与小写症相关性显著；过零点比率可以用来衡量图形的不规则程度，比如螺旋线的不对称性和不平滑性等特征。随后，Pullman 对螺旋线指标做了进一步补充，添加并细化了压力、速度、震颤等指标。

（2）Shrairman 等人在 2003 年申请的“精细运动控制评估系统”（system for assessment of fine motor control in humans）方面的专利。该专利通过分析手写的动态信息，实现了对个体精细运动控制能力的实时评价。其中，手写动态信息是在用户进行草书书写的过程中获取的，主要的指标包括压力和加速度。该专利基于“Window-Shadow”机制进行了信号间匹配，并采用了相关函数分析法（correlation function analysis），之后得到了稳定性、平滑性、同步性指标作为对神经功能的定量度量标准。最后，将这些手写运动指标的均值、方差与健康群体的对应值进行比较，利用比较值来对个体的精细运动障碍进行评价。该系统可用于观察神经障碍患者、酗酒或药物滥用者接触有毒物质后表现出的运动控制能力退化，以及测试精细运动障碍治疗措施的有效性。

（3）Teulings 在 2008 年申请的“运动测量系统”（motor phenomenon measurement）专利。该专利涉及一种运动障碍严重程度评估方法，其通过数字手写板和个人计算机实现对患者手写任务的数据采集、数据分析、手写特征提取和记录等功能。该专利采用了 3 种不同的书写模式进行数据采集，具体包括 8 个叠加圆的绘画任务、8 个草写的字母“l”以及草写字母序列“lleellee”，在每种书写模式中都包含 16 个上下笔画，并分为高、中、低三种书写高度。对手写样本进行分段后，系统可以提取 3 类不同的运动特征，主要包括书写的不流畅指标（dysfluency）、书写的速度控制能力指标（velocity scaling）以及运动幅度（size of movement）和运动迟缓指标（bradykinesia）。该系统不仅可用于药物副作用度量、药效评估、药物和剂量选择、连续跟踪帕金森氏症等进行性疾病的病情进展情况，还可用于探讨影响运动控制的因素。

（4）Rosenblum 在 2011 年提出的一种基于手写运动分析的诊断方法及系统（diagnosis method and system based on handwriting analysis）并申请了一项发明专利。该专利阐述了一种通用的书写运动量化评估方法，通过计算机系统获取书写指标，为每种应用场景预先定义一组特征指标，通过分析某一场景对应人群的手写信息，或者将满足条件和不满足条件的人的手写特征进行对比，得到对该组人群具有很好描述性的特征指标，最后分析某个人的手写信息，判断其指标值是否与某一场景的指标统计相关。该专利中可用于量化书写运动的特征指标包括每个书写笔画的时域、空间、压力特征。该方法可在诸多领域中应用,如笔迹分析、评价药物或治疗疗效、笔迹测谎、区分熟练者和新手、个性分析或特长分析、教学效果评价和签名认证等。

国外学者在手写运动分析及各种精细运动障碍方面的研究手段、研究方法和理论构架已经形成了比较完备的体系,研究对象包括幼儿、学龄儿童、成人、老年人等各个群体,所提取的特征包括速度、加速度、压力、大小、方向、连续性、布局等上百种参数。今天,以色列、澳大利亚、日本、德国、法国、英国、意大利、荷兰、比利时、瑞典、奥地利、捷克、瑞士等国手写运动分析技术发展迅速,在这些国家,手写运动分析的研究已被成功地应用于医学、教育学、心理学、刑侦、公关、军事、经济、管理及人才学等领域。然而,由于研究的实验对象、实验仪器、手写实验任务、数据处理方法等不一致,因此各研究结果之间也存在不一致的现象。

二、国内手写运动研究现状

近年来,国内的手写运动研究也逐步由神经心理学领域的静态手写分析向动态分析研究的方向发展。

在我国,书写笔迹与书写者心理相关性的研究可以追溯到汉代,"字如其人"的说法最早就是由西汉文学家扬雄提出的。由于古时候人们都是通过毛笔进行书写,所以古人通常从字体的大小、舒敛,用墨的深浅、枯涩,以及运笔的轻重、迟缓等变量上分析人的个性、情绪、品德等心理因素。古人认为,手和手臂的动作能力是由"内气"的运行状况决定的。内气盛则笔力强,内气衰则笔力弱,而内气是人体生命运动的核心,其运动状况会决定人的身心健康水平。这是我国古代对手写与人健康水平机制的初步认识。

从现代心理学的角度来看,古人的观点有一定的科学性,但是局限于对现象的描述和经验的判断,没有科学的实证研究。目前国内手写方面的研究主要集中在人格、情绪、认知等方面。

孟庆茂、赵增梅曾对 184 名高一学生在快速书写条件下硬笔笔迹变量与认知及个性特征的关系进行了研究,结果发现,横笔压与 16PF 个性因素(卡特尔 16 种人格因素问卷)中的 H 因素(敢为性)相关。横笔压轻常表现为畏缩怯懦、缺乏自信、自卑感等,横笔压重常表现出不掩饰、不畏缩、有敢作敢为的精神等。竖笔压与爱森克个性因素的 N 分(神经质,又称"情绪性")呈正相关,即竖笔压重与焦虑、易怒、对刺激反应强烈、情绪激发后难以平复有正相关关系,竖笔压轻与情绪稳定有关。同时,他们在研究中还发现,横笔压、竖笔压与认知变量的概念形成速度之间(0.2092,0.2040)、整篇压与认知变量视力追踪之间(0.2251)、字位与认知变量眼手协调之间(0.2119)有显著相关性。

童辉杰等人探索了孤独情绪、抑郁、焦虑与手写运动特征参数之间的关系。

他们的研究发现，高抑郁组被试者写字时忽略的笔画较多，书写比较散乱且不规则，钩笔更圆滑些；高情境焦虑的被试者书写每一个字时更多弯笔，但对书写的整体布局比较整齐；高特质焦虑的被试者对整个书写的布局显得较为紧张和拘谨；高孤独的被试者书写时左边字行比较整齐，撇的僵直更少变化，横宽更少变化。他们的研究证实了情绪与手写之间有着重要的联系。

郑希付等在 2009 年设计了一种手书运动分析系统，其利用计算机程序提取书写轨迹的平均速度、平均加速度、平均压力、波动值和断点数特征，并给出各特征数据的变化曲线图，从而实现对书写轨迹和过程的分析。

国内在手写与精细运动障碍诊断方面的研究还比较零散，主要有：华南师范大学的谢爱武等人从手写运动与学业成绩神经机制的相关性，精细运动与脑认知发展的相关性，手写运动与心理状态、个性之间的相关性三个方面对手写运动与学业成就关系进行的分析。王敏等通过手画螺旋线的方法对帕金森氏症患者的辅助诊断与评估和手运动补偿技术进行了全面、系统的研究。刘晓加采用汉语书写的心理语言测评和 PET-CT 结合技术，从临床行为、形态结构和物质代谢三方面分析了汉语书写障碍的特点，确定了基底神经节在汉语书写中的作用，探讨了其神经心理学机制。

相对于国外的研究现状，国内的研究还存在很多不足，如个案分析较多，系统研究较少，多集中于对手写笔迹的静态分析，动态研究较少；手写特征指标的提取多以字的大小、倾斜、宽窄、篇章布局等静态指标为主，对手写运动过程中运动学和动力学参数的提取较少。另外，各研究关注的手写特征也各不相同，使得研究结果之间难以进行横向比较。在研究方法和研究手段方面，多采用调查问卷的形式进行，主观性较强，缺乏客观的手写量化评估工具。对手写在精细运动障碍、书写困难、发展性协调障碍等方面的研究较少，重视程度不够。

第三节　儿童手写运动研究现状

一、研究背景和意义

手写是一项复杂的精细运动技能，其运动执行涉及大脑的广泛区域。手写运动的变化不仅能反映出手写者的精细运动控制特点，还可以通过对手写过程中的认知和情绪变量的操纵反映出手写者复杂的认知特点。特别是学龄儿童，其 30%～60%的学校时间都用在精细运动任务上了，并且主要是在进行书写。流利且清晰地完成书写的能力对于儿童表达、沟通和记录思想以及教育发展都很重要。

手写障碍通常称为“书写困难”或“失写症”，是儿童进行职能治疗的最常见原因。研究表明,有10%～20%的学龄儿童存在不同程度的书写困难。Smits Engelsman 等人在2001年考察了四年级(7～9岁)和五年级(8～10岁)荷兰儿童的书写问题发生率,他们将125名受试儿童分为书写水平较高组(84人,占67%)、书写水平较低组(34人,占27%)和书写困难组(7人,占6%)。在另一项对746名二至六年级的小学生(7～12岁)的研究中,根据笔迹质量对儿童的笔迹样本进行分类,有17%的儿童得到了D或者更低的分数,并被列入"障碍书写者"。在汉字书写方面,孟祥芝运用家长问卷调查得到的中国儿童严重和轻度书写障碍的比例分别为3.8%和8.6%。

目前,接受干预治疗的书写困难儿童多为运动困难和协调障碍患儿。根据美国心理学会(APA)在1994年的一份报道(DSM-IV),发育性运动协调障碍(developmental coordination disorder,DCD)、特殊学习缺陷(special learning disability,SLD)患儿以及被认为迟钝(clumsy)的儿童是书写困难的高发群体。

手写运动障碍问题被认为是一种发展性能力缺失,称为"书写困难"(dysgraphia 或 handwriting difficulty),通常指与书写机制相关的书面语言障碍,具体表现为书写技能远低于年龄、智力、年龄和受教育情况相当条件下的预期。如果一个儿童在书写技能上落后于同龄人,并且影响其日常生活中的手写活动,就可以被诊断为书写困难。书写困难儿童通常被称为"poor handwriter",与同龄儿童的手写运动相比,他们的常见表现有在字母和单词之间需要更长的抬笔时间、执行复杂任务时速度显著降低、缺乏准确性、较差的书写质量以及较低的运动自动化水平等。

手写障碍会对儿童的学业和身心发展带来一系列的影响:①书写困难儿童需要把注意力集中在书写的执行方面,阻碍了其对信息和想法的处理,在学习和书写的精力集中上存在综合权衡;②书写困难儿童倾向于用更少的字来完成书面作业,书写速度较慢的儿童很难或不能按时完成作业;③书写技能的习得障碍可能导致儿童产生逃避书写的心态,从而导致写作能力的发展停滞不前;④书写质量较差儿童的书面作业可能会得到较低的分数;⑤书写困难儿童通常在精细运动或运动协调动作上也存在障碍;⑥书写表现也可能影响学龄儿童的自我认识和行为,书写困难儿童能意识到自己的书写缺陷,从而有较低的自尊心和更多的沮丧;⑦在缺少及时有效的干预治疗的情况下,书写困难儿童的手写运动可能会受到持续的阻碍,影响对手写技能的发展与掌握。

通常,儿童从幼儿园开始接受正规的书写指导。对于书写障碍儿童,发育成长、学业指导和练习可以逐步抵消其书写技能上的缺陷,并且书写缺陷可能是暂时的。书写问题常伴随有精细动作障碍,适当的治疗能够有效提升书写困难儿童的书写质量,因此,书写困难的早期发现和干预治疗十分重要。

二、儿童手写评估量表

目前，大多数研究采用评价量表，依靠教师对静态书写结果的观察判断进行手写技能评估，甚至是辨别书写困难儿童。速度(speed)和易读性(legibility)是手写运动评估的两个关键因素。

速度是手写技能的一个重要方面，特别是儿童要在时间限制下完成书写的时候。较慢的书写速度会对儿童的书写积极性和参与度产生负面影响。作为手写运动的一项量化指标，速度一般通过统计每分钟书写的字母数得到。为了应对不同的书写要求，儿童的书写速度是变化的，会随上下文、采用的书写设备以及任务类型(抄写、听写还是自由书写)而不断改变。此外，儿童的手写速度是不断发展的，不同年龄段的手写速度存在差异，会从低年级到高年级逐步增长。因此，在比较儿童的书写速度时需要考虑这些因素。

易读性是指笔迹是可辨认的，其受字形、间距、大小、倾斜和对齐等因素的影响。笔迹易读性是老师和家长用来评估儿童手写功能的主要指标，并且研究者也认为易读性是评价手写结果的一个重要指标。对易读性的判断主要是基于量表评分项，通过观察笔迹的整体结构、字母外形及各种空间特征得出易读性等级。

随着手写研究的不断发展，国内外已经形成了相当数量的量表用于不同语言的评估。Rosenblum 等人评判了多种手写量表后，认为通过分析手写文字得到一个总体判断的评估量表可以用来评估书写表现。

(一)国外的儿童手写评估量表

国外的手写评估量表主要包括儿童书写评估量表(children handwriting evaluation scale，CHES)、简明儿童书写评价量表(concise evaluation scale for children's handwriting，BHK)、明尼苏达笔迹评估量表(Minnesota handwriting assessment，MHA)和希伯来语书写评价量表(Hebrew handwriting evaluation，HHE)等。下面就对国内外常用的量表进行简要的介绍，这些量表在语言类型、实验类型和评估准则方面各有异同。

1. 儿童书写评估量表

儿童书写评估量表由 Phelps 等人在 1985 年制定，目的是度量三至八年级学生的草书书写质量及流畅性。受试儿童首先要阅读一篇共 197 个字母的文章，然后在白纸上完成抄写。根据字母外形(lettershapes)、倾斜度(tilt)、节奏(rhythm)、间距(spacing)和整体外观(generallook)等方面对抄写结果进行从"最差"到"最好"的 5 级评分。此外，为了对书写速度进行评估，测试者要记录下抄写 2 分钟后受试者书写的字母数，并与不同年龄段儿童书写速度常模数据进行对比。关于该量表的效度以及评价者间信度，已有许多研究展开了调查。

2. 简明儿童书写评价量表

简明儿童书写评价量表是由 Hamstra-Bletz 等人在 1987 年设计的。简明儿童书写评价量表(BHK)作为筛选工具,其原理是根据书写的可读性和速度辨别书写困难儿童。该测试采用一个类似于学校作业的书写任务,受试者用 5 分钟时间来抄写指定文本,文本中句子的复杂度递增。测试者从 13 个方面对抄写的文本进行评分,最后综合得出书写质量分数,书写速度由 5 分钟内书写的字母数计算。BHK 的评价者间信度很高,并且采用该量表的众多研究也验证了其有效性。

3. 明尼苏达笔迹评估量表

明尼苏达笔迹评估量表主要用于评估书写结果的质量。该测试要求受试者抄写一句话"the quick brown fox jumped over lazy dogs",在实际使用中,有些研究学者会将这句有意义的话打乱为随机的字母序列,以避免阅读能力强的儿童本身的记忆优势。MHA 量表主要从可读性(legibility)、字母形状(form)、对齐(alignment)、大小(size)和间距(space)五个方面评估儿童的书写质量,其效度已经得到了验证。

4. 希伯来语书写评价量表

希伯来语书写评价量表是根据三种不同的手写运动结果变量进行评估的:①生物力学和人类工程学度量,具体包括身体姿势、握笔、笔位置以及握笔一致性;②笔迹质量度量,即书写笔迹的整体清晰度,以及擦除或者改写的字母数、无法辨认的字母数以及空间布局;③书写效度度量,用于评价受试者在段落抄写任务中书写的流畅性和连笔情况。

(二)国内的儿童手写评估量表

国内主要的手写评估量表主要包括汉语失写检查法、中国儿童书写困难评估工具和曾氏写字问题检核表等。

1. 汉语失写检查法

汉语失写检查法是由南方医科大学的刘晓加研究小组设计的,这套测试量表主要用于评定汉语失写症患者的书写能力。检查内容包括:①自动书写,书写熟悉的文字内容、阿拉伯数字及汉字数字;②抄写,包括独体字和合体字抄写;③听写,分同声母、同韵母及同声调三种情况,通过字音刺激产生书写;④看图书写;⑤主动书写,让受试者按自己的思路书写一段文字;⑥书写能力检查,包括视力、听力、运动、感觉、智力及言语等。该检查法的可靠性和实用性已得到了临床应用的初步验证。

2. 中国儿童书写困难评估工具

中国儿童书写困难评估工具是由北京大学心理学系的孟祥芝编制的,本评估工具主要用于划分书写障碍的亚类型。该评估工具的实验任务包括:①汉字抄写，共有13个双字词，包含了汉字的所有笔画；②图形抄写，包括等比例抄绘四幅几何图形；③看图作文；④汉字听写。对汉字进行抄写的任务可从结构、空间、可辨性、力量四个方面进行书写质量评估，并分析受试者的书写速度；对图形的抄写任务的评估可从大小、形状、方向三个方面进行；看图作文主要关注意义和结构；对听写任务则要求计算正确书写的字数。

3. 曾氏写字问题检核表

台湾大学曾美惠教授提出了一份曾氏写字问题检核表(Tseng handwriting problem checklist，THPC)，本评估量表采用问卷调查的方式评估学生的手写能力。整个问卷分为两个考查方面：第一项至第八项用于评估书写的可读性，包括间距、空间关系、字体大小、字形错误、字体是否超出书写格、字体颠倒、笔画和笔顺；其他项是关于书写行为的观察和评估，包括握笔姿势、写字速度、不太会写字但会认字、会读、会理解，以及其他行为观察，如坐立不安、注意力不集中等。

评估量表的使用为手写功能的评估提供了有效的手段。但是，这种基于书写质量和准确性的评估费时且依赖于对手写笔迹的主观评价。现有评估量表通常只强调书写速度，未能提供关于书写过程的实质性信息，使得评估结果并不全面。手写的执行是一个运动过程，对手写过程的研究能更好地反映潜在的手写问题。近年来，计算机技术的发展为手写运动的评估工作带来了革新，数字手写设备能够对肉眼无法直接捕捉到的手写过程信息进行评估，基于计算机的特征指标的构建为手写的量化评估提供了新途径。

三、国外研究现状

儿童如果在学龄期没有熟练掌握写字能力，就会影响他们学习能力的发展和自尊心的培养。然而，写字是一项复杂的精细活动，涉及整体活动的交互作用，如运动控制、视觉—空间知觉、语言能力等，几乎涉及所有的大脑皮层领域，而手部的灵活性尤为重要。任何一个环节出现问题都会影响书写的结果，最终表现为字迹潦草或难以辨认。

导致儿童书写困难的原因并不明确，一般认为有两种可能的因素：内因和外因。内因即儿童自身某方面能力的不足，外因包括环境因素和生物力学因素等。有效、可靠、标准的书写能力评估工具和儿童课堂表现及老师的评估建议对于书写能力的评估是十分重要的。采用手写运动分析技术对书写困难的干预疗效进行研究发现，书写困难的儿童在干预训练后书写成绩得到了改善，证明了干预训练对书写困难儿童的有效性。有证据表明，有10%～30%的学龄儿童为书写困难所困扰，并且没有得到及时的干预治疗。

尽管计算机得到了广泛的应用，但是良好的书写能力仍然是十分重要的技能，因此儿童书写障碍应该引起教育工作者和医生的足够重视。

在国外，基于数字手写设备和计算机的手写运动分析技术已经被广泛用于儿童书写障碍的研究。国外学者在运动分析方面主要基于各自的儿童实验样本采集相应信息，然后提取特征指标来定量分析手写运动过程，并提出了大量的运动学参数，包括时间变量和空间变量等指标。

M. Genna 等人通过对学龄儿童在书写和画圆过程中的运动学参数和压力信息进行处理发现，学龄儿童在书写和画圆过程中的运动学参数和压力等指标与年龄存在显著性相关($p<0.003$)，速度、自动化程度和压力随着年龄的增加而增长，速度变化率则随着年龄的增加而减小，男性的速度要显著大于女性。van Galen 等研究者运用手写运动分析技术，采用“神经运动噪声”的概念对儿童在书写运动中缺乏精确性和一致性的情况进行了研究，发现书写困难儿童的书写速度快，运动节拍大，不能有效地适应空间精确性的要求，缺乏时间和空间的精确性。Rosenblum Sara 等人采用抄写和听写的模式，对段落书写中笔接触纸面书写的时间和轨迹长度以及笔离开纸面在空中运动的时间和轨迹长度分别进行了动力学分析，发现书写困难学生在书写过程中笔在空中的运动时间和运动轨迹比书写良好的学生长。Smits-Engelsman 等人通过对四、五年级的儿童进行花形轨迹追随手写运动的分析，比较了三个月的干预治疗对书写困难的影响，发现书写困难儿童经过干预后其画图的速度和精确度均有提高，停顿的次数和时间也明显减少。

国外学者对儿童手写运动的量化研究有较长的发展历史，其针对手写的执行特点提出了各种特征指标并通过实验进行了效度验证。

1. 时域特征

以色列海法大学 Rosenblum 团队对手写过程的系列研究表明，时域特征是评价书写表现的重要方面。总时间(total time)、抬笔时间(in-air time)、落笔时间(on-paper time)以及抬笔落笔时间比(in-air/on-paper time ratio)都是常用的手写时域特征。

临床观察发现，不熟练的书写者不仅在书写速度、书写质量上有较差的表现，而且在书写时容易发生停顿。停顿频率(frequency of pauses)和停顿时间(duration of pauses)通常用来衡量手写运动的熟练程度。许多研究结果表明，书写流畅性指标对于评价手写能力尤其是书写困难具有特定意义。Rosenblum 等人使用抬笔运动时间(the time of in air movements)和抬笔运动轨迹(the trajectory of in air movements)描述书写流畅性缺陷，在对 50 名熟练书写者和 50 名不熟练书写者(8～9 岁)的研究中，他们发现，不熟练书写者比熟练书写者有更长的抬笔时间和抬笔路径长度。类似的，Lam 等人也发现，相比于控制组儿童，有书写困难的诵读困难儿童表现出更长的总书写时间、停顿时间、落笔时间和单个字母平均书写时间。

2.空间特征

空间特征是评估手写技能掌握情况时需要考虑的另一个方面。在 Di Brina 等人的实验中，熟练书写者和障碍书写者在字母“a”的轨迹长度上有很大的组间差异。在正常书写和快速书写条件下，障碍书写者都会书写更大的字母，但是这种差异在准确书写条件下消失。发展性协调障碍儿童在花形轨迹追随任务中的轨迹长度在干预治疗后平均缩短近 2 cm。此外，Falk 等人根据明尼苏达笔迹评估量表的评分项，采用计算机技术检测手写英文字母并量化了其空间特征，如图 2.6 所示，具体包括字母形状（form）、对齐（alignment）、大小（size）和间距（space）四大类指标。

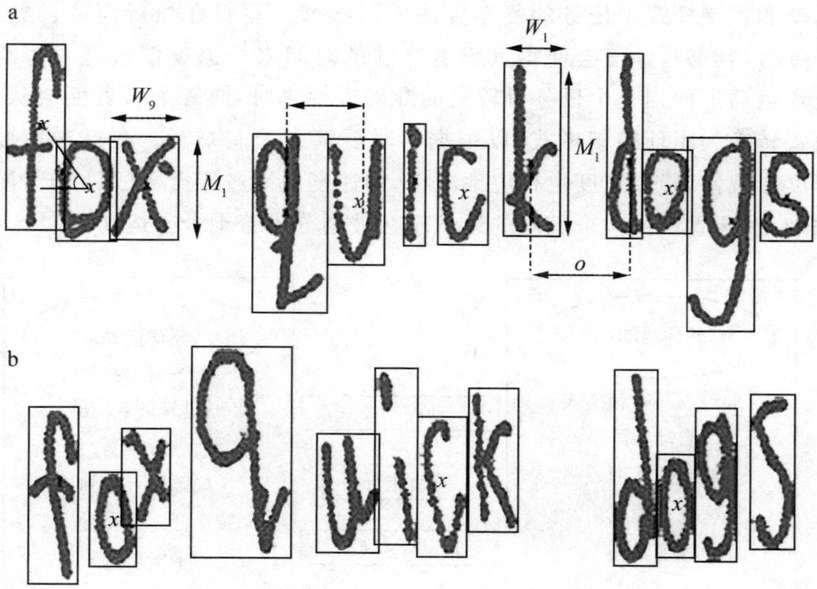

图 2.6　熟练书写者与不熟练书写者的手写字母检测

3.运动学特征

（1）速度：速度是手写研究中最常用的指标。根据实验任务的不同，文献中提及的速度指标计算方式各有不同，常见报道的有平均速度和峰值速度。此外，在书写任务中，常将书写者每分钟书写的字数作为其书写速度的衡量指标，也称作“书写频率”。由于笔画是书写的基本单位，因此一些研究者计算了平均笔画速度，并将其作为手写的运动学指标。

（2）手写运动自动化程度：该指标是速度曲线的方向变化次数，是度量手写运动自动化程度的有效指标。根据手写的运动学理论，手写运动的自动化表现为笔画由开环运动产生，它的速度曲线是单峰的钟形曲线且 NC *V* 的值是 1；反之，多峰速度曲线及较高的 NC *V* 值则表示手写运动的不流畅、低自动化水平。笔画(stroke)是手写运动分析的最基本运动单元，对笔画进行研究有助于分析复杂的手写运动。

Plamondon 在 1995 年提出的运动学模型将人体的快速运动定义为开环运动(open-loop movements)，也称作“弹道运动”(ballistic movements)，因为整个运动过程在运动开始前就已经确定，所以没有视觉或本体感受反馈参与。相反，在持续视觉反馈下完成的动作属于闭环运动(closed-loop movements)。相比于开环运动，闭环运动速度相对较慢，并且需要更多的运动和认知参与，如图 2.7 所示。一般认为，不熟练书写者的手写运动属于闭环控制，而熟练书写者手写运动的控制模式由任务的复杂度决定。熟练书写者在执行简单且熟悉的手写任务时，其书写速度会使得其没有足够的时间来根据反馈进行书写纠正，属于开环运动。而当一个任务有较高的准确度要求时，熟练书写者便会从开环控制模式转换为闭环控制模式，以根据实时反馈来控制书写。在这种情况下，运动速度会减慢，峰值速度也相应地减小，加速度曲线过零点数(等价于 NC *V*)随之增加，意味着产生一个笔画的运动现在被划分为若干个子运动。

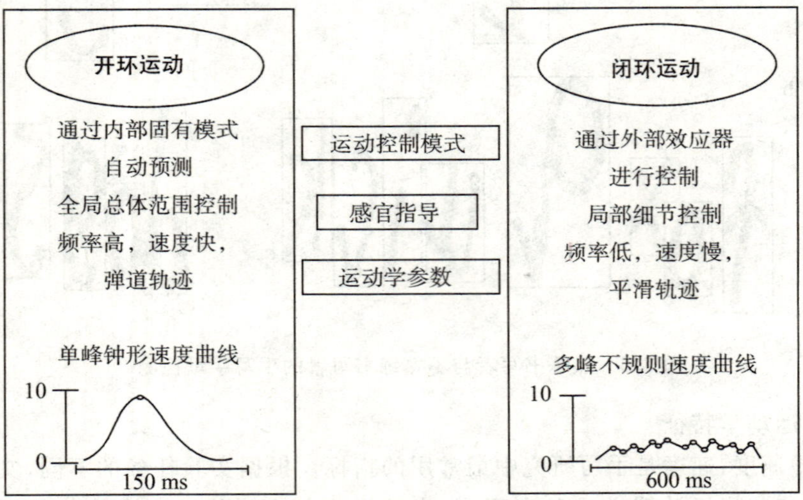

图 2.7 开环运动与闭环运动对比

Eichhorn 等人通过提取手绘叠加圆的 NC *V* 和 NC *A* 指标来量化描述手写运动的自动化程度。他们指出，由上下运动绘制的半圆是叠加圆的基本单元，对应于草书书写的一个笔画，因而 NC *V* 和 NC *A* 指标是以半圆为单位提取的。在 Khalid 等人的研究中，采用六阶多项式回归拟合速度曲线，将拟合曲线的峰值个数作为特征值，并将其命名为峰值速度的个数（number of peak velocity）。Chang 和 Yu 提取每个垂直笔画（或者水平笔画）对应的垂直方向（或者水平方向）上的速度峰值点个数作为比较正常儿童与书写困难儿童、发展性协调障碍儿童运动控制能力的重要指标。此外，基于 NC *V* 指标，Rueckriegel 等人探讨了儿童和青少年手写自动化水平的成熟和发展；Mergl 等人将健康成年受试者分为三个年龄段水平，研究了年龄增长对手写自动化的影响。

4. 动力学特征

手写过程中通过笔尖施加给书写平面的力是手写动力学研究的重要内容，平均书写压力是研究学者们通常采用的手写动力学指标。有书写问题的儿童常常会施加不恰当大小的压力在书写工具上。在对儿童字母书写的动力学分析中，Di Brina 等人发现，书写水平较低的学生在书写过程中对书写平面施加了更大的压力，其平均书写压力是书写水平较高的学生的两倍。然而，Rosenblum 等人报道了不同的研究结果，他们发现，在姓名书写和段落抄写任务中，发育性运动协调障碍（DCD）患儿的平均施力均显著低于控制组儿童。Chang 和 Yu 等人采用不同难度的汉字书写任务检验了 DCD 儿童的书写特点，发现任务复杂度会对 DCD 儿童的书写施力产生显著影响。在简单汉字书写任务中，DCD 儿童和控制组之间的平均压力无显著差异。但是，当执行复杂汉字书写任务时，DCD 儿童的施力变化明显大于对照组，使得其书写平均压力显著小于对照组。除了平均压力，Khalid 等人还关注了手写过程中施力的一致性，指出即使正常儿童和书写障碍儿童在平均笔尖压力上没有组间差异，障碍儿童手写过程中的笔尖压力也具有更大的波动性。他们还认为，手写压力的波动性可以作为书写质量评估的一个有效指标。

5. 其他特征

Di Brina 等人将动态时间规整算法（dynamic time warping，DTW）应用到了儿童书写能力的评估当中。依据 BHK 量表评分，将儿童分为书写水平较高组和书写水平较低组，在正常、快速和准确三种条件下分别书写字母“a”序列。随后，除经典的运动学指标（书写时间、笔迹长度、绝对速度、总“停止”时间、笔尖压力）之外，DTW 被用来分析儿童书写的字母“a”的波动性。对于每个单独字母，DTW 算法被用来计算该字母相对于平均字形的距离。然后得到两个 DTW 度量指标：平均 DTW 距离和异常字母的百分比。平均 DTW 距离是指某个参与者书写的所有字母“a”与其手写平均形状（原型）的 DTW 距离值的平均数；异常字母的百分比是指该参与者书写的与其原型的 DTW 距离值大于某个阈值的字母“a”的个数。根据数据分析的结果，书写水平较低组儿童在字母形状上表现出了更大的波动性并通过 DTW 度量指标反映出来。这一发现独立于运动学指标的结果，即书写水平较低组在运动学上表现出大幅、快速的运动以及更大的笔尖压力。Di Brina 的研究表明，DTW 是一项可用于手写字母形状分析的有效客观的量化技术。

Danna 等人提出用“信噪速度极值差异”(signal-to-noise velocity peaks difference，SN vpd)来评估书写困难儿童在草书书写中的异常速度波动。这个变量是由两个已有的特征变量“信噪振幅比”(signal-to-noise amplitude ratio，SNA ratio)和“速度极值点个数”衍生而来的。具体计算方法为：用经过 10 Hz 截频滤波后的速度曲线极值点个数减去 5 Hz 截频滤波后的速度曲线极值点个数。该研究对书写困难儿童、熟练书写儿童和成人三组受试者的 SN vpd 与另两个常用的评估书写流利性的变量“速度曲线翻转次数”(number of inversion of velocity，NIV)和“平均归一化波动”(averaged normalized jerk，ANJ)进行了比较。结果表明，SN vpd 能最有效地识别书写困难儿童，此外，它对于在一个单词中找出不流利峰值的位置有明显优势，如图 2.8 所示。图中，上部分为成年人(左)和书写困难儿童(右)书写的法语单词“lapin”；中间部分为 10 Hz 截频滤波后的速度曲线(黑色)和 5 Hz 截频滤波后的速度曲线(灰色)；下部分为速度曲线(灰色区域的放大部分)，五角星以及灰点标注的均为极值点。

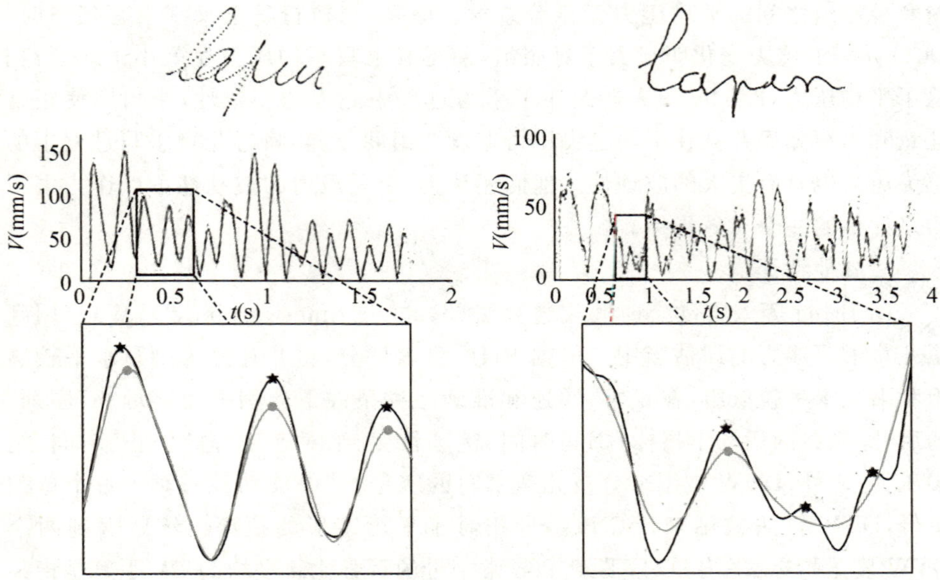

图 2.8　成年人(左)和书写困难儿童(右)的书写特点对比

国外的研究表明,手写的速度和清晰度是衡量手写能力最重要的两个指标。速度是写字能力的重要评价指标,但是写字速度会受书写内容、提示信息、是否抄写、听写或自由书写等因素的影响,因此在衡量儿童书写速度时需要注意其影响因素。清晰度的衡量指标包括:字母的可辨识率,字母间距、大小、倾斜度、对齐度等指标。在动力学分析方面,对手写运动过程中笔尖压力特征进行的探讨主要包括整体书写压力均值、峰值压力、峰值压力与压力均值之比等指标。

四、国内研究现状

手写运动的研究在国内也引起了广泛的关注。国内对手写运动的量化研究主要有三个团队:华南师范大学郑希付团队、香港理工大学李曾慧平(Cecilia Li-Tsang)团队以及台湾义守大学张韶霞(Shao-Hsia Chang)和余南莹(Nan-Ying Yu)团队。

华南师范大学郑希付团队对动态手书分析的科学性和可行性进行了探讨,并且发表了关于手书运动分析及其在书写困难中的研究的综述。谢爱武开展了不同学业成绩中学生的手书运动特点研究,通过 8 个系列实验探索了不同控制因素下自然手书和控制性手书的运动特点,认知压力、情绪等因素对手书的影响,以及手书运动学习的特点。最后,在实验研究的基础上,其选择了具有鉴别力的手书指标用于对学生的鉴别分析。此外,郑希付等人还比较了 7～12 岁的学困儿童和学优儿童的手书特点,以及不同学生在自然和考试情景中的手书变化特点。许锦民设计了 12 个手写实验(包括画画和书写)以分析健康儿童和数学成绩不佳的儿童的手书速度、加速度和压力特征,探讨了数学成绩不佳儿童的精细运动控制功能。

香港理工大学李曾慧平团队对香港儿童的中英文抄写能力进行了检查,发现正常儿童与生理缺陷儿童在平均书写速度、提笔落笔时间比、速度标准差、每个汉字大小的标准差和书写错误的笔画数这五个指标上有显著的组间差异。他们的另一项研究也印证了这一结果:生理障碍儿童的书写明显缓慢、字体大小多变并且准确性低。另外,该团队还与海法大学的 Rosenblum 团队一起探讨了基于计算机的视觉感知和视觉运动整合技能训练程序在提高学习障碍儿童、尤其是书写障碍儿童的汉字书写能力方面的效果,如图 2.9 所示。重复测量方差分析结果表明,障碍儿童在视觉感知和书写时间控制上均有了提高。但是,不论是正常儿童还是障碍儿童,其书写的工整性和易辨识性并未得到提高。

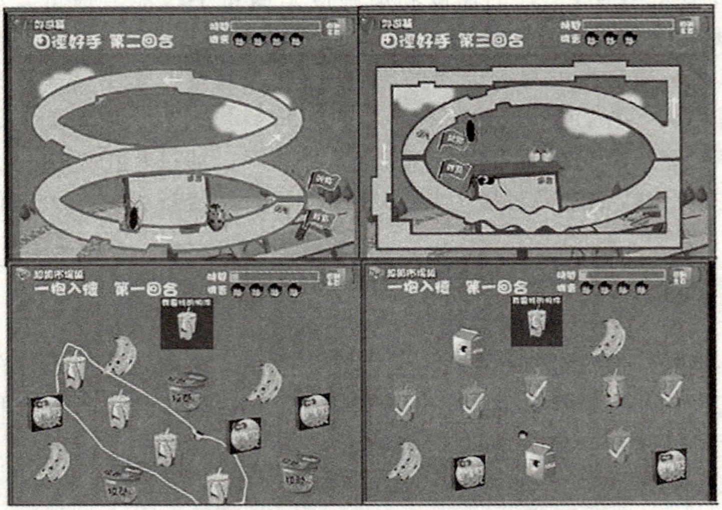

图 2.9　视觉运动整合训练项目

台湾义守大学的张韶霞(Shao-Hsia Chang)和余南莹(Nan-Ying Yu)团队采用基于计算机的运动分析描述了发育性运动协调障碍(DCD)儿童的手写障碍表现。他们将书写一个不熟悉的文字时用来达到运动自动化的练习次数作为评价手写学习能力的指标,安排受试儿童抄写三个简单字和三个复杂字,然后采集笔画速度和轴向笔压力以进行比较,如图 2.10 所示,实验发现,患有 DCD 的书写困难儿童需要更多的次数以达到自动化书写,并且当由简单书写任务转换到复杂书写任务后,其笔画速度明显降低。结合神经运动控制理论,该研究明确了 DCD 儿童在开环和闭环控制中存在障碍。在该团队随后的一项研究中,四项不同复杂度的抄写测试被用来检测书写困难的低年级小学生的手写运动学特点,得到的结论是书写困难儿童笔画间的停顿时间较长,并且 NC V 值较高。该研究进一步验证了书写困难儿童在精细运动控制上存在缺陷,并为鉴别书写困难提供了可用的手写特征。另外,在手写障碍的干预治疗方面,该团队也开展了相应的工作,比较了基于计算机的治疗练习与传统的感觉运动方法在儿童书写障碍康复上的效果。受试儿童分为计算机指导组、感觉运动训练组和控制组,干预时间为 6 周,并通过小学阅读/书写测试和计算机评估两种方式度量书写表现。对干预前后得分差值采用重复测量方差分析发现,计算机指导组比其他两组有显著的提高。在运动学和动力学分析中,书写速度和流畅性的康复也达到了令人满意的效果。

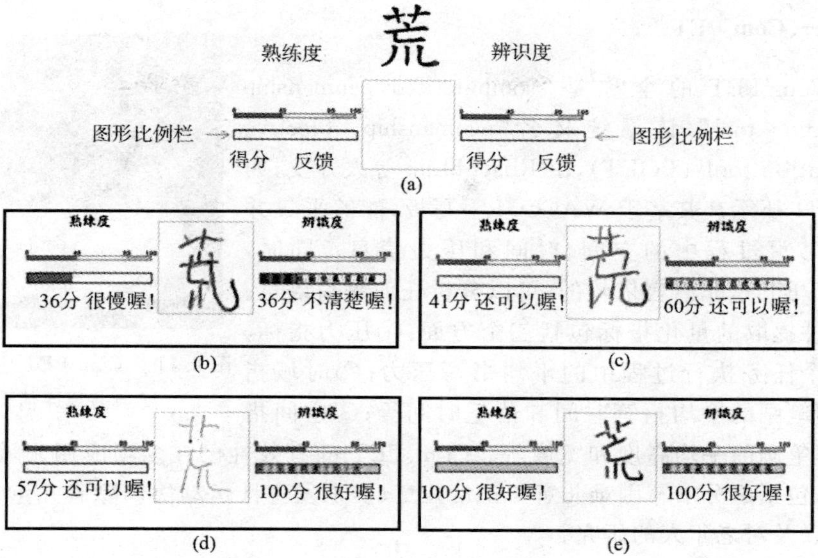

图 2.10　手写样本及书写评价指导示例

另外,苏州大学的杨双及北京大学的孟祥芝等人也对听写障碍儿童的字形输出错误特点及空间书写障碍进行了个案研究。

对书写困难的诊断需要量化的评分标准和确定的评估方法,然而目前还没有用于对中文儿童书写能力进行有效评估的工具。在国内,孟祥芝等人运用家长问卷调查发现,中文儿童中严重和轻度书写障碍的比例分别为 3.8% 和 8.6%。而荷兰的 Smits Engelsman 等人考察了 125 名四、五年级儿童的书写问题发生率,结果发现,34% 的儿童表现出了书写问题。中文儿童书写困难的比例略小于国外的统计,原因可能是中文与英语在书写方面的不同,也可能是家长问卷的形式过于主观。

第四节　儿童手写量化评估系统

书写能力不仅会影响儿童的学业成绩,而且会影响儿童表达思想和与他人进行沟通交流。儿童时期是人们书写能力发展的关键阶段,因此对于儿童书写障碍康复训练的研究应该引起人们足够的重视。在采用手写运动分析对书写困难的病理机制进行探讨的研究中,由于所采用的书写模式以及书写任务不同,产生的结果并不一致,而书写时间和空间变量的变化性是研究者们所探讨的焦点,书写中的停顿现象也引起了研究者们的重视。

目前,有文献报道的儿童手写量化评估系统主要来自以色列海法大学、中国香港理工大学和中国台湾义守大学。

一、Com PET

Com PET 的全称是“computerized penmanship evaluation tool”，该系统又名“penmanship objective evaluation tool”(POET)，由 Rosenblum 等人开发，如图 2.11 所示。其基于 WACOM 手写板，能够采集并分析书写过程中的空间、时间和压力信息。同时，Com PET 是非语言依赖的，可以分析任何手写语言。该软件提取的量化指标包括三个方面：①压力指标，即整个任务执行过程中的平均书写压力；②时域指标，即笔画的平均抬笔时间和落笔时间等；③空间指标，即笔画的平均高度和宽度等。Com PET 的有效性已在多项应用领域得到验证，包括区分书写困难儿童与正常儿童、辨别发育性运动协调障碍儿童、笔迹测谎以及对老年人的研究。

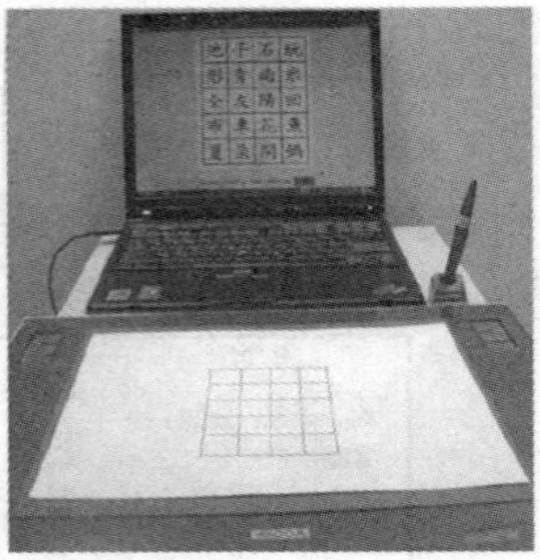

图 2.11　Com PET 应用于汉字书写评估

二、CHAT

CHAT 的全称是“Chinese handwriting assessment tool”，由香港理工大学开发，目的是对学生的中文书写表现进行综合评分，并建立小学一至六年级学生书写表现的常模数据。CHAT 同样是基于 WACOM 系统提取书写过程信息，它提供由 90 个常用汉字组成的书写模板，囊括了所有的汉字结构，如独体结构、上下结构、左右结构和包围结构等。该评估系统提取的手写特征包括总书写时间、总抬笔时间、总落笔时间、抬笔落笔时间比、速度(每分钟书写的汉字数)、速度标准差、平均笔尖压力以及笔尖压力标准差。2013 年，研究人员进一步改进了 CHAT，增加了准确性、笔画错误的汉字数、超出格子的汉字数和每个汉字大小的标准差这四个参数，并将其命名为“chinese handwriting analysis system”(CHAS)。图 2.12 和图 2.13 分别为 CHAT 采集的手写字体展示和分析结果展示。

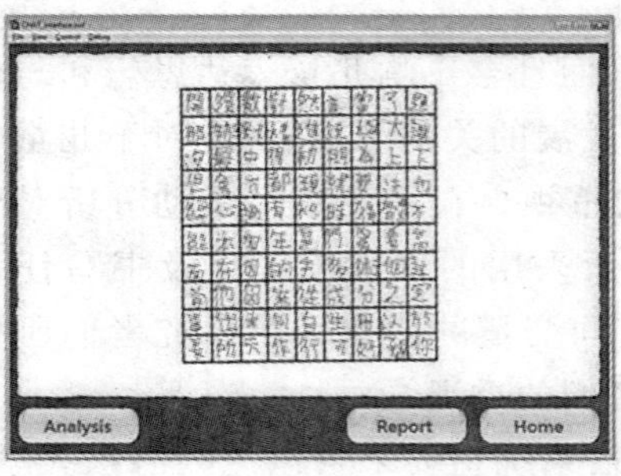

图 2.12　显示在电脑屏幕上的抄写结果

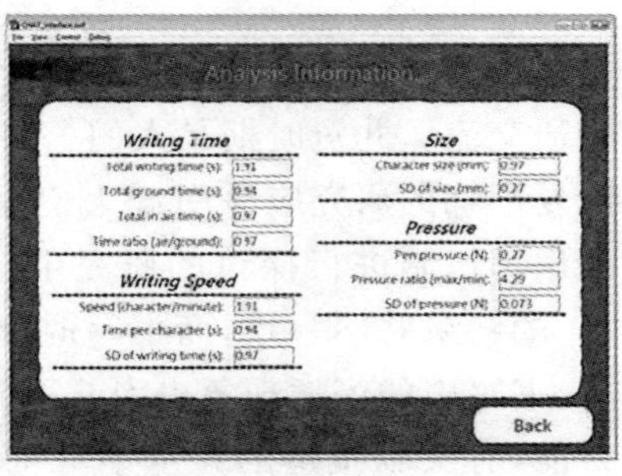

图 2.13　CHAT 的分析结果

三、CHAP

CHAP 的全称是“Chinese handwriting assessment program”，它是使用计算机技术量化的曾氏写字问题检核表，如图 2.14 所示，其中(a)为受试者手写笔迹；(b)中黑色涂抹方块用来标记每个汉字的位置和大小；(c)为数据分析结果。在 2009 年，研究者通过实验证明了该系统的效度。CHAP 采用模板匹配的方式对字体的扫描影像进行分析，从而量化得到手写汉字的字体大小、平均字间距、平均字体相似性、字体相似性标准差等指标。

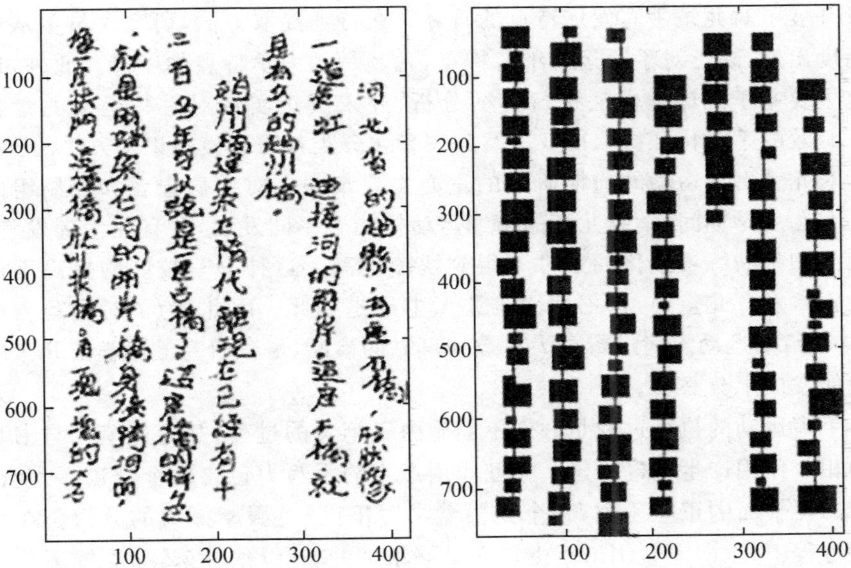

(a)　　(b)

项目	数值	项目	数值
◇总字数(包含标点)	108	◇总跳跃字符	5
◇平均字符间距(mm)	9.57	◇字符间距标准距离	2.08
◇平均偏离中线距离(mm)	0.70	◇偏离中线距离标准距离	0.55
◇与标准模型平均相似度(0~1)	0.551	◇与标准模型相似度标准距离	0.09
◇平均字符大小(1~34)	18.90	◇字符大小标准距离	4.96

(c)

图 2.14　CHAP 分析结果示例

目前手写运动分析在国内的临床研究和教育领域还没有得到广泛的使用，在儿童书写困难的诊断研究方面还比较薄弱。汉字的书写不同于拼音文字，它所具有的视觉图形结构使其具有更为复杂的书写运动机制，因此需要针对中国儿童编制适合汉字分析的评估系统，采用手写运动分析技术，对中文书写困难的儿童进行诊断研究。

第五节　研究现状分析

目前，儿童手写运动研究集中在健康组和患者组的特征对比上，只有少数学者开展了对儿童手写发展特点的研究。在特征提取方面，研究人员多从运动学角度出发，缺乏对手写运动细节特点，尤其是动力学特点的度量。此外，现有研究主要基于统计学方法进行特征分析，并未真正实现对手写运动的量化评估。有效的手写特征提取以及手写障碍量化分类都需要模式识别方法的支撑。

对儿童书写运动的前期研究的重心主要集中在对疾病患者和控制组的对比上。在上学期间，学龄儿童的精细运动技能会不断发展，并且在生理发育、学业指导和不断练习强化的条件下得到快速提高。这种书写技能的提高不仅表现在正常发育儿童中，在书写困难儿童中也是如此。因此，为了对书写困难和DCD等精细运动疾病进行更为有效和可靠的诊断，量化研究健康学龄儿童的手写技能发展十分必要。

手写运动的执行过程是一个不断施力于笔尖的过程，并通过笔尖与书写平面的相互作用产生笔迹。这个相互作用产生的手写力包含两个分量：一个是垂直于书写平面的正向压力，一个是沿着书写平面、克服摩擦力的分力。在手写执行过程中，正向压力用来产生具有足够粗细的、连续的笔迹，而摩擦力分量又进一步分解为 X 轴方向的力和 Y 轴方向的力，以克服笔尖在书写平面上移动产生的摩擦力。因此，手写力信息是一个三维矢量(F_x，F_y 和 F_z)，如图 2.15 所示。目前开展的手写动力学研究通常获取到的是全局特征，如平均正向压力或轴向压力，缺乏对手写动力学细节特征的提取和分析，这一现状制约了对儿童手写运动控制特点的深入研究。如果能对手写运动三维力矢量信息进行系统分析，对理解儿童手写运动控制机制以及书写困难等精细运动疾病的潜在病理将具有重要意义。

目前，对儿童手写运动的量化研究主要是在手写特征提取的基础上采用统计学方法进行数据分析，从而实现对不同群体儿童手写特点和差异的描述，或者是检验手写特征指标与评价量表的相关性。这种基于统计技术的方法虽然实现了手写特征指标的量化，但仍停留在依据统计结论进行现象描述的层面，并不具备对手写运动障碍患者进行筛查的能力。为了实现手写运动的量化评估及分类，仅仅依靠统计方式是不够的，必须借助模式识别方法。随着数字手写板的大量使用，根据获取的手写过程和结果数据可以提取大量的手写特征，减少特征冗余、进行有效的特征选择，但也要依赖模式识别算法。手写运动分析技术的不断发展离不开模式识别技术的支持，同时将模式识别算法引入到手写运动的分析研究中有助于为其提供更为有效和准确的手写评估和分类，从而促进手写运动分析在临床应用上的推广。

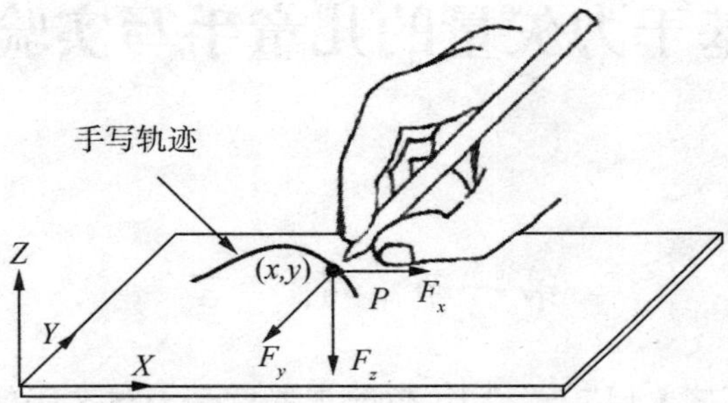

图 2.15　手写三维力示意图

第三章 基于力矢量的儿童手写实验方案设计

第一节 引 言

《周礼》中六艺之一曰“书”,“书”指的主要就是书写文字的技能,以及这一技能中所包含的文化内涵;“写”则是用不同的笔相对于纸或其他介质运动而留下具有语义内涵的轨迹符号。可见,汉字的书写是运用各种不同的书写工具(如毛笔、钢笔、圆珠笔等),按照汉字约定俗成的结构规律,将汉字的各个笔画在纸上或其他介质上组合成字的过程,是一种记录语言、交流思想、传递信息的文化行为。书写在中国具有悠久的历史,其起源可以追溯到距今5000～6000年中国黄河中游地区的仰韶文化时期。不过,早期的甲骨文、金文及石刻文都是“刻”出来的,所以中国最早的书写作品应该是考古发现的秦汉以前的简帛墨迹。

几千年来,手写笔录已经融入人们的日常生活和思维中,人们可以边思考边书写记录。进入信息时代后,“键盘＋鼠标”成为早期计算机主要的输入方式;随着技术的发展和经济水平的提高,计算机得以普及,但“键盘＋鼠标”这一输入方式成了从未接受过计算机培训者学习使用计算机的瓶颈,为此,手写输入和交互技术纷纷涌现,分别以国内的“汉王”手写板和日本的WACOM手写板为代表,键盘和手写方式开始并列成为计算机的两种重要输入和交互方式。随着手写研究的深入,手写输入和交互技术开始从计算机拓展到掌上电脑、手机等各种移动设备上,并且形成了基于计算机的手写内容识别、笔迹鉴定、签名身份认证以及笔计算等研究领域。

在进入信息化时代的今天,手写不仅没有被淘汰,反而变成了一个新的研究热点,其关键在于:与“键盘＋鼠标”的输入方式相比,手写笔录在日常生活的很多场合具有键盘无法替代的方便性,并且更加自然,更符合人们的使用习惯;此外,手写内容还可折射出书写人的情感、学识、修养和个性等。汉代文学家扬雄说："书，心画也。"清代的刘熙载在《艺概·书概》中也说："书者，如也，如其学，如其才，如其志，总之曰如其人而已。"我们通常说"字如其人""书为心画"，这些都是键盘输入所无法体现的。

学龄期是儿童掌握手写能力的关键阶段，学龄期儿童的神经系统、运动系统等都处于发育阶段，特别是大脑及神经系统的发育非常迅速。这个阶段的儿童在进行某一项学习活动时，大脑兴奋性高，但是兴奋的持续时间较短，大脑皮层中枢神经之间的兴奋和抑制转化速度快，儿童的注意力集中时间短，对学习的内容掌握快，但是所建立的条件反射保持时间短。在这个阶段，儿童的神经系统对肌肉的调节与控制能力还不完善，手写能力较弱，只能完成简单汉字的书写。随着年龄的增长，神经肌肉的控制逐渐集中到大脑皮层，动作的准确性不断提高，神经肌肉之间的控制逐渐成熟，儿童动作的协调性、平衡能力、准确性以及对肌肉运动的感觉能力不断提高，其手写能力也会得到不断的发展和完善。

本章根据手写运动的神经模型以及儿童认知和动作技能的发展规律，结合汉字字体的结构特点，针对6～12岁的学龄儿童设计了图形绘画和汉字书写两类典型的手写活动，进行了实验任务的设计，特别是手写动力学实验的设计，以完整地获取学龄儿童手写运动中的手写特征数据。

根据不同的研究目的，在具体的研究过程中对手写内容和手写模式有不同的要求，而且对手写的精确性、速度和清晰度等也有不同的标准。在采用手写运动分析对手写特点进行研究的实验中，所采用的书写模式以及书写任务不同会产生不一致的研究结果。因此，实验方案设计是否合理、实验内容的选取是否恰当，对研究结果的准确性和可靠性有着至关重要的影响。在研究中，实验方案的设计必须切实可行。

实验设计是儿童手写运动研究的关键环节，实验方案和设计理念均以研究目的为核心。根据不同的研究目的，实验方案会展现出不同的侧重点。手写实验方案设计包括诸多方面，如受试者的选取、影响因素的控制、手写任务内容等，各部分的差异都会影响最后的研究结果。也正是因为手写实验方案设计的多样化，使得现有的研究结果不尽相同，缺乏可比性。因此，实验方案是支撑手写研究的基础，实验方案设计的合理与否直接影响着研究结果的可靠性和严谨性。

第二节　手写运动控制原理

一、运动控制相关理论

(一)菲兹定律

在动作技能的表现中，人们通常会观察到一种速度—准确性权衡的现象，书写运动技能也是如此。即:当关注动作的速度时,准确性就会下降;反之,当关注动作的精确性时,速度就会降低。这种权衡特征可以用“菲兹定律”来描述。1954 年,菲兹(Fitts)用相关设备(见图 3.1)进行了研究,并提出了著名的菲兹定律,其数学公式表示如下:$M_T = a + b\log_2(2D/W)$,其中 M_T 是运动时间,a 和 b 是常数,D 是移动的距离,W 是目标的宽度或大小。从公式中我们可以看出,运动时间等于两倍的运动距离与目标宽度之比的以 2 为底的对数。当目标尺寸变小或距离变长时,运动速度就会为了达到准确性要求而减慢,出现速度—准确性权衡现象。菲兹指出,由于目标大小与运动距离的定律关系,等式中的 $\log_2(2D/W)$ 提供了速度—准确性技能的难度指数(ID)。ID 值越高,任务的困难度越大,需要的运动时间越长。菲兹定律已被广泛地用于各种技能的表现情景中,用来预测同时需要速度和准确性的运动时间,并用来解释速度—准确性的平衡现象。

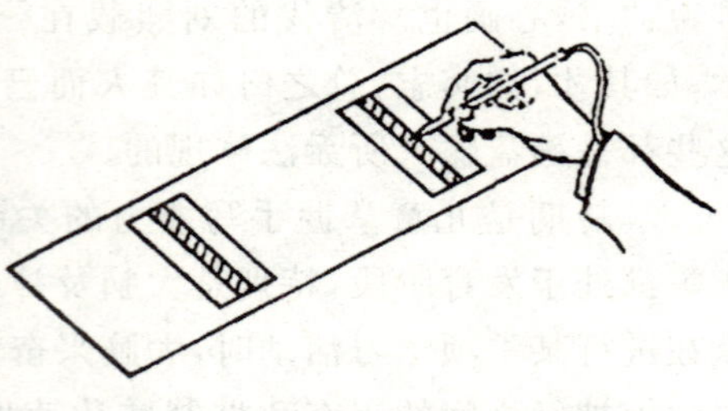

图 3.1 菲兹在研究中所采用的实验设备

(二)运动控制的神经运动噪声生物力学过滤模型

该理论模型是由 van Galen 等人提出的,其核心理念是:

(1)运动行为本质上是随机的,因而是噪声过程。

(2)生理生物、生物力学、心理学因素在运动信号中会产生噪声。

(3)运动结果的最优信噪比可以通过调整肢体的紧张度而获得,即生物力学的过滤效应。

具体来说,运动执行的是涉及肌肉活动的随机的、震荡信号的最优化的结果,这些信号既来自于神经生理、生物力学的过程,如运动单元的增加、反射诱导震荡、软组织机械振动等,也来自于精神和心理的过程,比如对于高焦虑的个体来说,其神经运动信号对运动结果的控制就被认为存在更高的噪声,在其从事双任务的活动(该活动的次任务如果具有心理挑战性)时噪声更高。在运动作业中,可以通过降低固有的神经运动噪声来提高活动任务执行的精确性,如控制运动速度。低速运动只需要较弱的运动命令,这比高速运动需要强的运动命令的噪声低。当速度调整不足以应对噪声时,可以采用生物力学的适应策略,即调整肢体的僵硬度,这可以通过拮抗肌的联合收缩或增加与接触面的压力(如书写运动中笔压的增加)来实现。

van Galen 等人通过一系列实验验证了其生物力学过滤噪声策略。通过在各种压力情景下进行书写运动(如听觉噪声、采用次任务认知的双任务操作),van Galen 等人发现在压力增加的情景中(即运动噪声增加)笔压增加,而书写速度的变化却不一致，这说明生物力学的适应策略是人们进行运动控制的有效策略，如图 3.2 所示。

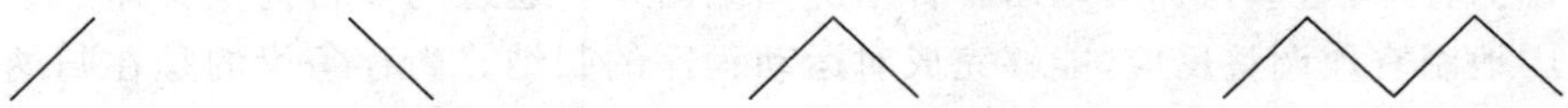

任务 1　　任务 2　　任务 3　　任务 4

图 3.2　van Galen 实验中所采用的手写画线任务

（三）一般动作程序理论

产生精确的协调运动是人类运动技能的核心。作为一种复杂的人类精细运动技能，书写与其他的运动技能有着共同的控制理论基础，在进行书写运动中，其所产生的运动轨迹包含了特定的结构特征。“一般动作程序理论”（generalized motor program theory）就是用来说明动作技能的固有特征和变化特点的学说。

“一般动作程序理论”强调中枢神经系统指令在控制过程中的重要性，其核心是动作程序，它是一种以记忆为基础的结构，控制着协调运动。一般动作程序控制的是一类动作，而不是一种特定运动或序列。该理论将一类动作定义为“具有一般而独有的特征的一套不同动作”，这些特征称为“固有特征”，它们是一般动作程序的标志，而且构成了记忆储存的基础。这些运动相关特征在动作表现改变时保持不变。虽然许多特征可以作为一般动作程序的固有特征，但其中有三个是普遍被认可的，即技能中的相对时间、技能表现中的相对力量和各部分的顺序或次序。在相对时间和相对力量中，“相对”是指技能各部分的全部力量和时间中所占的特定百分比或比例。一个一般动作程序的固有特征在一项技能转变成另一项技能时是固定不变的，但是还有其他一些特征是可以变化的，称为“参数”，如在技能表现中要用的总力量、总时间及参与的肌群。在动作表现的情景发生变化时，技能表现者可以很容易地改变这些参数，以适应每种情景的特殊需要。

为了验证动作程序假设中的固有特征，研究者们对相对时间的固定性进行了研究。他们通过不同被试在跑步机上做不同速度的行走或跑步运动发现，在不同的速度阶段，每个行走周期的各部分所用的时间的百分比始终保持不变。这说明运动技能的一般动作程序中存在固定特征。

基于这个假设，我们可以认为书写运动技能包含有固定特征。虽然每个个体在书写每一笔画时其书写所用的时间和笔画的长度是不同的，但书写每一笔画的各部分的时间和压力比例是固定的，因而可以对不同的个体的书写采用比较相对时刻点的速度和压力等运动指标的方法来了解不同个体的书写运动差异。

(四)归纳运动程序理论

一个“归纳运动程序”(generalized motor program)就是被假设包含了一套指标的程序,这些指标可以由各种情况归纳出来。通过为项目提供具体的参数以因地制宜地调整反应,能够完成对运动程序的归纳。尚存争议的是在归纳项目中编码什么信息,以及什么信息或者参数能够提供给程序从而实现项目的调整。有证据表明,在程序中,动作的顺序和时间是一个程序中不变的特性。当一个人试图加速或者减速一个运动程序的执行时,所有的动作都会成比例地加速或者减速。

在归纳运动程序中能够被具体化的参数包括反应的总体速度、执行反应的肌肉、反应的力、反应的大小。

二、手写运动的两种控制模式

人类的运动可以分为开环运动和闭环运动两种运动模式,手写运动作为人类运动技能的一种特殊表现形式也同样具有这两种运动形式。一般来说,开环运动是指人类自动化的运动,在运动过程中不需要反馈;而闭环运动是需要不断反馈进行调整的运动,即控制性的运动。

在手写运动中,自动化的手写运动通常表现为开环运动模式,也就是每一笔画的手写产生的是一个平滑、单峰、钟形的速度曲线图,而加速度曲线图呈现一个加速和一个减速的相位,其速度变化次数逆置量(number of inversions in velocity,NIV)为1;而控制性的手写运动则表现为闭环运动模式,速度曲线为多峰曲线,其速度变化次数通常要大于1,速度变化次数高则表示书写不流畅、非自动化,如图3.3所示。

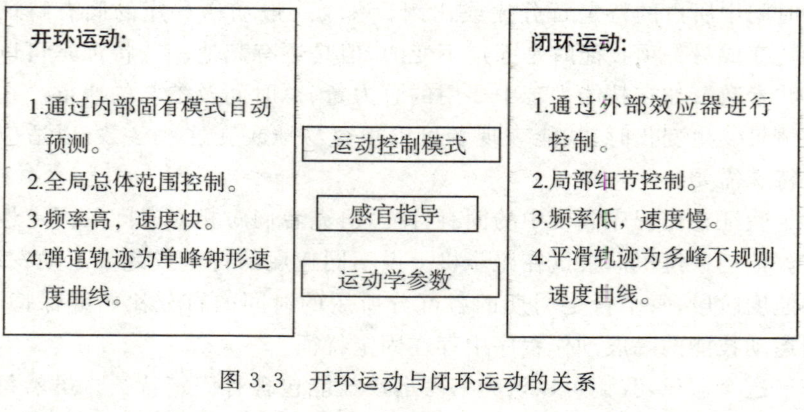

图3.3　开环运动与闭环运动的关系

手写运动的两种运动模式对应两种运动控制系统,即开环控制(open-loop control)和闭环控制(closed-loop control)两种系统。这两个系统的主要区别在于闭环控制系统中有反馈，而开环运动系统中没有反馈。两种运动控制系统中控制中心所发出的运动指令不同。在闭环运动控制系统中，控制中心首先给效应器发出启动命令，通过启动命令开始运动过程，在运动的整个执行过程中都要依靠反馈信息来完成。反馈信息包含运动过程的状态信息，通过控制中心调整运动过程完成初始运动任务。而在开环控制系统中，运动指令与闭环控制系统有明显的区别：在开环系统中，运动过程中不需要通过反馈信息对运动进行实时的调整，运动指令已经包含了所有的必要信息，效应器在没有反馈信息的控制下就能够完成指定的整个运动过程。开环控制中虽然存在可以利用的反馈信息，但是却没有用来控制正在进行的运动活动，因为这些反馈信息是没有必要的，或者是在运动过程当中没有足够的时间来使用反馈信息对运动控制进行调整。

三、手写签名运动原理

由于书写在人类文明生活中的重要性，因此人们很早就开始了对手写签名运动的研究。在19世纪，欧洲出现了笔迹学(Graphology)，该学科认为书写过程是一种长期训练形成的条件反射，与个体的生理心理特征有一定的联系，并用科学系统的方法分析提取笔迹特征。笔迹鉴别在司法领域被长期应用，这表明笔迹特征可以有效地反映书写者长期形成的书写习惯，能够用于身份鉴别。

J. Denier 等人则从运动生物力学和神经生理学的角度对手写运动进行了研究。他们认为，书写过程由经过训练的快速书写运动构成，这种快速书写可以看作是一种弹射运动(ballistic motion)。基于这种模型，从控制系统的角度来看签名是一个无实时反馈控制的运动，这种运动主要由签名者的神经肌肉系统所决定。签名时，在大脑的中枢神经系统中，按照记忆的签名信息，预先定义了书写运动规划，并通过神经系统的信息传递来按顺序激活相应的一系列肌肉，肌肉的收缩和放松会引起手握笔在纸上的运动，从而留下笔尖运动轨迹。整个过程如图3.4所示。

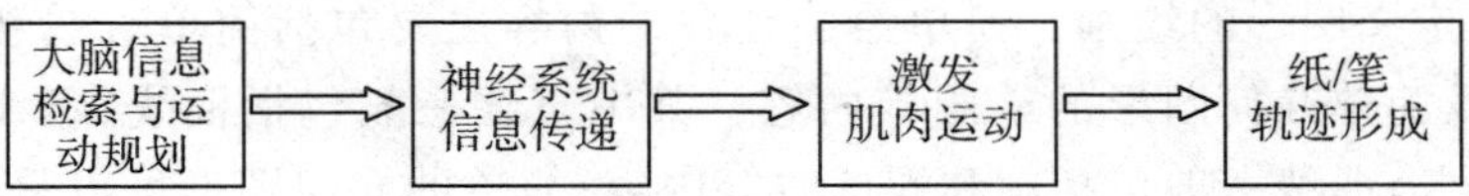

图3.4　手写运动模型

N. Herbst 等通过实验对手写签名过程中的弹射运动现象作了定量描述：一个人在快速书写时肌肉用力持续时间为30～100 ms，而人的"眼—大脑—手"的神经反馈过程需要约200 ms。因而，人在快速签名书写时的用力和持续时间不可能通过神经反馈系统控制，而是由大脑中已有的固定模式所预先确定的。

形象地说，就是签名者在签名时只是想到“写什么”，而没有时间去想“怎么写”，这就是手写签名所反映的“个性”。

每个人的神经肌肉系统的运动特性不同，签名模式也是在长期书写过程中训练形成的，各人签名时在握笔姿势、运笔习惯、用力轻重等方面也都有自己的特点，因此不同人对同一签名的书写过程也不相同，具有明显的个人特点，并反映在笔迹的差别上。尽管手写签名不是一个机械重复过程，有一定的变化，但每个人的签名都是独特的并且是比较稳定的，符合上述身份鉴别中对生物特征的要求。

传统的笔迹鉴别都是由专家用肉眼凭借经验来验证真伪，可以达到很高的认证准确度，但是利用计算机来对手写签名进行自动认证则比较困难。理论上讲，签名认证属于模式识别中的二范畴分类问题，即判别一个签名样本是否为特定人的真实签名，其中真实签名的模式比较明确，而伪造签名的模式和分布却很难估计。就这一点而言，也有研究者将其看作单类分类问题或野点检测问题。

第三节　手写的模式和内容

在儿童手写运动实验方案设计中，手写模式主要分为自由手写(freehand)、抄写(copying)、听写(dictation)和追随(tracing)。自由手写模式是指让手写者根据自己平时的手写习惯和手写速度进行随意书写，内容可以是自己的名字，也可以是任何其他的内容；抄写和听写模式是指手写者按照要求进行固定内容(段落、句子或字母)的书写；追随手写模式要求受试者按照一定的速度和规定的要求完成手写任务，常用于绘画任务的研究。

手写的实验内容可以分为写字和绘画两大类，根据不同的研究内容和实验目的，不同的研究者经常会采用不同的实验方案。写字任务又具体分为段落书写、句子书写、签名、字母书写以及数字的书写等内容；绘画任务可以分为简单绘画和自定义图形的绘画。简单绘画任务的内容主要包括简单直线和曲线的绘画，以及简单几何图形的绘画等内容。其中直线一般包括横线、竖线和斜线等手写任务；曲线一般包括圆和螺旋线等内容；简单的几何图形可以是三角形、正方形，也可以是根据要求设计的特殊的实验任务。

根据不同的手写内容，现有研究的手写实验任务设计可以分为两大类：书写任务和绘画任务。

一、书写任务

书写任务根据书写内容、书写模式和书写条件的不同而具有多样性。书写内容可分为数字书写、拼音文字书写和汉字书写，具体形式可为字母或单个汉字、单词、词语、句子和段落；书写模式可分为自由书写、抄写、听写和写作；书写条件可分为正常速度书写、快速书写、准确书写等。

Rosenblum 等人为了研究不熟练书写者的书写特点而使用了一系列复杂度递增的书写任务，包括看电脑屏幕抄写单个字母、四个不同的单词，写两个长句子以及抄写一段包含 100 个字符的长段落等，如图 3.5 所示。在他们的另一项研究中，书写任务略有不同但仍是复杂度递增，具体为写自己的名字、根据记忆写字母表和段落抄写，如图 3.6 所示。

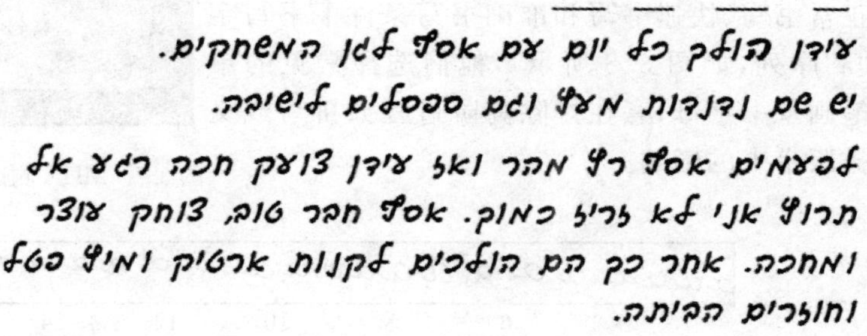

图 3.5　抄写包含 100 个字符的长段落

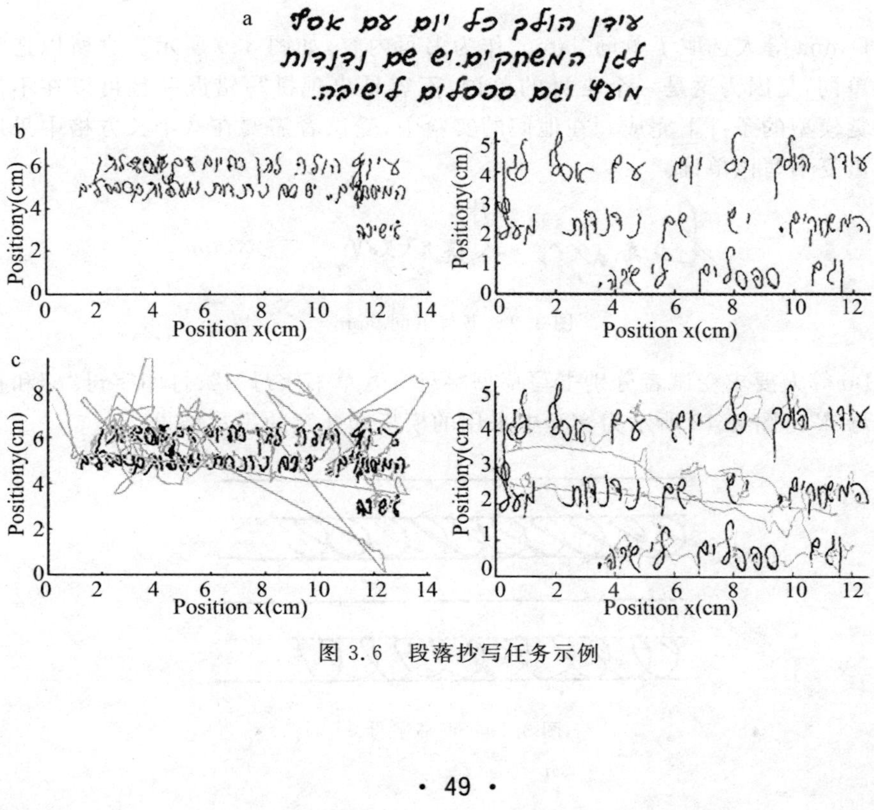

图 3.6　段落抄写任务示例

Falk 等人将手写评估量表中的手写检测方案移植到计算机环境中，采用了 MHA 测试中的句子书写任务“the quick brown fox jumped over lazy dogs”，如图 3.7 所示。

Rueckriegel 等人也采用了句子书写任务，受试儿童需要以草书流畅地书写德语句子“Der Ballrolltins Tor”，并且要在长 10 cm、高 1.8 cm 的横格内以草书书写字母“a”。

图 3.7　MHA 测试中的句子书写任务

在 Di Brina 等人的研究中，受试者需要分别在正常书写、快速书写和准确书写条件下书写字母“a”序列，如图 3.8 所示。他们选择常见的单一笔画草书字母，意在排除高阶过程如拼写或文字排版带来的影响。

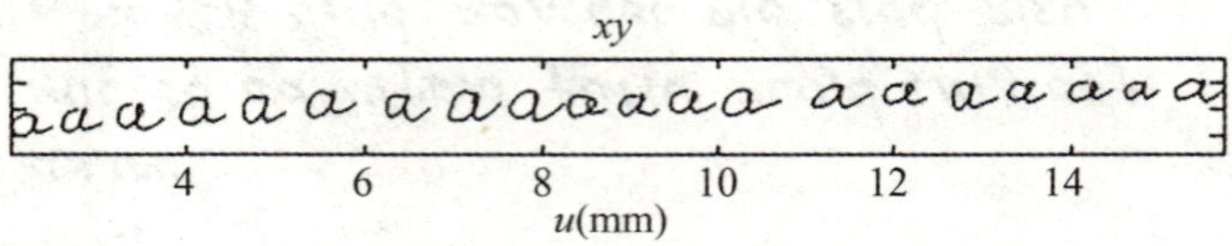

图 3.8　书写字母“a”的序列

Danna 等人选取了单词“lapin”作为书写内容，如图 3.9 所示。之所以选择这个单词，是因为这是一个常见的单词，不容易出现拼写错误并且可以在不需要视觉模型的条件下完成。在他们的实验中，受试者需要在八个长方格中采用草书重复书写该单词。

图 3.9　书写单词 lapin

Bo 等人要求受试者分别书写草书字母“e”、草书字母“l”、打印字母“e”和打印字母“l”。图 3.10 所示为实验中采用的模板和儿童的手写结果。

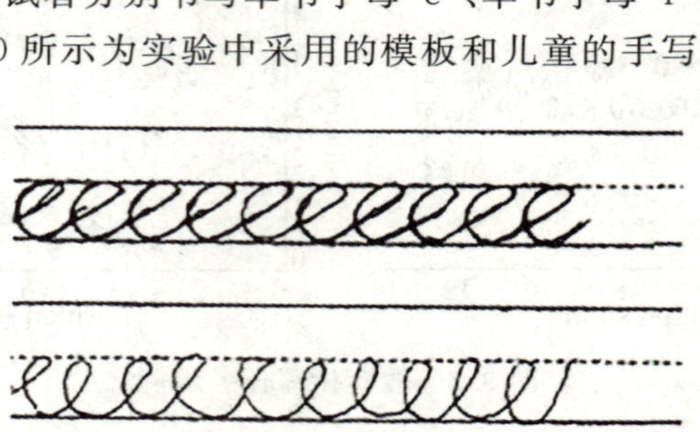

图 3.10　草书字母 e

为了研究手写特征参数对语言能力的可能依赖，Accardo 等人对参与实验的所有儿童开展了四个不同语义特征的任务：任务 1 独立于语言因素，要求学生在一分钟的时间内写得越快越好，得到一个重复的音节“UNO”序列；任务 2 部分依赖于孩子的数学知识，要求学生在一分钟的时间内以草书尽可能快地以升序书写数字；任务 3 和任务 4 需要足够的语言能力，要求学生用草书抄写意大利文句子“L’ elefante vide benissimo quel topo che rubava qualche pezzo di formaggio”，这句话包含了意大利文字母表中的所有字母，任务 3 要求尽可能准确地书写，如图 3.11 所示，任务 4 要求写得尽量快。

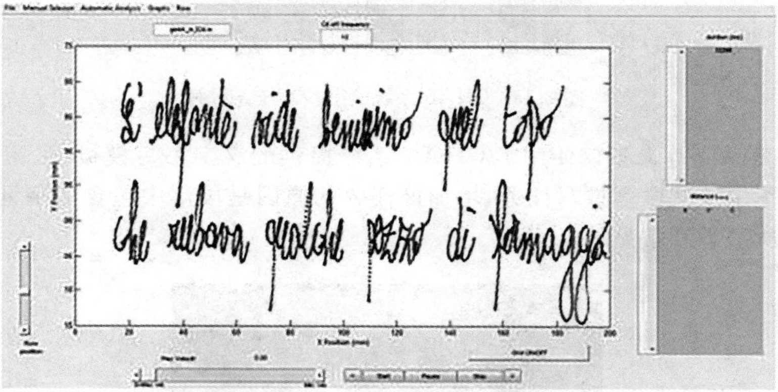

图 3.11　任务 3 采集的手写样本

在汉字书写方面，Chang 和 Yu 采用了两个汉字书写实验，如图 3.12 所示：实验 1 采用两种类型的直角字符，需要按照特定的顺序书写；实验 2 为简单字和复杂字书写，受试者练习后书写。对于这两个实验，受试者都是在覆盖于手写板书写平面的 A4 纸上的格子内书写指定内容。

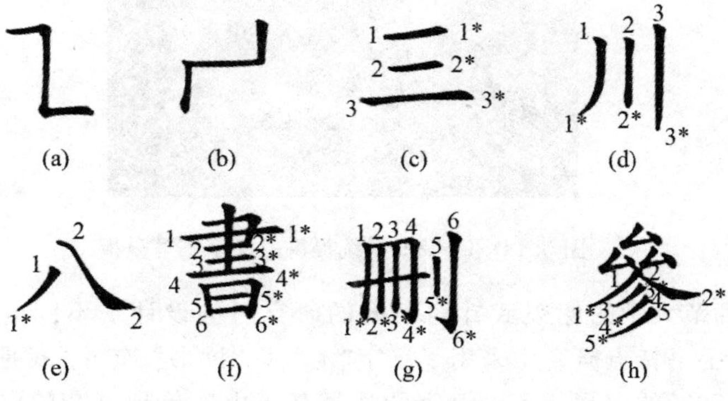

图 3.12　直角字符、简单汉字和复杂汉字

Lam 等人使用由 CHAT 系统提供的汉字抄写任务研究了阅读障碍儿童的书写问题，如图 3.13 所示。

图 3.13 CHAT 系统汉字抄写任务示例

Li-Tsang 等人不仅使用了 CHAT 系统提供的汉字书写模板(见图 3.14)，还增加了中英文段落抄写任务，增加该任务的原因是段落中包含的字词是香港中学生所熟悉和常见的。

图 3.14 CHAT 系统提供的汉字书写模板

华南师范大学的谢爱武针对不同的研究目的设计了不同的手写实验，其中，在自然手书特点研究中采用了汉字“术”、词“读书”、句子“我是中学生”和数字“123456789”的书写任务。汉字的选择基于由简单到复杂的原则，增加数字书写用于考察不同认知加工机制下的手书运动差异。

二、绘画任务

Khalid 等人从视觉运动整合测试(Beery VMI Test)中选取了四个方向的直线绘制作为实验任务,包括水平线、垂直线、从右到左的斜线和从左到右的斜线。Smits-Engelsman 等人采用 M-ABC 测试(the movement assessment battery for children)中的花形轨迹任务(见图 3.15),受试儿童需要尽可能准确地在花形轨迹的两条边线中间完成图形绘制。

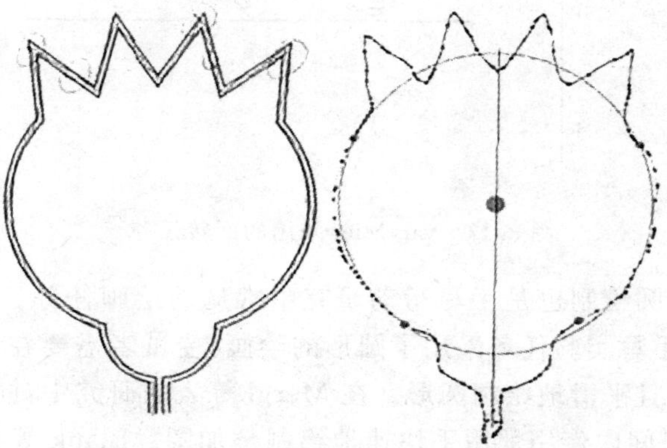

图 3.15　花形轨迹模型以及通过手写板记录下来的手绘轨迹

van Mier 设计了目标连线任务以研究擅长使用右手的儿童左右手精细运动的发展情况,受试儿童需要画线连接不同大小的目标区域以形成锯齿运动(zigzag movement)和回转运动(slalom movement),如图 3.16 和图 3.17 所示。

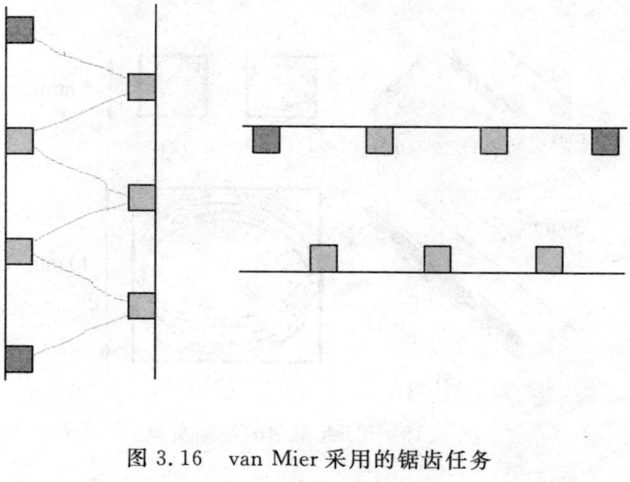

图 3.16　van Mier 采用的锯齿任务

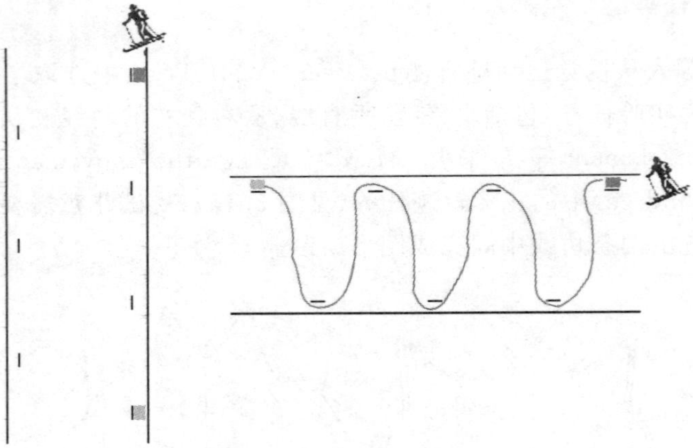

图 3.17　van Mier 采用的回转任务

圆或者叠加圆绘制也是手写运动研究中常见的绘画任务。在 Rueckriegel 等人的研究中，手写实验任务采用了圆形的绘画，受试者需要在高为 16 mm 的两条线之间快速且平滑地绘制圆形。在 Mergl 等人的研究中，同心圆的绘制要求是在 30 s 的时间内使用惯用手快速地绘制叠加圆。Blank 等人根据手指、手腕运动以及近端、远端的运动模式设计了一系列的绘画运动，如图 3.18 所示，包括斜线绘制(分别通过手指和手腕运动绘制长为 5 mm 和 30 mm 的直线)、圆绘制(分别在边长为 5 mm 和 40 mm 的正方形内绘制圆)和半圆绘制(在边长为 5 mm 的正方形内绘制半圆)。图 3.18 中的(1)和(2)分别是通过手腕、手指运动绘制的 5 mm 斜线，(3)和(4)分别是在边长为 5 mm 的正方形内绘制的圆和半圆，(5)是 30 mm 的长线段，(6)是在边长为 40 mm 的正方形内绘制的圆。

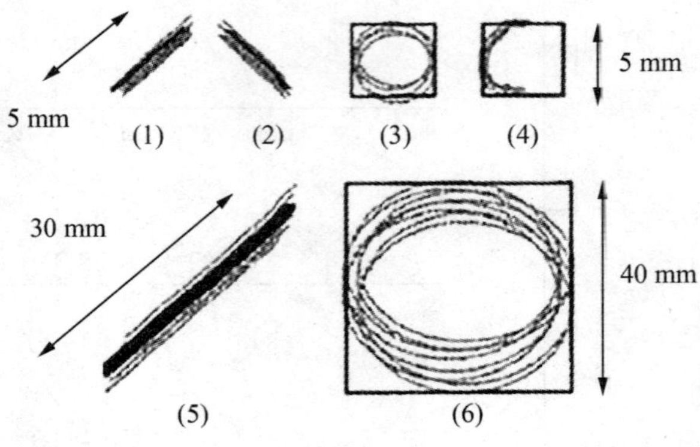

图 3.18　Blank 采用的绘画实验

华南师范大学的谢爱武在研究手书运动学习特点时借助了临床上用来诊断震颤严重程度的自由螺旋线绘制任务。另外，在针对自然手书特点的研究中，除了书写任务，他在控制性手书特点的研究中还选取了直线（横线和竖线）和曲线（连续上弧线和连续下弧线），采用了定点横线和定点竖线绘制任务；在追随手书的运动特点研究中，他使用了花形轨迹追随任务，并将边线的间距设为 4 mm、6 mm 和 8 mm。许锦民使用直线和带有四个圆环的连续弧线，通过开环运动、闭环运动、视觉、双任务和认知压力等约束条件研究了数学成绩不佳的儿童的书写运动控制特征。

采用不同的手写模式和书写任务会对研究的结果产生很大的影响，因此在实验方案设计时需要根据不同的研究目的采用不同的手写内容和手写模式，而且不同的研究目的对手写的精确性、速度和清晰度等也有不同的标准。实验方案设计是否合理、手写内容的选取是否恰当，对研究结果的准确性和可靠性有着至关重要的影响。在研究中，实验方案的设计必须切实可行。

第四节　手写实验控制因素

儿童手写运动研究中需要控制的实验因素主要有年龄、年级、性别、惯用手和运动模式等。

一、年龄因素

手写运动研究发现，儿童的手写发展存在年龄特征，随着生理成熟、技能发展而不断变化。随着年龄的增长，儿童书写的字体变小，字母构造更为准确，字母间距和单词间距更为稳定，书写的水平对齐能力提高，字母之间的连接更为平滑，并且笔迹更加工整易辨识。

Rueckriegel 等人通过对学龄儿童在书写和画圆过程中的运动学参数和压力信息进行分析发现，手写运动学参数和压力等指标与年龄存在显著性相关。Rosenblum 等人指出，书写速度会随着年龄的增长而加快。

Blank 等人采集了儿童和成年人的近端、远端绘画数据，并探讨了年龄对绘画运动的影响。其主要发现有：所有运动模式的运动频率随年龄增长，直到成年，在半圆和圆绘画任务中分别以每年 0.1 Hz 和 0.15 Hz 的速度增长；在采用手臂和手腕绘制直线的任务中，增长速度为每年 0.2 Hz，最大的增长幅度（每年 0.35 Hz）出现在采用手指绘制直线的任务中。

二、年级因素

年级是学龄儿童的手写发展研究需要关注的另一个时间控制因素。通常，年龄伴随着年级而增长，因此，在儿童手写的发展中，这两个因素交互作用，共同促进手写技能的进步。

年级对书写速度的影响一直都有研究报道。在 Accardo 等人所有的实验任务中，水平方向的峰值书写速度随着受教育程度的增长而增大。这种趋势也反映在对中文书写的研究中，Chang 和 Yu 在音标抄写、近端抄写、远端抄写和短段落抄写任务中均观察到二年级学生比一年级学生书写得更快，且达到统计显著差异。在对中国台湾儿童的书写速度的研究中观察到了速度随年级增长而显著增加的现象。

三、性别因素

女生在书写质量和速度上的平均表现优于男生。女生通常比男生以更快的速度、更小的字体和更少的错误完成书写。

一些研究报道了手写障碍儿童的性别倾向：书写功能障碍在男孩中更为常见，研究发现，88％的失写症儿童是男生。Hamstra-Bletz 和 Blote 对 121 名荷兰小学生进行调查后发现，只有男生会出现低于十百分位的分数。

但是，仍有研究得出了不一样的结论。在 Rosenblum 等人的研究中，正常组与书写障碍组在性别上并不存在组间差异，两组均为 50 人，男生均占 70％。类似的，van Mier 并未发现男生和女生在目标连线精细运动中的差异。研究发现，中国女孩在三至六年级(平均年龄为 8.55 岁、9.79 岁、11.53 岁)之间写得比男孩快，而男孩在二年级(平均年龄为 7.61 岁)时写得比女孩快。

四、惯用手因素

用手习惯是指对某一侧手(惯用手)的使用偏好，惯用手在大概 7 岁时发展形成。惯用手倾向会影响书写的方向性，在中文和英文书写中，笔画的书写顺序和方向都是根据右手的运动确定的。例如，在英文单词中，字母是从左到右排列的，中文的笔画书写顺序要求是从上到下、从左到右。左利手和右利手在手写运动特点上也存在差异，例如，右手占主导地位的儿童比左手占主导地位的孩子写得更快。此外，惯用手比非惯用手有着更熟练准确的运动模式。van Mier 在锯齿连线运动和回转连线运动两项精细任务中均观察到了惯用手运动有更短的绘画长度和更少的错误，但是绘画时间和速度并无统计上的显著差异。可靠的惯用手测试对于避免错误的书写指导十分必要，Gruber 等人为此提出了用数字手写板进行的惯用手测试方法。

五、运动模式因素

手写运动至少包含三个子运动系统：①手臂和手肘系统(arm-elbow

system),这属于近端系统(proximal system);②手腕系统(wrist system),其属于远端系统(distal system);③手指系统(finger system),其也属于远端系统。书写主要使用远端系统,而绘画运动根据运动距离和方向的不同启用相应的子系统。因此,将手指、手腕、手臂运动进行不同的组合得到的具有不同运动协调复杂度的手写任务可用来测试协调能力。例如,对于右利手而言,向右倾斜的幅度较小的往返运动主要依靠手腕运动,向左倾斜的幅度较小的往返运动主要依靠手指运动,幅度较大的往返运动需要对手臂的控制,半径较小的圆需要对手指—手腕的综合控制,而半径较大的圆需要对手肘—肩膀的协调控制,如图3.19所示。

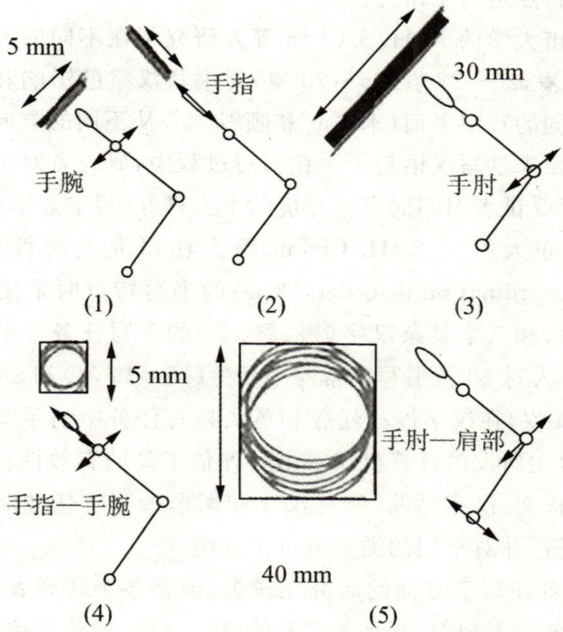

图 3.19　手写运动及其对应的运动模式

第五节　常用的手写实验任务

一、常用的书写任务

S. M. Rueckriegel 等人使用了三项不同的实验任务以确定正常发展过程中的儿童和青少年的精细运动技能的各种运动学参数,并且研究了性别、利手情况和康复训练对精细运动技能的影响,具体包括:

(1)画圆:在宽为 16 mm 的行间距内自由快速地进行绘制。

(2)书写句子:书写德语句子“Der Ball rollt ins Tor”,其中一年级的学生不进行此任务。

(3)小写字母“a”:在长 10 cm、行间距为 1.8 cm 的横格内自由书写 8 个“a”。

Di Brina 等通过让受试者在正常速度、快速、慢速条件下书写字母“a”的方式对书写困难儿童的写字特点进行了研究。研究人员在数据处理上使用 DTW 算法计算了每个受试对象手写的测量值与平均值之间的差异。Sara Rosenblum 等采用抄写和听写模式,对书写困难儿童在段落书写过程中的运动学和动力学手写特点进行了研究。

中国香港城市大学的 A. H. S. Chan 等人研究了在不同的书写环境中三个年龄层次(6～11 岁,20～23 岁,65～70 岁)对书写汉字的影响和个人喜好的差异。受试者在不同的写字平面(水平 0°和倾斜 15°)从不同的方向(横向和纵向)使用不用的行间距来抄写汉语句子。在书写过程中,研究者对书写速度进行了测量,并且评估了受试者对不同书写环境的个人喜好(写字效率和满意度)。

中国台湾义守大学的 S. H. Chang 等人在研究发展性协调障碍儿童(developmental coordination disorder,DCD)的书写特点时采用了誊写三个简单汉字(三、川、八)和三个复杂汉字(書、删、参)的手写任务。中国香港理工大学的 Li-Tsang 等人对 50 位书写正常的中学生(15～19 岁)和 20 位存在书写困难的学生(17～24 岁)在汉字抄写任务和英语抄写任务中的手写特点进行了研究,并验证了其自主研发的计算机汉字书写评估工具的有效性。北京大学的孟祥芝等使用看图作文、汉字抄写、听写汉字和图形抄写等任务对书写困难儿童进行了观察和分析,并对不同的类型进行了分组。

国内外研究者在写字方面的研究比较多,但是各个研究者的侧重点不同,所使用的写字任务也不相同,并且各实验的研究对象、实验要求、控制因素等也不一致,因此各研究结果之间很难进行对比。

二、常用的绘画手写任务

S. Vuillermot 等人通过绘画任务(画竖直线)中的速度和准确性之间的关系(菲兹定律)衡量了健康人群(3～70 岁)的精细运动功能。

H. van Mier 等研究者通过他们自己设计的锯齿形手写任务(Zigzag task)和障碍滑雪赛任务(Slalom task)对 60 位 4～12 岁的儿童进行了实验,研究了右利手儿童左右手书写的不同特点,如图 3.20 所示。

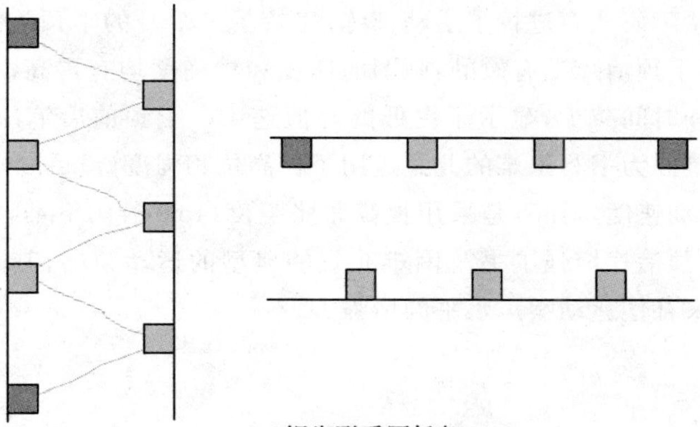

(a)锯齿形手写任务

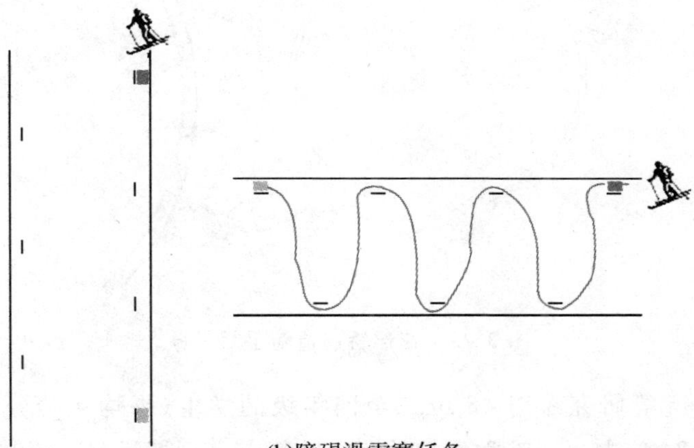

(b)障碍滑雪赛任务

图 3.20　锯齿形手写任务和障碍滑雪赛任务

Gerard van Galen 等人通过斜线和折线的绘画(见图 3.21)对手写运动的功率谱密度(power spectral density)进行了研究,结果表明,手写过程中完成手写任务时的主频率为 1～2 Hz,手写运动过程中视觉—运动闭环反馈控制的频率为 3～4 Hz,大于 5 Hz 的频段表示神经运动噪声的频率。

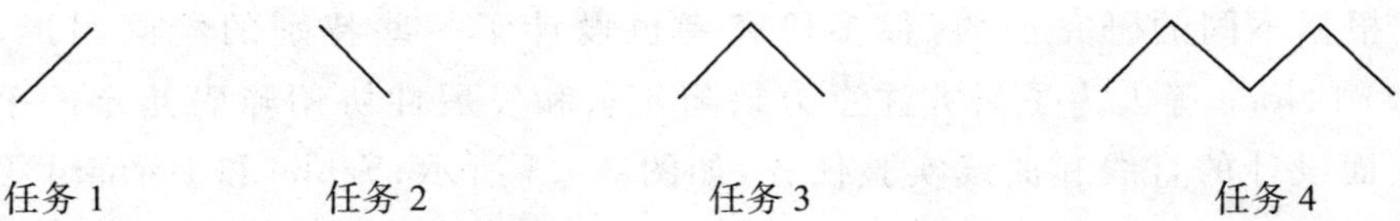

图 3.21　斜线和折线绘画任务

B. C. M. Smits-Engelsman 等人使用花形轨迹追随手写任务(见图 3.22)对发展性协调障碍儿童进行了运动训练,比较了三个月的干预治疗对书写困难的影响,发现干预治疗是有效的:画图的速度和精确度均有提高,在画图过程中停顿的次数和时间减少,显示了更低的峰值速度。干预前后笔压没有改变,研究者认为这是因为书写困难的儿童运用了提高位相强度(phasic stiffiness)的策略(如增加运动速度),而不是采用提高紧张强度(tonic stiffiness)的策略(如增加笔压)。干预治疗增强了书写困难儿童的典型的运动策略,其采用提高位相强度的策略来补偿运动噪声水平的增强。

图 3.22　花形轨迹追随手写任务

van Galen 等研究者对 48 位二至四年级的学生(平均年龄分别为 8 岁、9 岁、10 岁)和 24 位书写困难学生的手写运动特点进行了研究。研究中使用的手写任务包括画简单的花环和拱廊等内容,并且在不同的手写任务中对笔画的精确度、大小和运笔的方向有各种不同的实验要求。最终的结果显示,运动时间在书写好坏的两组学生之间没有显著性差异,但是书写差的儿童和书写好的儿童有不同的运动控制策略:书写差的儿童写字比较大,并且运笔的速度比较快。功率谱密度分析表明,书写差的儿童比书写好的儿童运动噪声大,书写差的儿童在代表神经运动噪声的频带内峰值噪声能量较大。

根据不同的研究目的,很多研究者也设计了一些特别的绘画图形,如 Wataru Noda 等人为了研究注意力缺陷儿童和发展性协调障碍儿童的手写特点而设计的直线和曲线实验任务,如图 3.23 所示;Sabbe 和 Bernard 等人为了研究忧郁症患者的精细运动特点而设计的特殊绘画实验任务,如图 3.24 所示。

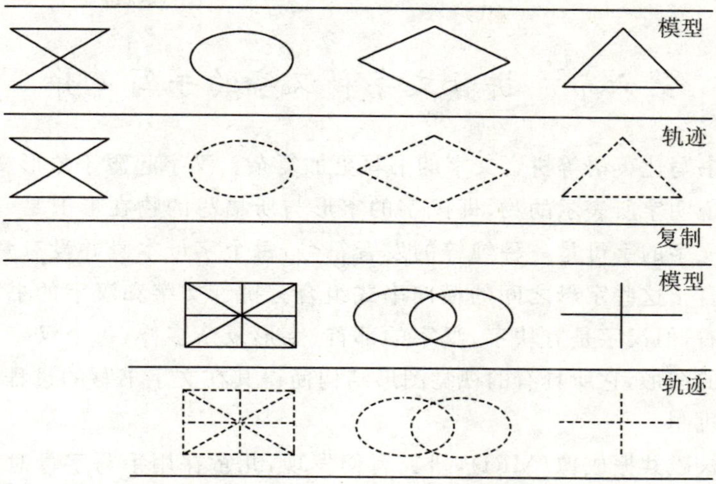

图 3.23 直线和曲线实验任务

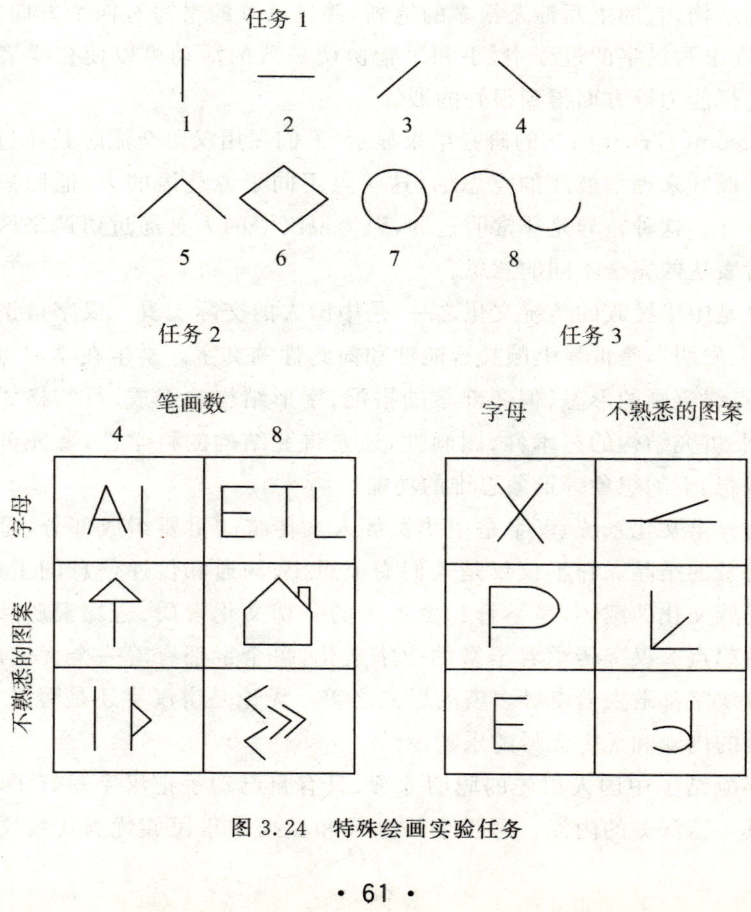

图 3.24 特殊绘画实验任务

第六节　拼音文字和汉字的手写差异

汉字书写比英语等拼音文字的书写更加复杂。汉字起源于象形文字，是通过字形来说明字所表示的物，即汉字的字形与所描写的物在形上是一致的；而西方拼音文字的字母是一种纯粹的发音符号，每个字母本身并没有意义，单词的意义来自于这些字母之间的横向串式组合。拼音文字和汉字的书写方向都是从左到右，但汉字是方块字，汉字的部首、字形复杂多样，每个汉字都是一个结构紧密的图形，它所具有的视觉图形结构使得其在文字书写的过程中具有更为复杂的机制。

通过核磁共振成像（MRI），研究者们发现，儿童在用手写字母时的脑部活动比只用眼睛看字母时的脑部活动变化明显要多，几乎达到了成人的脑活动水平。英语的字母大都是线性的，书写都是从左向右的，而汉字却有着比英语更加复杂的结构，它的书写涉及很多的笔画，并且笔画的书写有四个方向：上、下、左、右。在书写汉字的过程中，手和手指协调一致的活动可以使初学者在思维和空间记忆能力等方面得到很好的锻炼。

Wellcome Trust 团队的研究结果显示：人们在用汉语交流时是通过大脑两个半球的颞叶来理解彼此的意思的，这一点不同于说英语的人，他们只会用到左边的颞叶。这种差异是非常明显的，因为说汉语的人是通过语调来区分同一个词语所表达的完全不同的意思。

汉字是中华民族的传统文化之一，是中国人的交际工具。汉字可谓是中国的“第五大发明”，是世界上颇具智能性和简约性的文字。学生在学习点画起讫的运行、点线笔画的形态、偏旁部首的搭配、字形结构的组成、行款格式的步骤时，不仅要讲究结构的艺术性、图画性，还要讲究结构的科学性，要充分发挥图像识别联想、空间想象等形象思维的功能。

作为一个文化系统，汉字是中华民族人文传统的重要组成部分，是中华先辈前贤智慧的结晶。它不仅仅是人们交流思想、沟通和传递信息的工具，而且是中华民族文化的载体，是孕育和发展人的一切文化素质、道德素质和生理心理素质的起点。汉字传承着丰富的中华文化，每个字都有着一个优美的故事，每一个方块字都散发着奇妙多姿的形象之美。无论是讲汉字还是写汉字，都有丰富深刻的内涵和无穷无尽的乐趣。

汉字凝结了中国人祖先的聪明才智，只有自己动手把汉字写好了，才能真正理解其丰富深刻的内涵。写汉字是继承和弘扬中华民族优秀传统文化的一项基础工程，是学校教育的一项重要内容。写字教学对于提高学生的科学文化素质、促进学生身心健康和非智力因素的培养都具有非常重要的意义。

写字也是一个创造过程，从中可以培养学生的创造能力。汉字的一笔一画都有创造性，一幅作品更有创造性。写字的风格往往反映着一个人的性格、态度、气质、情怀等许多内在的品质。汉字的点、画、线条具有很强的表现力，它可将很具象的横、竖线条变得很生动而富有灵性。经过几千年的演变，汉字最终以结构的疏密、点画的轻重、墨色的浓淡、行笔的缓急来抒发感情、意境，被喻为"纸上的音乐舞蹈"，这是一种审美的心理活动。小学生在写字时虽然不能完全有此审美的心理意识，但他们却能明显地感觉出哪位老师的板书更漂亮。经过长期的训练，孩子们的审美能力就能得到提高。汉字书法将汉字的表意功能和造型艺术融为一体，有着悠久的历史和广泛的群众基础，充分体现了美学艺术的博大精深。通过学习汉字书法可以激发学生的审美情趣，增强他们对祖国语言文字的热爱和文化的理解，提高学习者的文化品位。

汉字的书写是一个非常复杂的活动，它可以锻炼人的精细运动技能，帮助人学习图形和字母，使人通过视觉辨认不同的字，而且会使人的脑子变得更加灵活。因此，在借鉴国外实验方案设计的基础上，我们应该结合汉语儿童的认知特点和汉字字体结构特点设计适合中国儿童的手写实验任务。

第七节　手写信息获取设备

几千年来，利用笔纸的手写一直是文字记录和交流的主要方式，相比利用"键盘＋鼠标"的人机交互方式，手写更符合人们的生活习惯和思维方式。因此，在当今的数字化信息时代，手写不仅没有被淘汰，反而成为了人机交互研究领域中的一个热点。

随着传感器技术、电子技术和计算机技术的发展，国内外出现了多种在线手写信息获取方法和输入设备，在手写文本输入、Tablet PC、掌上电脑和 Smart Phone 等移动设备中得到了广泛的应用。

在线手写输入设备的主要功能是把笔尖与书写平面接触作用的位置、作用力等信息转化成 x、y 坐标值和力矢量值(见图 3.25)，并发送到 PC 中，其一般由传感单元、微控制器和驱动软件等几部分组成。在线手写输入设备的主要参数包括传感器的类型和数量、分辨率和采样频率。根据传感器的布置，可以分为手写板(digital tablet)和手写笔(electronic pen)两种形式：前者的传感器安装在书写平面下，感应铁笔(Stylus)的作用；后者的传感器安装在笔的端部，感应笔与书写平面的作用，往往需要专门的纸来确定绝对位置。

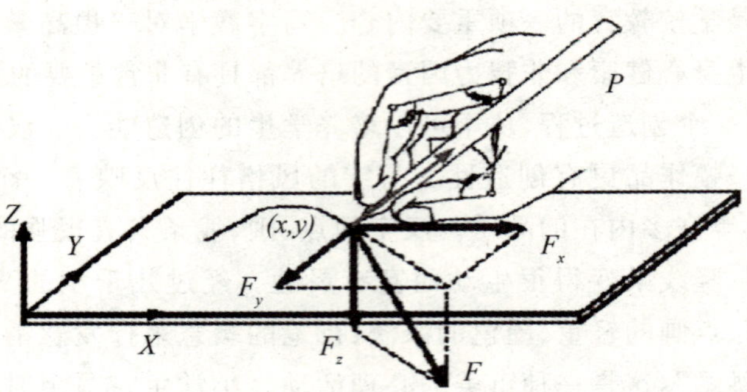

图 3.25 手写过程中的书写力矢量示意图

早期的手写板是利用压阻原理来确定笔尖位置的。电阻式压力板由一层可变形的电阻覆盖层和一层固定的电阻覆盖层构成,中间由空气相隔离。当用笔接触手写板时,对上层电阻加压使之变形并与下层电阻接触,下层电阻薄膜就能感应出笔的位置。Lee 在他的论文中所采用的 alps electric company 图形数位板就是基于压阻原理的,采样分辨率为 4 dot/mm(*X*)和 5 dot/mm(*Y*),每秒采样 100 个点的坐标对。不过,这种方法由于使用寿命较短,对笔的感触不灵敏,因此已经被逐渐淘汰。

现在主流的技术是基于电磁感应原理的方法,其中以日本 WACOM 公司在 1983 年首创的电磁谐振(electro-magnetic resonance,EMR)技术为代表,也是目前手写签名认证系统中广泛采用的手写板类型。EMR 技术使用了装有电感电容储能电路的专用笔,不用导线也不需要电池,在板中的感应线圈阵列与笔尖中的电路相互感应产生信号并通过后处理电路计算出笔尖的位置,还可以同时获取压感和笔的倾斜(倾角和方位角)信息,如图 3.26 所示。典型产品的分辨率为 40～80 线/mm,坐标精度为±0.5 mm,采样频率为每秒 100 个点,压感级数可以达到 1024 级。低端产品的压感信息仅能反映笔的抬落情况。

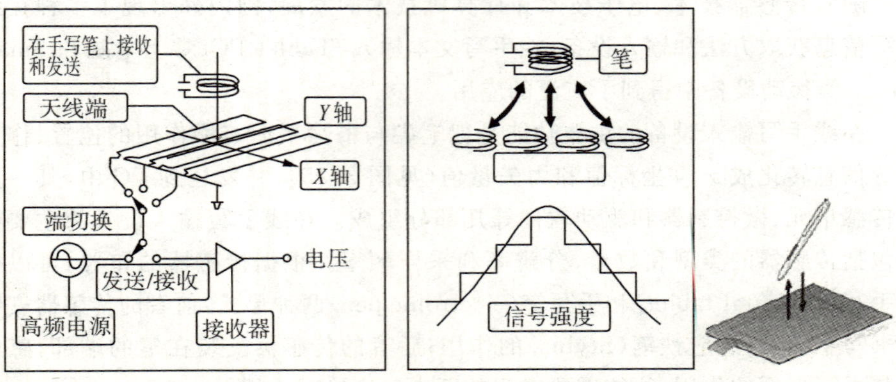

图 3.26 手写板电磁感应原理

电容耦合式手写板是另一种主要的手写板类型，它的表面附着有一种传感阵列，当笔接触到手写板的瞬间，就在板的表面产生了一个电容，传感阵列与一块特殊芯片一起经过一系列的处理，从而能够时刻精确定位笔的位置，同时测量由于手指与板间距离形成的电容值的变化来确定压力。在笔记本计算机和掌上电脑中广泛使用的 Synaptics 触控板就是这种类型的手写板，分辨率可高达 40 点/mm，采样频率为每秒 100 个点，压感级数可以达到 512 级。

在手写笔中广泛使用的是基于光学传感器的技术，目前有两种主要类型：一种是瑞典的 Anoto 手写笔，其在前端装有一个 CMOS 传感器和一个红外线发射器，需要在印有微小点阵图案的专用纸上书写，CMOS 传感器高速采集红外线照射的微点，通过特定点阵图案来计算瞬时的笔尖在纸面上的绝对位置，同时还可以获取沿笔轴线方向的压力和笔纸之间的夹角等信息；另一种是采用光学平移测量传感器的手写笔 Vpen，是由以色列 OTM 公司研制的，它不需要在专用纸上书写，而是利用笔尖部位安装的光学移动测量传感器来测量笔与纸面的相对运动量和方向，然后通过手写识别算法来得到书写信息。

还有其他一些由研究机构为签名认证系统专门研制的手写笔，比如，Crane 等人将应变片式三维力传感器安装在笔的笔芯末端，在书写的同时来测量三维书写力信息。Hook 等人研制的 MechPen 也采用类似的结构，分别使用集成应变二维力传感器和一个压电传感器来测量 X、Y 方向水平力和 Z 方向轴向力。比利时 Katholieke 大学研制了基于三维力传感器的手写笔，笔中还有倾角传感器来测量笔的倾角，如图 3.27 所示。它有两种工作模式：当笔尖与纸面接触时，笔端的力传感器测量压力与摩擦力并积分换算出笔的运动位置信息；当笔尖抬起时，力传感器作为加速度传感器测量笔运动的加速度，坐标变换后再积分出笔的位置信息。由于传感器精度和摩擦模型的误差问题，这种手写笔的精度较低。

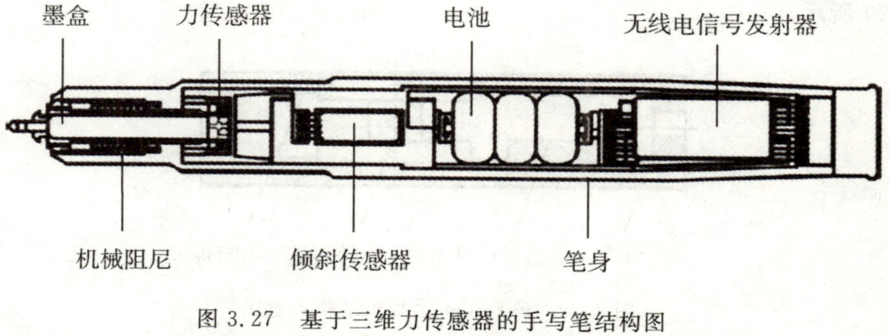

图 3.27　基于三维力传感器的手写笔结构图

Shimizu 等人采用二维光学角度传感器，通过测量笔芯在书写力作用下的倾角来获取 X、Y 方向的二维书写力信息。虽然为了有效地进行签名认证，这些手写笔都力求能够采集三维书写力信息，但它们却不能够同时获取手写的坐标信息或将手写笔迹数字化，因此用于认证的签名信息仍不够完整。

针对目前在线手写信息采集系统中存在的手写信息获取不完整的问题，基于对人手写过程的认识，中国科学院以多维力传感器技术为基础，研究设计了一种新型手写输入设备——F-Tablet 手写板，该手写板能够实现对手写过程中笔尖与平台接触的二维坐标和三维书写力信息的同时获取。

F-Tablet 手写板的外形如图 3.28 所示，是一个长方形的小平台，其左上方有一个 70 mm×70 mm 的书写平面用于书写，平台通过 USB 接口与计算机相连，并由 USB 接口供电驱动。与大多数手写板需要专用的配套手写笔不同，该平台可以使用任何的笔或笔形工具进行书写。

图 3.28　F-Tablet 手写板外形

F-Tablet 手写板主要由五维力传感器、书写板、信号处理电路和外壳等几个部件组成，在方形的书写板下方是力传感器，两者被固定连接为一体，如图 3.29 所示。

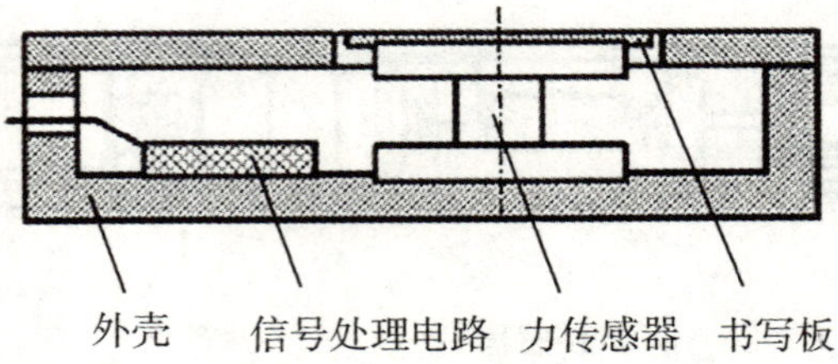

图 3.29　F-Tablet 手写板结构示意图

在书写过程中，笔尖在手的带动下会施加一个书写力作用于书写板上，手写板的参考坐标系为传感器的测量坐标系 $OXYZ$，坐标系的 Z 轴垂直于书写平面，其中某个时刻 t 书写力矢量 F 通过笔尖作用在书写平面的 P 点，如图 3.30 所示。在书写力 F 的作用下，通过书写板会对力传感器施加力矢量 $F(F_x, F_y, F_z)$ 和力矩矢量 $M(M_x, M_y, M_z)$。

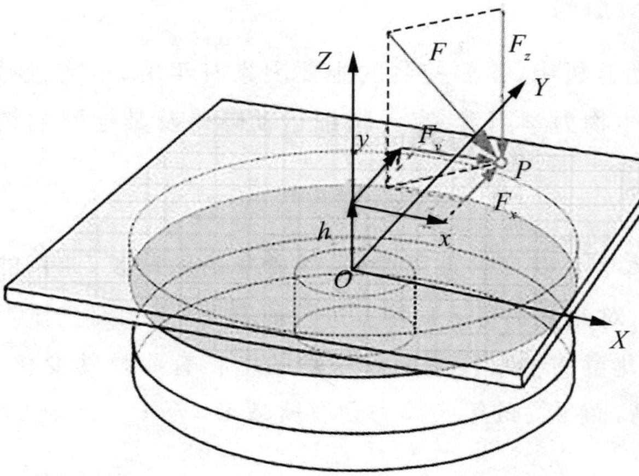

图 3.30 书写力矢量示意图

F-Tablet 中的五维力传感器可以测量除了力矩分量 M_z 外的 F 和 M 的其余 5 个分量。根据力矩平衡方程，P 点的坐标可以由下面的公式计算得到：

$$\begin{cases} x = \dfrac{-M_y + F_x \cdot h}{F_z} \\ y = \dfrac{M_x + F_y \cdot h}{F_z} \end{cases}$$

式中，h 为 P 点的 z 坐标，即书写平面到测量坐标系原点的距离。需要指出的是，由于在书写力作用下书写板的位移相对于手写板的尺寸非常小，h 的变化可以忽略不计。

人们手写信号的带宽一般在 20 Hz 以内，考虑信号 A/D 和数据通信的速率，F-Tablet 手写板的设计采样频率为 100 Hz 完全可以满足采样定理的要求，保证信号的完整性。根据初步实验统计，人们手写时作用在书写面上的各方向力一般小于 5 N，因此手写板的书写力测量量程设计为 F_z 方向 10 N，F_x 和 F_y 方向 8 N。

这样，F-Tablet 手写板就把书写过程采集为坐标和书写力值的一组时间函数 $\{x(t), y(t), F_x(t), F_y(t), F_z(t)\}, t \in [1, T]$，从而获取比较完整的书写过程的动态信息。对书写的坐标时间函数分别求一阶导数和二阶导数，还可以得到书写过程中笔尖的运动速度和加速度信息。

第八节　儿童手写实验方案设计

一、实验方案设计原则

在儿童手写运动分析中，需要控制的主要因素有年龄、年级、性别、利手情况（即大脑单侧化）、生物力学因素、有无精细运动障碍及其他影响精细运动技能的疾病。

（一）年龄

儿童时期是人体生长发育的重要阶段，随着年龄的增长，儿童的各项技能不断发展成熟，因此，对儿童手写运动特点进行研究时，必须对受试者的年龄进行控制。研究表明，儿童的手写技能随着年龄的增长有明显的变化，手写速度和加速度会得到提高，而手写的笔尖施力会有所减小。

（二）年级

小学儿童随着年级的升高，其认识的汉字越来越多，能够掌握并且正确书写的汉字也不断增多，在低年级时的生字可能会成为高年级的常用汉字。因此，随着年级的升高，其手写能力有显著差异。

（三）性别

性别因素对男女的生长发育和智力发育有着不同的影响：女生善于形象思维，而男生则偏向于逻辑思维；女生倾向于模仿，做事细腻，而男生善于独立思考，分析能力较强；女生的注意力比较容易集中，而男生较女生容易分散注意力。男女生之间的这些差异会影响其手写的能力。

（四）利手情况

左右利手倾向是大脑单侧化的体现，不同的利手书写习惯会导致手写特点存在差异。J. G. Phillips 对右利手的研究表明，右手的手写速度要比左手快，右手的书写能力优于左手，在书写时间、速度峰值和笔画长度上一致性更好。

（五）生物力学因素

手写会涉及躯干、上肢、手指、关节等的运动，手写过程中使用不同的姿势和关节运动模式会对手写的稳定性、精确性和速度等产生影响。采用指腕联合模式的手写比单独采用指或腕的模式精确度要低，单独用指关节的手写模式其精度高但是速度慢，而单独使用腕关节的手写速度快而准确。采用指腕联合等效模式手写的稳定性最好，指腕联合非等效模式手写的稳定性最差。

学龄期是儿童手写能力发展最为关键的阶段。研究表明：儿童在 2 岁左右可以画竖线，2.5 岁时能够画横线，3 岁时可以画圆圈，到了 4 岁时能够学会誊写“十”字，5 岁时可以学会誊写正方形，5.5 岁时已经能够画三角形。当儿童能够画几何图形，尤其是交叉斜线时，就说明其已经具备了写字的基本能力。

执笔画画是儿童学习写字之前的重要一步。目前，绘画运动已经被用来研究精细运动的控制机制以及精细运动障碍的潜在病理。由于绘画运动缺陷是发育性协调障碍儿童最常见的问题，因此对绘画运动的运动学分析已经成为一种量化诊断手段。

相比于绘画运动，书写任务包含了复杂的文化、认知因素，使得对书写易读性的量化评估存在难度。国外研究基于拼音文字进行，而中国儿童在小学期间没有学习或者较晚学习英文书写，其他外文的书写更是属于课外学习的部分。因此，英文等外语的书写实验并不适用于中国儿童。相比于拼音语言，汉字有着其独特的特点。以英语为例，英语以 26 个字母为基本单元，通过各种组合形成具有不同意思的单词。而汉字属于表意语言，由 8 个基本笔画模式和 43 个笔画变体组合而成，具体包括各种形状的点、直线和折线。拼音语言强调在书写形式上的连续性和平滑性，而汉字含有需要书写方向急转的折以及频繁的抬笔停顿。汉字包含了复杂的几何构型、笔画布局和笔画顺序，使得儿童在书写时要能掌握各基本组成部分的不同书写要求。正是由于汉字的复杂结构，中国儿童在小学期间才由简到难、循序渐进地学习书写，从低年级到高年级掌握的汉字越来越多、结构越来越复杂。对于简单结构的汉字，高年级学生比低年级学生对其更熟悉，掌握得更牢靠，这就增加了汉字书写实验设计的难度。特别是在进行跨年级研究时，研究人员需要选取各年级都已掌握的汉字，以避免低年级学生书写生字或者不太会写的字。

综合以上分析，作为儿童熟悉的手写运动，绘画能够很好地避免认知和文化因素的影响，适合作为手写研究的实验任务，因此本研究选择采用绘画实验。

手写运动是动觉、手眼协调、视觉运动整合和运动技能的结合，需要对手部协调的高度控制。考虑到视觉运动整合在手写运动中的重要性，本研究选取了 Beery 视觉运动整合发展测试(Beery VMI test)中的三个几何形状(水平线、垂直线和圆)，分为两类绘画任务，用于采集儿童绘画数据。

由于对健康儿童手写发展特点的研究需要横跨多个年级，年龄也存在一定的变化区间，因此整合发展测试中较为复杂的图形对于低年级儿童的绘画执行有一定的难度。为了避免这种现象的出现，研究者一般只选择整合发展测试中最易完成的前三个几何形状用于儿童绘画数据的采集，详述如下：

(1)直线绘画任务：包括水平线绘画和垂直线绘画。作为手写运动的基本单元,直线被广泛用来研究受试者手写运动的自动化水平。

(2)圆绘画任务:画圆需要手指、手腕的共同协调,能有效地反映执行者的精细运动控制特点。

在研究不同手写能力的儿童的手写特点时,可以选取三年级以上的不同手写能力的儿童进行手写特点的对比分析和量化分类研究。由于通常认为高年级儿童的手写能力已经达到了一定的熟练水平,因此选择需要手指、手腕协调执行的画圆绘画任务用于手写数据采集。

基于学龄儿童的手写认知发展特点,手写实验任务应尽量简单易懂,一般可选择绘画简单的几何图形(横线、竖线和圆)及简单汉字书写四项任务。通常,3 岁以上的儿童已经掌握了横线、竖线和圆的绘制,因此选择这些简单的图形可以保证所有的受试者(本书的研究对象为年龄 6～12 岁的学龄儿童)顺利完成任务。简单汉字的选取原则为:①包含于幼教或小学一年级的语文教材中,以确保所有受试者均能完成实验任务的书写;②为儿童经常使用的汉字;③含有汉字的常用笔画横、竖、撇、捺等。

二、实验方案设计

手写运动的过程是一个不断施力于笔尖并控制笔尖运动速度的过程,基于手写运动的物理意义,结合学龄儿童认知及其动作技能的发展特点,本书设计了相应的绘画和书写实验任务,意在研究学龄儿童手写运动过程中对力和速度的综合控制能力及发展特点,并为建立儿童手写稳定性特征数据库提供实验样本。

本书主要针对学龄儿童即一至六年级(6～12 岁)正常发展的在校小学生进行实验方案的设计。针对图形绘画和文字书写两类手写活动,笔者设计了一组基本手写任务用于儿童手写信息的获取,具体包括:

(一)自由追随绘画任务

研究表明,从左到右的手写方向是人们使用最多的运笔方向,横线、竖线等笔画是人们使用最多的优势笔画(preferred orientations)之一。人们在自由绘画这些简单的几何图形时,一般会有固定的运笔倾向,而这种倾向会反映人们的生理运动倾向,包含手腕和手指在生物力学上的发展特征。自由追随绘画任务主要包括横线、竖线、圆,如图 3.31 所示,其目的主要是研究儿童在自由绘画任务中对力和速度的控制能力,探讨手写运动中力、速度与准确度之间的权衡关系,并为其他实验提供参考标准。本实验不对力和速度进行规定,要求儿童以平时的绘画速度完成该任务。

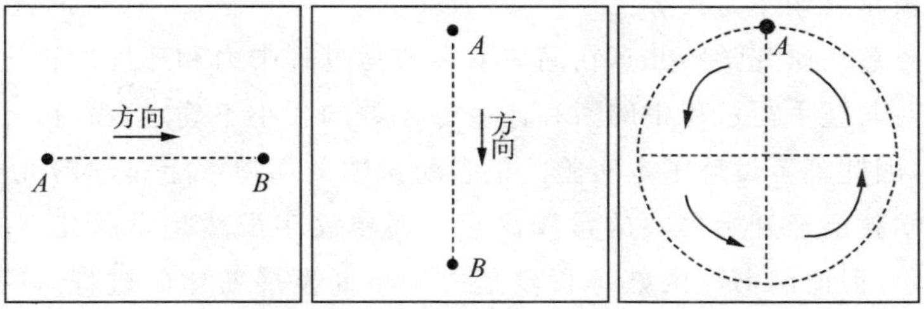

图 3.31　自由绘画任务

（二）恒速追随绘画任务

本项任务主要研究在速度恒定条件下力和速度的权衡关系，以发现学龄儿童在绘画任务中对速度的控制能力和在恒定速度（以一年级儿童自由追随绘画的平均速度为标准）条件下绘制横线、竖线、圆时对速度的控制能力，如图 3.32 所示。本项任务中并不对力的大小进行规定。之所以选择一年级儿童的平均速度作为正常速度的参考标准，是为了保证六个年级的儿童均能完成实验任务。

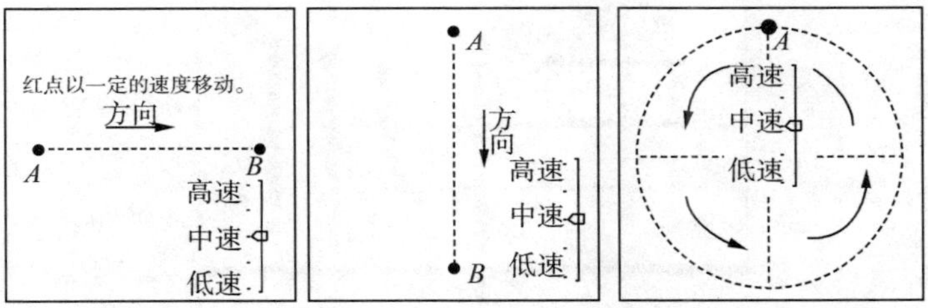

图 3.32　恒速追随绘画任务

（三）恒力追随绘画任务

本任务意在研究在笔尖施力恒定条件下力和速度的权衡关系，主要研究内容为学龄儿童在绘画任务中对笔尖施力的控制能力和儿童在恒定笔尖施力（以一年级儿童自由追随绘画任务的平均施力为标准，由小样本测试后再根据情况确定）条件下绘制横线、竖线、圆时对力的控制能力，如图 3.33 所示。本项任务并不对速度的大小进行规定，即不对绘画的快慢提出要求。

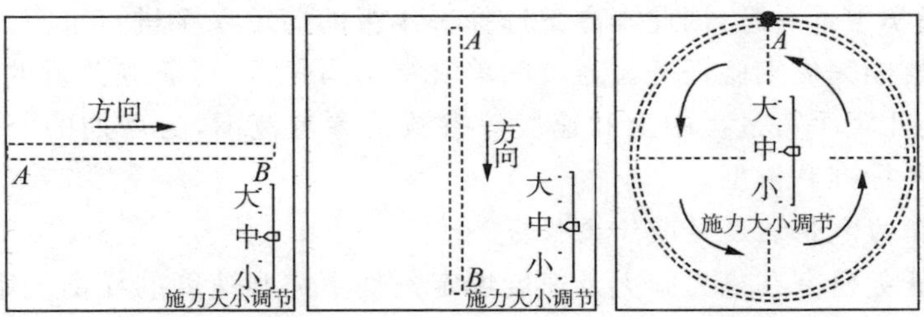

图 3.33　恒力追随绘画任务

（四）简单汉字手写任务

本任务意在研究学龄儿童在简单汉字书写过程中力和速度的稳定性特征。由于目前对儿童手写过程中的力和速度等参数的大小不确定，没有一个准确的参考标准，因此笔者设计了本实验。笔者所选取的简单汉字是学龄儿童从幼儿园或者小学就已经开始书写的常用汉字。简单汉字虽然是学龄儿童非常熟悉的书写内容，但他们书写的熟练程度是一个不断发展变化的过程。因此，通过对学龄儿童简单汉字书写特征的研究，可以揭示学龄儿童随年龄发展手写运动特征的变化规律。同时，该实验可以为后期的实验任务设计提供参考标准和依据。简单汉字的选取参考幼教及小学一年级的语文教材，并根据儿童的认知发展特点以及汉字的结构特征选择简单常用的汉字，进行简单汉字的书写任务。简单字选取“三”“川”“水”“鸟”，如图 3.34 所示。所选汉字参考《小学生常用汉字表》。

图 3.34　简单汉字手写任务

虽然“永”字具有汉字书写的八种笔画，但是由于它为二年级上学期的生字，一年级学生不熟悉，因此本方案选择一年级的简单汉字进行书写，以保证所有受试者均能完成实验任务。通过简单汉字书写任务，可研究儿童的手写运动特点，确定儿童手写过程中力和速度等参数的参考范围，为后期的实验任务设计提供参考标准和依据。

（五）恒力和恒速度追随绘画任务

本项任务研究在笔尖施力及速度恒定条件下力和速度的权衡关系，以探索学龄儿童对力和速度的综合控制能力，如图 3.35 所示。

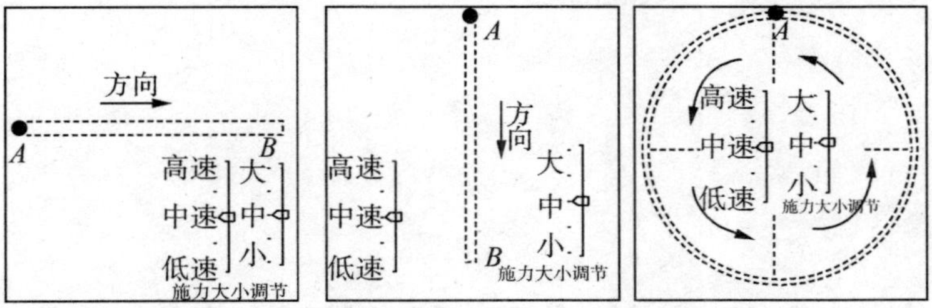

图 3.34　恒力和恒速度追随绘画任务

第九节　本章小结

本章介绍了手写运动控制的相关理论,包括菲兹定律、运动控制的神经运动噪声生物力学过滤模型、一般动作程序理论以及手写运动的两种控制模式,并且分析了手写签名的运动原理。在儿童手写运动实验方案设计中的手写模式主要分为自由手写、抄写、听写、追随,通过对常用手写模式和手写内容的综述,阐述了中西方由于手写习惯、手写内容及文化差异等因素对手写运动特点的不同影响,为设计适合汉字儿童手写的实验任务打下了基础。接着,笔者从书写运动和绘画运动两个方面总结了现有研究中采用的手写实验方案和设计原则,并且阐述了相关的实验控制因素,分析了汉字书写任务的难度,结合中国儿童手写现状进行了绘画实验方案设计。最后,根据学龄儿童的认知发育特点设计了适合小学儿童的实验方案,主要包括自由追随绘画任务、恒速追随绘画任务、恒力追随绘画任务、简单汉字手写任务以及恒力和恒速度追随绘画任务。

第四章　多维力传感器手写信息采集平台设计

第一节　引　言

手写运动的研究始于20世纪80年代。近年来，手写在基础研究和应用研究方面均得到了迅速发展，涉及很多领域，如认知科学、运动控制、运动发展、计算机科学、人工智能和模式识别、运动学习和教育、运动障碍、神经心理学、生理物理学、法庭鉴别等。

随着电子技术的发展，对手写的研究已不再局限于纸笔测验和肉眼的观察。数字手写板的诞生使得人们可以即时跟踪和记录手写的运动，从而可以客观而精确地反映手写运动的动力特点。数字手写板所具有即时性、敏感性和精确性的特点使其作为研究工具得到了广泛的运用，被用于正常手写的运动控制机制和各种精细运动障碍潜在病理的研究。

在手写运动的量化研究中，数字手写板是不可缺少的设备。它能实时提供手写过程信息，包括手写位置信息、运动学信息和动力学信息，具有即时性、敏感性和精确性的特点。选择满足实验性能要求的数字手写板用于手写数据采集，对于书写运动的全面分析和特征量化具有非常重要的作用。

目前常用的手写输入设备有很多，如中国汉王公司、美国 Interlink 公司以及日本 WACOM 公司等的产品。但是，现有的笔交互设备大都存在对手写过程信息获取不完整的问题，特别是对手写过程中笔尖施力的获取问题，这些设备在获取笔迹等静态轨迹信息的同时仅能获得单维的笔尖压力信息，不能完成对手写运动过程全信息的获取，影响了手写运动分析的准确性。

针对传统手写信息采集系统存在的信息获取不全面的弊端，中国科学院智能机械研究所人机交互实验室研制了可以实现对手写过程全力信息进行获取的 F-Pad2 手写信息采集系统。F-Pad2 是基于 F-Tablet 进行改进而产生的，改进后的 F-Pad2 包括多维力传感器、嵌入式实时操作系统以及嵌入式微处理器等，能够对手写过程中笔尖与平台接触的全力信息进行获取，不仅能够得到书写的笔迹、笔顺、笔画、字形等静态信息，还可同时得到手写的力矢量信息、书写速度、加速度等动态信息。整个系统由用户接口模块、数据采集模块和数据处理模块组成，分析了各模块的设计思想和工作原理，并基于 WinCE 系统开发了一套手写信息采集系统。实验证明，该系统工作稳定，性能优良，实现了对手写过程中力和位置信息的全面获取，是一种有效的手写信息采集工具。

第二节　手写信息获取

一、笔式交互

传统的人机交互方式是“以计算机为中心”，用户要服从计算机的规定才能使用计算机，因此需要有专业的训练，这限制了计算机的应用。信息社会要求“以人为中心”的人机交互，使计算机为社会中的每个人服务，并以自然的方式获取所需要的信息，使人在与计算机交互时就像是与人类自身交互一样。人一计算机系统中的交互形式已成为用户与计算机两个“智能系统”之间的通信和对话。人们希望以自然的方式与计算机进行交流，而不像现在这样仅限于窗口、图标、鼠标、指针（WIMP——Windows、Icon、Mouse、Pointer）界面。1992年“图灵奖”的获得者、微软研究院软件总工程师 Butler Lampson 在题为“21 世纪的计算研究”的报告中指出：“计算机有三个作用：第一是模拟；第二是计算机可以帮助人们进行通信；第三个是互动，也就是与现实世界的交流”“人们希望计算机能够看、听、讲，甚至比人做得更好，并能够进行实时处理”。

多通道交互(multimodal interaction)是近年来迅速发展的一种人机交互技术。所谓“多通道交互”，是指一种使用多种通道与计算机通信的人机交互方式。通道(modality)涵盖了用户表达意图、执行动作或感知反馈信息的各种通信方法，如言语、手写、眼神、脸部表情、唇动、手势、肢体姿势、触觉、嗅觉或味觉等。多通道交互允许用户通过各种自然的交互手段，如语音、手写等与计算机系统进行交互，不仅适应了“以人为中心”的自然交互准则，也推动了互联网时代信息技术产业的快速发展。

1994 年 10 月，Web 的发明者 Tim Berners-Lee 在美国麻省理工学院的计算机科学实验室创建了“the World Wide Web Consortium”（W3C)。W3C 主要领导互联网的成员开发公共的协议，以促进互联网信息技术的发展和确保它的互操作性。2002 年 2 月，W3C 成立了“多通道交互活动小组”(multimodal interaction working group)，该小组主要开发一类新的支持移动设备多通道交互的协议标准。目前该小组已经开展了 5 项标准的制定工作，多通道交互框架

(multimodal interaction framework)就是其中之一。该规范描述了多通道交互的框架和多通道系统的主要构件,其输入构件中就有手写识别构件,将手写的符号或消息转换成文本,可以使用手写来勾画模型、语言模型及文法规范。

手写是一种人类学习工具,也是一种人与人之间自然交互的工具。在网络环境下,手写仍然是人与人、人与计算机之间重要的交流工具。从现有的计算机发展历程来看,传统桌面计算有逐渐被移动计算设备(如掌上电脑等)取代的趋势,由此产生人机交互方式的重大变革,即以语音、视觉和笔式三种自然计算方式的人机交互接口将得到越来越广泛的应用。与此相对应,人与计算机交互的方式也将逐渐从键盘、鼠标发展成为以笔式、语音以及视觉三种自然交互方式。

与其他交互设备相比,纸笔最为鲜明的一个特性就是它们易于控制,可以进行高效、自然的勾画。基于纸笔的工作方式是人们数千年来进行信息捕捉和表达的一个有效途径,无论是文字还是图形,都可以自然勾画在纸上,而纸笔所具有的各种独一无二的物理特性以及长时间使用所形成的认知习惯和社会影响更使得笔式交互的研究非常有意义。基于传统纸笔的交互方式也具有许多缺点,如难以修改、大量的信息缺乏有效的维护和检索方式、对于这些信息难以再加工等。而基于手写输入的笔式交互则基本上沿袭了人们日常的书写习惯,容易为人们所接受。同时,它又可以发挥电脑在输入、编辑、修改、计算等方面的优势。毫无疑问,通过笔式交互,人们可以利用计算机高效而自然地进行各种活动。

在一些应用场合中,与其他交互方式比较,笔式交互是最理想的方式。例如,当用户使用掌上电脑时,键盘和鼠标就显得笨重和不方便,同时语音交互也存在噪声大、在嘈杂环境中识别率降低、受环境影响较大等问题,此时笔式交互就成了最好的选择。

笔式交互研究的另一个重要目的是通过计算机软、硬件技术和相关领域的研究,使人们通过笔式用户界面自然地利用计算机的计算能力以弥补传统工作方式的不足,带入新的特色,并继续保持传统工作方式的自然性。作为人类固有的自然交互方式,笔式交互在人类的进化发展过程中一直发挥着重要的作用,在无所不在的移动计算时代,其仍将占据主导地位。因此,手写信息获取与表达有重要的研究价值。

人类文明的传承史也是一部书写的历史。无论是象形文字、甲骨文还是现在的电脑字符编码,都可以看做是“书写”的一种表现形式。而在这其中,随着工具的逐步先进和双手的解放,基于“笔”的交互方式日益成为人们进行日常交流记录、情感表达以及思想创造的主要方式。

在计算机环境下,随着软硬件技术的进步,人们依然希望人与计算机之间的交互能够如物理环境下笔式交互的方式一样自然和高效。计算机是20世纪最伟大的发明之一，它对21世纪人类生活的各个方面带来了深刻的影响，并将继续改变人们的工作和生活方式。计算机的发展历史不仅是处理器速度、存储器容量飞速提高的历史，也是人机交互技术不断进步的历史。人机交互的主要工具如图4.1所示：从最初的键盘到20世纪90年代的鼠标，再到21世纪的语音/手写工具，人机交互正在沿着自然、高效的道路发展。

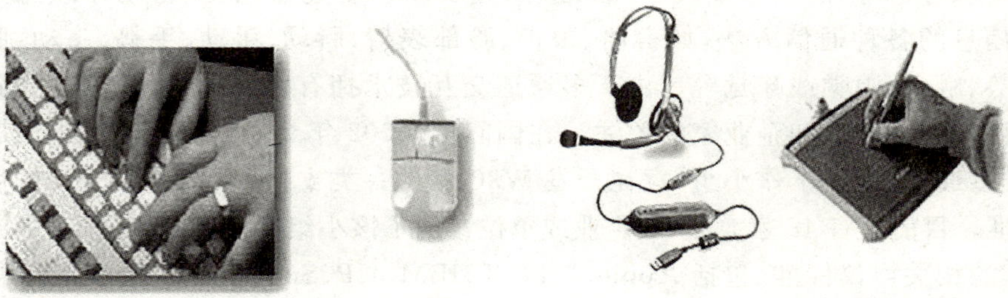

(a)键盘　　(b)鼠标　　(c)语音工具　　(d)手写工具

图4.1　人机交互的主要工具

一般认为，人机交互的发展历程有以下几个阶段：

(1)早期的手工作业阶段：这一时期交互的特点是由设计者本人使用计算机，采用手工操作和依赖机器(二进制机器代码)的方法去适应计算机。此阶段的主要交互工具是键盘。

(2)作业控制、语言及交互命令语言阶段：这一阶段的特点是计算机的主要使用者——程序员可采用批处理作业语言或交互命令语言的方式和计算机打交道，虽然要记忆许多命令和熟练地敲键盘，但已可用较方便的手段来调试程序，了解计算机执行情况。此阶段的主要交互工具仍是键盘。

(3)图形用户界面(graphical user interface，GUI)阶段：GUI的主要特点是桌面隐喻、WIMP技术、直接操纵和“所见即所得”(What you see is what you got，WYSIWYG)。由于GUI简明易学，减少了敲键盘，实现了“事实上的标准化”，因而使不懂计算机的普通用户也可以熟练地使用，拓展了用户人群。此阶段的主要交互工具是鼠标和键盘，语音开始得到应用。

(4)网络用户界面阶段：以超文本标记语言HTML、超文本传输协议HTTP为主要基础的网络浏览器是网络用户界面的代表，由它形成的万维网已经成为当今国际互联网的支柱。这类人机交互技术的特点是发展快，新的技术不断出现，如搜索引擎、网络加速、多媒体动画、聊天工具等。此阶段的交互工具以鼠标为主、键盘为辅。语音、摄像机成了重要组成部分，手写输入开始应用。

(5)多通道、多媒体的智能人机交互阶段：该阶段的特征是以虚拟现实为代表的计算机系统的拟人化和以手持电脑、智能手机为代表的计算机的微型化、随身化、嵌入化，是当前计算机的两个重要的发展趋势。在此阶段，鼠标、自然语言、手势、视觉、笔等成为交互工具的主体。

“多通道交互”是近年来迅速发展的一种人机交互技术，它适应了“以人为中心”的自然交互准则，推动了互联网时代信息产业(包括移动计算、移动通信、网络服务器等)的快速发展。“通道”涵盖了用户表达意图、执行动作或感知反馈信息的各种通信方法，如言语、眼神、脸部表情、唇动、手动、手势、头动、肢体姿势、触觉、嗅觉或味觉等。由于多通道交互技术拥有巨大的价值，因此受到了世界各国科学家和企业家的关注。在国际上，2002 年 2 月，W3C 国际组织成立了“多通道交互”工作小组，意在开发 W3C 新的一类支持移动设备 MMI 的协议标准。目前已有 42 家大型 IT 企业或单位参加了该小组并参与制定了“多通道交互”的相关协议标准，包括 Apple、AT&T、IBM、HP、Sun、Intel、Microsoft 等。

笔式交互作为人类固有的自然交互方式，在人类的进化发展过程中一直发挥着重要的作用，在无所不在的移动计算时代，其仍将占据主导地位。

人机界面的表现方式广泛采用了多种媒体，而人与计算机的表达方式目前常用的只是利用手通过键盘、鼠标、手写输入进行。这样，用户到计算机的输入宽带与计算机到用户的输出宽带产生了不平衡，用户的输入宽带低于计算机的输出宽带。因此，人们逐渐研究采用了多种方式与机器交互，如自然语言接口、计算机支持的协同工作、眼动跟踪、姿势识别、三维输入、表情识别、听觉界面等，还引用了多种评价与可用性测试方法。

在图 4.2 中所示的“人—人”交互中，图中的两个人利用图像、语音、手写、形体姿态等自然方式交换信息，进行沟通。

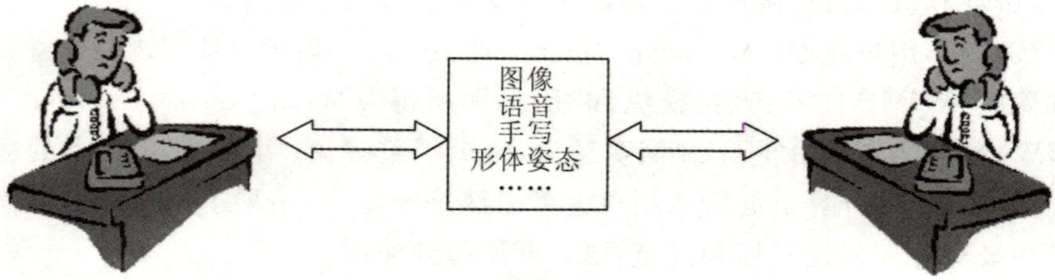

图 4.2 “人—人”交互

在图 4.3 所示的“人—计算机”交互和“人—计算机—人”交互中，两个人通过计算机进行交互：一人先将需要交互的信息输入计算机，计算机将信息传输给另一人，后者得到前者的信息后作出反应，并将反馈信息再通过计算机传输给前者,从而实现了信息交换过程。

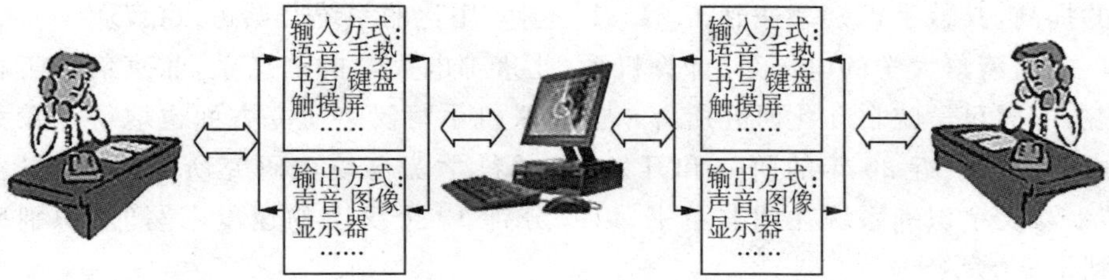

图 4.3　“人—计算机”交互和“人—计算机—人”交互

不管是在“人—人”交互还是在“人—计算机—人”交互中,笔式交互都是很重要的交互通道。假如人机交互中计算机所得到的信息不完备,则会影响到交互的质量。

联机手写字符识别的研究进展为笔式交互奠定了基础,促进了笔式交互研究的发展。联机字符识别最早出现在 1957 年。1960 年,M. R. Davis 等人的 RAND 板的出现极大地刺激了联机识别的发展。之后,他们又相继提出了关于识别算法和系统构成的一些基本思想,奠定了联机识别的基础。到 20 世纪 80 年代后期,联机手写字符识别技术的研究已经朝着实用的方向努力(特别是英文),已经开始研究完全无限制的整句识别技术,即“run-on cursive character recognition”。美国联机识别的研究热潮开始衰退后,由于打字机的普及,对于英文来说,手写输入几乎没有应用背景,因此研究中心开始逐渐转入日本和中国。日本于 20 世纪 60 年代末开始联机识别的研究,到 20 世纪 70 年代便已开发出最有希望的字符输入方式之一。当时采用的方法主要是结构分析方法,即通过识别笔画、字根来识别整个汉字。由于笔画抽取的困难性,在 20 世纪 70 年代末期之前,对字的识别率一直在低水平上徘徊不前。

联机手写汉字识别技术的起步相对较晚。从 20 世纪 50 年代起,人们开始研究汉字字符的识别问题,直至 20 世纪 80 年代中后期,汉字识别系统才走出实验室并步入办公自动化的殿堂,但此时水平还较低,并没有得到广泛的应用。1981 年,IBM 公司的 E. F. Yhap 等推出了第一套较为成熟的联机手写汉字识别系统。该系统是基于对汉字进行笔画、字根编码的思想进行识别的。系统中的每个汉字均由字根拼成,而每个字根又可分解为笔画,通过对笔画和字根的判定来识别所输入的汉字,其对字根进行的编码树表示使得系统对通常的笔顺变化具有一定的容错能力。当时对 920 个汉字进行的实验正确率为 91.1%,对 2260 个汉字进行测试的识别率为 79.9%(第一次使用,并要求使用楷书工整书写)。此项研究进展很快,到 20 世纪 80 年代末至 90 年代初,手写体识别研究的组织机构数量大增，有关这方面研究的论文与系统也大量增加，其理论与实际应用水平都有了较大的提高。到 1992 年以后，单字符号的识别水平有了很大的提高，其数字识别率达到了 94%以上，实用化的系统开始进入市场。

中国清华大学的电子系、计算机系，北京邮电大学的信息系，北京信息工程学院，中国科学院自动化研究所等单位在联机手写汉字研究方面也取得了较大的成绩。经过近 20 年的研究和开发，中国科学院自动化研究所开发的“汉王笔”手写汉字识别系统在用非草书、以每分钟 12 个汉字的速度书写时，识别率达到了 99.8%。

中国台湾地区也进行了联机手写汉字识别方法的研究。由于采用了不同的思路，中国台湾地区的产品在连笔处理方面具有一定的优势，但对笔顺的限制相对比较严格。从有限的一些资料来看，它们大致是基于笔、段、串的动态规划方法。目前市场上的“博士笔”“精品识别系统”等，其技术都来自中国台湾地区的公司。

表 4.1 中列举了目前一些国外研究机构的手写文本的识别结果，表 4.2 中则列举了一些国外研究机构的手写汉字识别研究结果。

表 4.1　目前一些国外研究机构的手写文本识别结果

作者	研究方法	精确度	评价
Li，Yeung	Nearest Neighbor using Elastic Matching	Upper and Lowercase Classifier：87.1% on 780 lowercase 92.9% on 780 uppercase Digit Classifier：96.3% on 300 digits	0.35 sec/char 180 reference templates selected from 840 examples
Scattolin，Krzyzak	Nearest Neighbor using Weighted Elastic Matching	88.67% on 1650 digits	33 writers used 293 reference templates
Yaeger，et al.	Combined Online and offline Neural Network Classifier	95 — classifier（52 char，10 digits，33 symbols）：86.1%	45 writers used
Chan，Yeung	Manually Designed Structural Models	97.4% on 9300 upper and lowercase chars	150 writers used
Li，et al.	Hidden Markov Model	92%(after 3.9% reject) on 3126 digits	Unipen data used
Prevost，Milgram	Combined Online and Offline Nearest Neighbor Classifiers	Digits：98.70% Uppercase：97.81% Lowercase：96.84%	Total of 11，162 chars. From unipen Data used

表 4.2 一些国外研究机构的手写汉字识别研究结果

作者	研究方法	容量	方式	研究	测试	精确度
Liu'93	structure	5400	regular	1 PC	10 PC	87.4%
Liu'93	structure	13000	flu-regular	N/A	N/A	93%
Wakahara'95	structure	2980	careful/free	120 PC	36 PC	97.6%/94.1%
Wakahara'97	structure	2980	careful/free	120 PC	36 PC	98.4%/96.0%
Shin'02	structure	2965	regular	90 PC	24 PC	99.28%
Rowley'02	structure	6847	natural	5 million	85655	94.45%
Kawamura'92	statistical	2965	careful/free	380 PC	20 PC	94.51%/91.78%
Hamanaka'93	statistical	1064	regular	54028	52944	95.1%
Kuroda'99	statistical	1000	regular	25 PC	10 PC	94.34%
Zheng'99	sta-struct	3755	mixed	100 PC	7 PC	95.52%
Kim'97	HMM	1800	free	4 PC	6 PC	90.3%
Nakai'02	HMM	1016	fluent	34 PC	34 PC	93.1%
Matic'02	neural	4400	N/A	80 PC	20 PC	97.3%
Velek'02	combined	3036	fluent	3399089	54927	94.14%

二、手写信息获取研究现状

手写输入设备的主要功能是获取书写过程中笔尖的 x、y 坐标，运动速度以及与接触平面的作用力等信息。随着传感技术、电子技术和计算机技术的发展，国内外出现了多种手写信息获取方法和输入设备。

手写信息的获取根据其不同应用通常分为两类：离线系统的手写信息获取和在线系统的手写信息获取。离线系统的手写信息获取主要是获得文字、图形等静态信息，如邮政自动化就是一个典型的例子。相反，在线系统的手写信息获取不仅会获得文字、图形等静态信息，还可以获得时间，书写的力、速度、加速度等动态信息。例如，掌上电脑和签名认证属于在线系统的应用，都需要手写过程的动态信息。不论是离线系统的手写信息获取还是在线系统的手写信息获取都需要特殊的设备。人们通常将这些设备分为两类：离线系统的手写信息获取设备和在线系统的手写信息获取设备。其中在线系统的手写信息获取设备又分为基于笔的在线系统手写信息获取设备和基于板的在线系统手写信息获取设备。

(一)离线系统的手写信息获取设备

除了传统的台式扫描仪外,离线系统的手写信息获取设备主要是各种类型的扫描仪,如C-Pen 800C,如图 4.4 所示。C-Pen 800C 包括一个数字照相机、一个处理器和存储元件,能够阅读和解释印刷文本。笔内的数字照相机获取文本、图像并以文件的形式存储在笔内,通过电缆线或者红外接口与 PC 或者掌上电脑(个人数字助理)连接,此数字照相机是一个 CMOS 传感器,每秒钟能够拍摄分辨率为 300 dpi 的 50 幅图片。

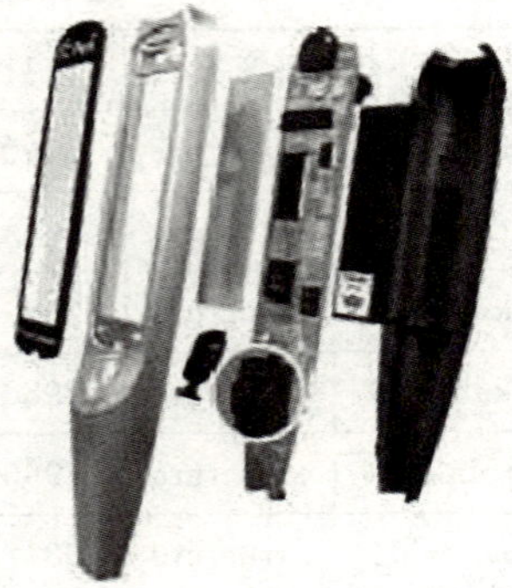

图 4.4 C-PEN 800C 的外观

(二)基于笔的在线系统手写信息获取设备

目前市场上有不少商业化的笔式在线手写信息获取设备,有的应用比较广泛,有的还只是样机,有待进一步发展。典型的有以下几种:

1. I-Pen

I-Pen 于 2000 年秋申请了专利,它基于加速度传感器技术实现手写信息的获取,整个系统包括一个笔尖和笔,如图 4.5 所示。当在纸上写字时,笔尖与笔接触,确定笔尖在纸上的位置,笔和笔尖的运动保证了对手写信息的记录。如果没有参考点,I-Pen 笔可按时间序列存储记录笔的运动轨迹。I-Pen 可以在任何纸张上工作,不需要特殊的纸张,它的主要功能是捕获文本或图画,可以代替鼠标,通过激光打印机或者电子邮件直接打印输出。I-Pen 的笔尖是不能更换的,可以像石墨芯铅笔、圆珠笔或白板笔一样使用。

图 4.5 I-Pen

2. Virtual Pen(V-Pen)

V-Pen 可以像普通的笔一样工作,它能够在任何表面上获取并直接传送笔迹、图画和电子邮件信息到一个移动电话、掌上电脑或者个人计算机上,也可以用作鼠标来控制计算机屏幕或者进行数字签名。V-Pen 是基于光学测量技术(optical translation measurement,OTM)的,即测量 OTM 传感器和目标之间的相对运动(与光学鼠标的原理相同),并通过蓝牙技术将信息发送给计算机。图 4.6 所示是 V-Pen 的外观,图 4.7 是其结构图。

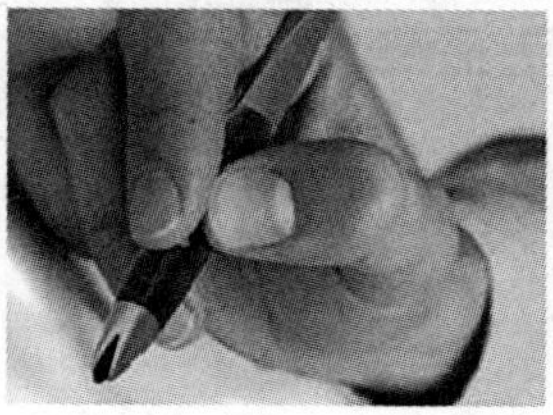

图 4.6　V-Pen

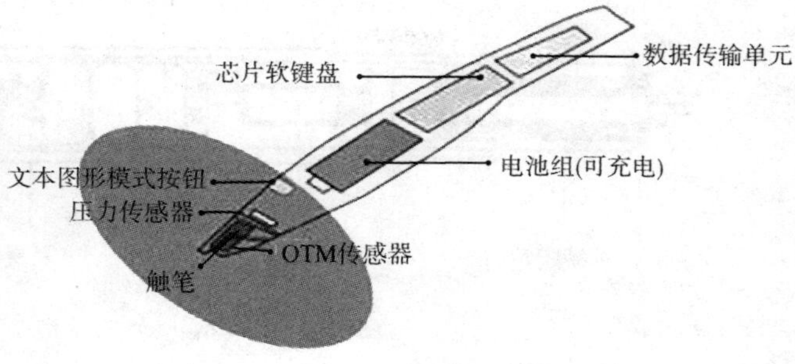

图 4.7　V-Pen 的结构

3. E-Pen

E-Pen 包括接收模块和笔两部分，如图 4.8 所示。接收模块相当于测量装置，固定在用户使用的纸张最上面。E-Pen 工作时不需要特殊的纸张，能够把用户的手写文本转换成电子表格。当写字时，E-Pen 发送超声波并被接收模块中的传感器记录，接收模块包括一个微处理器，能够处理信息并转换成电子表格，进而和计算机、掌上电脑或者移动电话连接。

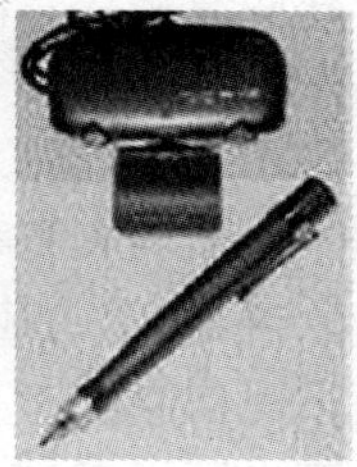

图 4.8　E-Pen

4. N-Scrible

N-Scrible 包括一支电子笔和一个笔架，如图 4.9 所示。其中，笔架是测量设备，笔架里有一个微处理器，能够处理信息并把笔的运动转换成数字编码，以 jpg 或 pdf 的格式存储在笔内，通过红外技术传送给计算机。N-Scrible 不需要特殊的纸张。

图 4.9　N-Scrible

5. Compupen

Compupen（Pen2Net）有 MediPen、SciPen 和 NotePen 三种笔，分别用于不同的领域：MediPen 主要供医生或医务人员开处方、写医疗记录时使用；SciPen 供工程师和研究人员作报告时进行写和画；NotePen 用在写学习笔记等场合。这些笔可以独立地使用，和传统的笔几乎一样。笔内装备了一个显示器，有菜单和命令按钮，可以给使用者提供文本的内容等信息。若无特别说明，笔将按照时间顺序处理信息。图 4.10 所示是 Compupen 的结构。

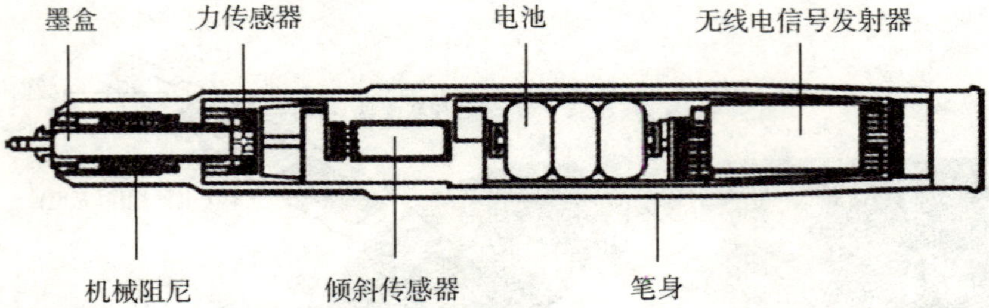

图 4.10 Compupen 的结构

6. Anoto 笔

瑞典 Anoto AB 公司开发了关于数字笔和数字纸张的技术。Anoto 笔使用的是光学跟踪的方法，需要在印有微小点阵图案的专用纸上书写。

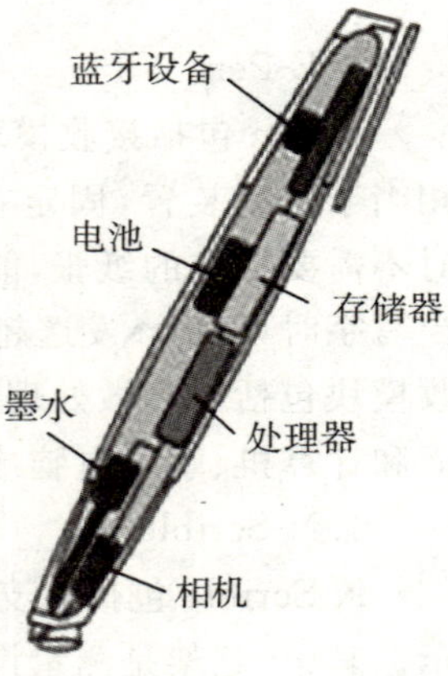

图 4.11 Anoto 笔的结构

数字笔看起来就像一支普通的圆珠笔，如图4.11所示。它与普通笔的使用方法一样，其结构主要包括一个数码相机、一个先进的图像处理单元和一个蓝牙发射器，笔内还有一个压力传感器、一个可以存储几页书写信息的存储器和一个普通的墨水囊，因此使用者可以同时看到书写信息。Anoto 笔利用相机获取数字的图案快照，因此可以计算出笔在整个 Anoto 图案中的位置，每秒钟拍摄 50～100 次快照，利用红外光来使数码相机看到 Anoto 图案中的点。当笔帽移动时，笔就被激活；而当笔帽放回原处时，笔就处于无效状态。笔内的处理器不仅计算笔的位置，还采集存储笔和纸之间的角度信息、笔的旋转、笔对纸的压力等，所有这些图像处理器的信息都被快速拍摄并存储起来。

Anoto 公司的数字纸张是在传统纸张上印有特殊的 Anoto 图案，如图 4.12 所示。当在图案上写字时，数字笔对书写信息进行数字复制。Anoto 图案是用基于碳的黑墨水印刷出来的，由许多用肉眼几乎看不到的小圆点组成，看起来就像浅白色，红外光可以和这些印刷的点发生作用。笔里流出的墨水照相机是看不见的，它唯一的功能就是使人可以看到书写的字迹。这意味着人们可以在同一张纸上一遍又一遍地书写，而不用担心破坏数字图案。

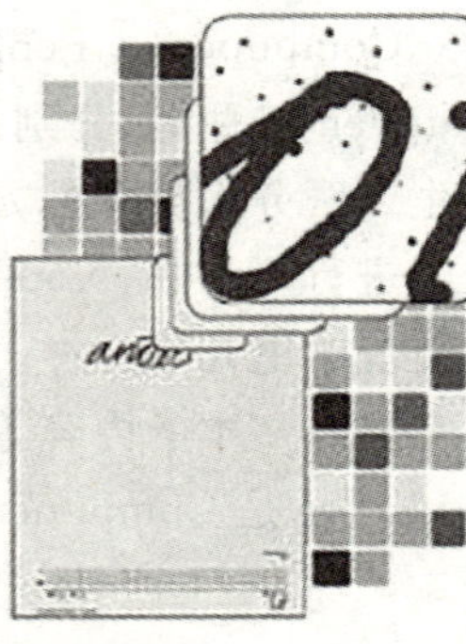

图 4.12 Anoto 图案

7. Maxell 数字笔

Maxell 数字笔是 Maxell 公司和 Anoto 公司合作的产品，具有圆滑的外形，内置存储器，通过蓝牙无线技术或者 USB 接口传送数字笔获取的信息，如图 4.13 所示。

8. 诺基亚 SU-1B 数字笔

诺基亚 SU-1B 数字笔是移动通信巨头诺基亚公司与 Anoto 公司合作的产品，可以创造彩色的、个性化的信息或者图像，并通过蓝牙无线技术传送给可以兼容的电话，也可以将数字笔获取的笔记传送给兼容的个人计算机，如图 4.14 所示。

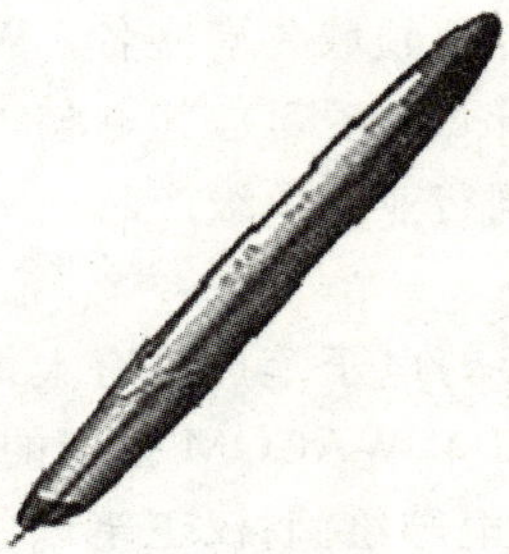

图 4.13　Maxell 数字笔

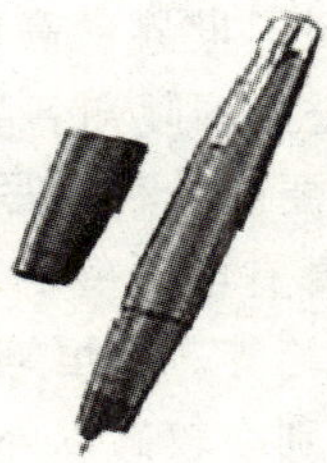

图 4.14　诺基亚 SU-1B 数字笔

9. Logitech io2 笔

Logitech io2 笔有两种型号的产品：Commercial 5 pack（见图 4.15）和带蓝牙无线技术的 Commercial 5 pack（见图 4.16）。Logitech io2 笔包括一支 io2 数字笔、一个坚固的桌上型支架、五个附加的金属环、用户定制的纸张以及一套墨水装置。带蓝牙无线技术的 Logitech io2 笔能快速地将数字笔获取的信息传送给具有蓝牙无线技术的设备。

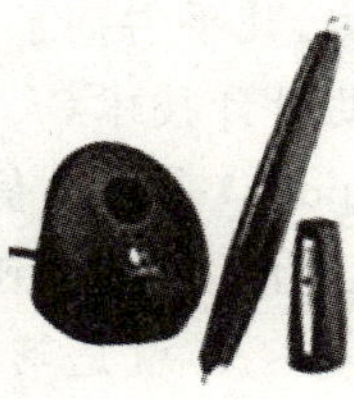

图 4.15　Logitech io2 笔

图 4.16　带有蓝牙设备的 Logitech io2 笔

10. WACOM 输入笔

WACOM 公司在 1983 年首创了不用导线也不需要电池的电磁感应方式，并已经在世界多国(包括中国)取得了专利权。WACOM 公司研制过各种规格和系列的高品质输入板，从超大型到 A6 的超薄超小型，从直接笔输入的液晶板到远程通信用电子黑板。20 多年来，经过不断改进完善，该公司的输入界面达到了接近实用化纸和笔的程度，其采用专用的手写笔与手写板相结合的方式实现对手写位置及压力信息的获取，手写笔中装有电感电容储能电路，手写板中的感应线圈阵列与笔尖中的电路相互感应产生信号并计算出笔尖的位置(包括 X、Y、Z 坐标值)。另外，WACOM 输入笔中装有电容压力传感器，用于获取沿笔轴线方向的压力信息，压感级数可以达到 1024 级。WACOM 公司的输入笔的压感方便、轻捷、压力变化得心应手，在专业领域久享盛名。WACOM 输入笔的压感级数达到了世界最高的 1024 级(Intuos 系列)，其电脑智能输入系列硬件产品早已被誉为国际知名品牌，是世界同行业的顶级产品。

11. 国内主要的几种手写笔

目前国内具有电子签名功能的主要手写电子笔产品有大恒笔、汉王笔、蒙恬笔、清华紫光笔等。大恒笔主要采用了日本 WACOM 公司的技术，是压感型笔，除了手写识别率较高以外，还可以进行电脑绘画；汉王笔以中国科学院自动化研究所为技术后盾，从事文字识别研发已有多年，目前已从单纯的汉字输入产品发展为读、写、听、画全能型的输入工具；蒙恬笔(PenPower)是中文手写输入“手写笔识别之王”，种类较多，目前主要采用语音结合、无线输入等技术，并且增强了无笔顺限制书写的辨识率；清华紫光的 Unispen 产品主要使用压感电磁技术和超大手写区域手写板，无线、压感输入是其技术的关键，不但更加适合中国人手写输入的习惯，还把准确度误差降至极低的 0.42 mm，其手写识别率高达 99.96%。

(三)基于数字板的在线系统手写信息获取设备

数字板(digital tablet)是与计算机一起使用的最老的手写输入设备之一。早在 20 世纪 50 年代，美国军方就在为处理雷达图像的系统中设计了一种特殊的数字板，所设计的系统花费了数百万美元，而且体积庞大，几乎占据了一个房间。在 20 世纪 70 年代，在微型计算机中使用计算机辅助设计技术(computer aided design，CAD)已成为可能。系统中使用橡胶圆盘(puck)来输入信息，橡胶圆盘有点像鼠标，它的前面安放了一个带瞄准器的透镜，有大量的按钮，在特殊的板上使用。Amiga 多媒体计算机就有压力板，比如，EasyL 就是其中的一种，它的有效区域是 21.6 cm×27.9 cm，只能检测是否有压力。现在，压力敏感板已经很普遍了，是相对便宜的计算机附件。压力敏感板也称作“图形板”或“图形垫”，在图形处理、计算机辅助设计、网页浏览中广泛使用，还能简单地代替鼠标。

在线信息获取设备很大一部分市场由手写板（或触摸屏）和纸张组成。早期的手写板是利用压阻原理来确定笔尖的位置。电阻式压力板由一层可变形的电阻薄膜和一层固定的电阻薄膜构成，中间由空气相隔离。当用笔接触手写板时，对上层电阻加压使之变形并与下层电阻接触，下层电阻薄膜就能感应出笔的位置。这种方法由于使用寿命较短，对笔的感触不灵敏，已经被逐渐淘汰。取而代之的是基于电磁感应原理的方法，其中以日本 WACOM 公司在 1983 年首创的电磁谐振（EMR）技术为代表，已经在世界多国（包括中国）取得了专利权。这种方法使用了装有电感电容储能电路的不用导线也不需要电池的专用笔，手写板中的感应线圈阵列与笔尖中的电路相互感应产生信号并计算出笔尖的位置（包括 X、Y、Z 坐标值）。利用装有电容压力传感器的专用压感笔，还可以同时获取沿笔轴线方向的压力信息，压感级数可以达到 1024 级。电容式手写板的表面附着有一种传感阵列，当笔接触到手写板的瞬间，就在板的表面产生了一个电容，传感阵列与一块特殊芯片一起持续不断地跟踪着笔尖电容的“轨迹”，经过内部一系列的处理，从而能够每时每刻精确定位手指的位置（X、Y 坐标），同时测量由于手指与板间距离（压力大小）形成的电容值的变化，确定 Z 坐标，最终完成 X、Y、Z 坐标值的确定。

提供笔和书写板之间接口的物理设备叫做“数字转换器”，是一种高分辨率的硬件，能够识别笔的动作并传递给手写板。一个笔与手写板系统中数字转换器的最基本目的是把笔的位置转化成 X、Y 坐标值。

数字转换器目前有两种基本类型：主动型和被动型。不论是主动型还是被动型，都使用相似的元件来对信息进行数字化：①用一支笔或者人的手指产生输入信号；②传感器从输入数据中产生 X、Y 的模拟坐标；③微控制器将 X、Y 的模拟坐标转换成数字数据；④驱动软件进行分析。

目前手写板与计算机之间的接口有几种重要的工业标准，Wintab drivers 提出了一种可用于微软 Windows 的标准功能集，应用编程接口（applications programming interface，API）提供了开放的工业标准接口。使用 Wintab 驱动器，硬件厂商只需为所有支持标准数字转换接口的软件应用提供一种标准驱动器，软件厂商则保证他们的软件支持大多数制造商提供的输入设备。Wintab 驱动器支持多模式输入设备和多通道，所有的商业主流手写板都装备有 Wintab 驱动器。

下面简要介绍几种典型的手写板。

1. WACOM Tablets

在科技文章中经常提到的手写板是 WACOM Tablets，它们不需要电池，也没有电线。WACOM 手写板系列包括低功耗的 WACOM Graphire 2、高分辨

WACOM Intuos 2 以及有 LCD 以便获得真实的纸张感觉的 WACOM Cintiq，如图 4.17 所示。

图 4.17　WACOM 手写板系列：Graphire 2、Intuos 2 和 Cintiq

WACOM 公司的 Graphire 2 压力板和 Interlink 公司的带有视觉反馈的 ePad-ink 压力板都能以每秒钟 100 次的速率采样数据，对每个点记录签名轨线的 X、Y 坐标以及时间戳。WACOM 的笔只在笔尖和板交互时进行采样，而 ePad-ink 通过 LCD 显示屏进行视觉反馈，不仅给使用者自然的感觉，就像在普通的纸上签名，而且不需要特殊的笔就可以使用。

2. Epad-ink tablet

Epad-ink 手写板具有 LCD，如图 4.18 所示，和大多数商业签名认证系统兼容，也可在电子表格中使用。另外，它还可在电子收款机系统（point-of-sale，POS）的零售终端使用。

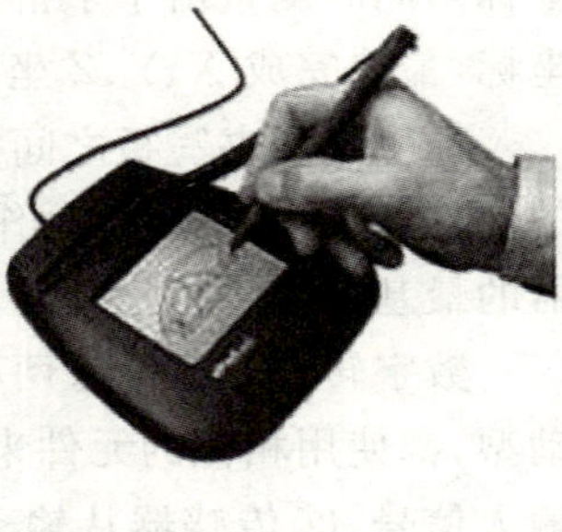

图 4.18　Epad-ink 手写板

3. Tablet PC

另一种经常被提到的手写信息获取设备就是 Tablet PC，如图 4.19 所示。Tablet PC 是一种功能齐全的装有 Microsoft Windows XP Tablet PC 操作系统的计算机，具有手写识别、语音识别功能，使用者可以制作、存储、传送手写笔记和语音输入。Tablet PC 高度关注便携式的解决方案，大部分都使用 WACOM 的笔式传感器技术。

图 4.19　Tablet PC

Tablet PC 中使用了最具革命性的数字墨水技术，在很大程度上改变了人们使用计算机的方式。数字墨水在数学上是通过三阶贝塞尔曲线来描述笔输入的笔迹，它的记录格式与图像、文本格式不同。以往 PC 中最重要的数据格式是文本，而在 Tablet PC 中，数字墨水将成为操作系统的首要数据类型，数字墨水的存储、处理、显示等技术都有别于其他技术。数字墨水的数据格式比图像数据格式所占的空间小得多。例如，一个记录了 4 页手写输入内容的文件占用的空间为 30 KB，并且数字墨水记录的是结构化的信息，可以进行全文搜索。有了数字墨水，人们就可以方便地存储自己的笔迹，在需要识别的时候再使用。

三、手写信息获取存在的问题

手写不仅是笔尖与纸面接触产生的可视化轨迹（手写结果），同时也是一种动作执行（手写过程）。在分析手写结果的基础上研究手写过程，才能做到对手写运动执行的完整理解。在这一过程中，手写采集设备必不可少。总体来说，手写运动的量化分析依赖于三个方面的软硬件支持：用于实时准确采集手写过程信息的手写板或手写笔，用于存储和处理手写数据的实验计算机以及用于分析手写数据的软件环境。

手写板或手写笔的主要功能是采集手写过程中笔尖与书写平面接触作用时的交互信息（如位置、作用力等信息），转化成定量的坐标值数据和力值数据。手写数据的实时、准确采集对手写采集设备的采样频率、位置分辨率和力精度等提出了性能要求。

早期的手写板利用压阻原理来定位笔尖，这种方法由于使用寿命较短，对笔的感触不灵敏，已被逐渐淘汰。取而代之的是基于电磁感应原理的方法，其中以日本 WACOM 公司在 1983 年首创的电磁谐振（EMR）技术为代表（见图 4.20），已经在世界多国（包括中国）取得了专利权。其采用专用的手写笔与手写板相结合的方式实现对手写位置及压力信息的获取，手写笔中装有电感电容储能电路，手写板中的感应线圈阵列与笔尖中的电路相互感应产生信号并计算出笔尖的位置（包括 X、Y、Z 坐标值）。另外，手写笔中装有电容压力传感器，用于获取沿笔轴线方向的压力信息，压感级数可以达到 1024 级。电容式手写板的表面附着有一种传感阵列，当笔接触到手写板的瞬间，就在板的表面产生了一个电容，传感阵列与一块特殊芯片一起持续不断地

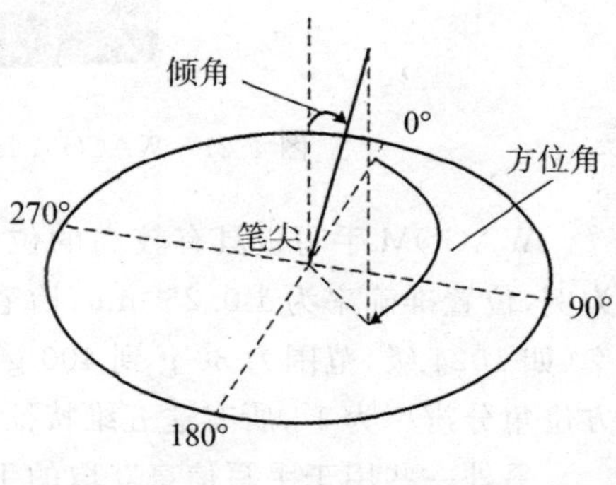

图 4.20　WACOM 手写板信息采集示意图

跟踪着笔尖电容的"轨迹"，经过内部一系列的处理，从而能够每时每刻精确定位手指的位置（X、Y 坐标），同时测量由于手指与板间距离（压力大小）形成的电容值的变化，确定 Z 坐标，最终完成 X、Y、Z 坐标值的确定。

目前，WACOM 电磁压感式手写板已经发展成为手写运动研究中广泛采用的手写采集设备。它由数位板和无线压感笔组成：电磁感应屏具有较高的位置分辨率和精度，用于检测细微的手写运动变化；压感笔拥有较高的压感级数（如 2048 级），能获取手写过程中的轴向力信息，并且压感笔的质量、外形、笔尖均与真实笔相似，能有效模拟自然手写场景，如图 4.21 所示。WACOM 手写板能够获取的手写信息包括：

(1)X 轴坐标(X-coordinate)：笔尖 X 轴（水平方向）位置坐标。

(2)Y 轴坐标(Y-coordinate)：笔尖 Y 轴（垂直方向）位置坐标。

(3)方位角(azimuth)：手写笔沿 Z 轴顺时针旋转的角度。

(4)倾角(altitude)：握笔书写时相比于 Z 轴的倾斜程度。

(5)压力(pressure)：轴向笔压力(axial pen force)，结合倾角信息可以计算出正向笔压力(normal pen force)。

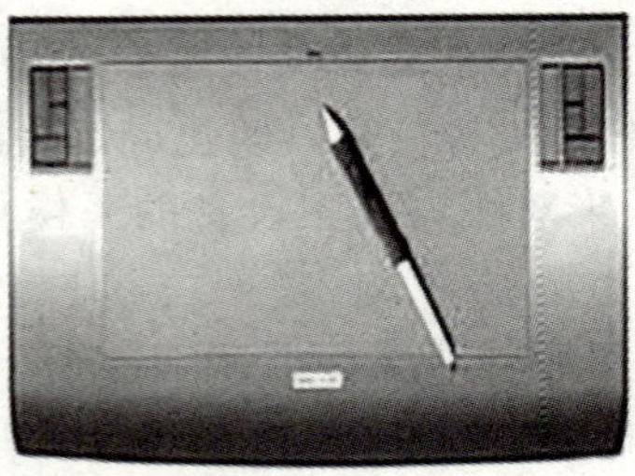

图 4.21　WACOM Intuos 3 数位板及无线压感笔

WACOM 手写板具有较高的位置分辨率和力精度，以 WACOM Intuos 3 为例，位置准确率为±0.25 mm，抬笔检测距离为 6 mm，压感笔是 10 比特分辨率（如 1024 级，范围为 30 g 到 400 g）压感笔相对于重力轴的倾角范围是±60°，方位角分辨率为 1°，所有这五维特征的采样频率为 200 Hz。

另外一些用于手写信息获取的手写笔则主要是对笔进行特别的设计，一般笔的感应和发射装置都安装在内部，可以脱离手写板来采集手写信息，使得笔在书写时能够计算出书写的轨迹，从而进行书写内容的识别。如 Micro & Precision 公司所推出的笔，包括能够正常在普通纸上显示的墨水盒、力传感器、角度传感器、电源和无线发送器。该笔工作分接触和非接触两种状态，在与纸接触时，通过纸的摩擦力可以计算出笔在纸上的移动速度，积分即可计算出笔移动的轨迹；而在与纸非接触时，通过加速度传感器测得的加速度进行二次积分也可算出笔的轨迹。

瑞典 Anoto 的手写笔使用的是光学跟踪的方法，需要在印有微小点阵图案的专用纸上书写。手写笔通过采集特定的点阵图案来计算瞬时的笔尖在纸面上的绝对位置，同时还可以获取沿笔轴线方向的压力和笔纸之间的夹角等信息。另一种采用光学传感器的手写笔是由以色列 OTM 公司研制的，它不需要在专用纸上书写，而是利用笔尖部位安装的光学移动测量传感器来测量笔与纸面的相对运动量和方向，然后通过手写识别算法来得到书写信息。

比利时 Katholieke 大学研究了基于三维力和加速度传感器的手写笔，笔中还有倾角传感器来测量笔的倾角，笔端的力传感器在与纸面接触时，测量压力与摩擦力并换算到纸面坐标，然后利用摩擦模型计算出笔尖运动速度并积分出笔的运动位置信息。笔尖抬起时，力传感器作为加速度传感器测量笔运动的加速度，坐标变换后再积分出笔的位置信息。由于传感器精度和摩擦模型的误差问题，这种手写笔的精度较低。

提供作为“笔”功能的计算机笔式交互设备已经成为研究的热点，其主要的工作集中在以下两个方面：

(1)对“笔”本身进行研究，包括对笔的结构、笔的形状等进行设计，以使得设计的“笔”工具能尽量符合人类的使用习惯。

(2)对“笔”在书写后留下的痕迹进行研究，包括字形和书写速度等(这类设备一般被称为“手写板”)，以便让人机交互过程更加自然和高效。

那么，无论对于“笔”本身或者是手写板，其研究的最终目的都是通过笔交互设备来获取人在书写过程中对笔或手写板产生的作用信息，并根据这些信息来构建和设计自然的人—计算机交互过程，并提高人机交互的操作效率。

从现有情况来看，手写板主要用于笔尖接触位置的确定，以此来实现对字形和笔迹的记录，通过适当的处理方法得到其他一些手写信息，而手写笔一般需要经过特殊的设计，即使能够得到接触力信息，也还必须借助辅助的手段才能获得字迹信息。

实际上，手写信息是动态生成的，它不仅包括书写笔迹动态信息，还包含书写时笔尖接触力的大小和方向，以及速度和加速度等。目前市场上的众多设备都不能实现对手写动态信息的完整获取，大多数是通过多个传感器实现对各种信息的独立获取，并采用信息融合的方法得到手写的轨迹以及速度、加速度信息。虽然有些手写输入设备可以获得手写的力、速度等动态信息，但只能提供笔的压力信息或者是 F_z 方向的力信息，不能反映笔尖接触时的受力状态。如应用比较广泛的 WACOM 公司的 Graphire 2、Intuo 2 以及 Cintiq 手写板与笔，Genius 公司的 WizardPen 和 MousePen，Interlink 公司的 ePad-ink 等，都只能得到笔尖的 512～1024 等级的压力信息。

现有国内外市场上的手写输入设备都存在着手写信息丢失的问题，没有一种设备能够同时获得手写时的字形、笔顺、笔画等静态信息以及接触力矢量，书写速度、加速度等动态信息。现有手写输入设备所获得的手写信息不能完整反映人手写过程的物理本质。

目前各种输入设备普遍存在所获取的手写信息不完整及信息丢失问题，其关键因素是现有手写输入设备本身的局限性。手写设备获取的手写信息不完备带来了手写身份识别与身份认证中的误识与误拒问题，而人机交互中计算机所得到的信息不完备，带来了人机笔式交互中信息交换带宽不匹配的问题。

在手写过程中，笔迹是由人手的作用力带动笔尖相对纸张的接触运动而产生的，这种接触运动包括笔尖与纸张之间的三维作用力矢量、接触位置和速度信息。如果能够在获取笔迹信息的同时，得到笔尖与平面作用力大小、方向的变化，则可以提取出更为丰富的个人特征信息。然而，目前的计算机手写输入方法和输入工具不能实现接触力信息和笔迹的同时获取，从而造成手写信息的丢失，这种手写信息的丢失降低了系统的可靠性。

第三节　手写信息采集平台整体结构

一、多维力手写信息采集设备

手写过程中，笔迹是由人手的作用力带动笔尖相对书写平面的接触运动而产生的。手写运动信息包括笔尖在书写平面上产生的运动轨迹和笔尖对书写平面施加的接触力。因此，完整的手写运动数据是五维时间序列，具体为二维位置时间序列 $x(t)$、$y(t)$和三维力时间序列 $F_x(t)$、$F_y(t)$和 $F_z(t)$。

目前，手写笔压力信息主要使用 WACOM 压感笔获得。其虽然具有很高的压感级数，但是不能采集完整的手写三维力信息。采用多维力手写信息获取平台 F-Pad2 作为手写数据采集设备，可以获取更丰富的手写力矢量信息。该设备可以实时采集手写运动产生的二维笔尖位置数据和三维力数据，能为手写的运动学特征、动力学特征和笔迹几何特征的提取及分析提供硬件支持。

F-Pad2 平台外形如图 4.22 所示，结构如图 4.23 所示。整个 F-Pad2 平台由以下五大部件组成：

图 4.22　F-Pad2 手写信息采集平台外形

(1)多维力/力矩传感器：平台的核心感知部件，直接获取笔交互过程中产生的力和力矩信息。

(2)信号调理电路：完成对多维力/力矩传感器输出信号的调理处理，具体包括滤波、放大和模数转换功能。

(3)全彩液晶显示系统:用于提供笔交互过程中的动作—视觉反馈功能,完成“WYSWYW”功能。

(4)签名书写板:签名书写平面,采用透明的钢化玻璃实现,一方面提供足够的刚度支撑,另一方面提供透视化的视觉传输。

(5)数字处理电路:平台的核心处理部件,一方面提供对数字化多维力/力矩传感器输出信号的处理和计算,另一方面提供对笔交互过程中的各种动作的解释和显示。

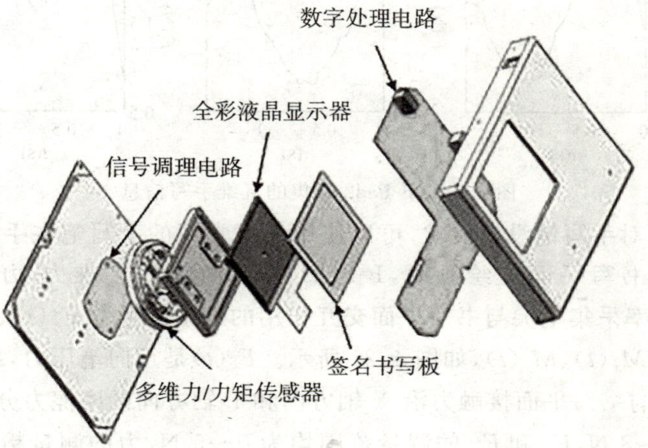

图 4.23　F-Pad2 平台结构图

F-Pad2 手写信息采集平台是一个功能丰富和系统开放的装置,支持符合传统工作习惯的手写笔交互操作。该装置采用的是一种可直接测量多维力和力矩信息的多维力/力矩传感器,因此可以直接获取笔交互过程中笔尖与 F-Pad2 平台之间接触产生的手写五维空间力信息。通过对这些手写力信息进行复杂的控制运算得到实时的反映手写交互过程的手写特征信息,并利用装置自带的真彩液晶显示系统完成对融入了手写特征信息的手写交互过程的实时真彩显示,从而提高书写交互过程中的视觉反馈效果,并进一步利用装置自带的外存接口部件对 F-Pad2 平台进行软件升级等,而不需要重新购买或更换该装置的部件,以降低使用成本。

图 4.24 所示是手写信息获取平台 F-Pad2 采集的画圆运动的五维手写信息,其中(a)为绘画的圆形轨迹;(b)为 X 轴位置坐标时间曲线;(c)为 Y 轴位置坐标时间曲线;(d)为 X 轴方向的手写力 F_x 时间曲线;(e)为 Y 轴方向的手写力 F_y 时间曲线;(f)为 Z 轴方向的手写力 F_z 时间曲线。

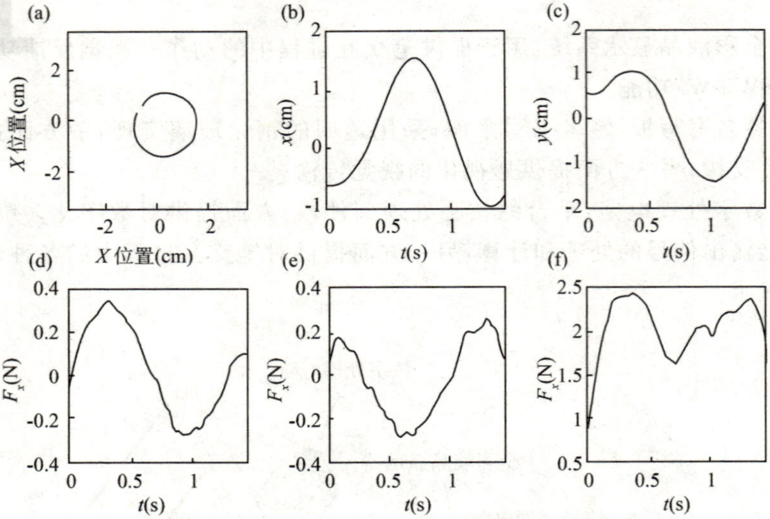

图 4.24 F-Pad2 采集的五维手写信息

F-Pad2 对手写笔没有要求，可以使用任何常用的手写笔在手写板上书写。当受试者在书写平面上绘画时，F-Pad2 平台内部的多维力/力矩传感器以 100 Hz的频率采集笔尖与书写平面交互作用的三维接触力 $F_x(t)$、$F_y(t)$、$F_z(t)$ 和二维力矩 $M_x(t)$、$M_y(t)$，如图 4.25 所示。$F_z(t)$是正向笔压力，$F_x(t)$和$F_y(t)$分别为笔尖与书写平面接触力沿 X 轴方向和 Y 轴方向的摩擦力分力。F_z 的测量范围是 0～8 N，F_x 和 F_y 的测量范围均为 0～5 N，力的测量精度为 0.1 N。F_x 和 F_y 测量值的正负用来指示其在图 4.25 所示坐标系中的方向。而 F_z 的值保持非负，代表手写过程中向书写平面施加的沿重力方向的正向压力的大小。手写轨迹的坐标位置由力矩平衡原理计算得到。

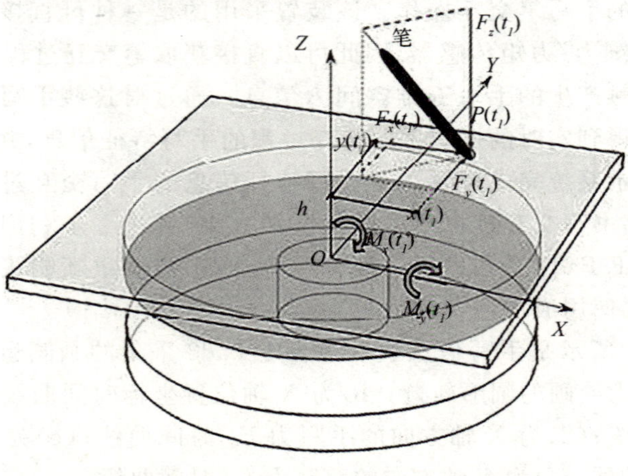

图 4.25 F-Pad2 在位置点 $P(t_i)$采集的手写数据

二、手写信息采集平台总体结构

手写信息采集系统设计采用模块化设计思想，分为总体设计以及相应的单元功能模块设计。手写信息采集系统主要由用户接口模块、数据采集模块和数据处理模块组成。图 4.26 所示为手写信息采集系统的总体架构。

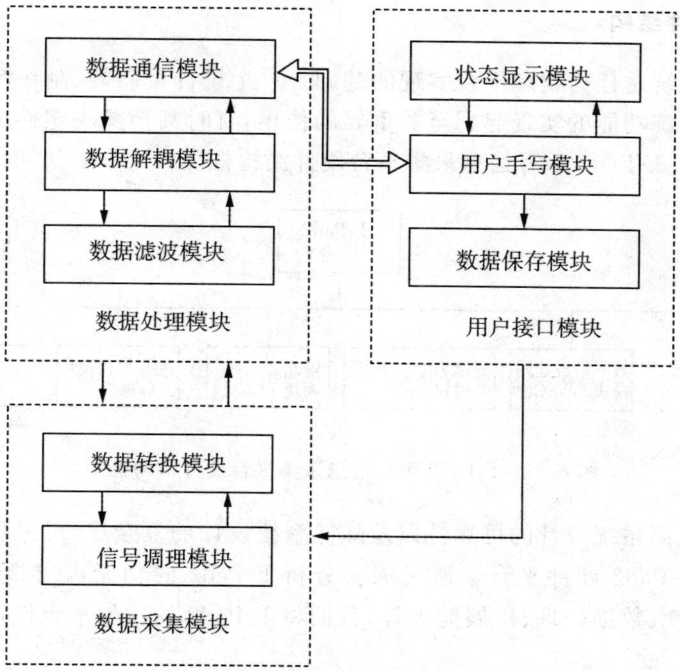

图 4.26　手写信息采集系统总体架构

数据采集模块的主要任务是实时采集多维力传感器输出的手写三维力信息，具体包括信号调理模块和数据转换模块。其中，信号调理模块主要实现对原始输出的信号进行放大和滤波处理，以消除干扰信号的影响；数据转换模块则实现对调理后信号的数字化工作，并按照预订协议进行数据格式的处理。

数据处理模块主要完成对手写过程中力信息的采集处理，具体包括数据滤波模块、数据解耦模块和数据通信模块。其中，数据滤波模块主要完成对初始传感器数据的预处理，以减小误差对后续模块的影响；数据解耦模块主要完成对采集得到的力数据进行解耦运算，以降低维间的耦合影响；数据通信模块完成将采集到的手写力数据发送到缓冲区的功能，以使得用户接口模块可以实时获取并操作这些数据，完成对手写力数据的操作功能。

用户接口模块是手写信息采集系统的主要模块，与数据处理模块和数据采集模块直接联系，具体可分为数据保存模块、用户手写模块和状态显示模块三个子模块,主要功能包括启动和结束数据采集、读取数据处理模块数据、数据保存功能、手写结果显示、手写状态显示及显示手写要求等。

第四节 手写信息采集系统硬件设计

一、硬件结构

硬件系统是任何物理平台实现的基础。一个设计可靠的、制作精良的硬件电路会对系统功能的实现起到至关重要的作用,有时甚至是决定性的作用。图 4.27 给出了 F-Pad2 手写信息采集平台硬件结构框图。

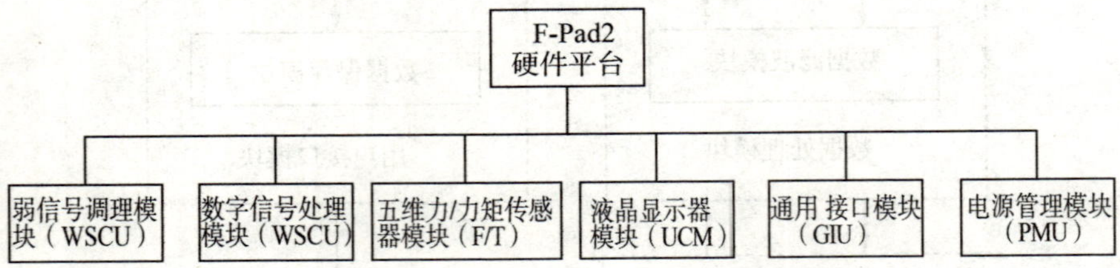

图 4.27 F-Pad2 手写信息采集平台硬件结构框图

为了提高系统设计的可靠性以及降低系统设计的复杂度,可采用模块化思想来构建 F-Pad2 硬件平台。通过深入分析 F-Pad2 的功能需求,包括存储空间、系统速度、数据处理、扩展能力等,我们将 F-Pad2 的硬件平台设计成六个主要模块:

(1)多维力传感器模块:用于感知和输出笔交互过程中产生的多维手写力信号。

(2)信号调理模块:针对力/力矩传感器输出的微弱电信号(mV 数量级)进行弱信号拾取、滤波、放大和模数化调理。

(3)数字信号处理模块:完成对 F-Pad2 手写信息采集平台的逻辑控制、中断分析和处理、系统资源分配以及运行状态监控等。

(4)液晶显示模块:F-Pad2 手写信息采集平台的输出部件,提供笔交互过程中的视觉反馈功能。

(5)通用接口模块:提供典型通用接口的接入,包括 USB 接口和 SD 接口的外设存取支持。

(6)电源管理模块:提供 F-Pad2 手写信息采集平台的电源工作管理,包括电压和电流的稳态检测,功耗管理等。

F-Pad2 手写板的硬件电路由通信模块、数据采集模块、传感器信号放大模块、滤波模块、电源模块、程序下载调试模块等组成，其原理图如图 4.28 所示。

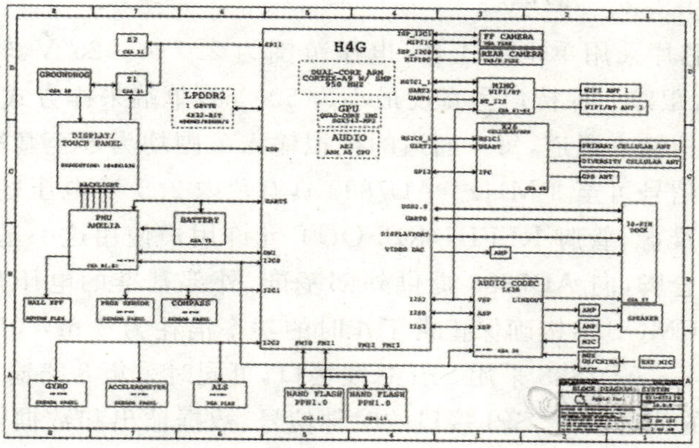

图 4.28　F-Pad2 手写板原理图

硬件电路分为两块线路板：其中一块线路板包括处理器、程序下载调试模块、数据采集模块、电源模块等，另一块线路板则包含传感器信号放大模块、滤波模块等。其中一块线路板的实物图如图 4.29 所示。

图 4.29　硬件电路实物图

1. 微处理器

F-Pad2 手写板采用 ARM9 为内核的微处理器 S3C2410A。S3C2410A 是一个支持实时仿真和跟踪的 32 位 ARM920T 低功耗型处理器，其内部集成了 LCD 控制器、PWM 定时器以及众多外围部件接口，如 UART、多主 IIC、SPI 和 USB。其独特的加速结构使 32 位代码能够在最大时钟速率下运行而性能损失较小。

2. 数据采集模块

F-Pad2 手写板的数据采集模块采用 AD 公司生产的高速、低功耗的 12 位 AD 转换器 AD7888。

AD7888 芯片采用单电源工作，电压范围为 2.7～5.25 V，转换速率高达 125 kb/s，输入跟踪—保持信号宽度最小为 500 ns，单端采样方式。AD7888 包含 8 个单端模拟输入通道，每一通道的模拟输入范围均为零至基准电压。该器件转换满功率信号可至 3 MHz。AD7888 具有片内 2.5 V 电压基准，可用于模数转换器的基准源，管脚 REFIN/REFOUT 允许用户使用这一基准，也可以反过来驱动这一管脚，向 AD7888 提供外部基准，外部基准的电压范围为 1.2 V 至电源电压。CMOS 结构确保正常工作时的功率消耗为 2 mW（典型值），省电模式下为 3 μW。AD7888 采用 SPI 总线接口，可同时采集 8 路输入信号。

AD7888 的片选信号、SPI 接口的时钟信号、数据输出和数据输入信号分别接到微处理器 CYGNA8051LF320 的 P1.0、P0.2、P0.1、P0.0 引脚上，完成片选以及 SPI 数据传输。

AD7888 芯片在使用过程中应注意以下两点：一是输入时钟最好不要超过 2 MHz；二是正式采集数据之前应先初始化首先要采集的通道，否则采集的数据将会出现错误。

3. 传感器信号放大模块

传感器信号放大电路的原理图如图 4.30 所示。F-Pad2 手写板的传感器原始输出信号是微弱的差分信号，因此放大器选择高精度的仪表放大器，直接对桥路输出原始信号进行放大。

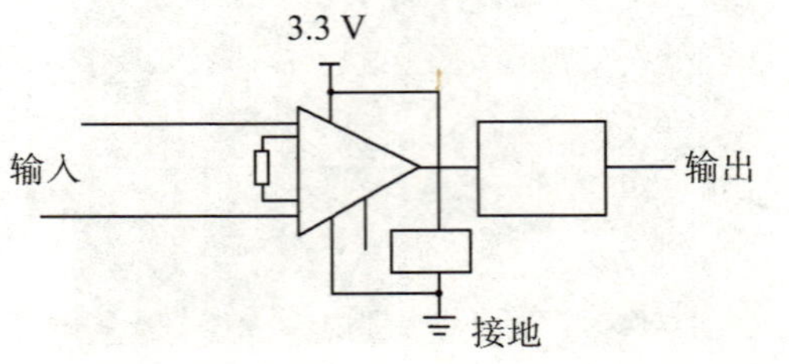

图 4.30 信号放大电路

仪表放大器的电源电压使用 3.3 V，参考端由一基准电源提供，这里选择 1.2 V 的基准。传感器的每一个桥路由于电阻应变片的阻值差异、贴片误差等因素的影响，需要进行零点位置调整。这里采用精密电阻对桥路进行补偿，以保证每一组桥路在无负载时的输出为 0 mV 左右。

放大倍数由仪表放大器外接反馈电阻确定。具体调整方式为：桥路的零位调整好后，通过对相应方向加上设计满量程负载，从高精度的 6 位半数字电压表读取输出电压值，并用期望输出的电压除以电压表读数，即为所期望的放大倍数。放大反馈电阻阻值的计算根据选择的仪表放大器的计算公式得到，选用的仪表放大器为 AD623。

4. 滤波模块

一般情况下，人书写时最大的书写频率约 20 Hz，因此在滤波电路设计中主要考虑低通滤波。这里采用简单的 RC 低通滤波器，如图 4.31 所示。滤波后的 5 路信号接到数据采集模块中的 AD7888 芯片上，第 1、2、3、4、5 路信号分别接到 AIN1～AIN5 这 5 路引脚上，AIN6～AIN8 接到 AGND 引脚上，用来屏蔽干扰信号，提高稳定性。

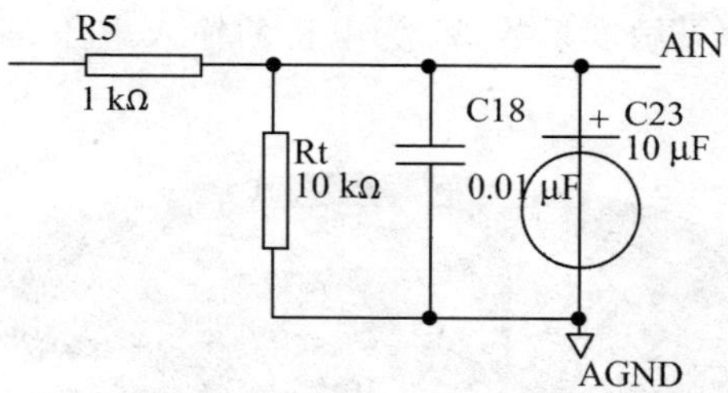

图 4.31　滤波电路

5. 电源模块

F-Pad2 手写板的输入电源供给采用两种方式：USB 接口供电方式和外部电源方式，由开关进行切换。电源模块将输入电源通过稳压模块输出三组稳定的、高精度的电源：其中两组 3.3 V 的电压分别供给模拟电路部分和数字电路部分，一组 1.2 V 的电压作为仪表放大器的基准电压。

在 PCB 布线过程中，存在模拟和数字两种信号，必须注意信号的干扰问题。电源模块的输出端、芯片的电源与地之间都应该增加去耦电容，一般采用一大一小并联方式。电源线和地线的线宽应适当加粗，地线和电源线的宽度应尽可能地粗，信号线一般是最近的直线。在印刷板上没有用到的地方，一般采用大面积敷铜作为地线使用。相邻两层的信号线应相互垂直。模拟电路与数字电路采用一点共地，避免数字信号与模拟信号的相互干扰。

6. 程序下载调试模块

该模块提供 F-Pad2 平台的电源工作管理，包括电压和电流的稳态检测，功耗管理等。程序下载调试模块包括 JTAG 接口及调试器，JTAG 接口支持使用高级语言 Keil C 来调试用户程序。C8051 F320 单片机具有片内调试电路，可实现存储器和寄存器校验和修改、设置断点、观察点，堆栈程序可单步运行、全速运行、停止等。在调试时，所有的数字和模拟外设相对于 CPU 而言，都能实时反映真实情况。

二、多维力传感器模块设计

在 F-Pad2 手写板中使用的五维力传感器是一种双 E 型膜片结构的应变片式多维力传感器，它的弹性体结构如图 4.32 所示。上下两个膜片通过一个圆柱梁连接为一体，下膜片法兰固定在手写板外壳，书写板固定在上膜片法兰上。在上下膜片的表面上粘贴有 5 组应变片，并连接构成 5 个惠斯通电桥，当弹性体在书写力作用下发生变形时，粘贴的应变片阻值发生变化，电桥会产生相应的输出电压。计算公式为：

$$V_o = K\varepsilon V_i \tag{4-1}$$

式中，K 为应变片灵敏度系数；V_i 为电桥的输入电压；ε 为膜片在粘贴应变片处的应变的平均值。

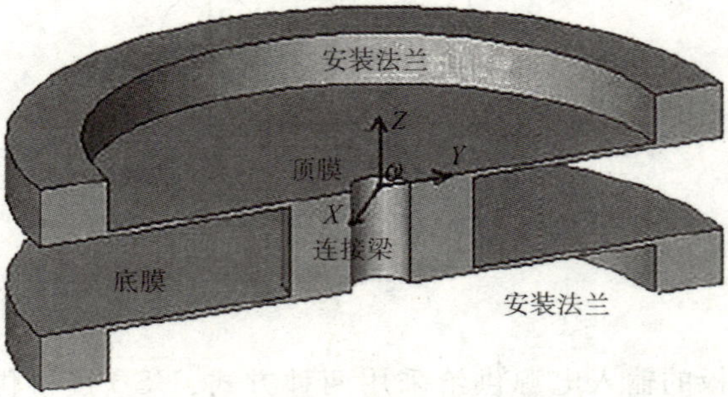

图 4.32　五维力传感器结构剖面图

在材料的弹性范围内，膜片的应变与施加的力和力矩呈线性关系，因此传感器各路电桥的输出电压和施加的力之间有如下关系：

$$\boldsymbol{V} = \boldsymbol{C} \cdot \boldsymbol{F} \tag{4-2}$$

式中，$\boldsymbol{V}$ 是 5 个桥路电压组成的向量；$\boldsymbol{F} = (\boldsymbol{F}_x, \boldsymbol{F}_y, \boldsymbol{F}_z, \boldsymbol{M}_x, \boldsymbol{M}_y)$，为施加的力矢量；$\boldsymbol{C}$ 是一个 5×5 的柔顺参数矩阵，由传感器的结构和惠斯通电桥参数所决定。

E 型圆膜片对不同力和力矩分量具有很好的解耦特性，参数设计方便，近年来在多种新颖的传感器结构中得到了应用。这种特殊设计的双 E 型膜片结构弹性体在不同力分量的作用下，会相应产生不同的膜片变形和应变分布。适当选择惠斯通电桥应变片粘贴的位置，能够保证 $\boldsymbol{C}$ 是一个正则矩阵，这样由式(4-2)可以得到：

$$\boldsymbol{F} = \boldsymbol{C}^{-1}\boldsymbol{V} = \boldsymbol{D} \cdot \boldsymbol{V} \tag{4-3}$$

式中，$\boldsymbol{D}$ 为传感器的解耦矩阵，一般通过实验标定的方法来确定。通过专门设计的砝码加载式标定台，分别施加 5 个线性独立的力矢量对传感器进行标定。这 5 个力矢量组成一个力矩阵 $\boldsymbol{\Phi}$，它是一个满秩矩阵，从惠斯通电桥输出的 5 组电压矢量也组成一个读数矩阵 $\boldsymbol{\Omega}$，则由式(4-3)可得到：

$$\boldsymbol{C}=\boldsymbol{\Omega}\cdot\boldsymbol{\Phi}^{-1} \tag{4-4}$$

进一步对矩阵 $\boldsymbol{C}$ 求逆，就可以得到传感器的解耦矩阵 $\boldsymbol{D}$。这样通过测量电桥输出电压，利用式(4-4)就能得到所施加的书写力和力矩矢量各分量的大小。

多维力传感器模块主要负责完成对手写过程中产生的笔尖施力信息的全面获取。与目前使用的各种手写信息获取设备不同，F-Pad2 手写信息获取平台是基于多维力传感器设计实现的，能够直接测量出手写过程中三维书写力信息，并通过特定的结构设计获得书写点的位置信息。利用书写力信息和书写点位置信息，可间接得到手写过程中包括字形、书写速度、书写加速度和书写笔倾角等几乎所有的手写信息。这些信息完整地记录了手写过程中的力相互作用原理，并唯一表示了书写者自身的生理特征。

F-Pad2 手写信息获取平台的受力作用原理如图 4.33 所示。当书写笔在任意书写点 $P(x,y)$ 处书写时，书写笔将在该点产生三维书写力信息 F_x、F_y 和 F_z。该三维力信息可以直接由平台内部的多维力传感器测得。书写时的位置信息由置于力传感器上方的触摸屏直接获得。

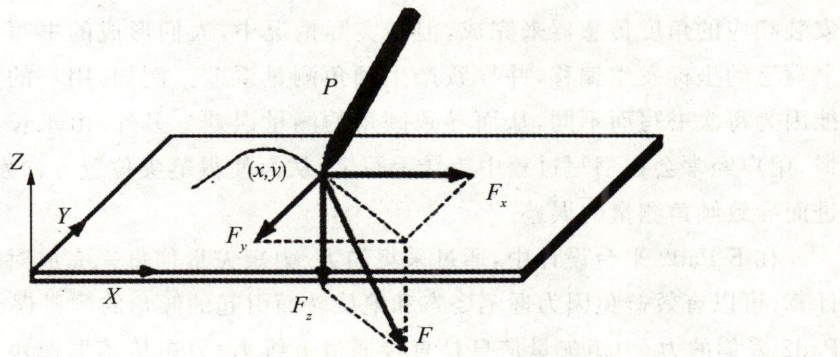

图 4.33　F-Pad2 平台书写受力作用原理图

在 F-Pad2 平台上进行书写时，平台可以采集得到三维书写力信息和二维位置信息随时间变化的序列，序列中任一时刻 t 的信息可由一个五维向量表示，即 $p_t=[F_x(t),F_y(t),F_z(t),x(t),y(t)]'$，则 t 到 $(t+\Delta t)$ 时间段内书写笔在 X 轴和 Y 轴两个方向的平均书写速度分别为：

$$\begin{cases}\bar{v}_x(t)=\dfrac{x(t+\Delta t)-x(t)}{\Delta t}\\[2ex]\bar{v}_y(t)=\dfrac{y(t+\Delta t)-y(t)}{\Delta t}\end{cases} \tag{4-5}$$

手写的采样速率为 f_s，$\max(f_s)=120\ \text{Hz}$，当 $\Delta t \to 1/\max(f_s)$ 时，t 时刻的书写速度可近似为 t 到 $(t+\Delta t)$ 时间段内的平均书写速度，即

$$\begin{cases} v_x(t)=\dfrac{x(t+\Delta t)-x(t)}{\Delta t} \\ v_y(t)=\dfrac{y(t+\Delta t)-y(t)}{\Delta t} \end{cases} \tag{4-6}$$

同理，t 时刻的书写加速度可表示如下：

$$\begin{cases} a_x(t)=\dfrac{v_x(t+\Delta t)-v_x(t)}{\Delta t} \\ a_y(t)=\dfrac{v_y(t+\Delta t)-v_y(t)}{\Delta t} \end{cases} \tag{4-7}$$

在笔式交互研究中，由于手写的习惯，笔会在书写平面产生倾斜，即笔与书写平面之间有倾角存在。对产生的倾角信息进行采集和应用，在现有文献中做过大量工作，并有专家和学者将这种倾角信息作为人机交互的一种通道来研究自然的人机交互体验。目前，对倾角信息的获取大都是在书写笔的特殊部位上安装相应的角度传感器来完成，但在实际情况中，人们形成的书写习惯会引起书写笔的坐标发生偏移，并导致产生倾角测量误差。例如，用户的握笔姿态可能因为每次书写而不同，从而导致倾角的测量误差。另外，由于长期的书写习惯，用户经常会在书写过程中旋转手写笔，从而使得笔尖位置方向发生偏移，并进而导致倾角测量的误差。

在 F-Pad2 平台设计中，通过采集的力/力矩矢量信息来完成对倾角信息的计算，可以有效避免因为握笔姿态和笔旋转而引起的倾角的测量误差。因为 F-Pad2 采集的力/力矩矢量信息是直接通过五维力/力矩传感器模块感知和获取的，而采集的力/力矩的方向在整个 F-Pad2 设计装配过程中已确定，并且 F-Pad2 设备可固定化采集手写作用信息，且该设备在手写过程中不会发生旋转，即采集和计算得到的坐标信息是相对固定的。

五维力/力矩传感器模块在测量过程中，由于存在笔与手写输入平面之间的摩擦力，使得五维力/力矩传感器模块输出的力/力矩矢量信息中包含了这种摩擦力信息。因此在倾角计算过程中，首先要确定出不同的笔与手写输入平面之间的摩擦力(可通过摩擦系数来估算)，然后根据笔的运动方向，基于得到的三维力信息计算得到相应的倾角信息，如图 4.34 所示。

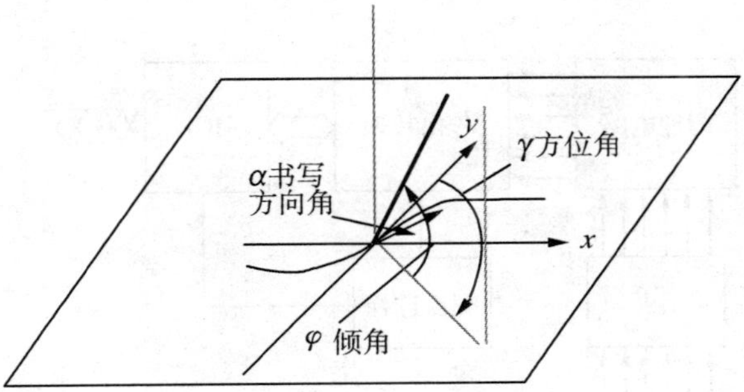

图 4.34　书写笔倾角示意图

相应的倾角计算公式如下：

$$F_f(t)=f\cdot F_z(t) \tag{4-8}$$

$$\alpha(t)=\arctan\left[\frac{y(t+\Delta t)-y(t)}{x(t+\Delta t)-x(t)}\right] \tag{4-9}$$

$$\begin{cases}F'_x(t)=F_x(t)-F_f(t)\cdot\cos(\alpha(t))\\F'_y(t)=F_y(t)-F_f(t)\cdot\sin(\alpha(t))\end{cases} \tag{4-10}$$

$$\begin{cases}\gamma(t)=\arctan[F'_y(t)/F'_x(t)]\\\varphi(t)=\arctan\left[F_z(t)/\sqrt{(F'_x(t))^2+(F'_y(t))^2}\right]\end{cases} \tag{4-11}$$

三、信号调理模块设计

F-Pad2 信号采集平台的多维力传感器共输出 3 路信号，其工作原理为：当书写笔在书写平面上书写时，书写力通过书写平面作用于传感器的弹性膜片，使得弹性膜片发生形变，导致膜片上的应变片也发生同样的形变；多维力传感器通过应变片组成的惠斯通桥路检测应变量，由运算放大器对其进行放大，其后采用 RC 滤波电路滤波，得到的稳定信号在A/D采样环节被采样数字化；A/D环节定时轮流采样 3 个通道的力信息，并通过 SPI 接口与主控单片机通信，传送采样的结果，对 3 个通道的应变量进行解耦计算得到相应的力信息。

当多维力传感器上受到应力作用时，会在多维力传感器梁臂上产生微变形，粘贴在相应位置的应变片所组成的惠斯通电桥会感应这种微小的形变，并将物理形变转换成对应的桥路电压变化进行输出，其电压信号数量级一般在几个毫伏大小。这样的弱信号是无法被后续电路直接处理的，因为噪声的幅值可能在某刻比有用信号幅值还要大。为此，为了提高信号处理的准确性，多维力传感器原始输出需要经过调理处理。调理处理的流程如图 4.35 所示。

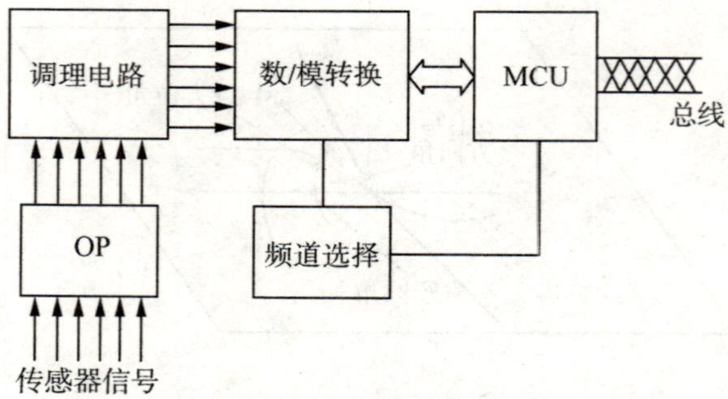

图 4.35　弱信号调理处理流程框图

由电阻应变片组成的惠斯通电桥将感知到的力—电阻变换转换成相应的模拟电压输出,同时,为了减小电桥输出偏移电压对原始模拟信号的影响,需要设计相应的调零电路以减小干扰。

前面已述,原始模拟输出电压幅值一般在毫伏量级,易受到噪声等环境电压影响。为了提高后续处理的精度和稳定性,在原始模拟输出端进行了放大处理。通过采用高性能的差分仪表放大器,一方面可以将电压幅值放大至可测量和计算的量级,另一方面对共模电压和输入噪声有很好的抑制作用。图 4.36 具体给出了弱信号调理处理流程中的模拟部分电路设计原理。

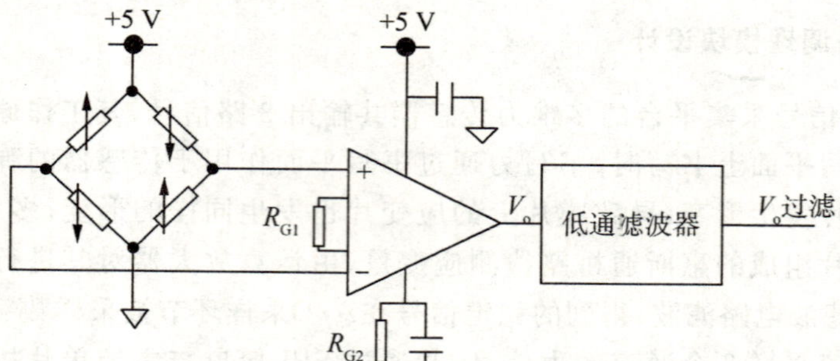

图 4.36　模拟部分设计原理框图

另外,为了提高信号传输的抗干扰性和数据稳定性,需将放大输出的模拟信号进行数字化,并使用微控制器完成数字化信号的总线传输和通信。这是实现多维力传感器稳定和可靠数据传输的基础。信号调理模块的数字部分电路设计原理框图如图 4.37 所示。

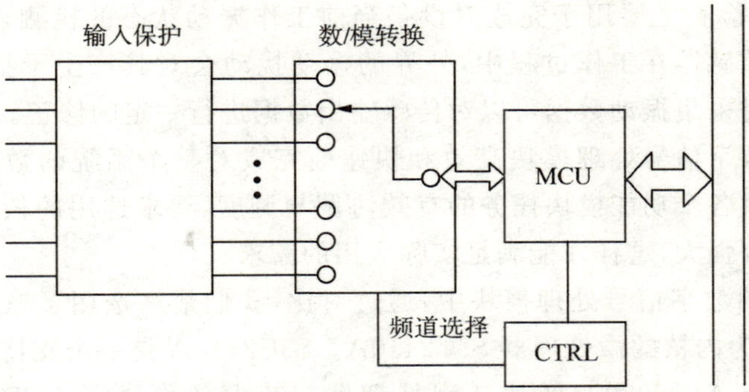

图 4.37　数字部分设计原理框图

多维力传感器所能测量到的最低力值取决于数字部分的模数转换器(ADC),一般来说,ADC 位数(精确度)越高,多维力传感器所能检测到的力值量(分辨率)就越小。但在实际设计中,"精确度"和"分辨率"是两个概念,即越高的精确度,其相应的分辨率不一定达到同等的水平。这主要和整个应用系统设计有关,如测量动态范围、带宽匹配、噪声层干扰等。在数字化设计中,经过综合考虑,我们采用了 14 位 ADC 器件,实际可测量的力值分辨率为 Fmox15000。

四、数字信号处理模块

数字信号处理模块是 F-Pad2 硬件平台的核心,其主要功能是面向底层(硬件层)负责完成对数字化传感器数据的采集、计算和分析,以及底层发生异常时触发的中断捕获等;面向高层(应用层)负责完成对各种系统资源的分配,笔交互动作的解释、执行和反馈。此外,还需要能够支持对通用接口接入设备的操作以及对设备当前工作振动状态的检测等任务。图 4.38 给出了数字信号处理模块的结构框图。

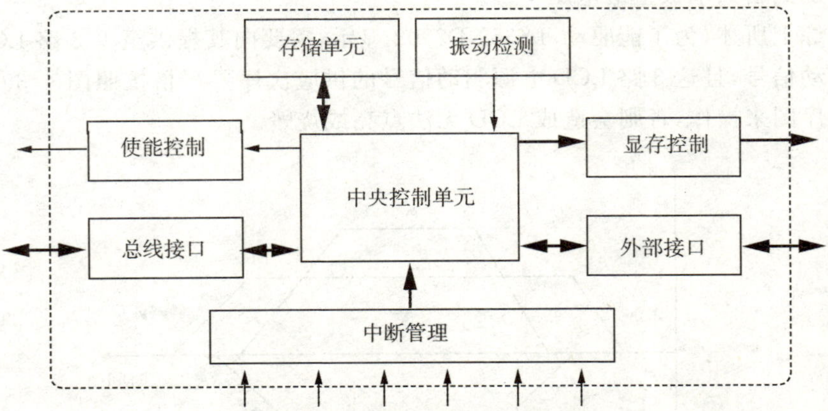

图 4.38　数字信号处理模块结构框图

其中，振动检测主要用于完成对设备当前工作振动状态的检测，因为设备内部的多维力传感器在工作过程中，外界的振动扰动会对其产生干扰(固有频率范围内)，通过采集振动数据可以对传感输出数据进行一定的修正。

为了能使数字信号处理模块高效和快速地完成对整个系统的数据处理与存储以及实现对各个功能模块任务的有效协调与调度，要求选用的核心微处理器功能必须十分强大，这样才能满足实际应用的需求。

在所设计的数字信号处理模块中，通过对比，我们最终选用了三星公司生产的以 ARM9 为内核的微处理器 S3C2410A。S3C2410A 是一个支持实时仿真和跟踪的 32 位 ARM920T 低功耗型处理器。其内部集成了 LCD 控制器、PWM 定时器以及众多外围部件接口，如 UART、多主 IIC、SPI 和 USB。其独特的加速结构使 32 位代码能够在最大时钟速率下运行而性能损失较小。此外，为了降低功耗，我们可以通过使能/禁止外部功能来优化系统功耗，并可通过外部中断将处理器从掉电模式中唤醒。

五、液晶显示模块

我们设计的 F-Pad2 平台支持 TFTLCD 和 STNLCD 等类型的 LCD，可以方便地与一般的 LCD 屏相连使用。本设计中，为了提高人机交互界面显示的视觉性能，我们采用了支持真彩模式的 TFT 型 LCD 接口，选用的 LCD 型号为 TopSun 公司生产的 TS35ND2502。

为了完成数据扫描，实现真彩液晶显示，需要 TFTLCD 内置的晶体开关轮流开启和关闭。当晶体开关开启时，数据通过源极驱动器加载到显示电极，显示电极和公共电极间的电压差再作用于液晶，从而实现显示。因此在设计上，我们需要提供能控制晶体开关闭合的开启电压 V_{gh}、关闭电压 V_{gl}、工作电压 V_{cc} 以及加到公共电极上的电压 V_{com}。

综上所述，为了能驱动 TS35ND2502 显示，需要向其提供至少 3 路 LCD 电源驱动信号，且这 3 路 LCD 电源驱动信号的供应次序要严格按照图 4.39 给出的时序图来操作，否则会造成 LCD 无法点亮或烧毁。

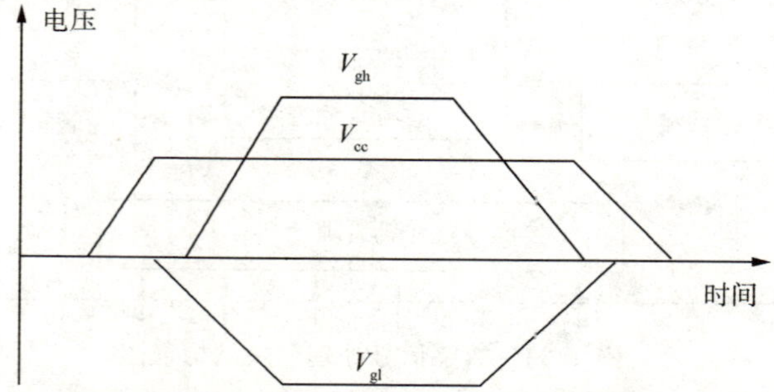

图 4.39　LCD 电源驱动信号工作时序图

另外，由于 TFT 型 LCD 上的每一个显示点必须加正负交替的电压才能显示。所以，我们必须要设计一个能产生 LCD 像素背后的公共电极电路。该公共电极的典型形式为一个占空比固定的方波信号，具体设计时，可以通过将液晶初始化时产生的 POL 信号转化成此公共电极信号 VCOM 来实现。电路原理如图 4.40 所示。

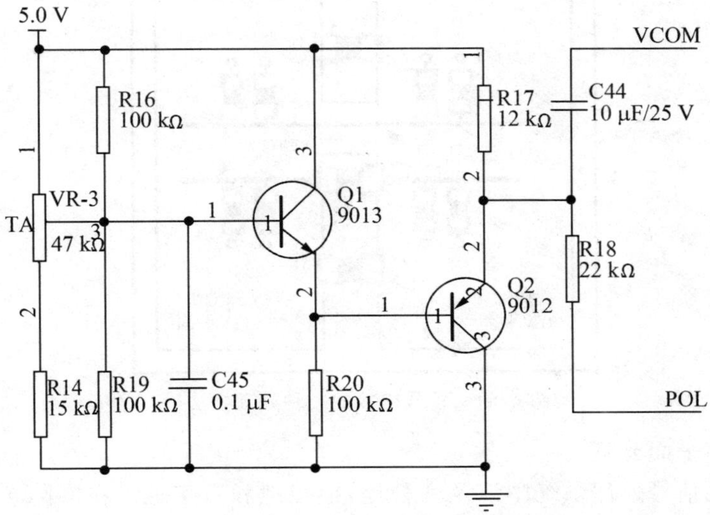

图 4.40　VCOM 信号产生电路图

六、电路优化设计

良好的电路布局和设计思路可以很好地避免在电路板级发生的硬件问题，从而给硬件调试和板级装配工作带来很大的便利。在 F-Pad2 平台中，对多维力传感器信号的获取在笔交互设计中起着很关键的作用，因此，为了使对微弱信号的获取更加可靠，我们在实际电路设计中充分考虑了地平面对弱信号的干扰，并给出了实际的设计指导思路。

由于桥路输出的差模电压量级在毫伏级，并且涉及模拟和数字混合处理等情况，因此在进行电路设计时，需要做好弱信号线布线和模数混合布线等工作。特别需要注意以下两种情况的布线设计：

(一)信号跨接

所谓“信号跨接”是指信号线需要从模拟部分流入数字部分，或者是从数字部分流入模拟部分的情况。由于数字部分混频成分(RF)较多，因此当模拟信号线流入数字部分或数字信号线流入模拟部分时，会容易产生相互干扰，从而影响数据传输的稳定性。

在本设计中，六个桥路输出的差分模拟信号线属于弱信号线，它们经仪表放大后接入到 ADC 器件中，此时便会产生信号跨接现象。为了降低信号跨接引起的 RF 干扰，在电路设计中，对六路模拟信号布线要保证为其提供一个最为靠近发送通路的返回通路，以及对每条线路的发送和返回线路进行滤波处理，如图 4.41 所示。

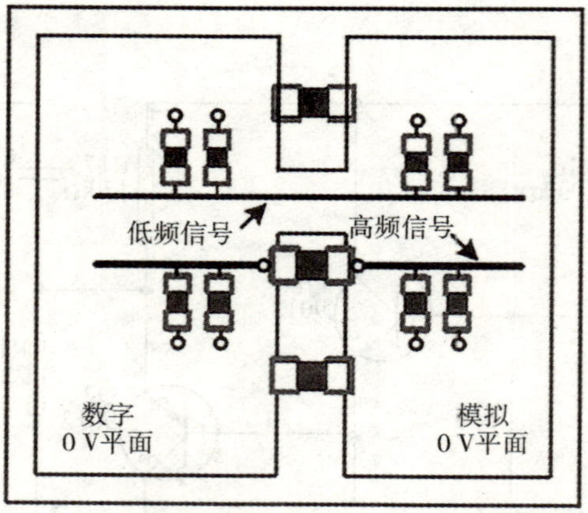

图 4.41　信号跨接的一种处理方法

(二)地平面分割

数字化信号处理系统中涉及两种地：模拟地和数字地。在实际布线时，模拟地和数字地是需要分开处理的，目的是防止地势的波动而引起信号传输质量的下降。另外，整个处理系统的地势应该保证为一个地参考点，从而使得模拟和数字的信号电平保持一致。

在本设计中，我们采用了地平面缝合方法，即在两个地平面分割处，每隔或小于最高信号频率波长的 1/10 处放置零欧姆电阻或铁氧体珠芯对两个地平面进行连接，如图 4.42 所示，以实现一个完整的地势平面。

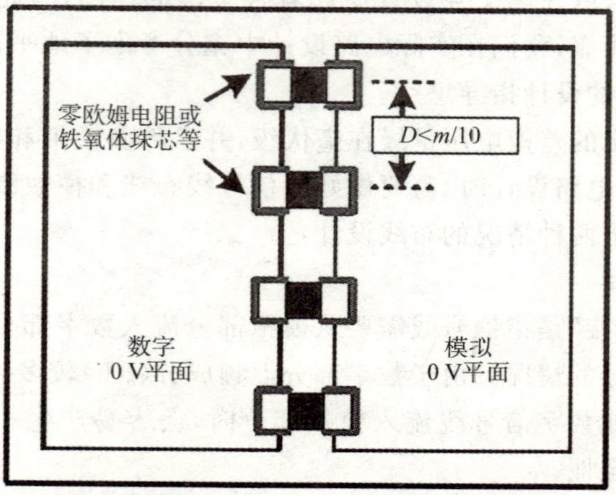

图 4.42　缝合分割的 0 V 平面

系统的电气参数详细给出了正常使用 F-Pad2 设备的区间范围，从而可以使得 F-Pad2 在允许的工作范围内提供最佳的性能。详细的电气参数具体数值如表 4.3 所示。其中，所使用的测试工具为 TektronixAFG3102 函数发生器、FLUKE117C 万用表、TektronixMSO4034 示波器和 FLUKE726 标准信号源发生器。

表 4.3　　系统电气和性能参数表

参数描述	单位	最小值	最大值
操作系统			Windows CE6.0
工作电压 V_c	V	4	9
工作电流 I_m	A	0.045	0.4
采样频率 F_s	kb/s	0	125
力值	N	0	25 N(F_x, F_y)； 50 N(F_z)
力矩值	N·m	0	1 N·m(M_x, M_y)
力分辨率	N	0	0.1
力矩分辨率	N·m	0	0.003
存储空间	MB	0	64(SDRAM)； 64(ROM)
外观尺寸	mm	0	190(W)×150(H)×24.5(D)

第五节　手写板位置测量精度修正

一、手写板位置测量误差

从前一节中介绍的 F-Pad2 的工作原理可以看出，书写力由书写板下的力传感器直接测量，而笔尖接触点的位置坐标需要根据测得的各维力分量利用式(4-8)和式(4-9)来计算得到。

$$x=(-M_y+F_x\cdot h)/F_z \tag{4-12}$$

$$y=(M_x+F_y\cdot h)/F_z \tag{4-13}$$

对这两式微分可以得到测量坐标的误差与力的测量误差之间的关系如下：

$$\Delta x = x_m - x_p = \frac{-F_z \Delta M_y + F_z h \Delta F_x + (M_y - F_x h) \Delta F_z}{F_z^2} \tag{4-14}$$

$$\Delta y = y_m - y_p = \frac{-F_z \Delta M_x + F_z h \Delta F_y + (M_x - F_y h) \Delta F_z}{F_z^2} \tag{4-15}$$

式中，(x_m, y_m)表示的是接触点的坐标测量值；(x_p, y_p)表示的是接触点的真实坐标值。

从式(4-14)和式(4-15)可以看出，各力分量的测量误差都会带来测量坐标的误差，尤其是 F_z 分量，它与坐标误差是平方反比关系，当 F_z 的值比较小时，会产生较大的坐标误差。

由于弹性体的非线性和制造误差，多维力传感器对力和力矩的测量值总是存在一定的误差。而且传感器是单独标定后再装配到手写板中的，这一过程可能也会影响到传感器的测量精度。同时，书写板与传感器之间在实际装配过程中也会出现坐标不一致的情况(比如 Z 轴不重合或 X 轴不平行)，而式(4-8)和式(4-9)是在两者坐标系一致的前提下得到的。这些实际结构与计算模型之间的差异都会带来坐标测量的系统误差，并且这些误差与坐标之间往往是一种非线性关系。

这些误差会使采集到签名的一些笔画发生变形，还会影响到认证系统的特征提取。比如，签名的速度和加速度是对坐标函数求导得到的，而求导计算对原始数据误差非常敏感，会将坐标误差传播放大，使得到的速度和加速度信息不够准确，认证效果变差。因此，需要尽量减小测量坐标误差，改进手写板的位置测量精度，这首先要确定评价手写板位置测量精度的方法。可以选择书写板上一些预先已知坐标的点作为参考点，然后在这些点施加力测量笔尖坐标，并与已知的真实坐标比较，把这些点的坐标误差的均方根(root mean squared error，RMSE)作为评价手写板位置测量精度的指标。

RMSE 的定义式如下：

$$\text{RMSE} = \sqrt{\frac{1}{n}\sum_{i=1}^{n} e_i^2} \tag{4-16}$$

式中，n 是参考点的个数，$e_i = (\Delta x_i, \Delta y_i)$为第 i 个参考点的坐标测量误差。RMSE 表示 X 和 Y 方向手写板的位置测量精度。

为了测量参考点的坐标值，在手写板的基础上，我们专门设计了一个点加载系统来模仿书写时笔尖与书写板的接触。点加载系统由一个长条形加载板和一个附加网格板组成，如图 4.43 所示。

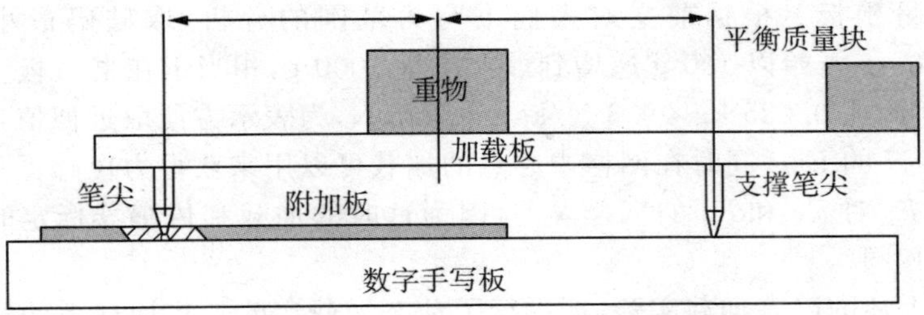

图 4.43　点加载系统示意图

加载板采用有机玻璃制成，在加载板的一端，沿中心线安装一个圆珠笔笔尖，用来实现笔尖与书写板的点接触。靠近加载板的另一端，沿中心线对称安装两个笔尖作为支撑，通过在末端安装的平衡质量块使整个加载板的重心通过这两个笔尖的连线，这样可以保证笔尖与书写板接触时的作用力不受加载板自身重力作用的影响。将加载板按照要求的方式和位置放置，通过在加载板上固定位置放置砝码，就可以通过前端笔尖在书写板上沿 Z 方向施加已知大小的力。

附加网格板则是和书写板固定在一起的，是一块厚度为 2 mm 的方形有机玻璃板，它的表面有一个间隔为 10 mm 的方形网格，在网格的每个交叉点钻有一个直径 0.5 mm 的孔，共 49 个，如图 4.44 所示。

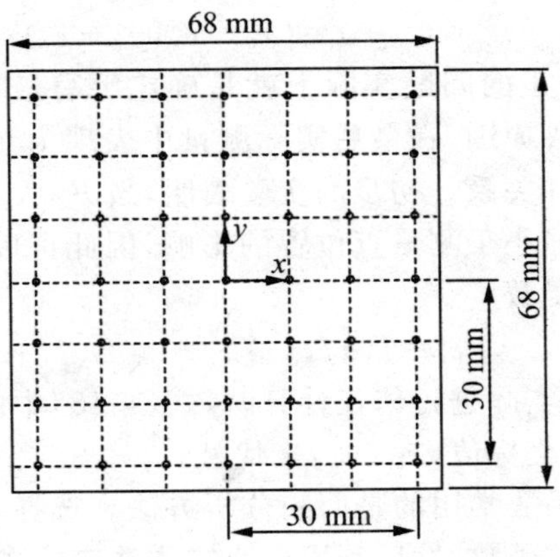

图 4.44　附加网格板

附加网格板有两个作用：一个是方便在参考点位置加载；另一个是进行动态实验时，小孔可以防止笔尖的滑动，还不会损伤书写板表面。分别将笔尖直接放置在书写板上和附加网格板上同样位置的测量实验表明，两者得到的坐标值是一样的。这说明附加网格板不影响坐标的测量。

在测试时，分别将加载板笔尖放置在 49 个交叉孔的上面，放置不同质量的砝码来测量坐标。根据前文对人们书写力范围的分析，取砝码最小质量为 50 g，从 100 g 开始以 100 g 递增到最大质量 1000 g，相当于在书写板上施加了 0.25 N(实际为 0.025 kg×9.8 N/kg=0.245 N，为表示方便取近似值，以下同)和 0.5～5 N 的 F_z。同时在网格中心点的加载可以用来获得力传感器分量的线性度以及 F_z 对 F_x 和 F_y 的耦合误差，因为这时的加载和传感器标定时的加载方式正好相同。

除了上述的静态加载实验，还进行了动态加载实验。将加载板的笔尖放置在一个交叉孔上，然后在加载板上按正常速度，从前端笔尖处画一条直线到支撑笔尖附近，观测测量坐标值的变化。

手写板每秒采样 100 个坐标对，在静态实验时，笔尖一直放置在书写板上的固定位置。为了消除系统随机误差对精度分析的影响，随机选择其中 200 ms 作为测量时间，共采集 21 个坐标值，将这些坐标值的平均值作为这个点的测量坐标值。

二、基于人工神经网络的位置精度修正方法

从测量系统的观点来看，F-Pad2 手写板是一个以真实坐标值(x_p，y_p)为输入、测量坐标值(x_m，y_m)为输出的测量系统。手写板的系统误差和随机误差导致真实坐标值与测量坐标值之间的差异。假设系统误差 $e_s=(e_x, e_y)$ 已知并忽略随机误差的影响，就可以采用下面的变换来得到修正的测量坐标：

$$(x_c, y_c)=(x_m-e_x, y_m-e_y) \tag{4-17}$$

这样，测量坐标修正的问题实际上就是确定手写板系统误差。根据分析，系统误差的产生有多种原因，在最后实际测量中表现为对实际测量点坐标和所施加接触力值的非线性关系。初步的实验表明，当 F_z 大于 0.5 N 时，接触力值对系统误差的影响明显小于测量点位置的影响，因此可以将系统误差看做是测量点坐标值的非线性函数。

$$e_s=f(x_p, y_p) \tag{4-18}$$

需要指出的是，在实际进行修正计算时，式(4-18)中的真实坐标值(x_p，y_p)并不知道，而采用测量坐标值(x_m，y_m)来代替。

确定这个非线性函数常用的是回归分析方法。选择一个形式确定的函数，比如多项式函数或指数函数，然后利用最小二乘法来求参数估计。对已知数据较好地拟合往往意味着复杂的函数形式，但是要选择一个合适的函数形式是非常困难的。针对用于步态研究的测力平台，Bobbert 等人构造了一种误差回归方程：

$$\begin{cases} e_x=(Py_m^2+Q)[x_m(x_m^n-A^n)] \\ e_y=(Rx_m^2+S)[y_m(y_m^n-B^n)] \end{cases} \tag{4-19}$$

式中，P、Q、R、S 是待估计的方程参数；A、B 分别是平台沿 X、Y 方向长度

的一半。尽管利用这个误差方程对平台的坐标测量精度有很大提高(误差从±20 mm提高到±10 mm),但它的前提是误差在平台上为对称分布。而实验表明,手写板的误差沿 X、Y 方向是明显的非对称分布,这将严重影响误差修正效果。因此,我们提出了一种基于人工神经网络(artificial neural network,ANN)的误差函数拟合方法。

人工神经网络是在模拟人脑神经组织的基础上发展起来的全新计算系统,它是由大量简单处理单元通过丰富联结构成的复杂网络,是一个高度非线性系统。它具有大规模并行处理和分布式信息存储、很强的容错性和鲁棒性、非线性映射、自学习、自组织与自适应的特点,因而在自然科学和社会科学各个领域得到了广泛应用,取得了丰硕的成果。

多层感知器(multi-layer perceptron,MLP)是由若干层感知器以及可修正的权连接而构成的多层前馈网络,它是目前应用最为广泛的一种人工神经网络形式。可以证明,一个三层感知器就可以实现对任意函数的输入到输出的映射。误差反向传播(back propagation,BP)算法是著名的多层前馈网络学习算法,人们通常也把使用 BP 算法训练的多层前馈网络直接称为 BP 网络。

在此,采用两个 BP 网络分别用来估计 X 和 Y 方向的坐标测量误差。每个网络为三层结构,如图 4.45 所示,输入层有两个节点,用来输入测量点的坐标值;输出层只有一个节点,输出该测量点对应的测量误差;一个多节点隐层连接输入层和输出层,每个节点采用 sigmoid 传递函数。尽管 BP 算法可以很精确地实现函数的逼近,但是从本质上讲,BP 算法仍然是一种梯度算法,因此不可避免地存在容易陷入局部最小点和学习速度慢的问题。对测量误差估计 BP 网络的学习使用了 Levenberg-Marquardt 算法,这是一种基于数值优化技术改进的 BP 算法,对于中小规模的神经网络的学习非常有效。

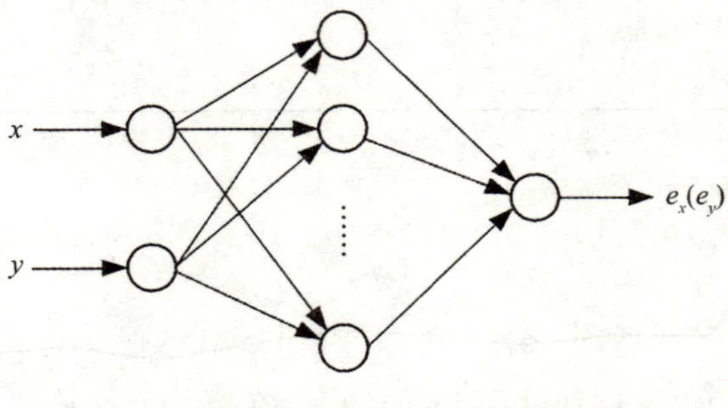

图 4.45　测量误差估计 BP 网络结构示意图

三、修正结果

(一)静态加载

按照上述方法,分别在施加 F_z 大小为 0.25～5 N 的静态作用力的情况下测量 49 个参考点的坐标值和三维力各方向分量的值。

在书写板中心点的测量可以用来评价多维力传感器 F_z 分量的线性度和对其他方向的耦合误差。在所有施加力测量结果中，测量 F_z 与施加 F_z 的最大误差为 0.4%FS，由于 F_z 作用产生的 F_x 和 F_y 的耦合误差为 2.7%FS，都小于传感器的设计要求。但是在所有参考点的测量中，这些误差随着参考点对书写板边缘的接近而逐渐增大，前者的最大值为 1.4%FS，后者的最大值为 7.4%FS。这说明力作用点的位置对力矢量的测量结果有明显的影响。

图 4.46 是对一个参考点（$x_p=10$ mm，$y_p=10$ mm）在 F_z 从 0.25 N 变化到 5 N 时的坐标测量结果。从图 4.46 中可以看出，随着 F_z 的增加，y_m 首先下降，然后在 $F_z=1$ N 后变化趋缓，达到一个偏离真实值的稳定平台值。x_m 也有类似的变化趋势。

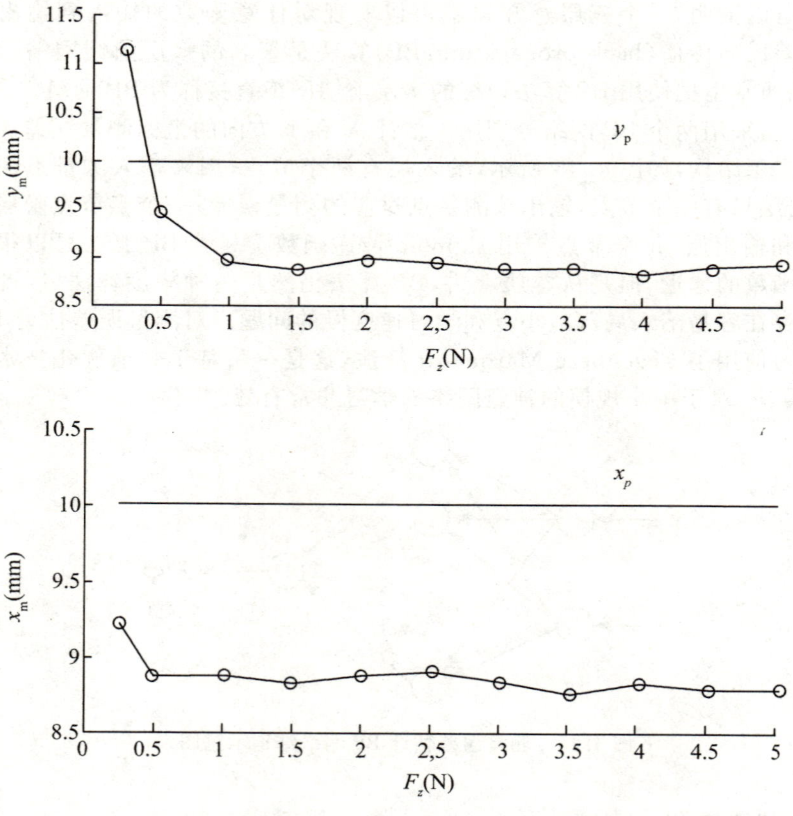

图 4.46 静态加载中的测量值随 F_z 的变化

图 4.47 中给出的修正前 X 和 Y 方向的 RMSE 也有同样的变化趋势。这表明在 F_z 的值较小时，会产生较大的坐标测量误差，当 F_z 大于 0.5 N 后，测量误差明显减小并且与 F_z 的相关性很弱，这与前面的分析是基本一致的。

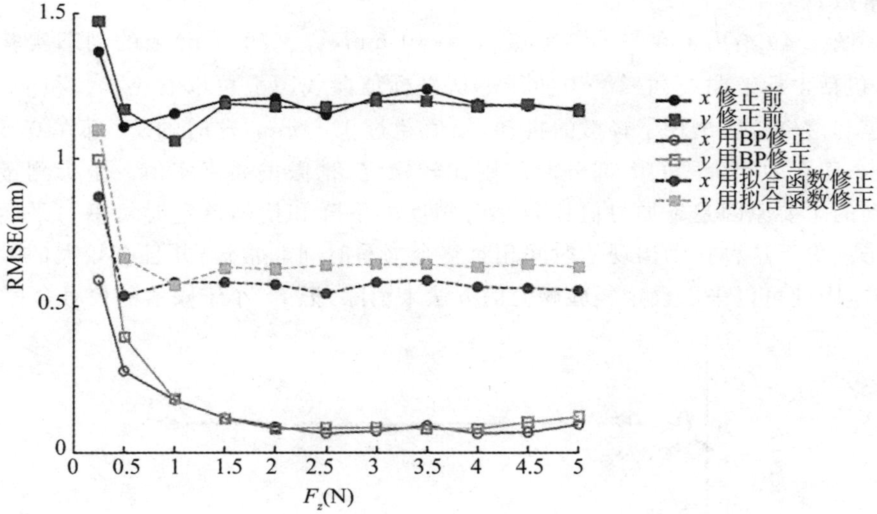

图 4.47　修正前后的 RMSE 的比较

在人的书写过程中，书写力 F_z 小于 0.5 N 的情况仅出现在抬笔和落笔阶段，这些阶段的持续时间非常短，同时这个阶段中的坐标测量误差明显大于稳定期的误差。因此，只取每个参考点在 F_z 从 0.5 N 到 5 N 时的坐标测量误差的平均值来观察手写板坐标测量误差的分布，如图 4.48 所示。

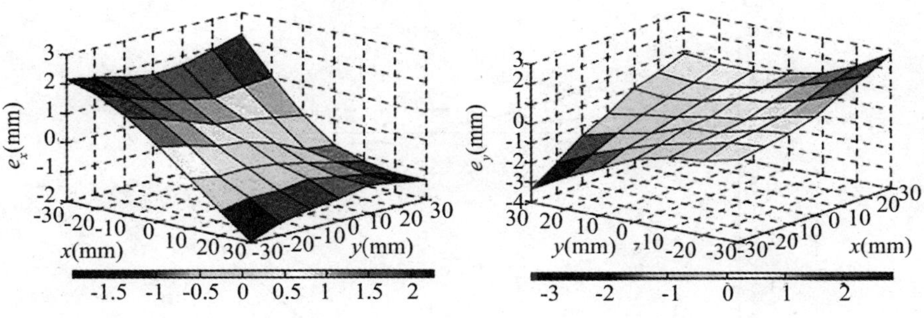

图 4.48　坐标测量误差平均值的分布

从图 4.48 中可以看出，X 和 Y 方向的测量误差是坐标 x 和 y 的非线性函数，X 方向的测量误差平均值范围为 −2～2.25 mm，Y 方向的测量误差平均值范围为 −3.3～2.8 mm。

(二)动态加载

在动态加载实验中，加载板的加载笔尖放置在一个参考孔上，在加载板上画线的过程中，由于书写力通过笔尖传递到书写板上，得到的坐标测量值应该为常数。

图 4.49 给出了在一个参考点($x_p=10$ mm，$y_p=20$ mm)上的动态实验结果，包括坐标值曲线和三维力曲线。从坐标值曲线图上可以看出，x_m 和 y_m 在抬笔和落笔阶段出现了轻微的抖动，幅值超过 1.5 mm，这时的 F_z 都在 0.5 N 以内；而在中间阶段的大部分时间则比较稳定，稍微偏离真实值。坐标测量值抖动的主要原因是施加力值比较小时精度的下降和抬笔落笔时对书写平面的冲击。由于这种抖动出现的时间相对整个书写时间非常短，并且有较大的噪声信号，因此可以采取设定经验阈值的方法来消除，把 F_z 小于阈值的信号舍掉。

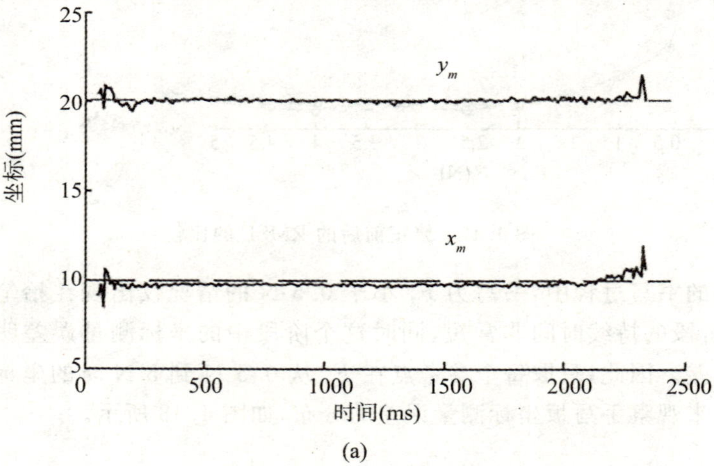

(a)

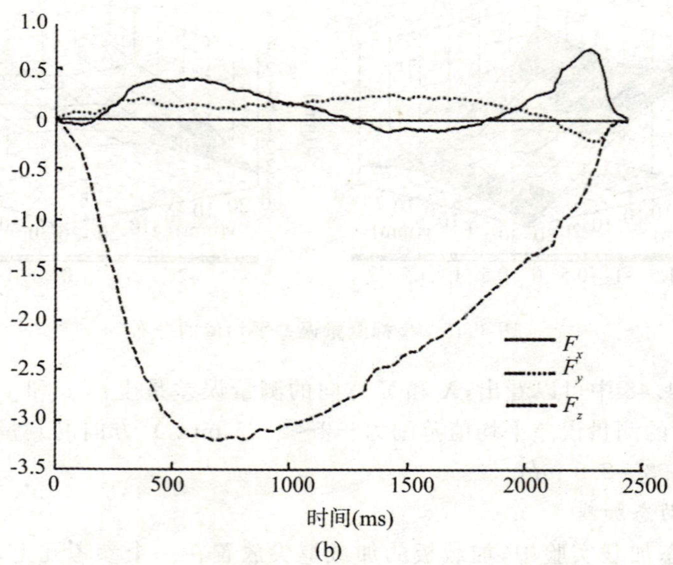

(b)

图 4.49 书写过程中的测量坐标曲线和书写力曲线

（三）坐标测量误差修正

同样出于书写力 F_z 小于 0.5 N 的出现时间非常短的原因，只使用稳定期的测量坐标误差平均值作为目标输出值来训练 ANN。BP 网络应用中的一个问题就是设定合适的隐层节点数量，目前理论上还没有一种科学的和通用的确定方法。研究表明，隐层节点数不仅与输入/输出层的节点数有关，更与需解决的问题的复杂程度和转换函数的形式以及样本数据的特性等因素有关。一个基本的原则是：在满足精度要求的前提下取尽可能紧凑的结构，即尽可能少的隐层节点数，以尽可能避免训练时出现“过拟合”现象，保证足够高的网络性能和泛化能力。在实验中，可采用简单可靠的试算方法，训练多个不同隐层节点数的 BP 网络来获得最佳的逼近效果。通过比较，我们最后选择了 2-18-1 和 2-16-1 结构的 BP 网络分别用于修正 X 和 Y 方向的坐标测量值。

这里分别采用 BP 网络和式(2-12)的回归方程来估计误差修正坐标测量值。图 4.50 给出了修正之前和修正之后的 RMSE 随 F_z 变化的曲线。

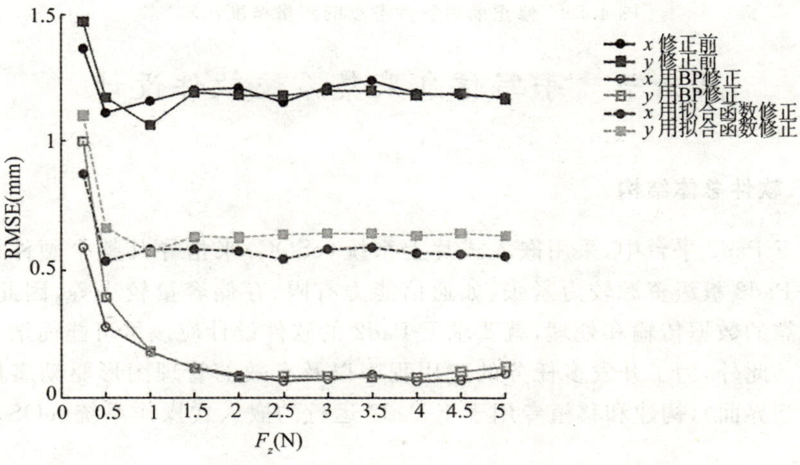

图 4.50　修正前后的 RMSE 的比较

需要指出，由于用于 BP 网络训练和回归方程参数估计的数据中不包括 F_z 等于 0.25 N 时的误差值，所以这时的修正结果比较差。从图 4.50 中可以看出，BP 网络修正的效果要明显好于回归方程方法。

图 4.51 还给出了一个坐标修正前后，附加网格板上参考点的位置图，这时施加的 F_z 等于 3 N。在修正前，所有 49 个参考点的坐标测量误差范围为：X 方向为 −2.2～2.3 mm，Y 方向为 −3.5～3 mm。在修正以后，两个方向的测量误差范围都为 −0.4～0.4 mm。这表明基于 BP 网络的坐标修正方法可以明显提高手写板的位置测量精度。在修正以后，F-Pad2 手写板可以达到与当前商用手写板相当的坐标精度水平，完全能够满足手写签名识别对坐标数据的精度要求。

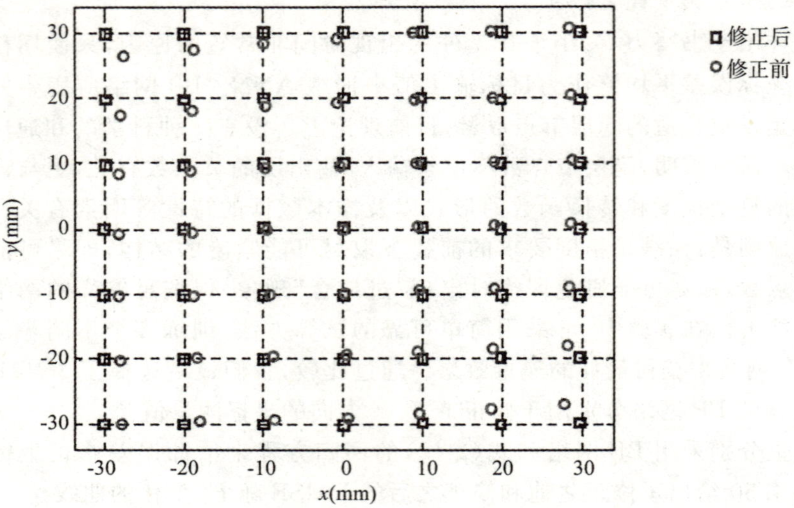

图 4.51　修正前后各参考点的测量精度比较

第六节　手写信息采集系统软件设计

一、软件总体结构

在 F-Pad2 平台中，采用嵌入式片上系统(eSOC)来指导其整个硬件设计。由于 F-Pad2 板级资源较为紧张，如通信能力有限、存储容量较小等，因此为了实现可靠的数据传输和处理，就要求 F-Pad2 的软件设计应该尽可能简洁、实用和稳定。此外，为了开发多任务的应用程序以及有效的管理图形驱动事件(如人机交互界面)，构建和移植专用于 F-Pad2 运行的嵌入式操作系统(eOS)就成为必要。

综合开发的周期、实用性和可移植性等因素，在 F-Pad2 笔式交互平台中，我们采用 Microsoft 公司开发的嵌入式实时操作系统 Windows CE 作为我们的软件开发平台系统。

基于 Windows CE 设备的系统设计和开发过程是由不断修改、增加配置特征、构架、下载、调试等组成的一个递归开发过程。每当在 Platform Builder (Windows CE 内核定制软件工具)中添加或修改一个特征时，都必须重新构架操作系统镜像，并将它下载到目标设备硬件上进行执行和调试。当调试过程中发现问题或执行结构没有达到预想效果时，需要重新返回到 Platform Builder 中进行修改和配置，然后再执行构架操作系统、下载和调试等操作，这个过程不断反复，直到达到设计要求或预期的效果。

根据 Windows CE 下的开发过程，针对所设计的 F-Pad2 平台，F-Pad2 软件设计主要有三个方面工作内容：

1. 固件设计

针对 F-Pad2 底层的硬件模块，需要设计相应的 Windows CE 下板级(Board-Level)固件代码，一方面完成与特定的设备驱动进行交互，另一方面完成对底层硬件的操作。

2. 驱动设计

Windows CE 系统无法直接操作底层的各硬件模块，需要通过相应的内核驱动来完成硬件的读取等操作功能，因此，在 Windows CE 内核层，需要设计支持 F-Pad2 底层硬件模块的与固件功能匹配的驱动程序。

3. 应用设计

设计的 F-Pad2 平台最终面向的是用户界面，因此，在用户层，需要能够稳定和可靠地操作底层的各种硬件模块，需要在完成底层固件设计和内核驱动设计的基础上设计相应的应用用例，以完整地验证软件设计工作的正确性。

结合上面所述的 F-Pad2 软件设计任务，我们得出了 F-Pad2 在 Windows CE 下的软件设计流程，如图 4.52 所示。

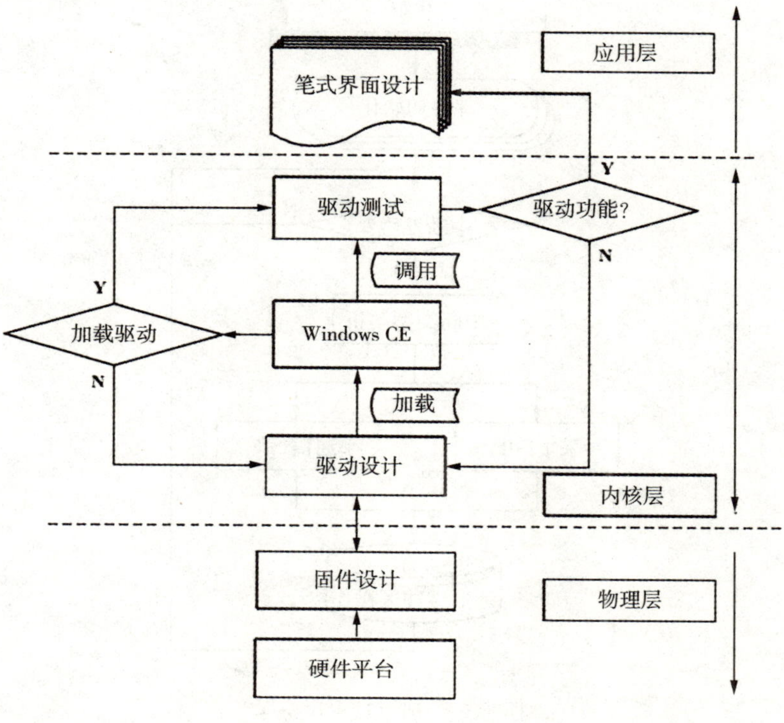

图 4.52　F-Pad2 软件设计流程图

F-Pad2 软件平台一个非常重要的应用就是在笔交互过程中，实时地感知和采集手写产生的多维力信息，并根据采集的多维力信息来完成各种笔输入原语的构建和解释，从而完成自然的笔式交互。因此，针对 F-Pad2 硬件平台的多维力传感器模块设计了固件程序，并在 Windows CE 内核层完成相应的驱动程序设计，使得操作系统能够识别和控制多维力传感器模块。同时，在此基础上设计相应的应用程序用例，完成应用测试，这是实现 F-Pad2 软件平台功能的一个重要内容，也是整个 F-Pad2 软件平台设计的重要内容。

二、固件设计

固件设计的目的是：一方面，完成对多维力信息的处理，并将处理后的数据转换成相应的总线形式输出；另一方面，完成对主机操作的交互响应，一般表现为总线通信的建立、连接和读取控制交互等。

为了提高固件工作的效率，在力矢量信息获取固件设计（见图 4.53）上，采用中断和环形缓冲区来完成和建立固件程序设计中中断服务程序（ISR）和主程序之间的通信，其原理如图 4.54 所示。

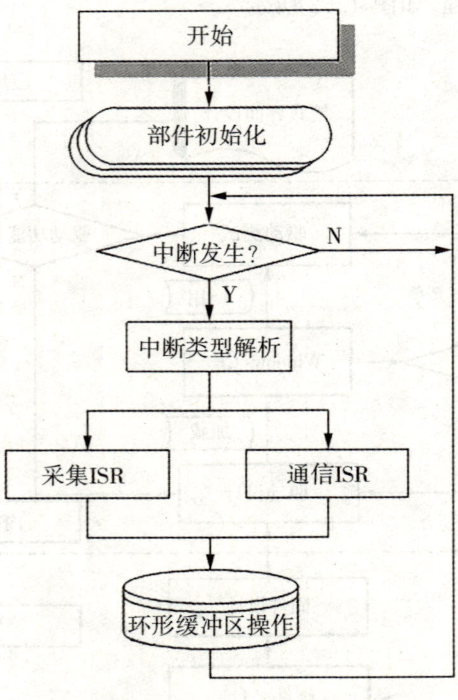

图 4.53　前后台工作原理

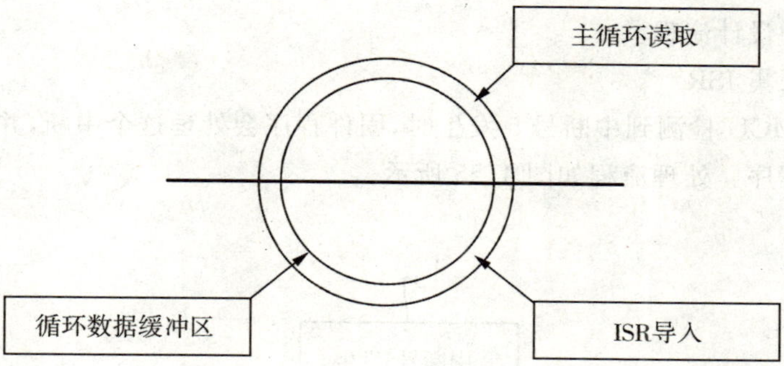

图 4.54　力矢量信息获取固件设计流程图

具体工作为：如果总线控制器从数据总线中收到一个数据包，那么就对 MCU 产生一个中断请求，MCU 立即响应这个中断，并进入相应的 ISR 中，固件程序将数据包从总线控制器内部缓冲区移到环形数据缓冲区，并随后清零总线控制器的内部缓冲区，以便接收新的数据包。MCU 可以继续当前的前台任务直到完成(例如打印当前页)，然后返回到主循环，检查循环缓冲区内是否有新的数据，并开始其他的前台任务。

具体到 F-Pad2 中，弱信号调理模块完成对多维力传感器模块输出信号的调理处理，完成数字化功能，并以 USB 总线传输转换后的力/力矩传感数据。此时，设计的力矢量信息获取固件程序，一方面完成弱信号调理模块内部的数据处理任务，另一方面完成数字化后的力/力矩传感数据的 USB 数据传输任务。基于此，力矢量信息获取固件程序设计的流程如图 4.54 所示。

力矢量信息获取固件程序设计中，主要的工作是进行中断检测和中断类型解析，即当固件程序检测到有中断发生时，需要根据预定义的中断号来进行中断类型的解析，然后根据解析的结果进入相应的 ISR。结合力矢量信息获取固件程序的任务，在 F-Pad2 底层软件设计上设计了两类中断号以及相应的 ISR，分别是：

(1)Z 采集 ISR(中断号 5)：主要利用 MCU 内部的定时器功能，来定时地对弱信号调理模块输出的结果进行读取。这样，只有当中断号 5 发生时，固件程序才会执行采集 ISR。

(2)Z 通信 ISR(中断号 8)：当总线控制器查询(或接收)到来自驱动程序发来的通信请求时，总线控制器会向 MCU 发出中断号 8 的中断请求，MCU 响应中断，并进入通信 ISR。

上述的两个 ISR—起完成了力矢量信息获取固件程序的两个任务。下面根据每个 ISR 的功能任务，具体解释每个 ISR 的工作流程，以完整了解整个固件程序的设计流程。

1. 采集 ISR

当 MCU 检测到中断号 5 发生时，固件程序会处理这个中断，并跳入采集中断服务程序。处理流程如图 4.55 所示。

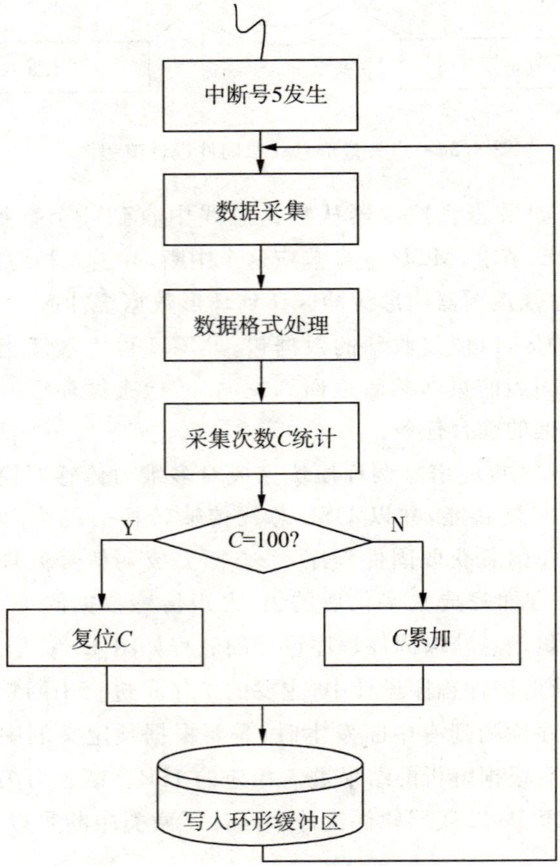

图 4.55　采集 ISR 处理流程

当中断号 5 发生时，固件程序进入采集 ISR。为了提高数字的转换精度，我们在弱信号调理模块中采用 14-bit 的 ADC 来对多维力传感器模块输出的传感信号进行数字流转换。因此，当 MCU 读取到一组数据后，由于存储器的存储单元关系，14-bit 的数字流格式需要进行一定的数据存储格式处理，以方便总线传输和后续的数据解析。为了简单处理，采用图 4.56 所示的存储格式。

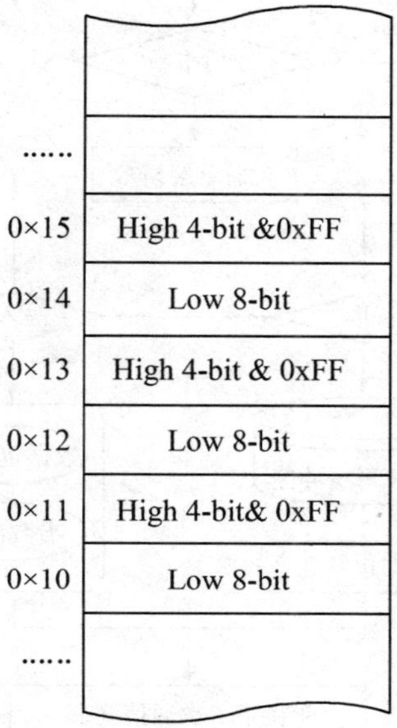

图 4.56 数据存储格式

考虑到总线传输的速率以及上层应用的需求，在固件程序设计中，我们设定了采集 ISR 中读取数据的长度，即采集次数 C 的统计，预设 $C=100$ 为采集次数的阈值，同时设定中断号 5 的触发时间为 1 ms，在此条件下，采集 ISR 写入环形缓冲区的数据速率大致为 8 kb/s，这样的写入速度足以满足后续的总线传输和应用需求。

2. 通信 ISR

当 MCU 检测到中断号 8 发生时，固件程序会处理这个中断，并跳入通信中断服务程序。处理流程如图 4.57 所示。

当总线控制器查询（或接收）到来自驱动程序发来的通信请求时，固件程序会进入通信 ISR。由于总线通信的建立是双方的行为，即双方需要进行交互才能完整地建立起链路，因此，在进入通信 ISR 后，首先需要对通信命令参数进行解析，以判断当前的通信任务是读取操作还是写入操作。如果是写入操作，则固件接收驱动层发出的数据包，并根据数据包的数据进行自身的配置，如采集通道设定、采样周期设定、端点配置、管道设定、状态机状态读取等等；如果是读取操作，则固件读取环形缓冲区内的数据，并将其封装成总线数据包，进行数据发送操作。

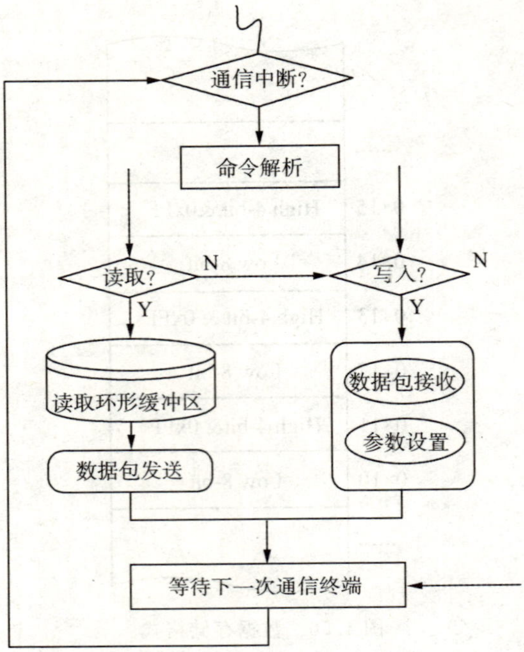

图 4.57 通信 ISR 处理流程

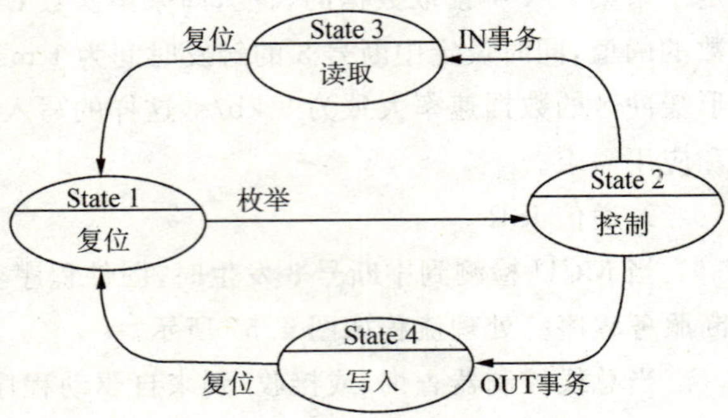

图 4.58 通信 ISR 状态转换图

通信 ISR 主要负责固件与驱动之间的数据交互。为了能够建立稳定的数据交互链路，在固件程序中针对通信 ISR 设置了 4 个状态，以进行当前状态的识别和不同状态之间的转换逻辑，如图 4.58 所示。其中，数据的发送发生在 State 3 中，此时通信 ISR 解析到 IN 事务命令时，固件自身的配置发生在 State 4 中，此时通信 ISR 解析到 OUT 事务命令。具体每个状态的含义如下：

(1)复位状态：当总线控制器或通信链路工作不正常时，MCU 需要对总线控制器进行复位处理，主要是对总线控制器的工作状态、通信端点等进行复位操作，以使其返回到初始状态。

(2)控制状态：这是完成总线被枚举过程，以使总线控制器能被驱动正确地识别。这一过程主要通过默认通信端点来发送关于描述总线控制器自身信息的各种描述符。当这一过程正确执行后，整个总线通信链路基本就完成了。

(3)读取状态：在总线通信链路建立后，通信 ISR 解析到 IN 事务命令后，就会启动数据发送任务。在 F-Pad2 固件设计中，我们利用 IN 事务命令发送采集的传感器信息。

(4)写入状态：在总线通信链路建立后，通信 ISR 解析到 IN 事务命令后，就会启动数据接收任务。在 F-Pad2 固件设计中，我们利用 OUT 事务命令接收驱动发送的各种控制信息，如采集通道设定、采样周期设定、端点配置、管道设定、状态机状态读取等。

三、驱动设计

驱动程序是一个抽象物理设备或虚拟设备的功能软件，驱动程序管理这些设备的操作。物理设备通常是指具有某种特定功能的设备，如各种网络适配器、计时器和显卡等。实现一个设备驱动程序就是允许该设备的功能被应用程序和操作系统所调用。

在 F-Pad2 平台中，处于底层的多维力传感器模块为一个真实的物理设备，用户需要在应用层操作该多维力传感器模块。例如，读取传感信息、配置传感器、电子表单解析等。此时，就需要在操作系统内核层加载相应的驱动模块，一方面，防止应用层直接操作物理设备，从而实现应用层的平台无关性；另一方面，设备的驱动设计可以将具体的物理设备抽象成一个通用的文件操作方式，从而可以在应用层形成标准的操作方式。基于此，开发设计力矢量信息获取驱动程序可以利于应用层的用例设计，而不需要关注底层具体的硬件实现。

另外，不同操作系统体系结构下，其驱动设计的模型是不同的。在 F-Pad2 软件平台中，我们移植了嵌入式操作系统 Windows CE，因此，力矢量信息获取驱动程序设计需要满足 Windows CE 的驱动模型规范。下面我们首先简要介绍 Windows CE 支持的驱动模型。

在 Windows CE 操作系统下，提供了 4 种设备驱动程序模型，其中 2 种是专用于 Windows CE 的模型，另外 2 种模型来自其他操作系统。基于 Windows CE 的 2 种驱动程序模型是本机设备驱动程序和流接口驱动程序；另外 2 种模型是通用串行总线（USB）驱动程序和网络驱动接口规范（network driver interface specification，NDIS）驱动程序。

在这里需要提及的是，不同的驱动程序模型不是通过使用它们的外围设备来区分的，而是通过它们所支持的软件接口来区分的。这些驱动程序可以是一个整体的，也可以是分层的。也就是说，驱动程序可以直接对设备进行操作，也可以把软件接口和对设备的操作放到两个层上。

在这里，我们仅分析在 Windows CE 中应用最为广泛的两类驱动模型、二者的关系和支持的设备类型,如图 4.59 所示。

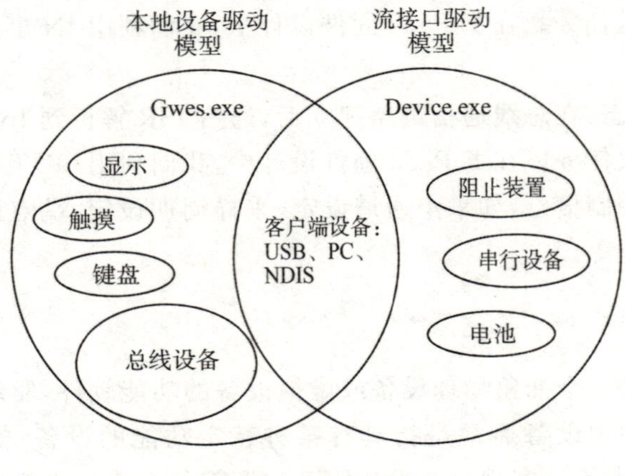

图 4.59　驱动的关系和支持的设备类型

1. 本机设备驱动程序

在实际的嵌入式程序设计中,我们经常需要把 Windows CE 移植到目标设备平台上,因此需要为目标平台上附带的设备(如显示器、电池、触摸屏、键盘等)提供相应的驱动程序。这类设备的驱动程序就称为"本机驱动程序"。

这一类驱动程序专用于 Windows CE,是平台建立时必须提供的设备驱动程序,如 LED 驱动和电源驱动。这些驱动是 GWES(图形窗口和事件系统)的一部分,它们的驱动程序文件并不表现为一个"*.dll"动态库文件,而表现为一个"*.lib"文件。

2. 流接口驱动程序

在 Windows CE 中,流接口驱动程序是为连接到 Windows CE 平台上的外围设备而设计的。这一类驱动具有定制的接口,是一般类型的设备驱动程序,其驱动程序文件一般表现为"*.dll"文件。这种驱动程序的函数实现是一组固定的函数,这些函数称为"流接口函数"。这些流接口函数使得应用程序可以通过文件系统访问这些驱动程序。

在 Windows CE 下,"流驱动"的开发形式最为灵活,它适合于任何逻辑上被认定作为数据源或数据存储的 I/O 设备,即任何以产生或消耗数据为主要功能的外围设备都可以选择"流驱动"开发。

在 F-Pad 平台中,我们选择 Windows CE 下的流接口驱动模型来设计力矢量信息获取驱动程序,以实现应用层对底层传感信息的获取功能。由于力矢量信息获取驱动程序工作在系统内核层,并实现应用层与底层物理设备之间操作的通道,同时也是完成 F-Pad 软件设计的重要任务,下面将详细介绍力矢量信息获取驱动程序的设计流程。

在力矢量信息获取驱动程序设计中，采用流接口驱动模型来实现驱动的设计，其主要的任务就是对一组“流接口”驱动函数的支持和实现，而在应用层，只需要通过标准的文件I/O函数进行调用即可实现对流驱动的操作，如图 4.60 所示。

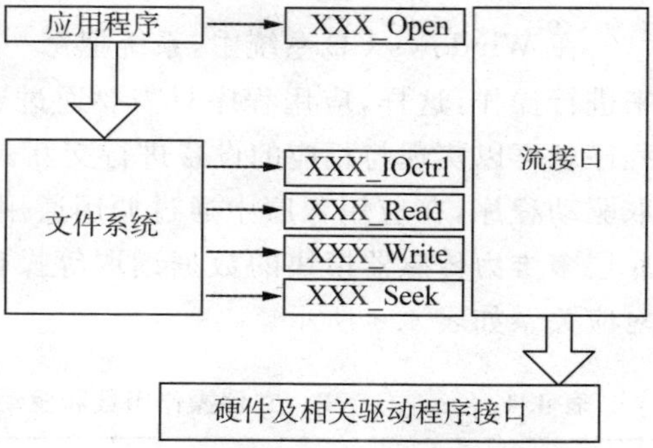

图 4.60　应用程序和流接口驱动相关函数之间的调用关系

当流接口驱动实现后，再编写相应的 makefile 文件、source 文件、DEF 文件，然后在 Windows CE 提供的 Platform Builder 编辑环境中进行编译，就可以生成相应的驱动程序。力矢量信息获取驱动程序对应的驱动程序文件为 RTI. dll。

生成的 RTI. dll 文件只有加载在操作系统内核上才可以被应用层的用例进行调用，加载的方法有开机自动加载以及手动加载两种方式。其中，自动加载需要在定制 Windows CE 的内核时将生成的 RTI. dll 打包进内核，然后编译生成新的系统内核；而手动加载主要通过系统函数 ActivateDeviceEx()来实现。无论采取上述哪种方式加载驱动，其目的都是将驱动的信息加入到 Windows CE 系统的注册表中，因此，可以通过查看注册表信息来验证驱动是否被正确加载。图 4.61 为一个正确加载力矢量信息获取驱动程序 RTI. dll 的注册表信息截图。

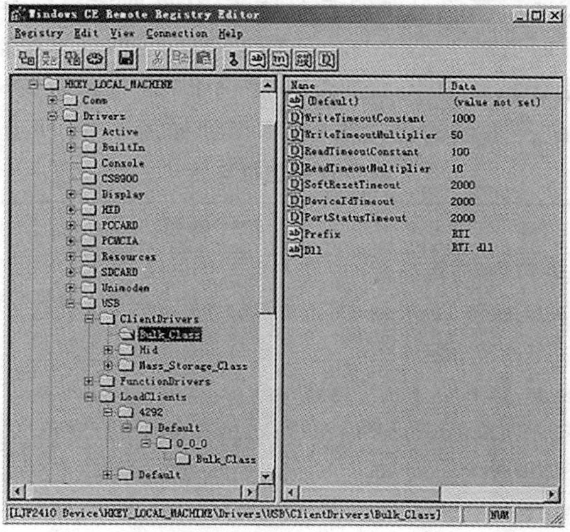

图 4.61　正确加载 RTI. dll 的注册表信息结构

四、应用设计

在 Windows CE 系统中，系统把每一个接入系统的外部设备都抽象为文件来进行操作，这样，应用程序只需要通过通用的文件操作 API 函数来操作驱动程序就可以实现与相应的设备进行交互。因此，针对前面设计的力矢量信息获取驱动程序，在应用程序中通过调用通用的文件操作 API 函数，就可以实现对底层多维力传感器模块的数据读取等操作功能。文件操作函数和驱动程序的对应关系如表 4.4 所示。

表 4.4　文件操作函数和驱动程序的对应关系

文件操作函数	流驱动接口函数	说明
CreateFile	RTI—Open	打开设备
ReadFile	RTI—Read	从设备读取数据
WriteFile	RTI—Write	向设备写数据
DeviceIoControl	RTI—IOCtrl	控制操作
CloseFile	RTI—Close	关闭设备

具体来说，例如，当应用程序调用函数 CreateFile 来打开设备时，操作系统代替应用程序，向驱动程序发送系统 IRP 控制消息，驱动程序响应这个消息，并调用 RTI—Open 函数来响应这个 IRP 消息，完成相应的物理设备操作。

基于上面的介绍和各个函数接口的关系，在实际编写应用用例时，就可以十分方便地打开相应设备所对应的驱动程序，并进而实现与具体物理设备的通信操作功能。

在表 4.5 所给出的硬件环境和软件环境下，编写相应的应用用例，来完整验证整个 F-Pad2 软件平台的设计工作，将得到如图 4.62 所示的结果。

表 4.5　应用用例运行环境

环境	资源
硬件环境	运行环境最低配置： CPU：Intel Pentium IV 1.6 G 以上 内存：256 MB 以上 硬盘：10 G 以上的空间显示卡，4 M 显存的图形加速卡 鼠标：Microsoft Mouse 或与之相兼容的定点设备 F-Pad 平台
软件环境	Microsoft Windows CE 5.0 Windows XP Microsoft Platform Builder 5.0，Microsoft Embedded Visual C++4.0

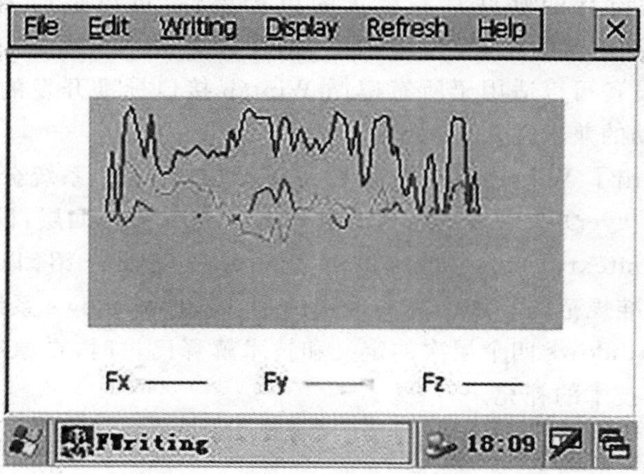

图 4.62　应用用例展示的力信息采集界面

可以看出，设计的力矢量信息获取固件程序和力矢量信息获取驱动程序可以很好地配合工作，并正确响应应用用例的请求，操作底层的物理设备，并将底层的传感数据传入应用层，完成软件设计的任务。

第七节　F-Pad2 应用程序接口设计

一、Wintab 接口标准

信息服务的通用性一直是交互设备开发的重要内容。为保证所设计的笔式交互设备能够实现在不同系统平台上实现“即插即用”的功能，以及被各种应用程序输入的调用，需要设计相应的通用驱动程序和标准的应用程序接口（API），以方便应用程序的开发和为不同应用软件提供标准访问接口。

Wintab 接口标准是一个开放的工业级接口标准，是获得如手写板之类硬件设备数据的途径。目前的 Wintab 接口规范是 1991 年在 LCS/Telegraphics 的领导下发展起来的，它是数字采集设备及一些其他的先进输入设备的应用程序接口。该规范基于写字板硬件制造商提供的输入数据，以及 CAD、成像、GIS 和系统软件商提供的软件。

该规范还综合了早期的一些标准，如 GKS 和 MITX-11 Input Extensions 等。由于 Wintab 接口标准是在 Microsoft Windows 3.0 及其以上版本操作系统环境下的开放的标准编程接口，加上 Windows 在操作系统的市场占有率，因此，几乎所有厂商生产的手写输入设备都遵循 Wintab 接口标准。这样也使得应用软件开发人员在 Windows 环境下只需要基于 Wintab 接口标准来设计开发软件即可，且设计的软件具有极大的可扩展性，可以适应所有厂家遵循 Wintab 接口标准生产的相关产品。那么，对于设备生产商或制造商来说，其生产的手写输入设备可以适用于所有遵循 Wintab 接口标准开发的应用软件，而不必考虑其驱动的兼容性。

图 4.63 给出了 Wintab 接口标准的系统结构图，整个系统分为两个大块：虚拟层（virtual layer）和 Windows。其中 Windows 又分为四层：设备专用驱动，Wintab.dll，Context，App。下面将对各部分作简要介绍，以增加对整个 Wintab 接口标准规范的了解。需要说明的是：随着 Windows 系统版本的不断升级，早期对 Windows 四个层次的定义和技术解释已过时，在原有说明的基础上，会添加现有技术的补充。

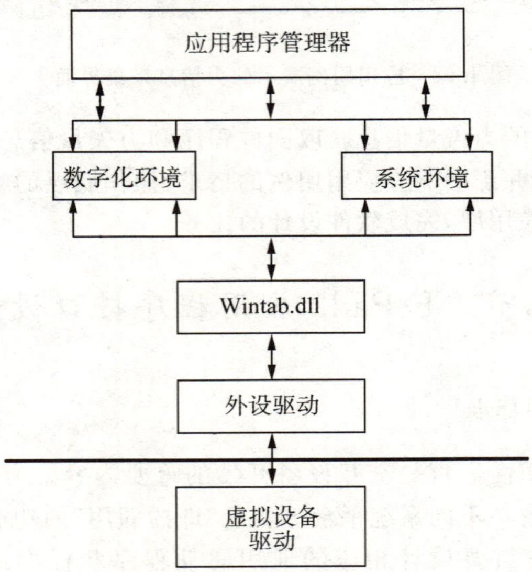

图 4.63 Wintab 接口标准的系统结构图

虚拟层（virtual layer）可直接实现处理器虚拟化。一般来说，操作系统和驱动软件享有最高优先级，而应用程序（在虚拟世界中，操作系统也被看做是一个应用程序）使用较低的优先级。

在 Windows 系统中，虚拟设备驱动可以直接操作操作系统内核，这使得虚拟设备驱动可以直接和系统及硬件设备资源在底层打交道。在 Windows 95 中，虚拟设备驱动通常被称为 VxD，这是因为此类文件的扩展名为. vxd。然而，随着 Windows 版本的不断升级，其设备的驱动模型也发生了变化。如在 Windows 98 中，设备驱动模型虽然也支持 VxD 开发，但大部分的驱动模型设计均采用 WDM（Windows driver model），该模型广泛地支持电源管理以及“即插即用”(PnP)等新技术。而在 Windows 2000 以后的版本中,VxD 模型已被全部去掉,均采用 WDM 来设计设备驱动。在 Windows 发布 Windows Vista 以及 Windows 7 版本以后,设备的驱动模型更采用了新的驱动模型 WDF(Windows driver foundation)来设计。该模型将电源管理以及 PnP 技术变成驱动的标准模块,以降低驱动设计的难度。

从上述可知,在针对虚拟设备驱动设计时,需要根据具体的系统环境来设计相应的设备驱动,及时采用最新的驱动模型作为设计框架。

1. 设备专用驱动器

该驱动器是与硬件设备相关的驱动器。不同的硬件设备对应不同的驱动,用来协调硬件设备及硬件设备的状态,来正确地完成特定的逻辑功能。

设备驱动的概念是非常抽象的并且处于一台计算上所运行软件的最底层。由于直接到设备的硬件特性的限制。每个设备驱动都只管理一种单一类型的设备。这些类型可能是字符型、块设备型或网络型。如果一个应用程序向设备提出(操作)要求,内核会联系到对应的设备驱动,设备驱动接着向特定的设备发出命令。设备驱动是一个函数集合,包含了许多调用入口,类似于 open,close,read,write 等。

2. Wintab. dll

Wintab 模块即 Wintab. dll,是整个 Wintab 框架的中心,是连接设备驱动和应用软件的关键部分。通过该模块,硬件设备的静态及动态信息将变成 Windows 可以接受的方式。

3. Context

Context 是 Application 和 Wintab. dll 之间的桥梁。通过 Context,Application 可以获得很多硬件设备相关的信息,如输入区域(inputarea)、显示比例(scaling)以及事件控制(event control)。Digitizing Context 和 System Context 是 Application 可以接受的两种基本 Context 类型。

Digitizing Context 决定硬件设备将采集哪些数据送给 Application,并以 packet 的形式将诸如坐标、压力、倾斜等信息直接传递给 Application,与系统指针无关。绝大多数 Application 都用到了 System Context 提供的系统级的支持。Wintab 以 packet 的形式将诸如坐标、压力、倾斜等信息传递给 Application。

4. App

App 即“Application”,指的是应用程序,也指最终的目的。Application 通过接收 Context 传来的 event packet,从而达到和硬件交互的目的。通过 Manager handle 的设置,Application 可以成为 Manager Application,从而享有高优先级。

二、Wintab 接口协议集

为了规范和统一数字采集设备及一些其他的先进输入设备的应用编程接口，使不同的输入设备能够做到与软件应用编程的无关性，Wintab 接口标准提供了一整套标准的应用程序接口（API）。通过调用该 API 提供的函数接口，应用软件无须关注底层的具体物理设备驱动即可操作输入设备，而底层设备的厂商只需为生产的设备提供一个与该 API 无缝结合的设备驱动即可。

因此，Wintab 接口标准提供的规范 API 是实现不同设备驱动接口兼容性和应用层软件设计通用化的基础，即不同设备驱动提供与 Wintab 接口标准 API 的接口支持，而应用层软件设计只需操作规范化的 Wintab 接口标准 API 即可实现对底层不同设备驱动的操作。对不同的输入设备厂商来说，只有提供符合 Wintab 接口标准的应用程序接口，才能使得设备具有很好的兼容性。

下面结合上面所述的 Wintab 接口协议集内容，对 Wintab 接口标准中关键的接口函数进行说明。

表 4.6 给出的是在具体应用编程时经常需要用到的基本接口函数及相应的函数说明。需要指出的是，这些基本接口函数是面向应用程序编程的，即应用程序编程时仅调用表 4.6 提供的接口函数即可完成既定的功能，并进而操作与设备环境关联的输入设备。

表 4.6　　Wintab 接口函数说明

函数名	说明
WTInfo	该函数能获取一些重要的信息：接口标准的说明（版本、手写板生产商、模型等）；一般技术参数（坐标的范围、分辨率、可选参数、指针类型）；设备环境的默认设置等
WTOpen	该函数可得到一个活动的设备环境，如果该函数成功，则可通过消息接收手写板产生的信息，可以利用返回的句柄执行与该设备有关的函数
WTClose	该函数关闭和销毁指定的手写板设备环境
WTPacketGet	该函数用轮流检测方法将消息队列中的消息移出，转移到指定的缓冲区
WTPacket	该函数用于在手写板消息处理中使用 Windows 消息机制来接收手写板的消息数据包

下面将介绍在上述的基本接口函数中用到的两类数据结构，这两类数据结构在面向实际输入设备时是必须要实现的。

（一）WTPKT

WTPKT 数据结构由 32-bit 的标志位组成，用于标示 Event Packets 中的数据内容,具体通过对 32-bit 标志位进行逻辑运算得到,其常用值如表 4.7 所示。

表 4.7　**WTPKT 数据结构**

值	含义
PK_CONTEXT	设备环境句柄
PK_STATUS	状态,即笔是否接触了面板
PK_TIME	产出数据包的时间
PK_CHANGED	与上一个数据包相比,哪个数据域发生了变化
PK_SERIAL_NUMBER	数据包的时间
PK_CURSOR	当前的指针类型
PK_BUTTONS	键值,指示哪个键被按下
PK_X,PK_Y,PK_Z	当前 X、Y、Z 坐标
PK_NORMAL_PRESSURE	压力值
PK_ORIENTATION	指针的方向信息

(二)LOGCONTEXT

Wintab 接口规范中提供的数据结构 LOGCONTEXT 为上下文类型数据结构,用于标示运行设备的所有环境信息,以及消息的路由、传递和处理。完整的 ZOGCOMEXT 数据结构包含 34 个域,其中常用的数据域数据结构如表 4.8 所示。

表 4.8　**LOGCONTEXT 数据结构**

数据类型	数据域	含义
UNIT	IcOptions	确定环境的参数,指示该环境是否系统指针、笔模式、是否发送消息等
UNIT	lcStatus	指示该环境的状态,是否能处理消息、是否位于最顶端等
UNIT	lcLocks	指示环境的哪些属性被锁定
UNIT	lcMsgBase	指示用来报告设备环境活动的消息序号范围
UNIT	lcPktRate	以 Hz 为单位确定数据包报告率,一旦设备环境打开该域将包含事实上的报告率
WTPKT	lcPktData	指示环境生成的数据包将包含哪些数据项

续表

数据类型	数据域	含义
WTPKT	lcPktMode	指示数据包中的各数据项是以绝对模式还是相对模式返回，如果哪一个域被设置为真，则数据包中该项数据将以相对模式报告数据，否则以绝对模式。如果在 lcPktData 中未选择或该项数据只有一种模式，则该设置无效
WTPKT	lcMoveMask	指示根据哪个数据项的改变生成指针移动消息。在 lcPktData 中未选择的数据项及按键、时间戳、序号等数据不能生成该消息；在有多个环境重叠时，上层环境没有选中的移动消息将由下层环境处理

（三）PACKET

Wintab 接口规范中提供的数据结构 PACKET 为一种消息类型数据结构。PACKET 数据结构指示了消息的内容、消息包含的内容等，其数据结构如表 4.9 所示。

表 4.9　　PACKET 数据结构

数据类型	数据域名称	含义
HCTX	pkContext	环境句柄
UNIT	pkStatus	设备环境的状态和错误信息
LONG	pkTime	系统时间，表示为从上一个消息包后流逝的时间
WTPKT	pkChanged	指示哪一个数据项改变了
DWORD	pkButtons	其高位字包含了按键序号，低位字则指示该按键有无变化
DWORD	pkX	当前光标在 X 轴上的坐标
DWORD	pkY	当前光标在 Y 轴上的坐标
DWORD	pkZ	当前光标在 Z 轴上的坐标
UINT(int)	pkNormalPressure	作用于手写板上的压力
UINT(int)	pkTangentPressure	与上类似，不同之处在于压力的方向
ORIENTATION	pkOrientation	笔的方向信息
ROTATION	pkRotation	笔的旋转信息

以上介绍了 Wintab 结构规范中提供的常用基本函数，并给出了三个需要经常使用的数据结构功能说明和相应的结构组成。下面将在此基础上给出基于 F-Pad2 笔式交互平台而设计的符合 Wintab 接口标准的应用程序接口。

三、F-Pad2 应用程序接口设计

前已详述，不同输入设备厂商为了使得其生产的输入设备具有很好的兼容性和通用性，需要提供符合 Wintab 接口标准的应用程序接口。因此，针对 F-Pad2 笔式交互平台，为了使其成为一个“标准化”的设备，就需要按照 Wintab 接口标准规范开发和提供相应的 F-Pad2 应用程序接口。

F-Pad2 笔式交互平台是一个运行有嵌入式图形操作系统 Windows CE，并具有自身计算能力和存储能力的完备装置。因此，该平台不同于平常意义上的手写或指点输入设备(该类设备仅为数据采集设备)。基于 Wintab 接口标准而开发的 F-Pad2 应用程序接口与通用计算机应用程序接口存在以下几点不同之处：

(1)基于 Wintab 接口标准而开发的 F-Pad2 应用程序接口仅能运行在嵌入式操作系统 Windows CE 环境平台下。

(2)基于 Wintab 接口标准而开发的 F-Pad2 应用程序接口需要采用交叉编译的环境来完成对 Wintab 接口库的编辑、编译和生成。

(3)基于 Wintab 接口标准而开发的 F-Pad2 应用程序接口需要在符合嵌入式操作系统 Windows CE 所支持的驱动模型基础上设计开发。

虽然基于 Wintab 接口标准而开发的 F-Pad2 应用程序接口与通用计算机应用程序接口存在上述不同之处，但是基于 Wintab 接口标准所开发和提供的 F-Pad2 应用程序接口依然不失“规范和通用”的特点，主要表现为：

(1)Windows CE 系列作为专用于嵌入式设备而开发的嵌入式系统已得到了广泛的应用，现有的各大移动厂商，如诺基亚、多普达、惠普等都推出了基于 Windows CE 开发的移动设备，而且 Windows CE 的桌面窗口风格也非常易于人们操作。因此，开发基于 Windows CE 的 Wintab 接口标准仍具有很强的通用性。

(2)随着 Windows 8 的推出，其后通用桌面操作系统和嵌入式操作系统都将会走向“统一”，即微软公司在以后发布的 Windows 8 操作系统既可运行在通用桌面计算机上，也可以移植在各种嵌入式设备上。因此，开发基于 Windows CE 的 Wintab 接口标准，可为以后系统版本的升级提供规范化的设计流程。

(3)最为重要的是，无论采用嵌入式操作系统还是通用的操作系统，F-Pad2

应用程序接口设计均是严格按照 Wintab 接口规范来进行的。因此，在应用程序编程上，设计开发人员所面对的函数接口均为标准的规范接口，只是应用程序最终运行的系统环境不同。

基于上面的描述，图 4.64 具体给出了 Wintab 接口标准下开发的 F-Pad2 应用程序接口的系统结构框图。

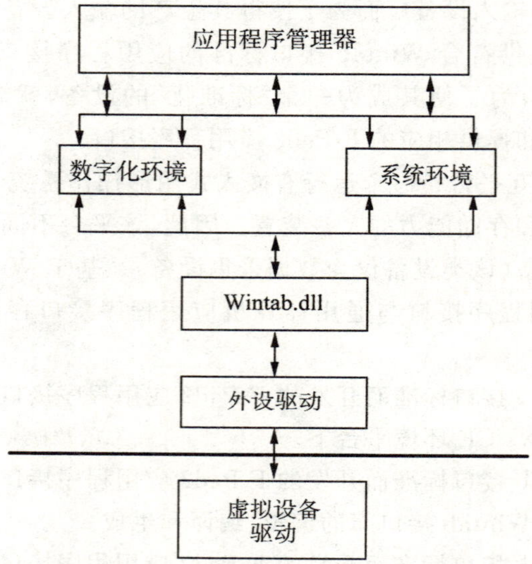

图 4.64　基于 Wintab 的 F-Pad2 应用程序接口系统框架图

综上，基于 Wintab 接口标准所开发的 F-Pad2 应用程序接口将重点按照 Wintab 接口标准规范设计设备驱动(Device-specific Driver)、Wintab. dll 和上下文(Context)模块。其中，设备驱动为所设计 F-Pad2 笔式交互平台在 Windows CE 下的硬件驱动；Wintab. dll 是整个 F-Pad2 笔式交互平台的 Wintab 接口系统框架的核心，是连接设备驱动和应用软件的关键部分，将设备所获取的动态信息变成 Windows CE 可以接受的方式；上下文(Context)是应用程序与Wintab. dll之间的桥梁，这里将针对所设计的 F-Pad2 笔式交互平台的系统属性及采集信息内容设计 Digitizing Context 和 System Context 两种基本的 Context 类型。

由于嵌入式开发的特殊性，下面具体给出实现上述三个关键内容的设计方法和工具。表 4.10 针对 F-Pad2 笔式交互平台所实现的关键内容给出了具体的开发工具以及相应的方法描述。下面将在表 4.10 的说明基础上详细分析基于 Wintab 接口标准所开发的 F-Pad2 应用程序接口的设计过程，并给出每一个内容的具体实现细节。

表 4.10　　内容、工具及其设计方法

内容	工具	方法
设备驱动	Windows XP 以上版本 Platform Builder 5.0 F-Pad SDK	利用运行在 Windows XP 系统的交叉编译环境 Platform Builder 工具，按照 Windows CE 提供的流驱动模型(SDM)，设计设备驱动
Wintab.dll	Windows XP 以上版本 Embedded Visual C++4.0 F-Pad SDK	利用运行在 Windows XP 系统的交叉编译环境 Embedded Visual C++工具，基于生成的设备驱动和导出的 F-Pad SDK 编写开发 Wintab.dll
环境	Windows XP 以上版本 Embedded Visual C++4.0 F-Pad SDK	利用运行在 Windows XP 系统的交叉编译环境 Embedded Visual C++工具，基于 F-Pad 笔式交互平台的物理属性及性能参数和导出的 F-Pad SDK 定制相应的环境数据

1. 设备驱动设计

对于具体的物理设备，开发和提供符合 Wintab 接口标准规范的设备驱动，是进行基于 Wintab 接口标准开发 F-Pad2 应用程序接口的第一步，即针对我们设计的 F-Pad2 笔式交互平台，首先需要开发 F-Pad2 设备驱动程序。

在 Windows 系统上，该抽象表征的模型主要经历了 VxD、WDM 以及 WFD 的衍变；而在嵌入式 Windows 系统上，由于受到设备资源的局限性以及开发的效率等影响，该抽象表征的模型则以 SDM(stream driver model)等为主要方式。另外，在这两种不同类型的操作系统驱动模型框架下，其相应的驱动程序文件形式、开发环境等均存在差异，详见表 4.11。

F-Pad2 笔式交互平台运行有嵌入式图形操作系统 Windows CE，因此依据表 4.11，我们采用主流的 SDM 驱动模型来设计符合 Wintab 规范的 F-Pad2 设备驱动程序。此外，基于在 Windows CE 下采用 SDM 模型来完成力矢量信息获取驱动程序的设计，以此过程来指导设计符合 Wintab 规范的 F-Pad2 设备驱动程序，可加快整个驱动的开发效率。下面详细介绍在 Windows CE 系统下开发和设计符合 Wintab 规范的 F-Pad2 设备驱动程序的过程。

表 4.11　　　　　　　　两种驱动模型的比较

内容	模型名称	驱动程序文件形式	驱动开发环境
通用 Windows 操作系统驱动模型	VxD、WDM WFD 等	表现为：*.vxd、*.sys	Driver Develop Kit、Driver Studio 等
嵌入式 Windows 操作系统驱动模型	SDM、NDIS 等	表现为：*.lib、*.dll	Embedded Visual C++、Platform Builder 等

首先，在 Windows CE 系统下，基于 SDM 模型开发的设备驱动程序称为“流接口驱动程序”。这一类驱动具有定制的接口，是一般类型的设备驱动程序，其驱动程序文件一般表现为“*.dll”文件。这种驱动程序的函数实现是一组固定的函数，这些函数称为“流接口函数”，这些流接口函数使得应用程序可以通过文件系统访问这些驱动程序。那么，在 Wintab 规范下，上述过程则表述为：基于 SDM 模型开发的流接口驱动程序所提供的流接口函数，应用程序通过 Wintab.dll来实现与这些流接口函数的交互，如图 4.65 所示。

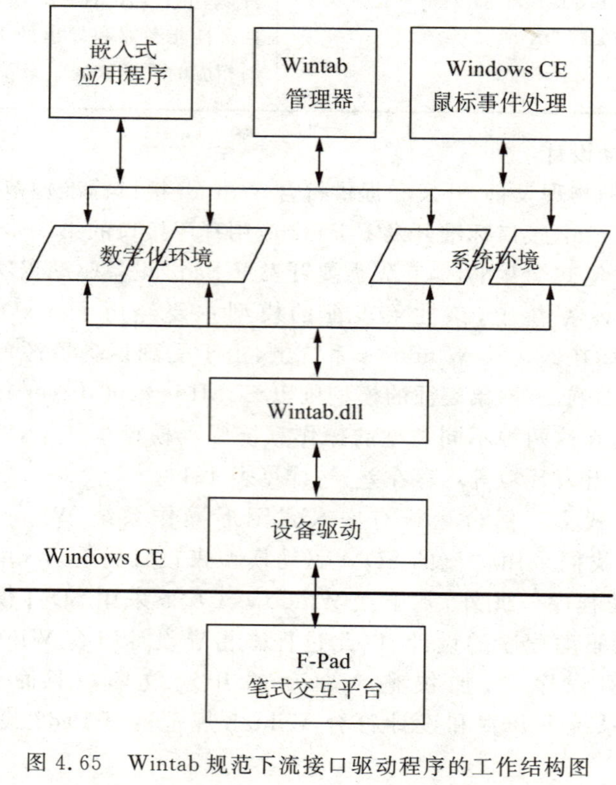

图 4.65　Wintab 规范下流接口驱动程序的工作结构图

其次，在 Windows CE 系统中，对流接口函数的访问是通过一组标准的文件操作函数来实现的，这是因为在 Windows CE 操作系统中的文件系统代码包含那些识别特殊文件名并重定向文件 I/O 操作到适合的流接口驱动程序的代码。这种处理方式与 Unix 系统很像，即在 Windows CE 系统上，把外设表示为一类独特的文件，然后通过系统的文件函数来对这些独特的文件进行读写等。

上述处理方式简化了通用型 Windows 系统对待外设的处理过程，使得整个操作过程简单明了，也方便实现，但要求接入 Windows CE 系统的外设，其对应的文件名必须具有唯一性。因为系统仅以此文件名来识别与特殊流驱动程序对应的外设，否则会出现文件操作过程的错误。

基于此，Windows CE 系统规定了设备的文件名由三个大写字母（文件名前缀）、一位数字（默认编号为 1～9）和冒号组成，如“CAM1:”与“HWM2:”等。因此，在针对不同外设提供流驱动程序时，必须要做到上述组成设备文件名三个部分的不同，以使得 Windows CE 系统能够对不同设备加以识别。

根据前面所述，每个流接口驱动程序必须实现一组标准函数（注意：有严格要求），用来完成标准的文件 I/O 函数和电源管理函数，并且这些函数可以通过标准的文件操作函数来实现交互，如图 4.65 所示。另外，由于流接口驱动程序经过编译以后，最终生成的驱动程序文件为“dll 文件”，所以这些函数通常叫作流接口驱动程序的 dll 接口。

综上所述，针对 F-Pad2 笔式交互平台，其设备文件名定义为“FPP1:”，相应的，在 Wintab 规范和 SDM 模型下，建立驱动源文件 FppDriver.c。该文件中需要编程实现和输出的流接口函数及其相应函数接口描述如表 4.12 所示。

表 4.12　F-Pad2 设备驱动程序输出的流接口函数

函数名称	描述
FPP_ Init	驱动程序的初始化，当初始化 F-Pad2 设备成功后，返回该设备的句柄（handle）
FPP_ Open	打开获取到的设备上下文句柄（handle），建立该句柄的引用实例，以进行后续的读写操作
FPP_ Read	对打开句柄的设备进行数据读取操作：F-Pad2 将采集到的笔式交互信息存入内核数据池，FPP_ Read 通过创建通道传输完成数据池的数据读取功能
FPP_ Write	对打开句柄的设备进行数据写入操作：当应用层需要对 F-Pad2 设备进行重新配置或参数修改时，FPP_ Write 通过创建通道传输发送配置信息给硬件平台

续表

函数名称	描述
FPP_ IOControl	根据参数代码(dwCode)来执行不同 I/O 控制字下的命令操作。例如，处理超时参数重设或读取，设备状态参数读取等操作
FPP_ Close	对 FPP_ Open 建立的句柄的引用实例进行关闭，以防止其他函数的再次操作
FPP_ Deinit	对 FPP_ Init 打开的设备句柄进行注销，并回收在内核开辟的数据池等内存资源
FPP_ PowerDown	在系统挂起前，调用这个函数
FPP_ PowerUp	在系统重新启动时，调用这个函数

当完成对驱动源文件 FppDriver. c 的代码编写后，需要提供相应的编译规则、文件输出函数声明、代码连接器和编译器的名称等，用于指示驱动编译环境 Platform Builder 的操作，以便能够正确生成运行于 Windows CE 上的驱动文件。表 4. 13 具体给出了在 Windows CE 系统下生成的符合 Wintab 规范的 F-Pad2 设备驱动文件列表。

表 4. 13　F-Pad2 设备驱动文件列表和说明

文件名称	描述
FppDriver. c	驱动程序源文件，实现对底层硬件的所有交互操作
FppDriver. h	驱动程序源文件的头文件，包含了一些变量定义、函数声明等代码
FppDriver. def	定义驱动程序名称，以及输出给 Wintab. dm 调用的函数接口
makefile	设定程序编译规则，以指定驱动程序的编译和链接方法
source	用于设置链接器和编译器，指出驱动程序的编译和链接方法

其中 source 文件是一个与系统变量环境密切相关的文件，其主要完成为正确编译驱动程序而需要对系统变量进行设置的工作。图 4. 66 给出了一个具体并可操作的 source 文件内容。

当在 Platform Builder 环境下对驱动程序文件进行正确编译后，就可以得到 F-Pad2 设备驱动程序 FppDriver. dll。那么，为了让 Windows CE 系统能够加载该驱动，需要在 Windows CE 系统的注册表中填写相应的驱动注册信息，这一点与通用型 Windows 系统对外设驱动的加载和识别是一致的。为此，我们设计了相应的注册表文件 Fpad. reg，其内容如图 4.67 所示。

```
TARGETNAME=FppDriver
//定义模块名称
RELEASETYPE=PLATFORM
//发布版本类型
TARGETTYPE=DYNLINK
//模块的种类，可以是 DYNLINK，LIBRARY，EXE
TARGETLIBS= $(_ COMMONSDKROOT)\lib\ $(_ CPUINDPATH)
\coredll. lib
\调用以 DLL 形式提供的函数库
INCLUDES=S(_ COMMONDDKROOT)\inc; $(_ COMMONOAKROOT)
\inc;\ $(_ COMMONSDKROOT)\inc;
//当需要使用非标准路径下的头文件时
DEFFILE= $(TARGETNAME). def
\指明 def 文件名称
DLLENTRY=DllEntry
\指明动态库入口函数名称
SOURCES=FppDriverc
\定义该模块需要哪些源文件
```

图 4.66　source 文件的示例代码

```
[HKEY_ LOCAL_ MACHINE\Driver\Builtln\FPP]
"Prefix"="FPP"
"Dll"="\FppDriver. dll"
"Index"=dword:0
"Order"=dword:0
```

图 4.67　Fpad. reg 文件的示例代码

对 Fpad. reg 文件的加载可以在 Embedded Visual C++中实现，也可以直接通过编辑 Windows CE 的内核文件来实现系统启动时自动加载。为了验证 F-Pad2 设备驱动程序是否被正确加载，可以通过 Windows CE 系统带有的 Remote Process Viewer 工具查看运行在 F-Pad2 笔式交互平台上 Windows CE 系统的内核驱动加载列表，如图 4.68 所示。

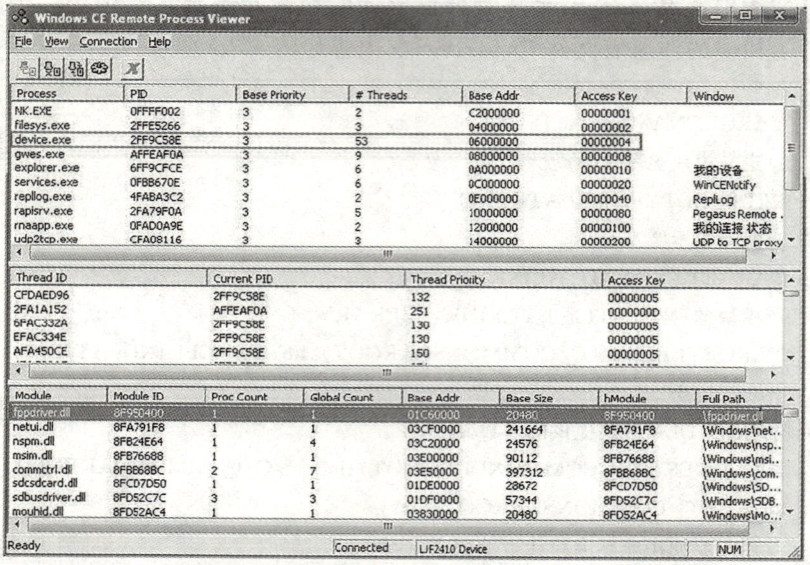

图 4.68 驱动加载信息查看

上述详细讨论了在 Windows CE 平台下，开发符合 Wintab 规范的 F-Pad2 设备驱动程序的过程，包括驱动源文件函数输出、设备文件名定义、驱动文件组成以及驱动的加载等。

当系统正确识别和加载 F-Pad2 设备驱动后，此时在 Wintab 规范下，便可以设计相应的 Wintab. dll 文件，并通过系统支持的文件操作函数来实现与 F-Pad2设备驱动的交互。

2. Wintab. dll 的设计

Wintab. dll 文件是整个 Wintab 接口标准的核心，它连接了应用程序与驱动程序之间的数据交互。通过 Wintab. dll 文件以及其提供的一套标准应用程序接口函数(API)，应用程序设计者可以在不理会具体硬件设备和驱动程序的情况下编写出与底层硬件设备通信的应用程序，从而大大提高了程序的开发效率。

在嵌入式 Windows CE 系统下，通过开发和设计嵌入式 Wintab. dll 文件，同样可以实现在应用层不用管理底层硬件设备和驱动程序的情况下迅速开发出满足应用需求程序的目的，原因如下：

(1) Wintab. dll 文件是工作在驱动程序之上的，即 Wintab. dll 功能的实现依赖于具体的驱动程序功能。另外，在 Windows CE 系统下，驱动程序的扩展名为“＊. dll”，F-Pad2 设备驱动程序为“FppDriver. dir”，但这一扩展名与 Wintab. dll 的扩展名含义差异很大，具体如表 4.14 所示。

表 4.14　　FppDriver.dll 与 Wintab.dll 文件的区别

	FppDriver.dll	Wintab.dll
工作层次	操作系统内核级	面向开发的应用级
文件属性	内核的驱动程序	面向应用的函数封装库
工作对象	基于特殊的硬件设备	基于指定的驱动程序
开发环境	Platform Builder	Embedded Visual C++

(2)嵌入式 Wintab.dll 文件的设计要严格遵守 Wintab 接口标准提供的一套应用程序接口函数来实现，这使得应用设计人员无论在通用型 Windows 平台还是在嵌入式 Windows 平台上都可以使用相同的应用程序接口函数来编制程序，而不需要关注因平台的差异化而引起的接口函数形式的不同。

Wintab 接口标准规定了其用于应用程序通信，并操作驱动很多种函数接口，但在大部分的应用程序中可能只会用到其中一个“子集”就可以实现 99%的程序功能。因此，在下面的介绍中，将重点说明 Wintab 接口标准中几个基本函数的实现。

前已所述，嵌入式 Wintab.dll 文件的实现与具体的设备驱动程序有关。在 F-Pad2 笔式交互平台上，嵌入式 Wintab.dll 的实现是基于 FppDriver.dll 驱动程序来设计开发的；另外，在 Windows CE 系统中，外设驱动被抽象为一个特殊文件，而对该特殊文件的操作是通过操作系统提供的文件操作函数统一实现的。因此，嵌入式 Wintab.dll 文件为了能够实现对驱动程序的操作，需要通过 Windows CE 系统下的文件操作函数来完成，如图 4.69 所示。

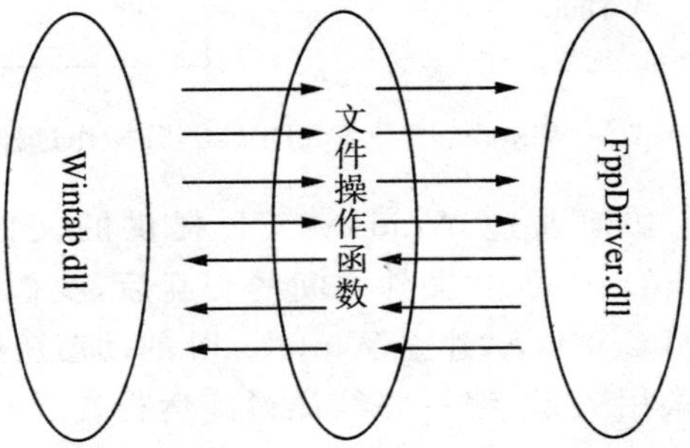

图 4.69　Wintab.dll、文件操作函数与 FppDriver.dll 之间的调用关系

Windows CE 系统中提供了用于操作驱动程序的文件操作函数，其函数接口及功能描述如表 4.15 所示。

表 4.15　　FppDriver. dll 与 Wintab. dll 文件的区别

函数名称	描述
ActivateDeviceEx	激活指定的硬件设备，即加载设备驱动
CreateFile	打开设备驱动，获得设备驱动句柄
ReadFile	读取制定设备驱动句柄的内存数据
WriteFile	写入制定设备驱动句柄的内存数据
DeviceIOControl	发布操作指令，指示驱动程序工作行为
CloseHandle	关闭和注销打开的设备驱动句柄

在表 4.15 中，函数 DeviceIOControl 的操作方式非常灵活，它既可以发出命令，完成 ReadFile 函数的功能，也可以完成 WriteFile 函数的功能。因此，在具体实现嵌入式 Wintab. dll 文件中 WTPacket 函数的操作时，我们采用了 DeviceIOControl 的方式，通过发布 WT_ PACKET 等事件消息来操作 F-Pad2 设备驱动程序。图 4.70 具体给出了 Wintab. dll 文件与 FppDriver. dll 文件之间互相操作的方式。

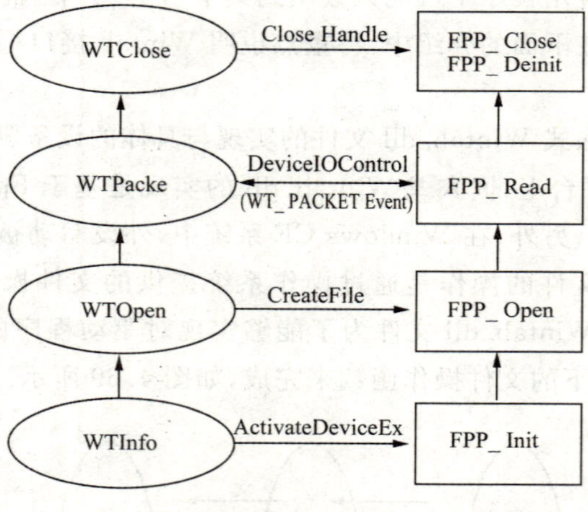

图 4.70　Wintab. dll 与 FppDriver. dll 操作过程

在清楚地了解了如何通过 Windows CE 提供的文件操作函数来完成 Wintab. dll 文件和 FppDriver. dll 文件之间的交互后，我们就可在嵌入式编译环境 Embedded Visual C＋＋下，建立 Wintab. dll 的动态链接库工程，依据前面图 4.69 所示的函数调用关系，编写并编译得到运行在 Windows CE 下，基于 FppDriver. dll 驱动程序开发的嵌入式 Wintab. dll 文件。

3. 上下文数据设计

设备的上下文数据(Context)包含应用程序或设备管理器需要掌握的设备环境所有信息，是 Application 和 Wintab. dll 之间的通信桥梁，并决定了应用程序可以获得哪些消息、如何处理这些消息以及这些消息是如何传送到应用程序或者操作系统。

这里将针对所设计的 F-Pad2 笔式交互平台的系统属性及采集信息内容设计 Digitizing Context 和 System Context 两种基本 Context 类型。其中，Digitizing Context 类型表征 F-Pad2 笔式交互平台所能采集的信息，这些信息可直接被应用于程序处理和分析；System Context 类型表征 F-Pad2 笔式交互平台的系统属性信息，这些信息主要被用于支撑窗口鼠标输入处理，然后再传入应用程序中。Wintab 接口标准中的 LOGCONTEXT 数据结构包含了 Digitizing Context 和 System Context。下面根据 LOGCONTEXT 数据结构给出具体的 Digitizing Context 类型的内容信息和 System Context 类型的内容信息，如图 4.71 所示。

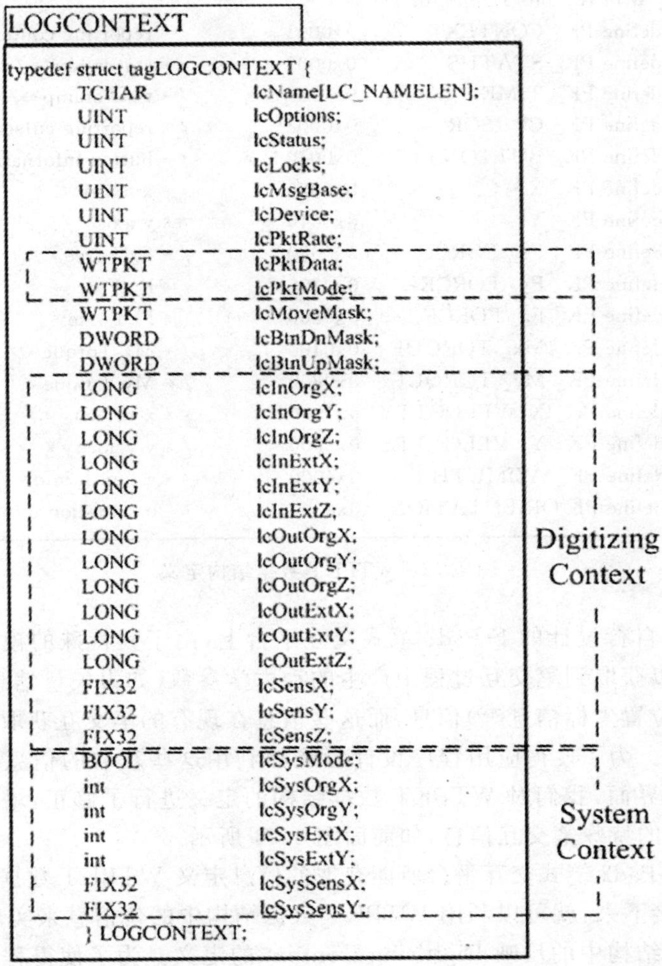

图 4.71　LOGOCONTEXT 数据结构分析

具体的上下文数据信息需要根据物理的输入设备信息来完成。此外，图4.71是Wintab规范中给出的一个较为广泛的上下文数据定义，在实际的程序设计中，有些数据信息可能不会被使用。例如，有的设备只有输入区域的坐标范围(lcInOrgX、lcInOrgY和lcInOrgZ)，没有输出区域的坐标范围(lcInOrgX、lcInOrgY和lcInOrgZ)。因此，在设计上下文数据的过程中，需要进行一些优化的考虑。下面就结合F-Pad2笔交互设备给出具体的对Digitizing Context和System Context的设计。

由于对F-Pad2的上下文数据结构(LOGCONTEXT)中属性域的定义需要用到WTPKT数据结构的位标记，因此，我们首先定义了WTPKT数据结构中各位的标记，如图4.72所示。

```
/* WTPKT bits Define for F-Pad */
#define PK_ CONTEXT          0x0001      /* reporting context */
#define PK_ STATUS           0x0002      /* status bits */
#define PK_ TIME             0x0004      /* time stamp */
#define PK_ CURSOR           0x0008      /* reporting culsor */
#define PK_ BUTTONS          0x0010      /* button infornation */
#define PK_ X                0x0020      /* x axis */
#define PK_ Y                0x0040      /* y axis */
#define PK_ Fx_ FORCE        0x0080      /* Fx Force */
#define PK_ Fy_ FORCE        0x0100      /* Fy Force */
#define PK_ Fz_ FORCE        0x0200      /* Fz Force */
#define PK_ Mx_ TORQUE       0x0400      /* Mx Torque */
#define PK_ My_ TORQUE       0x0800      /* My Torque */
#define PK_ X_ VELOCTTY      0x1000      /* x velocity */
#define PK_ Y_ VELOCTTY      0x2000      /* y velocity */
#define PK_ AZIMUTH          0x4000      /* azimuth info */
#define PK ORIENTATION       0x8000      /* onientation info */
```

图4.72 WTPKT数据结构定义

在我们自行设计的F-Pad2笔式交互平台上，由于其特殊的模块设计和结构设计，可以获取到笔交互过程中产生的动力学参数(如力矢量信息等)和运动学参数(如位置坐标信息等)信息，而这些信息在现有的笔交互获取设备上均是无法实现的。为了使得应用程序设计者能够利用这些获取的信息设计出更加自然的交互界面，我们对WTPKT数据结构的定义进行了修正，增添了F-Pad2能够获取到的特殊笔交互信息，如前面图4.71所示。

基于F-Pad2笔式交互平台所能获取的信息定义WTPKT数据结构中各位的含义后，接下来，就可以利用WTPKT数据结构中的位信息来实现对F-Pad2上下文数据结构中的反映Digitizing Context的定义。为了使得程序设计结构清晰，我们定义两个宏PACKETDATA和PACKETMODE，如图4.73所示。

```
/* Define for F-Pad */
#define PACKETDATA          (PK_X|PK_Y|PK_Fx_FORCE|\
                            PK_Fy_FORCE|PK_Fz_FORCE|\
                            PK_Mx_TORQUE|PK_My_TORQUE|\
                            PK_X_VELOCITY|PK_Y_VELOCITY|\
                            PK_AZIMUTH|PK_ORIENTATION|\
#define PACKETMODE          (PK_X|PK_Y)
```

图 4.73　PACKETDATA 和 PACKETMODE 的宏定义

有了上述的宏定义后，在应用程序后续的代码升级中，只需修改宏定义即可快速完成配置。针对 F-Pad2 笔交互设备，具体的 System Context 代码和 Digitizing Context 代码操作片段如图 4.74 和图 4.75 所示。

```
/* define System Context for F-Pad */
lc.lcSysMode=0
lc.lcSysOrgX=0
lc.lcSysOrgY=0
lc.lcSysExtX=32767
lc.lcSysExtY=32767
lc.lcSysSensX=10000
lc.lcSysSensY=10000
```

图 4.74　F-Pad2 的 System Context 定义

```
##include<wintab.h>
/* define Digitizing Context for F-Pad */
LOGCONTEXT lc;
lc.lcPktData=PACKETDATA;
lc.lcPktModc=PAKETMODE;
lc.lcInOrgX=0;
lc.lcInOrgY=0;
lc.lcInOrgZ=0;
lc.lcInExtX=420;
lc.lcInExtY=340;
lc.lcInExtZ=0;
lc.lcOutOrgX=160;
lc.lcOutOrgY=120;
lc.lcOutOrgZ=0;
lc.lcOutExtX=320;
lc.lcOutExtY=240;
lc.lcOutExtZ=0;
```

图 4.75　F-Pad2 的 Digitizing Context 定义

第八节　儿童手写信息采集系统设计

一、设计思想

基于 F-Pad2 的儿童手写信息采集系统能够直接测量出手写过程中产生的三维空间力信息和二维位置信息，并根据儿童的发展特点设计了良好的人机交互界面。

手写信息采集系统对实时性要求较高，需要处理大量的数据，并且实时地计算和存储，为此，在软件系统中采用了嵌入式实时多任务操作系统(RTOS)。通过引入嵌入式实时多任务操作系统，为管理系统任务提供了合适的平台。采用实时内核的多任务系统在系统中管理各个任务，可以简化应用系统设计的复杂性，有效缩短系统开发周期，提高系统应用的可靠性。综合开发的周期、实用性和可移植性等因素，本系统采用了 Microsoft 公司的实时操作系统 Windows CE 6.0 作为整个软件开发系统。

手写信息采集系统主要基于 Microsoft Visual Studio 2005 平台开发。Visual Studio 2005 是基于.NET 2.0 框架，同时也能开发跨平台的应用程序，如开发使用微软操作系统的手机程序等。Microsoft Visual Studio 2005 是一套强劲的集成开发工具包，特别是其中的 Visual C++.NET，以其快速应用环境生成、强大的数据接口能力、有效的开发调试环境、丰富的 ActiveX 控件资源而成为了目前主流的开发工具。Microsoft Visual C++.NET 提供了开发 Windows 应用程序最迅速、最简捷的方法和整套工具，以方便开发应用程序。Windows API 函数同时提供了有力的支持。F-Pad2 设备是一个完备的设备系统，运行有 Windows CE 6.0 系统。为了使得基于 Windows Visual Studio 2005 开发的应用程序能够运行在 F-Pad2 设备上，需要在 PC 端安装相应的 F-Pad2 软件开发包，然后进行相应的交叉编译。

二、系统结构与主要功能

儿童手写信息采集系统模块结构图如图 4.76 所示。

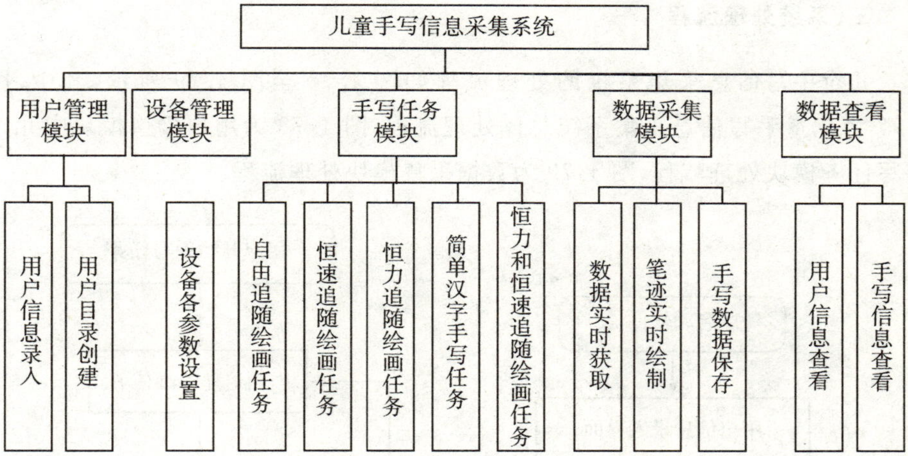

图 4.76　儿童手写信息采集系统模块结构图

基于 F-Pad2 的儿童手写信息采集系统不但可以实时采集用户在 F-Pad2 手写板上书写的三维力信息和二维位置信息，同时还可以在 F-Pad2 上显示书写的内容，并将这些信息保存在 Windows CE 6.0 系统的 txt 文档中。其主要功能如下：

(1)数据采集：儿童手写信息采集系统可以实现对手写过程中产生的动态三维力信息及二维位置信息进行采集，然后通过数据总线将采集到的数据传送到 Windows CE 6.0 系统内开辟的数据缓冲区内，软件通过读取更新数据缓冲区获得相应的三维力信息和二维位置信息。

(2)手写结果显示：儿童手写信息采集系统可以实时显示用户在 F-Pad2 手写板上的书写结果。

(3)数据处理：由于多维力传感器系统存在多输入多输出间的耦合，即原始采集的多维手写力数据存在不同维向的数据耦合效应，从而会给手写力数据的采集和存储带来影响，因此，基于 F-Pad2 的儿童手写信息采集系统需要根据传感器标定的解耦矩阵对采集到的数据进行解耦运算，并对数据进行滤波处理。

(4)数据保存：人类的手写过程是一项复杂的精细运动过程，包含大量丰富的个人生理信息，如手写力信息、位置信息等。为了研究手写在不同年龄儿童之间的差异，基于 F-Pad2 的儿童手写信息采集系统应能够保存手写过程中的三维力信息和二维位置信息。

三、系统处理流程

儿童手写信息采集系统的处理流程如图 4.77 至图 4.79 所示，其中，图 4.77 为儿童手写信息采集系统总体处理流程，图 4.78 为用户接口模块中儿童手写任务模块处理流程，图 4.79 为数据采集模块处理流程。

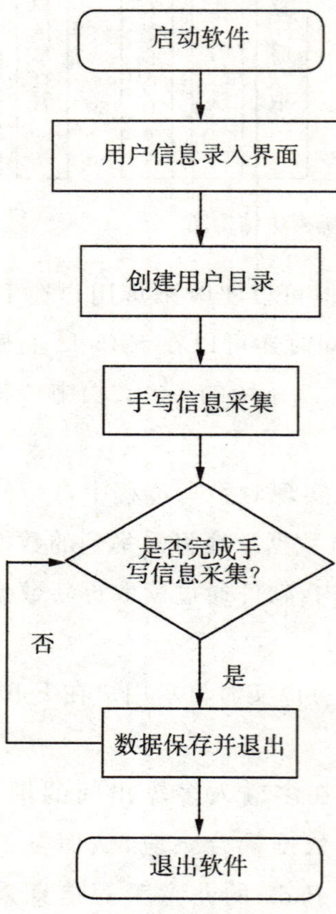

图 4.77　手写信息采集系统总体处理流程

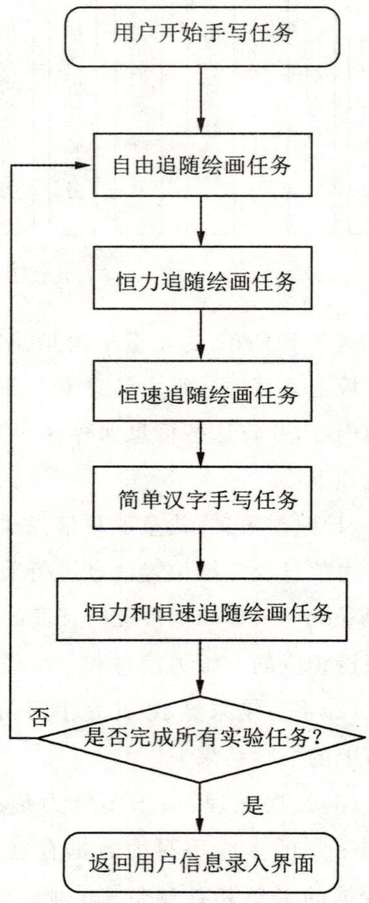

图 4.78　手写任务模块处理流程

手写信息采集系统可以对手写过程中产生的动态三维力信息及二维位置信息进行采集，然后通过数据总线将采集到的数据传送到 Windows CE 6.0 系统内开辟的数据缓冲区内，软件通过读取更新数据缓冲区获得相应的三维力信息和二维位置信息，具体处理流程如图 4.79 所示。

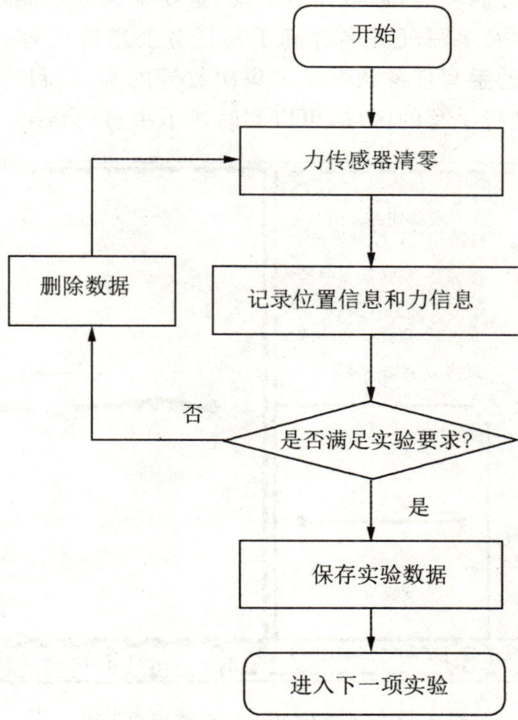

图 4.79　数据采集模块处理流程

由于多维力传感器系统存在多输入多输出间的耦合，即原始采集的多维手写力数据存在不同维向的数据耦合效应，从而给手写力数据的采集和存储带来影响，因此手写信息采集系统需要根据传感器标定的解耦矩阵对采集到的数据进行解耦运算，并对数据进行滤波处理。

四、系统测试结果

儿童手写信息采集系统各功能模块的运行过程为：用户双击软件，正常启动后进入用户信息录入界面，用户提交信息后进入手写任务模块，进行任务提示，用户执笔在数据采集界面进行绘画或书写，触发数据采集模块，获取手写信息并绘制笔迹，并根据用户的操作进行相应处理。设备管理模块和手写任务的实验参数在进入手写任务模块后，根据需要，由管理员对相应参数进行设置和修改。完成实验任务采集后即可退出软件，如果有未保存的数据，则系统自动保存。

所设计的手写信息采集系统用户界面如图 4.80 所示。整个软件主界面分为四大区域，分别是操作区、描述区、状态显示区和书写区。其中，操作区用于完成对整个软件的控制功能，包括开始采集、重新采集等功能；描述区用于指示如何操作该软件，以及手写任务名称和手写任务要求等内容；状态显示区用于实时动态显示当前的手写任务状态及采集次数等内容，以利于直观跟踪软件运行情况；书写区是进行手写的区域，可以实时显示手写的结果。

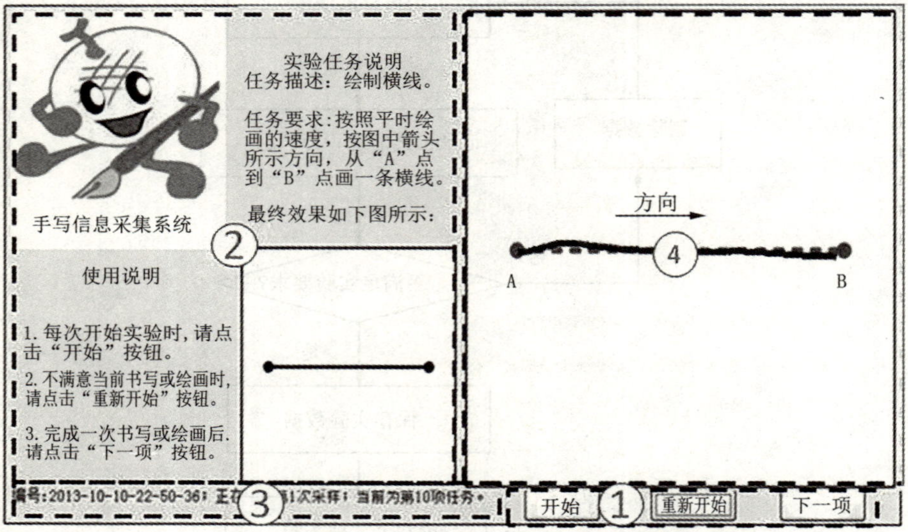

图 4.80　手写信息采集系统用户界面

图 4.81 给出了手写信息采集系统采集到的实验过程中产生的实时三维力信息曲线和二维位置信息曲线。从实验结果中可以看出，所设计的手写信息采集系统能够完整地获取手写过程中的全力信息和手写运动轨迹信息。

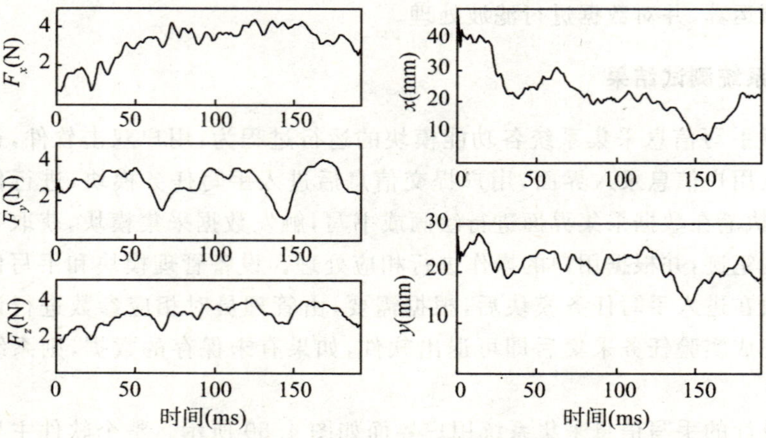

图 4.81　三维力信息和二维轨迹信息

第九节　本章小结

本章从笔交互过程关注的出发点开始，分析和总结了现有笔交互设备或平台的不足，针对传统手写信息采集系统存在的信息获取不全面的问题，特别是无法实现对手写过程中全力信息的获取，给出了一种基于多维力传感器的手写信息采集系统 F-Pad2 的设计。文中首先给出了 F-Pad2 的整体设计思路和结构，然后详细叙述了研发 F-Pad2 平台的硬件设计和相应的软件设计，并设计了相应的应用用例来检测和验证整个设计的合理性和可行性。F-Pad2 平台不仅实现了对手写过程中静态轨迹信息的获取，同时实现了对手写多维力信息的获取。为提高手写板对位置坐标的测量精度，本研究专门设计了一种点载荷加载设备对这种手写板的位置测量精度进行了评估，并针对坐标测量系统误差提出了基于人工神经网络的修正方法。实验结果表明，测量精度有了明显提高。接着，本研究给出了在数字采集设备及其他一些先进输入设备的应用程序接口上被广泛遵守的 Wintab 接口标准，通过使用 Wintab 接口标准提供的规范应用程序接口（Wintab API），可以使得应用设计人员在无须关注底层具体设备驱动的情况下编写通用的应用程序。文中还详细叙述了 Wintab 接口标准的内容、函数接口功能以及数据结构；在分析通用型 Windows 平台和嵌入式 Windows 平台开发符合 Wintab 规范的 API 差异基础上，给出了在 Windows CE 平台下开发 F-Pad2 应用程序接口的框架，并详细说明了在 Wintab 规范指导下开发 F-Pad2 应用程序接口的过程，具体包括 F-Pad2 设备驱动设计、嵌入式 Wintab. dll 设计和上下文数据设计。最后，针对儿童手写信息获取实验方案的要求，本研究基于 Windows CE 系统开发了一套适合学龄儿童手写的信息采集系统。系统测试结果证明，该系统工作稳定、性能优良，实现了对手写过程中力和位置信息的全面获取，是一种有效的手写运动信息采集工具。

第五章 基于笔式交互的儿童手写信息的采集与处理

第一节 引 言

从人类第一台计算机(最初的计算机体积为好几间房间大小)问世到一个笔记本大小的可便携电脑(后者的功能是前者的上万倍)的诞生,计算机发生了巨大的变化,而计算机网络的出现使得计算机之间的信息交流和计算资源的分布式配置成为了现实。然而,作为计算机发明和使用者的人类,控制和使用计算机的方式却一直滞后于计算机其他领域的发展。人类使用计算机的方式基本都是向计算机发送命令,获取反馈结果后再继续下一步操作,这个过程被称作“人机交互”(human-computer interaction, HCI),而帮助完成这个过程的中介被称为“人机界面”或“用户界面”(user interface)。

虽然如摩尔定律所预言,计算机硬件的性能每年都在稳定地增长,但是计算机资源却并未被人类充分利用,其中一大原因就是人机界面的不友好性使得广大非专业人士“望机兴叹”。为了有效解决这一问题,使计算机能够更好更高效地服务于广大用户,越来越多的科研人员开始从事人机交互界面工作,试图从计算机科学、人机工效学、认知学和心理学等领域设计新的用户界面,使人机自然交互,提高人机交互的效率。

用户界面是人机交互中一个非常重要的研究领域。20 世纪 70 年代以前,计算机通过打孔机输入的命令来执行,这期间人机基本处于无交互状态。到了 20 世纪 70 年代,计算机已经可以通过键盘输入命令分时进行交互。在 20 世纪 70 年代晚期至 80 年代初期,计算机已经可以通过键盘、对话栏和命令行界面进行人机交流。从 20 世纪 80 年代到现在,随着 Apple 公司推出了图形用户界面(GUI),用户不需要花费太多的时间就可以依靠鼠标、键盘来操作电脑。这期间，微软公司的视窗 GUI 操作系统是市场占有率最高的操作系统。

但是，通过 GUI 进行人机交互离真正自然的人机交互还差一段距离：自然的人机交互应该是类似人与人之间的交互，可以通过语音、手语、手写等交互方式自然、高效地进行。语音交互就是将各种连续的语音信息通过麦克风输入计算机，由计算机解析后执行相应的动作，一个典型的例子就是由计算机代替人进行会场的会议记录工作。手语交互是一种典型的人体行为交互。手语是一种人体运动语言，通过手的运动表达意思，主要用于听力残疾人之间相互交流。

手写交互就是通过书写一些符号，借助这些可视化的符号所含带的信息进行人与人之间的交互。通过手写和计算机进行交互的界面称为"笔式用户界面"(pen user interface)。

当前的计算机用户界面基本都是传统的图形用户界面，这种界面是基于桌面隐喻(desktop)的，其最主要的特点是大量使用 WIMP(windows、icon、menus、pointer)交互元素。这些元素最主要的优点是对象可视化、语法极小化和快速语义反馈，而且单独使用它们非常方便。但是，如果在一个按一定要求组成的应用系统中将它们组合起来，那么随着界面元素的增加，界面的复杂性和交互的复杂性将呈非线性增加，并最终增加用户的认知复杂度。

考虑到笔式交互具有连续非精确输入、实时反馈和输入及输出高带宽等特征，应用 WIMP 这种离散精确输入、非实时反馈和低带宽输入、高带宽输出的非对称信息交互的交互界面，笔式交互的许多重要特征都会受到限制，甚至无法进行真正意义上的笔式交互。随着计算机的日益普及，以计算机为中心的用户界面渐渐显得有些不易掌握与落伍，而以人为中心的笔式用户界面强调自然、高效的交互，这使得这种新型的用户界面成为了当今人机交互学和人机工效学等学科的研究热点。随着笔式交互设备的不断出现，笔式交互已经成为其中一个非常重要的研究领域。手机、掌上电脑、平板电脑的不断出现也促进了笔式交互的发展，这都为笔式交互的发展提供了很好的研究和发展平台。

认知心理学的研究结果表明，对人的认知加工来说，无限的感觉信息输入和无限的长时记忆容量之间的瓶颈是工作记忆容量(working memory capacity)和注意资源(attention resource)的有限性。因此，在传统的 WIMP 界面方式下，用户为完成一个任务需要利用鼠标在不同的窗口、图标和菜单中进行频繁点击和切换，这种交互方式侵占了大量的工作记忆容量和需要大量的注意资源，极易让用户感到厌烦，特别是在任务完成没有达到用户预期的目标时，这样的结果会造成用户的注意力下降并直接导致用户和计算机之间的主动交互减少。而理想的人机界面应该是用户能够以一种自然的方式与计算机进行交互，且交互的行为应尽量和用户的心理模型吻合。

随着计算机软硬件技术的发展,这种以技术为中心的用户界面的缺点越来越明显:用户必须不停地在任务和界面元素之间切换。为此,国内外的研究人员提出了许多指导设计自然直观的用户界面的思想,所有这些界面有一个共性,就是从过去的以计算机为中心到未来的以人为中心。

目前,大部分笔式用户界面都是基于市场上已经成熟的一些手写板,比如日本的 WACOM 等,但是这些手写板主要通过对笔尖接触位置的确定来实现对字形、笔迹的记录,并通过适当的处理方法得到其他一些手写信息。而手写笔一般需要经过特殊的设计,即使能够得到接触力信息,也还必须借助辅助的手段才能获得字迹信息。此外,手写信息是动态生成的,基于动态特性的书写笔迹包含速度、加速度和力的变化。而手写过程中,笔迹是由人手的作用力带动笔尖相对纸张的接触运动而产生的,这种接触运动包括笔尖与纸张之间的三维作用力矢量、接触位置和速度信息。如果能够在获取笔迹信息的同时得到笔尖与平面作用力大小、方向的变化,就可以提取出更为丰富的个人特征信息,这对儿童手写信息细节特征的提取至关重要。

基于此,本章从人类认知行为出发,探讨和分析了基于手写力矢量下的笔式界面的交互方式设计,以实现一种更加自然和高效的界面交互。本章还针对学龄儿童的手写能力特点采集了 60 名小学生手写绘画横线、竖线和圆圈时的运动学特征和动力学特征,并对各参数的变化趋势进行了分析。最后,基于获取的手写信息,建成了一个具有存储、数据输入输出、检索查询等功能的儿童手写运动数据库。

第二节 笔式用户界面

一、笔式用户界面的发展概况

笔式用户界面作为用户界面研究中的一个重要领域,已经越来越得到重视和发展,下面笔者就简要回顾一下笔式用户界面的发展历史并分析其目前的发展状况。

1960 年,Licklider 提出了“人机共生”的现代人机交互理论。到了 1963 年,出现了最早的笔式用户界面。2003 年图灵奖的获得者 Alan Kay 就认为,计算机应当像生命体一样来运行。1988 年图灵奖的获得者、麻省理工学院的博士 Ivan Sutherland 在他的博士论文中开发了一个被称为“Sketchpad”的系统,这是第一个笔式用户界面系统,并且包含了图形化人机界面(GUI)的思想。他使用光笔在阴极射线管显示器指点和标记图形,实现了第一次与 DOS 完全不同的人机交互方式。1997 年图灵奖的获得者 Douglas C. Engelbart 在 1964 年发明了人机交互历史上最为重要的设备之一——鼠标。但是在 1979 年 12 月，施乐 PRAC 研究中心的科学家 L. Tesler 演示了窗口、图标、菜单和随着“鼠标器”移动的光标，此后鼠标和图形用户界面开始流行，而这使得笔式用户界面渐渐被人遗忘。进入 20 世纪 80 年代后，随着计算机的小型化和移动化，尤其是掌上电脑、手机这些新型电子产品的普及，传统的键盘和鼠标显得累赘且不方便，笔式交互的优势渐渐凸现：首先，它在公众场合比语音交互更能保护个人隐私；其次，手写是人们所认同和接受的一种交互方式，已经成为人们日常交互的一种。于是，笔式界面设计又重新获得了人们的重视。但是最初关于笔式用户界面的很多工作都是集中在手写识别方面，包括在线识别和离线识别，用户界面的本质并未发生改变，仍然是以 WIMP 为主的 GUI。

笔式用户界面的发展也使得其在商业领域的应用越来越广。在 20 世纪 90 年代，GO 公司的 PenPoint 系统试图为基于 Tablet 的计算机提供一个标准的操作系统，其主要支持平台是 EO 的 Personal Communicator。此后，微软公司试图修改其标准的视窗操作系统来支持笔式交互，康柏公司还为微软制造了专门的笔式计算设备来运行这套操作系统，但是这个项目以失败告终。在 Windows 95 操作系统之后，微软将笔式交互相关的开发权转让给其他 OEM 制造商，由制造商来开发笔式交互的硬件设备的驱动，此举大大加速了笔式交互设备的商业化应用。这其中，比较著名的有苹果为其掌上电脑开发的笔式用户界面系统 Newton OS，但这套系统最为致命的弱点就是过分强调手写识别的准确率，而对如何更好地自然交互关注不够，使得苹果公司在技术和市场上收益不大。而 Xerox PARC 研制的 LiveBoard 提出了许多笔式用户界面设计应该考虑的基本思想和概念，堪称笔式用户界面研究中一个里程碑式的交互系统。这个项目的主要研究人员之一 Mark Weiser 提出了一个被大家广泛认同的概念：“无所不在的计算”(ubiquitous computing)，他还提出笔式用户界面是无所不在计算环境中的一个主要人机界面形式。美国麻省理工学院的多模态界面 AGENTS 项目将智能笔和其他多模态输入技术，比如语音识别和表情识别等技术结合起来，以提高用户界面的交互效率和自然性。

加拿大多伦多大学的触觉研究小组把笔式输入作为重要的研究方向。他们开发了新型 CAD 绘图系统。这种系统采用双手操作：左手拿十字光标器在显示器上的可移动菜单上移动，右手旋转菜单或绘图。他们研究了双手交互的可行性和自然性。美国 Mimio 公司的 mimio 白板已经实用化，在课堂、会议室等多个地方得到了应用。HP 公司开发了一套表单自动系统，这套系统与别的系统最大的不同是它采用了基于 W3C 组织制定的 InkML 作为数据的发布方式，促进了笔式交互的进一步网络化和实用化。

日本 WACOM 公司在 1983 年首创了不用导线也不需要电池的电磁感应方式,已经在世界多国(包括中国)取得了专利权。WACOM 研制过各种规格和系列的高品质输入板——从超大型到 A6 的超薄超小型,从直接笔输入的液晶板到远程通信用电子黑板。20 年来,经过不断改进完善,其输入界面达到了接近使用纸和笔的程度。WACOM 的压感笔方便、轻捷、压力变化得心应手,在专业领域久享盛名。特别的,WACOM 的压感级数达到了世界最高的 1024 级(Intuos 系列)。

微软人机交互研究中心的科学家一直在研究通用计算设备的用户界面,他们的两个研究项目 Stitching 和 Scriboli 都是用来大幅度简化基于笔的便携设备数据操作的。目前的笔式便携设备中的笔输入很方便,但是涉及其他操作(如复制、粘贴)的时候就要打断原来笔的流畅操作,转过去操作菜单,既麻烦效率又不高。Scriboli 技术是用笔在对象上画圈,选中这个对象,并在画圈动作的末尾再画一个小小的交叉(Hinckley 先生形象地把它比喻成“猪尾”——pigtail),交叉末端可以指定 8 个不同的方向,这些方向各自代表不同的命令,如复制、移动等。Stitching 技术则更简单,它是用笔来把不同的移动设备连接起来,不用知道对方设备的名字,用笔选中一个对象,把笔画到屏幕的边缘,拿起来,在另一个设备的屏幕上放下,继续拖动,系统将识别出这是一个来自其他设备的活动。

在我国,中国科学院软件所人机交互实验室在笔式交互方面做了很多工作,他们的研究方向主要是泛化计算下的人机交互技术研究,以及基于中国文化的特点和普通大众的交互习惯的界面设计研究等。他们还为中国国家跳水队开发了笔式的科学训练管理系统等一批笔式交互应用系统,取得了很好的效果。

北京大学的董士海等人也在这方面进行了很好的工作,他们开发了移动导游系统 TGH(tour guide on hand)等系统。这些人的工作使得国内在笔式交互方面的研究处于国际领先地位,为笔式交互在国内的发展和普及打下了很好的基础。

目前国际上一些重要的会议,比如 PUI(perceptual user interfaces)、CHI(the conference on human factors in computing)、UIST(annual ACM symposium on user interface software and technology)和 SIGCHI、SIGGRAPH 等都将笔式界面和笔式交互作为很重要的一个议题来讨论。

二、笔式用户界面的发展趋势

WIMP 界面是当前主流的计算机用户界面,但随着计算机软硬件技术的发展,这种以技术为中心的用户界面的缺点越来越明显:用户必须不停地在任务和界面元素之间切换。从人的心理活动角度讲,这种频繁切换会使用户感到厌烦,造成用户注意力下降并直接导致用户和计算机之间的主动交互减少。而理想的人机界面应该是用户在操作计算机时的行为和用户的心理模型尽量吻合。

目前大部分笔式用户界面都是基于市场上已经成熟的一些手写板,比如日本的 WACOM 等,但是这些手写板主要通过对笔尖接触位置的确定来实现对字形、笔迹的记录,并通过适当的处理方法得到其他一些手写信息。而手写笔一般需要经过特殊的设计,即使能够得到接触力信息,但还必须借助辅助的手段才能获得字迹信息;并且手写信息是动态生成的,基于动态特性的书写笔迹包含速度、加速度和力的变化。而手写过程中,笔迹是由人手的作用力带动笔尖相对纸张的接触运动而产生的,这种接触运动包括笔尖与纸张之间的三维作用力矢量、接触位置和速度信息。如果能够在获取笔迹信息的同时得到笔尖与平面作用力的大小、方向变化,就可以提取出更为丰富的个人特征信息。而目前的计算机手写输入方法和输入工具不能实现接触力信息和笔迹的同时获取。

随着各种各样笔式交互设备的出现,良好的笔式界面的设计就更显得重要和必要了。一个良好的笔式用户界面应该具有笔式隐喻功能,就是用户可以使用笔进行自然勾画而无须考虑机器的反应,一切以人为中心。在未来的计算机系统中,将更加强调“以人为本”“自然”“和谐”的交互方式,以实现人机高效合作。概括地讲,新一代的笔式用户界面的发展将主要围绕以下几个方面:

(一)网络化

无线互联网、移动通信网的快速发展对笔式交互技术提出了更高的要求。新一代的笔式交互技术需要考虑在不同设备、不同网络、不同平台之间的无缝过渡和扩展,支持人们通过跨地域的网络(有线与无线、电信网与互联网等)在世界上任何地方用多种简单的自然方式进行人机交互,而且包括支持多个用户之间以协作的方式进行交互。另外,网络技术的发展也为笔式交互技术的发展提供了很好的机遇。

(二)智能化

目前,用户使用键盘和鼠标等设备进行的交互输入都是精确的输入,但人们的动作或思想等往往并不很精确,人类语言本身也具有高度模糊性,人们在生活中常常习惯于使用大量的非精确的信息交流。而笔式交互固有的非精确性和强的信息表达能力使得它利于思想的快速表达和自然交互。笔较其他交互设备还有一个很鲜明的特性是易于控制,可以进行高效、自然的勾画,而基于笔的工作方式是人们自有文字以来就熟悉和易于接受的一种信息沟通方式。笔纸所具有的各种独一无二的物理特性,比如轻便、易用、可涂改等和人们长时间使用笔所养成的一些习惯和相关的文化特性更使得笔式用户界面的研究与设计非常有意义。因此，在笔式交互中，使计算机更好地自动捕捉人的手写上下文等信息，了解人的意图并作出合适的反馈或动作，提高笔式交互活动的自然性和高效性，使人机之间的交互也像人人交互一样自然、方便，是计算机技术人员正在积极探索的重要课题。

(三)标准化

目前，在笔式交互领域，W3C 正在制定许多相关的国际标准，以指导笔式交互界面的设计、测试和可用性评估等。为此，W3C 提出了基于 XML 的 InkML 标准，期望数字墨水成为和其他数据类型一样的标准数据类型。微软公司在这方面进行了很好的工作，其开发的 Tablet PC 已经可以支持“*.ink”格式，使该数据格式可以和其他数据格式一样被操作系统自然支持，促进了笔式交互的发展。

(四)集成化

笔式交互技术只是人机交互技术中的一个重要分支，如何将笔式交互界面和其他交互技术(如语音交互、手势交互等)进行无缝连接是笔式交互技术的一个重要研究课题。

三、笔式用户界面的分类

笔式用户界面包括笔式交互设备和笔式交互软件两部分。笔式计算机的发展为笔式用户界面的发展提供了良好的硬件交互基础，拓展了笔式界面的交互环境。笔式交互设备从个人数字助理掌上电脑、连接到桌面 PC 上的 Tablet 到会议白板系统，它们通过计算机网络或者网络传感器相接，进行信息的实时交互和计算。

所有的笔式输入设备的基本功能都包括将笔尖的位置转换成 X、Y 坐标，同时满足一定的实时采样频率和空间分辨率，但是其本质都是将一些交互信息输入计算机。有些笔式交互设备还可以将笔尖的压力和笔的倾斜信息输入计算机。本节从各种笔式交互设备的硬件物理原理出发，归纳出了几类主要的笔式用户界面的交互环境：基于桌面隐喻的笔交互环境、手持移动计算设备、群件交互环境以及无所不在的笔计算环境和移动平板电脑。

(一)电磁感应笔式交互设备

图 5.1 展示了电磁感应笔式交互设备如何获取笔尖位置信息。首先，手写板内通过一个高频电源循环扫描电磁感应线圈在空间形成一个网格状电磁场，而笔内部也有一个 LC 振荡电路。该电路对手写板内靠近笔的相邻线圈形成干扰，手写板通过计算它们的相对磁力就可以计算出笔的位置。目前这一技术的图像分辨率可以达到 1280×1024 像素(SXGA)。

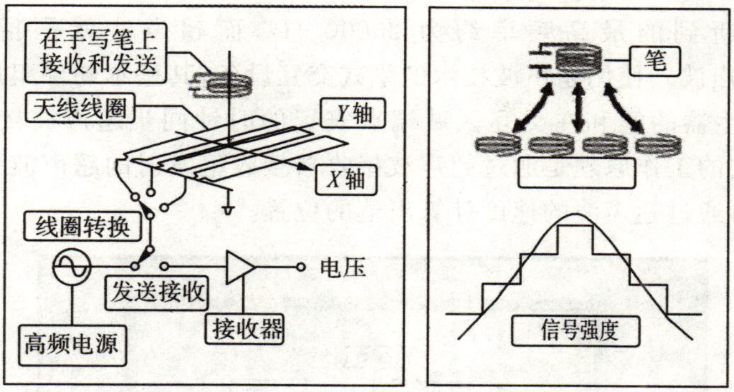

图 5.1　电磁感应笔式交互设备原理图

图 5.2 是日本 WACOM 公司开发的基于电磁感压技术的手写板。从图中可以看到，传统上依靠鼠标和键盘的点击工作已经被一支笔取代了。图中，用户正在使用一支笔进行绘图操作，绘制的图片画面非常精细。

图 5.2　日本 WACOM 手写板

（二）电子感应笔式交互设备

图 5.3 展示了电子感应笔式交互设备的原理。图中展示了手和笔的导电性如何被用来计算笔尖的位置：可以看到，手写板中的发射电极产生一个很小的电流，通过人的手和笔形成了一个闭合回路，而电流通过手写板上密布的接受电机阵列来接受。接受信号最强的那个接受电机的位置就是笔的位置。

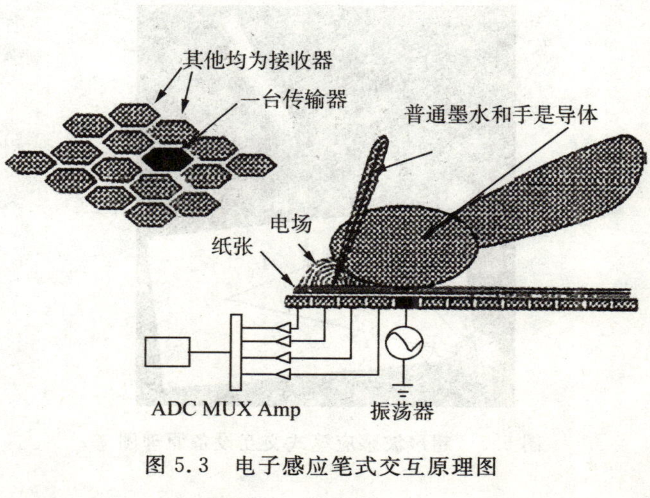

图 5.3　电子感应笔式交互原理图

(三)超声波感应交互设备

人耳能听到的最高频率约为 20000 Hz,而超声波就是指频率超过20000 Hz的声波。使用超声波技术的笔式交互设备,其基本硬件组成是一支包含超声波发生器的笔和在交互区域端点安置的时钟同步超声波接收器,如图5.4所示。它的工作原理是通过超声波接收器接收笔发射的超声波到达接收器的时间差,再通过超声波的速度计算出笔的位置。

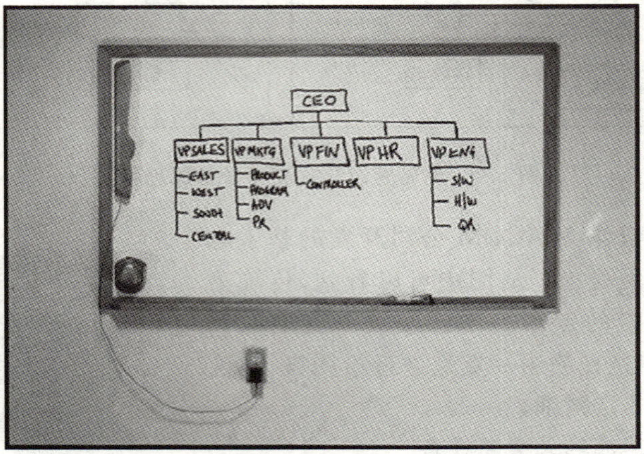

图 5.4　超声波感应笔式交互设备图

需要注意的是,计算出的笔的位置是笔在空间的投影位置。这可以通过图5.5来解释:图中的 H 表示笔的投影高度,L_1、L_2 表示笔到同步超声波接收器的距离,P 表示笔在手写板上的投影点,S_1、S_2 表示点 P 到两个同步超声波接收器的距离。据此计算得出的笔位置是笔投影在手写板上的坐标位置。

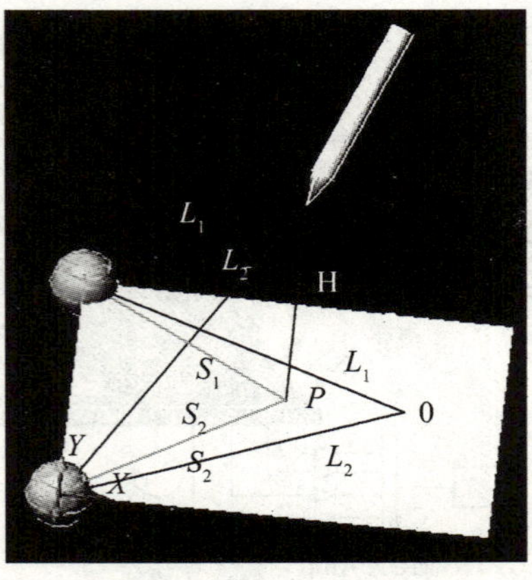

图 5.5　超声波感应笔式交互设备原理图

（四）光跟踪笔式交互设备

一般的光跟踪笔式交互设备都是在一支笔内集成光传感器、红外光发射器或者其他敏感元件，这种笔一般称为“数字笔”（见图5.6）。数字笔能够提供笔的相对坐标位置或者绝对坐标位置信息。一种相对跟踪的方法是通过一个内置在笔内部的激光发射器发射激光，通过将激光射向书写纸并反射回笔中的接收器来分析当前笔位置处的坐标表示信息。但是这种方法有一个缺点，就是纸张上必须印有肉眼看不见的一些标志信息，就好比钞票中的防伪标记。以色列OTM公司的VPen（见图5.7）就是应用的该原理。

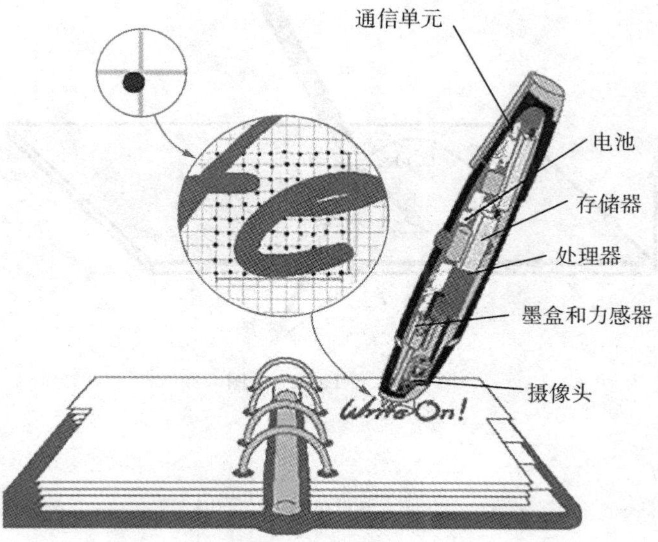

图5.6　数字笔轮廓图

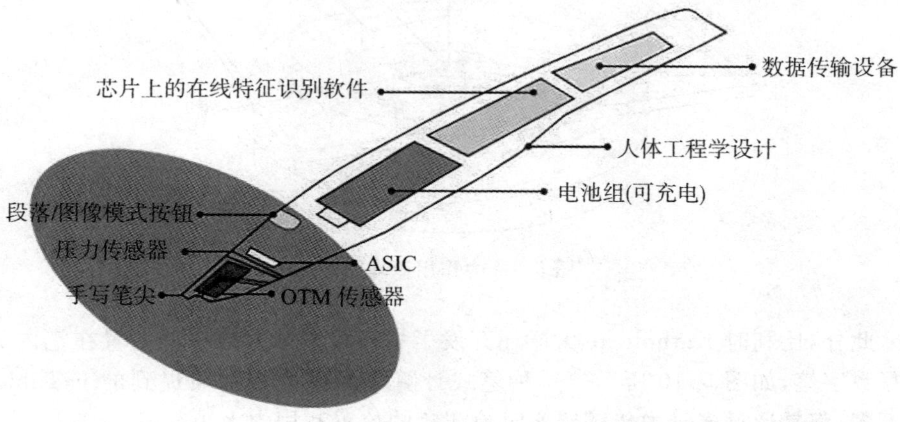

图5.7　VPen轮廓图

（五）力感应笔式交互设备

力感应笔式计算机最重要的特性就是可以在线采集用户书写时的实时动态信息，尤其是力信息。力是有大小、方向和作用点的矢量，它能够提供的信息更为丰富，也更能反映出用户书写时手施力的一些内在本质规律。图 5.8 是基于多维力/力矩传感器的力手写板 F-Tablet。该手写板的核心部件是一个多维力/力矩传感器，它可以实时测量笔作用在手写板上的力以及扭矩，再通过解耦矩阵计算得到该力在图 5.9 所示笛卡儿坐标上各个方向的分力。

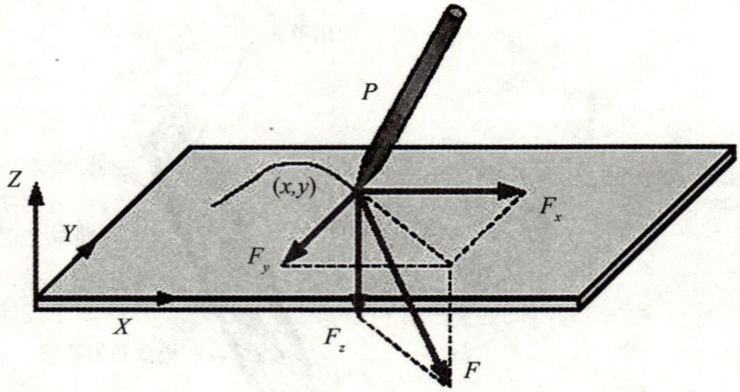

图 5.8　F-Tablet 框图

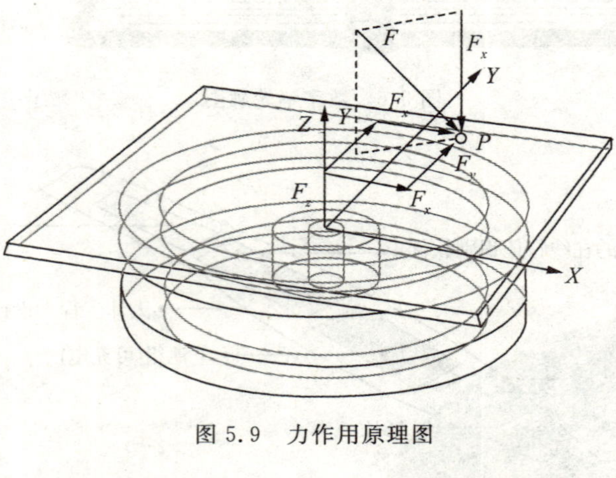

图 5.9　力作用原理图

此外，比利时 Katholieke 大学还开发了一种将多维力传感器内置在笔内的手写数字笔，如图 5.10 所示。这种笔式计算机的原理和上面提到的 F-Tablet 差不多，都是通过多维力传感器实时检测笔的位置和用力大小。

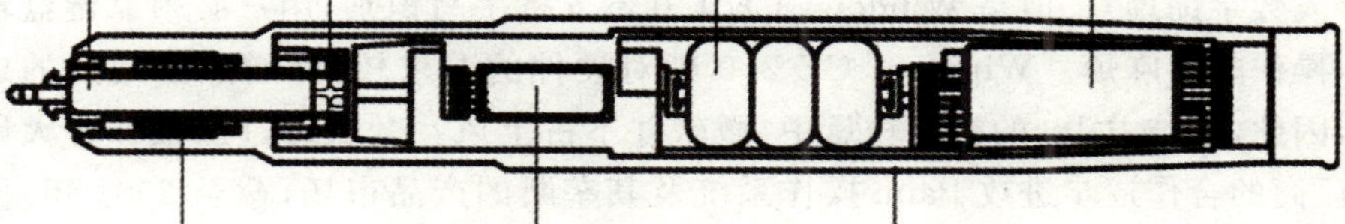

图 5.10　手写数字笔轮廓图

虽然目前有了各种各样先进的笔式交互设备，但是相比之下笔式交互软件却落后于笔式交互设备的发展。目前笔式交互软件基本上可以分为笔式计算机操作系统和笔式计算机应用工具箱，其中笔式交互操作系统基本上应用在支持笔输入的掌上电脑中。

四、笔式交互操作系统

笔式交互操作系统主要分为两类：Windows CE 和 Palm OS。

Windows CE 是为各种嵌入式系统和产品设计的一种压缩的、具有高效的、可升级的操作系统，其多线性、多任务、全优先的操作系统环境是专门针对资源有限而设计的。这种模块化设计使嵌入式系统开发者和应用开发者能够定做各种产品，如家用电器、专门的工业控制和嵌入式通信设备。Windows CE 支持各种硬件外围设备及网络系统，包括键盘、鼠标设备、串行端口、以太网连接器、调制解调器、通用串行总线(USB)设备、音频设备、并行端口、打印设备及存储设备(例如 PC 卡)。Windows CE 的设计目标是：模块化及可伸缩性，实时性能好，通信能力强大，支持多种 CPU。

“CE”这个名字的来源已无准确历史档案可查，但是微软内部的人员普遍认为，CE 中的 C 代表了“消费类”(consumer)、“袖珍”(compact)、“通信能力”(connectivity)和“伴侣”(companion)，E 代表“电子产品”(electronics)。

从操作系统内核的角度看，Windows CE 具有灵活的电源管理功能，包括睡眠/唤醒模式。在 Windows CE 中，还使用了队形存储技术，包括文件系统、注册表及数据库。

Windows CE 具有良好的通信能力，它广泛支持各种通信硬件，亦支持直接的局域网链接以及拨号链接，并提供与 PC、内部网以及 Internet 的连接，包括应用级数据传输的设备至设备间的连接。

Windows CE 是一个具有抢占式多任务功能，并具有强大的通信能力的嵌入式操作系统，它是微软专门为信息设备、移动应用、消费电子产品、嵌入式应用等非 PC 领域而设计的战略性操作系统产品。

微软公司希望 PC 消费者普遍使用安装 Windows CE 操作系统的掌上电脑(个人数字助理)。但是 Windows CE 1.0 不支持手写识别,用户必须靠键盘输入,操作非常麻烦。Windows CE 2.0 则对硬件的要求较高,增加了用户的成本,因此,在与 Palm 的初期较量中,微软并不占上风。微软通过加强和各大硬件厂商的合作逐步进攻 Palm 操作系统及其垄断的产品市场,截至 2001 年,微软已经占有掌上电脑操作系统 30%的市场份额。目前,在掌上电脑类市场中,已基本形成微软与 Palm 对垒的格局。Palm 阵营产品的致命弱点是系统开放性差、应用程序有限、功能扩充空间小;而微软阵营的产品因 Windows CE 操作系统开发性好、应用程序开发商多、功能强大而且与 PC 甚至互联网的互动性强等优点而逐步占了上风。

目前,微软正从事一个项目代号为"Stinger"的智能电话开发项目研究,旨在将最好的掌上电脑和最好的电话组合在一起,构建一个使用户随时随地通过语音、电子邮件或其他途径保持智能连接的平台。微软智能电话平台向用户提供不断更新的个人信息、电子邮件以及强大的 Web 浏览功能。该平台包含支持 HEMI、WAP(WML)和 XML 格式的 Web 浏览器。

Windows CE 正在被证明是工业控制领域的一个典型手段,它是把产品置于可靠软件和可靠硬件的一个有效办法。Windows CE 为设计单位、制造厂家、和客户带来了收益,它降低了产品生存周期中各个阶段的成本,并且缩短了自定义解决方案所需的市场投放时间。目前,Windows CE 工业控制领域也已经有一些成功的案例,如加拿大的 Cybectec 公司建立的 Substation Modernization Platform(变电站现代化平台),它是一种基于 Windows CE、用于解决互交性问题的智能化网关设备。借助 Windows CE 所提供的高级连通性,Cybectec 创建出一种从多种数据源集成数据、监视变电站/发电厂运行状况,并与远程能源管理系统进行通信的设备。

Palm OS 是一种 32 位的嵌入式操作系统,用于掌上电脑。此系统是 3Com 公司的 Palm Computing 部开发的(Palm Computing 已经独立成一家公司)。Palm OS 与同步软件 HotSync 结合可以使掌上电脑与 PC 上的信息实现同步,把台式机的功能扩展到了手掌上。一些其他的公司也获得了生产基于 Palm OS 的掌上电脑的许可,如索尼公司、Handspring 公司。

在 2001 年,基于 Palm OS 的掌上电脑主要是 3Com 的系列产品,如 Palm IIIx、Palm V、Palm VII,IBM WorkPad c3 用的也是 Palm OS。索尼等公司也获得了 Palm Computing 的许可,将开发基于 Palm OS 的掌上电脑。由于推出时间早,软件丰富,Palm 曾经占据了掌上电脑市场上绝大部分的份额。但随着微软的强势介入,推出了 Windows CE 操作系统,以及专门针对掌上电脑的

Pocket PC Edition 2002，Palm 的市场份额急剧下降。但 Palm 联盟采取了种种应对措施，如加快开发新版本的 Palm OS、增加广告宣传等，这些措施使得 Palm 仍然在现在的掌上电脑市场占据了半壁江山。根据 2012 年 9 月的资料显示，最新的版本为 Palm OS 5.2，具有手机功能的 Palm 掌上电脑为 Palm 公司的 Tungsten W。而 Handspring 公司(已被 Palm 公司收购)的 Treo 系列则是专门使用 Palm OS 的手机。

Windows CE 和 Palm OS 的大部分功能都相似，唯有三个地方不同：①Windows CE 是基于标准 Windows 操作系统，所以 Windows 操作系统用户会感觉用户界面十分熟悉；而 Palm OS 是专门为手持设备设计的操作系统，所以用户可能要用一段时间来适应其用户界面外观和智能导航功能。②Windows CE 比 Palm OS 需要的内存更多。③Windows CE 可以很容易和其桌面视窗操作系统保持文件格式上的兼容性。和传统桌面操作系统不同的是，Windows CE 和 Palm OS 都是支持手写输入的操作系统。图 5.11 和图 5.12 中用户正在使用的就是 Windows CE 的笔式交互功能。

图 5.11　Windows CE 手写输入界面

图 5.12　Windows CE 笔点击动作

目前的笔式交互应用软件基本上都是将传统桌面应用软件扩展为支持手写输入的应用软件。图 5.13 是支持 WACOM 手写板输入的 Microsoft Word，可以看到其直接支持手写输入。

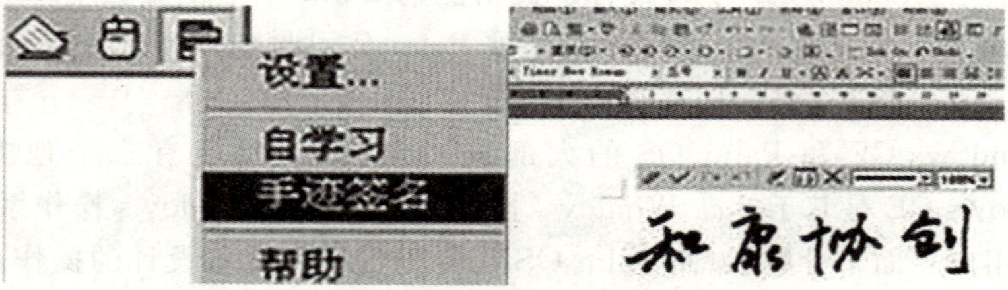

图 5.13　Microsoft Word 中的手写签名

同样，Mimio 公司为其 Mimio 白板系统开发的软件应用工具包也是内嵌在目前流行的应用程序中的。图 5.14 就是支持其手写输入产品的 Microsoft Word。

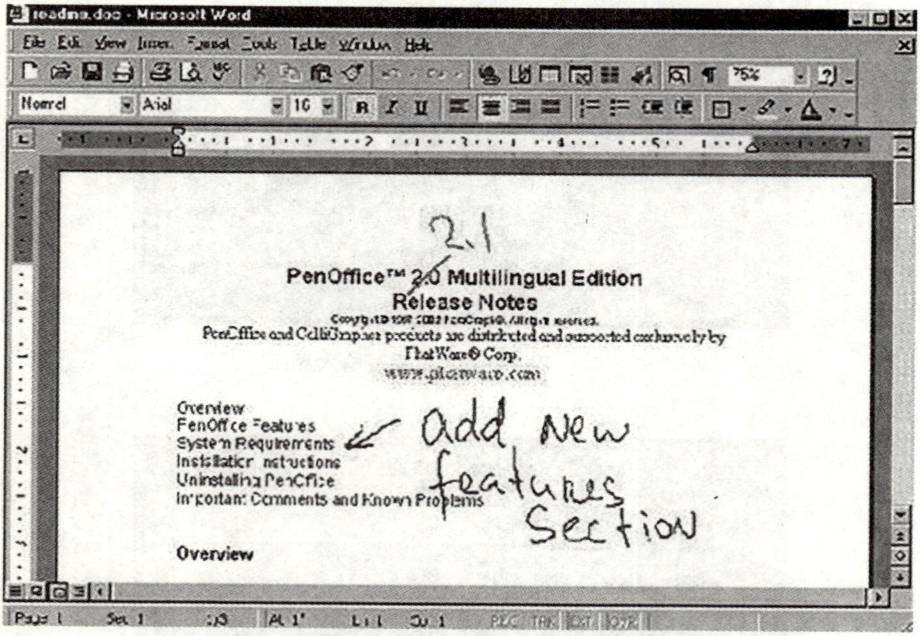

图 5.14　Microsoft Word 中的手写标记

从这些软件界面可以看到，目前为笔式交互设备开发的笔式交互操作系统和笔式交互应用软件工具包还不够专业化，大部分都是在当前成熟且成功的应用软件的基础上增加手写输入的功能。

五、笔式交互环境

(一)基于桌面的笔式交互环境

由于目前的桌面 PC 和桌面操作系统是普及比较广的计算机设备，因此研究人员和各大硬件生产商针对 PC 设计了基于桌面的笔式交互环境。目前大部分的笔式交互环境是通过一个与计算机相连的 Tablet 设备来实现笔交互功能，如图 5.15 所示。

图 5.15　F_ Tablet 采集签名示意图

这类设备本身不具备计算能力，它们需要借助 PC 的计算能力，而且由于这类设备与手、眼有一定程度的分离，所以用户初用起来会感到一定程度的不适应。但是技术的发展使得这类交互设备在使用上越来越像物理纸张，而且 PC 强大的计算能力和大屏幕的视觉输出区域为基于桌面的笔式交互环境提供了较大的输入输出交互区域。但这类交互环境受交互设备不能移动的影响，一般固定在某一区域，所以只适合计算机开发人员、专业设计人员等在某一固定区域办公的专业人士。

(二)移动笔式计算交互环境

作为便携的交互设备，笔比鼠标、键盘更小，更容易掌握，是移动笔式交互环境中的主要交互设备。目前很多掌上电脑(见图 5.16)、商务通和手机都具备笔交互功能。人们可以通过笔在掌上电脑的小屏幕中进行一些简单的文档处理。移动式掌上电脑是具有一定计算处理能力的独立计算设备，但由于受其处理器运算速度的限制，其笔式交互的任务一般都比较简单。

图 5.16　掌上电脑

目前较为主流的手持笔交互设备是 Palm 公司

的掌上电脑产品，它们提供的是触摸屏交互。该产品的缺点是交互区域过小，交互信息不够丰富(一般只有笔尖的轨迹坐标信息)，只能应付一些轻松的任务;优点是轻便，能够适应移动计算的需求。而目前发展的平板电脑和智能笔为移动笔式交互提供了更为便捷和强大的功能。微软、惠普和富士等公司都相继推出了自己的平板电脑，其中微软公司的 Tablet PC 采用全功能的微软窗口操作系统，结合使用笔纸书写的便捷性，使 Tablet PC 的使用更贴近人们的日常生活和办公。

Tablet PC 的外观大小类似一张 A4 纸，功能类似笔记本电脑，体积轻巧，经济省电，可轻松携带。它使用了一种“电子墨水”(digital ink)的概念，并提供了一种新的被称为“ink”格式的文件，这让用户的手写数据可以很容易地保存和进行文件的交互与传播。而且由于它自身带有强大的计算能力，所以它可以胜任比手持移动掌上电脑复杂得多的任务，从而使得移动笔式计算交互环境大为改善。

(三)群件(Groupware)笔式交互环境

群件是指帮助群组协同工作的计算机支持的协作环境，主要涉及个人或群组间的信息传递、群组中的信息共享、业务过程自动化与协调，以及人和过程之间的交互活动等。在笔式交互界面的交互环境中，非常重要的一类就是基于群件的交互环境。电子白板系统就属于这一类。在课堂上，老师通过这类电子白板替代传统的黑板进行教学，不但保留了课堂上教学的交互性，而且所做信息可以被保存共享。而会议室的交互墙、交互桌和交互椅(见图 5.17)则为大家一起讨论问题提供了一个方便的信息共享平台。

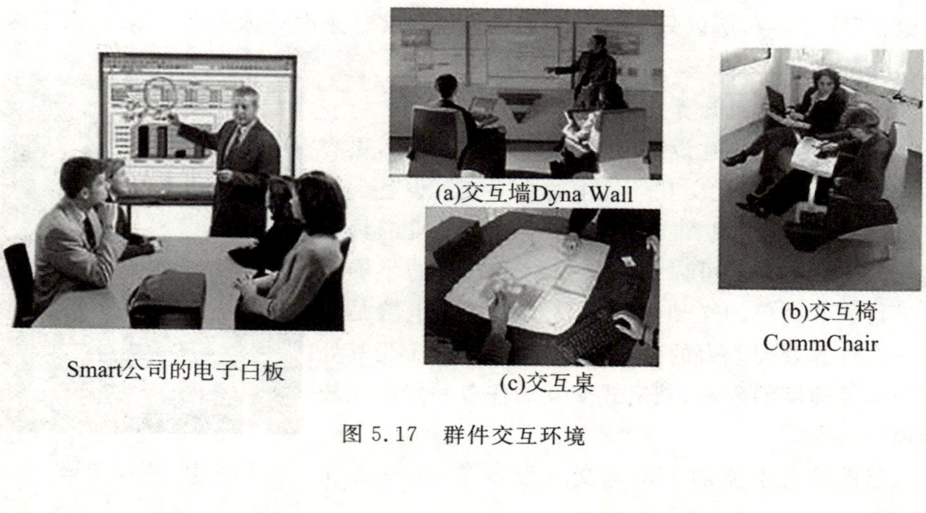

Smart公司的电子白板

(a)交互墙Dyna Wall

(b)交互椅 CommChair

(c)交互桌

图 5.17　群件交互环境

第三节　笔式交互界面设计

一、笔式交互模型

笔式界面与 WIMP 所不同的是，它需要考虑用户的认知特征，并由此来优化设计其界面功能。在笔式交互过程中，计算机所担当的角色不应该仅仅是一个被动的信息接受者，它应该更积极主动地与用户、环境和设备进行沟通，并能够根据感知的内容对信息自行处理，即具有上下文感知能力。上下文感知是一个比较复杂的过程，理想的上下文感知能力应该能够感知谁在使用(who)、做什么(what)、在哪个地方(where)、什么时候(when)、为什么(why)，即所谓"5W原则"。而目前的上下文感知还远不能同时做到上述所提的 5W 感知，大部分只能根据其具体应用情况实现某一两个方面的感知。

当然，上面所提到的用户认知特征和上下文感知能力并不是分割独立的。比如，在设计上下文感知能力时，必须以用户的心理活动为基础，而上下文感知能力导致计算机与人交互的不同表现又必将影响用户的心理。因此，设计笔式用户界面的时候需要同时考虑并设计。

笔式界面交互与 WIMP 范式指导的界面交互有着很大的不同：WIMP 范式采用 GOMS 模型来指导设计用户界面，其要求用户的操作必须是精确的；而笔式界面交互由于具有交互手段模糊、输入信息多维等特点，其用户的操作具有很大的随意性和不精确性，而正是这种交互的模糊性和自由性，使得笔式交互方式更加符合人类手写过程的特性和对信息的处理过程，从而有助于提高交互活动的自然性和高效性。

因此，在笔式界面交互设计中，需要更多地考虑用户对交互方式以及交互信息的认知加工过程，以改善信息的输入和输出效率。图 5.18 给出了人机交互界面和认知加工过程模型图。

从计算机输出，也就是人的输入来看，主要经历感知觉处理、信息处理和行为处理；而从人的输出，计算机的输入来看，则经历计算机感知、计算机知识处理和计算机行为。这两个处理流程都可以用两个层次来描述：一个是低级的感知觉加工过程，例如，人对颜色的感知、计算机对声音的采集等；另一个是高级的认知过程，例如，人利用词汇、词义和语法知识对感知信息的加工，计算机利用模式识别、算法对采集信息的加工等。

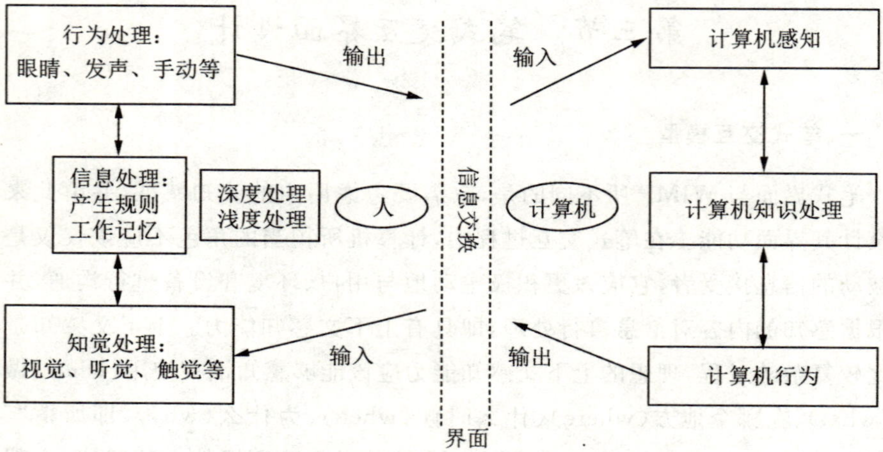

图 5.18 人机交互和认知加工过程模型图

在上述两个过程中，从“人”的角度来看，对于计算机提供的信息，首先需要经过感知系统的加工，然后知觉系统过程对感觉信息进行组织和解析，最后才能获得感觉信息的意义。这其中，计算机提供信息的方式会对用户的感知觉过程产生很大的影响，因此，了解计算机提供信息的方式与用户认知过程的关系对改善界面信息呈现方式、提供用户对计算机信息快速有效的感知觉有着很重要的影响。而现有的基于 GOMS 模型建立的 WIMP 交互方式并没有将用户对信息的认知加工过程融入界面设计中，而是让用户被动地去学习和适应计算机环境下的交互方式。例如，在 Microsoft Word 环境下撰写本书时，需要对多种文本排列格式规则进行设置，如加粗、段间距、缩进、字号等。这种交互方式会大大降低作者对任务注意力的聚焦，并使其因为对各种排版格式的管理而增加许多额外的工作任务。

另外，认知心理学家认为，在人类信息处理过程中，工作记忆容量和注意资源的有限性是影响人类认知加工过程的关键因素，也是认知负担理论（cognitive load theory, CLT）认为其导致认知负担（cognitive load）的瓶颈所在之处。因此，许多学者从 CLT 的角度出发，提出了交互接口的设计以及其支持的交互方式应该要降低用户额外的认知负担，以避免用户的大脑工作记忆容量过载（over load），从而使得用户能够将更多有效的智力资源（intellectual resources）作用在主要任务中。

基于此，在 F-Pad2 笔交互接口上开发和设计界面交互方式，需要融入用户的心理认知加工特征，使得设计出的界面交互方式能更加符合用户的操作习惯和心理认知过程，从而降低用户对交互方式的工作记忆和额外负担，并将其主要的资源集中在完成工作或任务上。

二、笔式交互原语

笔式输入由于符合人们千百年来形成的自然习惯而成为多通道用户界面研究中的热点。从社会科学、认知科学的角度来看，以笔为交互设备符合人们的认知习惯，承应了社会文化的氛围，是一种自然、高效的交互方式；从技术的角度来看，随着硬件技术的发展，人们研制出了各种各样的交互设备，同时软件技术的发展也促进了各研究领域的交融，带动了相关科学的发展。更为重要的是，因为其具有便携性、使用时的手眼协调性(视觉和手动的整合)和直觉性(草图的使用，思维连续性)，故许多人对纸笔有特殊的偏好。

正是由于传统纸笔交互所具有的各种特性和自然属性，在计算机化的环境下，人们依然期待能够实现数字化的笔式交互方式，如基于笔的随意勾勒、涂改和写意等。因此，为了能够在计算机化的环境下实现对上述任务的构造，需要在任务的底层实现任务的信息描述。只有当这些底层的交互任务被定义和描述清楚之后，才能合理而有效地进行交互技术研究和用户界面构造等。在此基础上，我们提出了基于 F-Pad2 笔式交互平台的笔式交互原语模型，具体将从笔交互信息和交互原语定义两个角度来阐述。

(一)笔交互信息

笔交互信息具有信息的输入连续性和空间多维性等特征，因此，为了能够设计一种自然、高效的笔交互方式，就需要对产生的笔交互信息(具体包括笔式硬件设备、信息表达、交互原语的设计等)进行研究和分析。

从工具使用的角度分析，笔主要用来完成对物理纸张或其他物体表面进行书写形成笔画的一种工作，其功能主要是将笔尖在纸张表面或物体表面形成的书写轨迹展示给使用者。在数字化世界中，笔交互信息采集器同样能够完成上述这个最基本的功能。例如，数字笔可以利用磁、光、电、声等跟踪技术来实现将获取的笔尖位置信息转换为二维空间 XOY 坐标系中的坐标值，并将这些信息传输至计算机，计算机则完成数据处理和显示功能。另外，随着技术的发展，现有研制的笔交互设备除了能够获取笔尖位置信息外，还可以获取更多的交互信息，并发送给计算机，例如，笔尖接触表面的压力信息以及笔的倾斜信息等。但现有的各种笔交互设备均无法独立完成对所有笔交互信息的获取，进而无法充分表示笔交互信息。基于此，根据 F-Pad2 笔式交互平台提供的全面笔交互信息，本书定义了一个扩展的笔交互信息表示形式：

$$ePI=\langle\langle X,Y\rangle,Force,Torque,Orientation,Temp\rangle$$

式中，$\langle X,Y\rangle$ 为此时笔尖处于笔交互设备信息平面的二维坐标值；Force 为此时笔尖处于笔交互设备信息平面产生的力矢量；Torque 为此时笔尖处于笔交互设备信息平面产生的力矩矢量；Orientation 表示此时笔尖在笔交互设备平面的倾斜信息；Temp 表示此时的时间邮戳。

首先，从手写的物理过程分析可知，笔尖与物体表面接触产生的力矢量信息为三维空间信息，而不是仅用压力来表示，因此，基于 F-Pad2 平台采集的力矢量信息可以用一个三元组来表示：$\langle F_x, F_y, F_z \rangle$。其中，$F_x$ 表示此时笔尖处于笔交互设备信息平面产生的力矢量在 x 轴方向的分量；F_y 表示此时笔尖处于笔交互设备信息平面产生的力矢量在 y 轴方向的分量；F_z 表示此时笔尖处于笔交互设备信息平面产生的力矢量在 z 轴方向的分量。

其次，笔尖与物体表面接触产生的力矩矢量信息可以用来表示被操作对象的扭转状态信息，这在某些场景中是十分有用的，例如，虚拟装配中对零部件的配合安装。因此，基于 F-Pad2 平台采集的力矩矢量信息，我们可以用一个二元组来表示：$\langle M_x, M_y \rangle$。其中，M_x 表示此时笔尖处于笔交互设备信息平面中在 x 轴方向上产生的力矩分量；M_y 表示此时笔尖处于笔交互设备信息平面中在 y 轴方向上产生的力矩分量。笔尖在笔交互设备平面的倾斜信息也为一个二维信息，具体可以利用倾角和方位角来表示。因此，我们也可以用一个二元组来表示倾斜状态：$\langle \gamma, \phi \rangle$。其中，$\gamma$ 表示此时笔尖与笔交互设备信息平面形成的方位角；ϕ 表示此时笔尖与笔交互设备信息平面形成的倾角。

从上述的笔交互信息表示可知，基于 F-Pad2 笔式交互平台获取的笔交互信息，能够为在三维空间设计交互任务，如抓取、力控制下的三维装配等应用，提供信息数据描述基础和交互结构设计参考。

（二）笔交互原语

笔交互信息是组成笔交互原语的基本元素。笔交互原语与交互任务对应，它代表了用户通过交互设备到计算机的一个独立的、最小的和不可分割的操作。因此，通过对笔交互原语的分析和整合便可以得出笔交互过程中常用的交互任务。我们可以用一个四元组来表示交互原语：

IP＝〈TASK，PARA，TEMP，DEVICE〉

式中，TASK 用来表示 IP(交互原语)所对应的基本交互任务；PARA 用来表示 IP(交互原语)的参数；TEMP 用来表示 IP(交互原语)的产生时间；DEVICE 是对用来产生 IP(交互原语)的设备的描述。

笔交互原语中的基本交互任务(basic interaction task)是完成交互任务中的最小组成单位，因此，用户每执行一个基本交互任务，相应地就会对交互系统产生一个有意义的最小信息。在 GUI 中，有 4 种基本交互任务，分别为定位任务(Position Task)、选择交互任务(select interaction task)、文本交互任务(text interaction task)和数量值交互任务(quantify selection task)。而对于笔式交互界面而言，笔画(stroke)是用户所产生的基本交互信息。基于此，根据 Foley 在

GUI下总结的基本交互任务，结合 stroke 时间和空间的特性以及 F-Pad2 笔交互设备提供的笔交互信息，对 stroke 进行了扩展和外延，在此基础上定义了 6 种在笔交互原语下的基本交互任务：定位任务（locate task）、选择任务（select task）、释放任务（release task）、移动任务（move task）、缩放任务（zoom task）和勾画任务（sketch task）。这 6 种基本交互任务用来表示在笔式界面交互中有意义的最小信息，通过对这 6 种基本交互任务进行任务组合，便可以构成笔式界面交互中所需要的交互任务。

另外，笔交互设备（DEFICE）是用于产生交互原语的装置。由于在我们定义的交互原语中带有笔交互设备的描述信息，因此需要能够有效区分不同的笔交互设备。例如，在同时包含鼠标器和笔输入器的桌面情景中，如何区分和处理鼠标的动作交互任务和笔输入器的动作交互任务将是一个非常重要的问题。为此，可以采用一个六元组来描述交互设备：

DEVICE＝〈M，In，S，R，Out，W〉

式中，M 用来表示笔交互设备的可操作属性；In 用来表示笔交互设备所感知的用户输入领域的范围；S 是笔交互设备当前所处的状态；R 用来表示将用户的输入信息转换为笔交互设备的输出值的函数；Out 用来表示笔交互设备输出信息的范围；W 用来表示笔交互设备的工作属性。

结合上面的描述，定义的 6 种笔交互原语如表 5.1 所示：

表 5.1　　6 种笔交互原语表示

原语类型	原语表示
定位任务	〈Locate，PARA，TEMP，〈M，In，S，R，Out，W〉〉
选择任务	〈Select，PARA，TEMP，〈M，In，S，R，Out，W〉〉
释放任务	〈Release，PARA，TEMP，〈M，In，S，R，Out，W〉〉
移动任务	〈Move，PARA，TEMP，〈M，In，S，R，Out，W〉〉
缩放任务	〈Zoom，PARA，TEMP，〈M，In，S，R，Out，W〉〉
勾画任务	〈Sketch，PARA，TEMP，〈M，In，S，R，Out，W〉〉

其中，PARA 参数用笔交互信息中的元素来描述；TEMP 参数可以用开始时间（Start Time）和结束时间（End Time）来表征，也可以使用量级来表示，如毫秒（ms）、秒（s）等。

在设计的笔式交互原语模型中，用户的交互信息传给了界面上的各种交互组件和应用对象（Widget 和交互式图形对象）。我们可以将笔式交互信息的流向分成三个层次描述：界面层次、组件层次和图形对象层次。在界面层次中，笔交互的信息由界面管理者（Windows 或 Pape）接收，界面管理者接收信息主要负责对所包含的窗体或组件的控制和管理，包括子窗口或新组件的选择、创建、删除和激活等行为；在组件层次中，笔交互的信息由组件（Widgets）接收，实现对自身大小、位置等的操作；在图形对象层次，笔交互的信息由图形对象中的各种内容框接收，包括对勾画信息的理解、执行和编辑等。

为了能体现笔交互输入信息的连续性特征，采用基于限制的数据流图和状态图结合的方法来对笔交互任务作全局的描述。假设上述定义的 6 种基本笔交互任务所对应的交互原语都可以通过产生连续输入值的设备发送给系统，图 5.19 所示的上半部分是基于限制的数据流图，它描述了数据的产生、转换过程以及最终的信息流向；下半部分是控制限制值的状态图，它描述了不同状态跳转时相应的限制值变化。

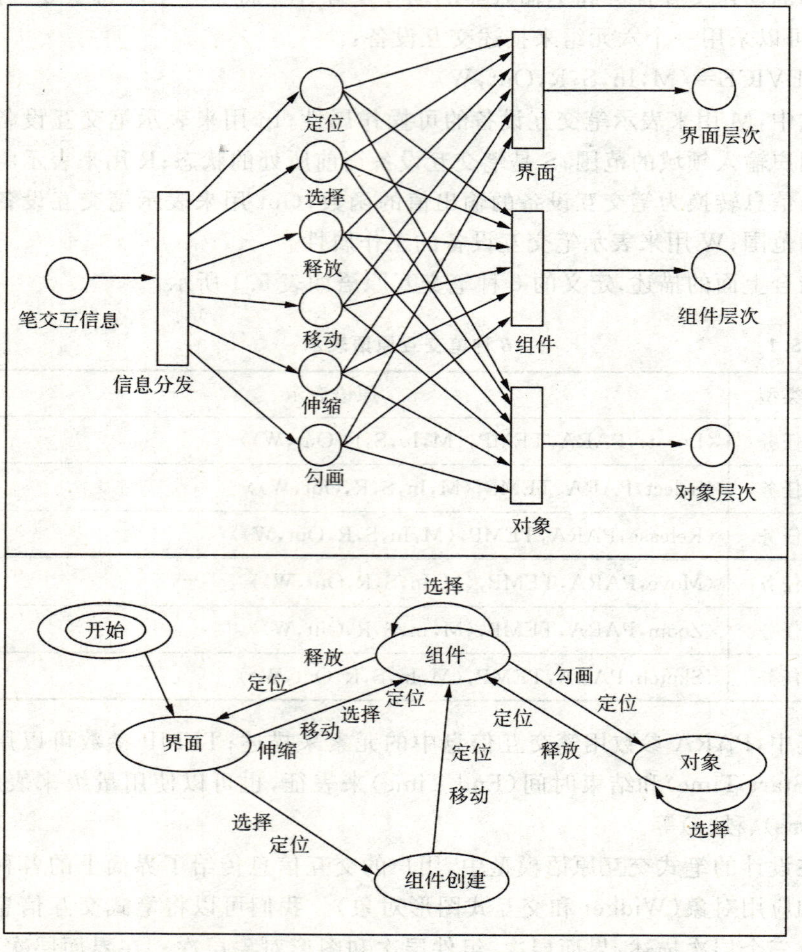

图 5.19　笔交互信息流描述

三、数字墨水实现

数字墨水将手写过程中的自然信息以墨水的形式保存，如用笔迹形成过程中的笔尖接触点的位置、时间、接触力大小、笔的角度、书写速度等信息作为墨水来表示笔迹。

自 20 世纪 90 年代初以来，国际上就出现了用来表达数字墨水的众多标准和规范，其中比较著名的是 ITU T-150、UNIPEN 和 Jot，都直接用来描述数字化的笔迹。由于众多的厂商提供了各种各样的笔计算的设备，因此，这些不同种类的设备和平台使用着不同的用来表达数字笔迹的标准和设备。目前，一个新的规范 InkML(Ink Markup Language)被用来表示数字墨水的 XML(可扩展性标识语言)数据格式，正在 W3C 框架下发布，以解决存在的问题。

UNIPEN 是进行促进数字墨水交换的公共的数据格式，最初是科学技术团体在存储笔迹样本时使用。UNIPEN 是在 1993 年制定的，超过 40 个组织、机构参与了此项工作。UNIPEN 格式将几个机构内部的墨水数据格式的特色组合起来，包括 IBM、Apple、Microsoft、Slate(Jot)、HP、AT&T、NICI、GO 以及 CIC 等。UNIPEN 的目的是存储在线手写识别研究、发展中的笔迹样本。早在 20 世纪 90 年代初，基于笔的计算机和笔式交互就吸引了公众的兴趣，但是手写识别仍令人失望。此领域的公司和大学收集他们自己的手写数据库，用来训练和测试识别器，但是这些数据并不充分有效。为了解决这个问题，也为了促进研究者们发现更好的识别技术，人们启动了 UNIPEN 工程，收集了大量的、公众的、有效的在线笔迹样本，并出台了 UNIPEN 格式。

Jot 定义了用来存储和交换在不同软件应用中电子墨水的公共数据格式。Jot 是 1992 年制定这一公共数据格式的，这是 Slate、Apple、General Magic、GO、Lotus 和 Microsoft 等公司共同努力的结果。Jot 与 UNIPEN 的目标不同：UNIPEN 的目标是为手写识别研究中的数字墨水样本提供一个标准的格式，而 Jot 的目标是为数字墨水交换提供一个简单、方便的格式，它有意保持原始墨水书写时的相似之处。在 20 世纪 90 年代初，存储和表达电子墨水尚没有统一的标准格式，这严重限制了使用者和应用软件在电子墨水方面的捕获、传输、处理和表达。Jot 由此产生了满足共享墨水信息需要的动机。Jot 的目的是提供不同平台和操作系统的应用程序来存储和交换墨水数据，就像在 Jot 规范中描述的，Jot 的应用包括：在移动设备中共享签名和注释，基于笔的计算机和中心数据库，在手持设备和台式系统中共享电子邮件，在一个团体内部获取和共享笔记，等等。Jot 是二进制格式，占用空间小。它包含使用“保留编码”方案进行无失真压缩，减少墨水的存储空间，还具有减少信息总量、保留特定的墨水块的能力。为了维持墨水的保真度，Jot 支持多种墨水的特性，包括多笔画连接到一个单独的目标上、跳跃、比例、偏移、不透明的颜色、笔尖、时间信息、笔在数字转换器上面的高度、笔尖的力、笔上的按钮以及笔在 *XOY* 方向倾斜的角度等。应用软件能够选择数字转换器，当需要时可以忽略一些特性。除了上述指定的特性外，还可以增加新的特征。

数字墨水将手写笔迹以墨水的形式保存，不会丢失任何信息，它充分利用了书写的自然性和墨水丰富的表达能力，是一种以人为中心的技术。

采用标准化的数字墨水是目前广泛接受的手写数据表达方式，其能有效排除由于语言格式的不同而造成的手写数据信息交流不便，也可以使手写的任何内容(包括字符、图形等)都成为签名的代码。

inkML 是“ink markup language”的缩写，是一种墨水标记语言。inkML 是一种基于 XML(可扩展性标识语言)的数据格式，是用来描绘或表达由多媒体系统中的手写产生的数字墨水数据(W3C 的定义)的标识语言。inkML 是一个表示以电子笔撰写的文字的数据储存格式，这项标记语言可以作为文字输入、处理手写文字、写字姿势、素描、乐曲和其他网络应用中所使用的标记语法。inkML 提供不同应用程序间交换书写文字的数据格式，可用作手写辨识、签名验证等功能，并在各种输入方式之间为墨水数据的转换提供了一个通用的格式。

inkML 是基于 XML 用来表达、交换和存储数字墨水的数据格式。它遵循 W3C 规程，并希望成为正式的 W3C 建议。inkML 的制定工作从 2000 年 11 月开始，IBM、Intel、Motorola 和国际 UNIPEN 基金都参与了提议工作。在制定 inkML 之前，在数字墨水的表达、存储和交换方面存在着众多的标准，前面提到的 UNIPEN 和 Jot 只是其中的两种。在这些标准中，没有一种致力于关注数字墨水标准本身的重要性。例如，UNIPEN 重点关注手写识别的需要，支持给墨水数据贴标签的特性，但是在使数据存储最优化以及实时的数据传输方面非常欠缺。它不是为处理墨水操作应用而设计的，比如颜色、笔尖、图像的旋转、尺度变换等。Jot 是一个私有的格式，避免任何墨水的抽象特征。inkML 有意使用公共的、有标准组件的格式来统一众多的墨水表示方法。它是受 W3C 监督的非私有的标准。inkML 提供在不同种类的设备之间来捕获、传输、处理以及表达墨水的能力，并能适用于基于网络的应用。

inkML 支持完整、正确的手写文字的数字墨水表达。举例来说，除了基于时间的电子笔的位置，也可记录输入设备的特性和其他动态的、细节的特征，支持像手写识别及认证这样的应用。另外，inkML 也支持记录其他信息，例如笔的倾斜角度、笔尖的力道(在生产厂商的说明书中经常提及的是压力)等。

inkML 最早是在 2002 年 1 月 24 日提出的，2004 年 9 月 28 日公布的第 3

版的工作草案是"W3C Patent Policy Transition Procedure"的修正版。在第3版的工作草案中对以下部分进行了改动：①用术语"force"（力）代替了术语"pressure"（压力）；②在〈ink〉元素里正式定义了新的一项，这个新的项包括"document ID"属性；③在〈traceFormat〉元素里X和Y不再被要求放在最开始；④"trace syntax"变得简单了，主要是去除了字母编码；⑤〈desc〉元素增加了更多的细节和一个语法（句法）的实例；⑥增加了〈metadata〉元素；⑦在一个附录中列出了参考文献；⑧修正了"timestamps"（时间戳）部分，主要是与EMMA语言中使用的定义结合起来。

随着一种非私有的数字墨水标准inkML的建立，在数字笔、手写板可以作为非常方便、自然的输入形式的领域拓展了许多新的应用，以下就是几个例子：

(1)墨水消息：数字墨水的双向传送可能是无线的，这给移动设备用户提供了引人注目的新的交流方式，使用者可以用笔在设备屏幕上写或者画来生成有他们自己手写笔迹的记录，这样的一个数字记录可以被编址和传送给其他的移动用户、台式机用户或者传真机。接收者可以查看到发送者手写并生成的消息，包括任何语言混合的文本和图画。

(2)墨水和SMIL：用笔可以给数字照相机拍摄的照片添加注解，并且数字墨水可以和语音注解并列。

(3)墨水存档和恢复：软件应用可能允许用户存档手写记录，使用生成手写记录的时间或者与关键字关联的标签来恢复存档的手写记录，典型的关键字是用手写识别系统生成的文本字符串。

(4)电子表格填写：为在宽频带的无键盘的设备上为电子表格提供自然、鲁棒性的数据输入，手写识别设备的开发者可能以inkML作为输入来定义一种"应用编程接口"(application programming interface，API)。

(5)笔式输入和多模式系统：用笔和其他（如语音等）输入模式可以创造鲁棒性的、灵活的用户接口，利用交叉模式的冗余来补偿单一模式识别的缺点就可以得到系统的高鲁棒性，为完成任务或者发布命令，用户从众多的模式中选择最合适的形式就可以使系统得到很大的灵活性。

inkML是精心组织的XML文件，遵守语法规则。inkML中的根元素是〈ink〉元素，一个inkML文件所有的内容都包括在此唯一的〈ink〉元素中。inkML中定义了足够一切墨水应用使用的一组元素，这些元素分为两类：原始元素(primitive elements)和特殊应用元素(application-specific elements)。原始元素形成一组能供所有基本的墨水应用的根本的元素，inkML定义的原始元素包括痕迹(trace)以及痕迹格式化(trace format)元素、背景(context)元素以及类结构(generic structure)元素。特殊应用元素提供了数字墨水的更高层次的描述。举例来说，一个文件存储和恢复的应用就可以使用原始元素来表达手写的墨水，而使用特殊应用元素标记〈page〉和〈keyboard〉来组织墨水文件。特别地，痕迹可以分组到〈page〉中去。在一页里，痕迹也许被标记上〈keyboard〉或者〈message〉等。

下面重点介绍一些原始元素：

1.〈trace〉元素及〈trace Format〉元素

一个 inkML 文件中的基本数据元素就是〈trace〉元素，当用户手写数字墨水时，〈trace〉用来记录笔的轨迹。使用不同获取设备得到的信息存在这些差异，或者不同应用软件的需要，这些在 inkML 中通过元素〈trace Format〉和〈trace〉来反映。〈trace Format〉元素指出了每个记录痕迹的采样点的编码格式，而〈trace〉元素用来表达真实的痕迹数据。如果〈trace Format〉没有特别说明，默认的编码格式设定为 X、Y 的坐标值。〈trace〉元素表现了一个连续的墨水点的序列，即笔的位置(X、Y 的坐标值)。为了简洁，只对痕迹的第 1 个点采用绝对坐标值来详细描述，而采用 Δx、Δy 来编码后续的点。

在最简单的情况下，一个 inkML 文件可以只包含〈trace〉元素。例如，一个只带有 trace 的简单的 inkML 文件的〈trace〉元素可以由简单的交错的 X、Y 的值组成，这些值可以恢复为如图 5.20 所示的字符。

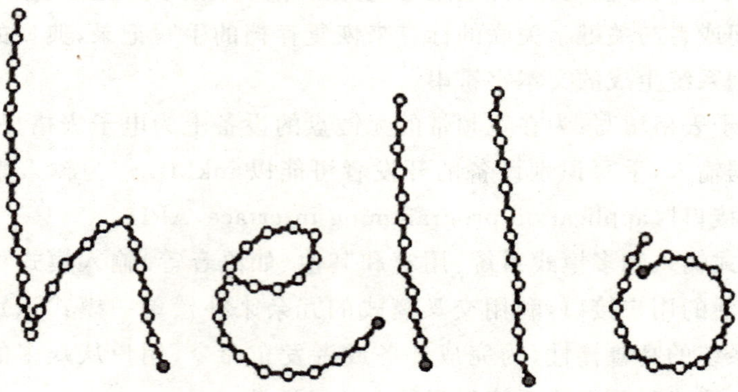

图 5.20　字迹恢复的例子

图 5.20 给出了用〈trace〉元素表达的手写信号的例子，圆点标记了内插的蓝线上的采样位置。

2.〈channel〉元素及〈channelDef〉元素

不同设备产生的痕迹或者在不同的应用软件中使用可能包含不同类型的数据，inkML 中定义了“通道”(channel)来描述痕迹中编码的数据。一个通道可以使用“规则”(regular)或者“断断续续”(intermittent)来刻画：“规则的”意味着它的数值记录的是每一个痕迹的采样点；“断断续续的”则意味着它的数值可能变化频繁，而不需要记录每一个采样点。X、Y 的坐标值就是“规则的”通道的例子，而笔的按钮的状态则是一个“断断续续”的通道。

〈channel〉元素中必须具有的“name”属性详细解释了痕迹数据中的通道，并且 inkML 允许用户定义通道。表 5.2 所列就是各通道名称及其说明：通道 X 坐标表示笔的水平位置，通道 Y 坐标表示起、落或笔的垂直位置，通道 Z 坐标表示笔在纸或数字转换器上的高度，通道力表示笔尖的力矢量（大多数设备通常只提供“压力”）。通道 T_x、T_y、A、E 和 R 被定义为记录笔的定位数据，可以选择笔的方位角 A 和仰角 E，或者选择笔尖倾斜角度 T_x 和 T_y，后者是笔的轴心到 XOZ 和 YOZ 平面的发射角，以垂直面为基准。方位的第 3 个自由度定义为笔绕着轴线的旋转，在一些应用（如图表、书法和签名认证）中具有潜在的价值（与倾斜联合使用）。

表 5.2　　通道名称及其说明

通道名称	说明
X	X 坐标（水平笔位）
Y	Y 坐标（垂直笔位）
Z	Z 坐标（笔离纸/数字板高度）
F	笔尖力
S	笔尖状态转换（接触/非接触数字板）
$B_1,\cdots,B_n$	面按钮状态
T_x	X 轴笔定位数据
T_y	Y 轴笔定位数据
A	笔方位角
E	笔仰角
R	笔绕轴线的旋转
T	时间（同一个点的）

图 5.21 是用方位角和仰角表示的笔的定位，方位角起始于 Y 轴，可逆时针增大到 360°；仰角起始于 XOY 平面，可增大到 90°，在这一点笔与 XOY 平面垂直。

图 5.22 解释了倾斜角度 T_x 和 T_y 的定义。它们都起始于 Z 轴，T_x 可以增加至＋90°（笔倾向 X 轴正方向），减少至－90°（笔倾向 X 轴负方向）；相应地，T_y 则是定义笔倾向 Y 轴时与 Z 轴之间的角度。

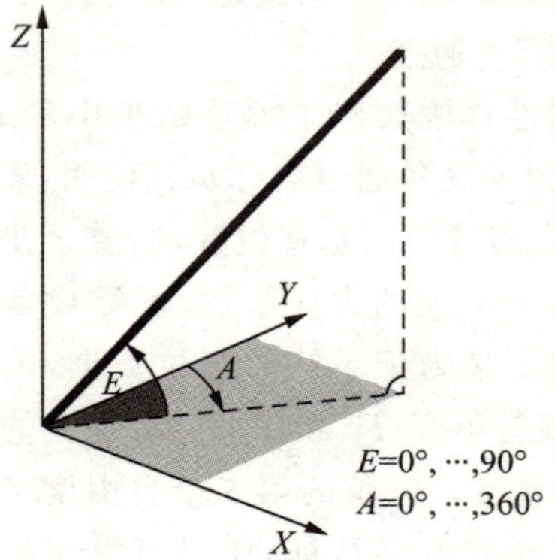

图 5.21　方位角和仰角

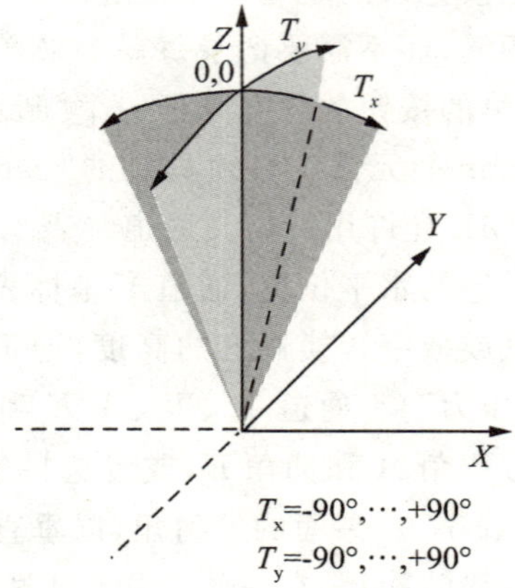

图 5.22　倾斜角度

图 5.23 显示了笔的方位的分解，例如函数方位角/仰角，或者倾斜角 T_x、T_y，因此，笔的方位角与 *XOZ*、*YOZ* 平面的映射就形成了 T_x、T_y。图 5.24 表示了笔沿轴向的旋转。

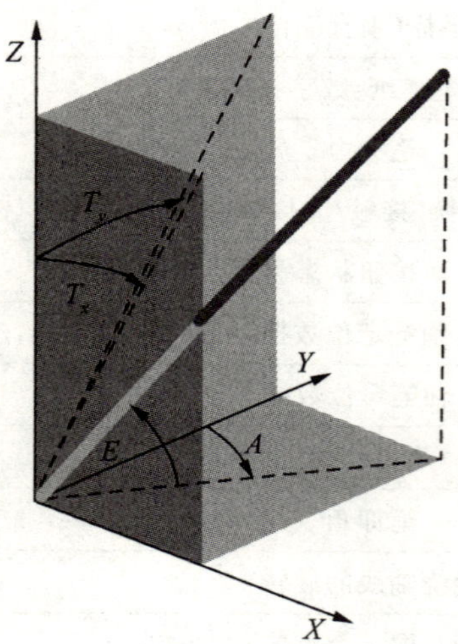

图 5.23　笔的方位角分解

图 5.24　笔沿轴向的旋转

时间通道用来表示在一个痕迹中的每个采样点详细的时间信息，如果数字设备没有标准的采样速率，或者当由于压缩副本的数据被移去时，时间通道记录的信息就是非常有用的。

设备提供的每个数据通道的特性都用〈channelDef〉元素来描述，例如：

(1)数值的表示：布尔代数、整数或者小数。

(2)范围:被表示数值的可能范围。

(3)阈值:(对二进通道来说)笔尖开关激活的力的大小。

(4)分辨率:数值记录的比例。

(5)量化:被表示数值的最小变化单元。

(6)噪声:通道中可以观察到的典型噪声的 RMS 值,与真实信号有明显的不同。

(7)精度:表示笔尖被表示的位置与真实位置之间的典型的差别。

(8)交叉耦合:就是一个通道的变化影响其他通道数据的失真。

(9)最小带宽(单位:Hz):是通道的最小的带宽,用 Hz 表示(不用点/秒表示)。

(10)最大速率:是设备可以准确跟踪轨迹动作的最大速度。

3.〈Context〉元素

inkML 文件中的许多设备、数据格式、坐标系统的详细内容都是由〈Context〉元素定义的。〈Context〉元素提供了多种属性,如 canvas、traceFormatRef、captureDeviceRef 和 rushRef,这都是 inkML 赋予地址时需要的。〈Context〉元素定义了一个有用的可以共享的背景(canvas),因此墨水标示能够支持多种设备的屏幕共享。

4.〈captureDevice〉元素

墨水格式化的一个重要的必要条件是精确记录用来获取文件中墨水的有关硬件的资料,这是在〈captureDevice〉元素中完成的,不仅包含一些非常基本的信息,还有许多关于设备特性的非常详细的信息。〈captureDevice〉元素中规范了硬件设备的以下内容:厂商及型号、基本采样速率、采样方式、反应时间以及通道目录,等等。

5.〈mapping〉元素、〈bind〉元素和〈def〉元素

〈mapping〉元素为映射到 inkML 的多种用法提供了统一的语法。inkML 支持 4 种类型的映射:未知、恒等、查表以及公式,使用 MathML 子集来详细说明。映射类型通过〈mapping〉元素中的 type 属性来表示。

〈bind〉元素用来绑定通道和实体。〈def〉元素为通过 id 属性来参考其他元素的可以再度使用的内容定义提供了一个容器。在一个〈def〉元素块中可以定义 3 种元素:〈context〉〈brush〉和〈traceFormat〉元素。

墨水标示希望能够利用在许多不同的领域,墨水标示数据当改变墨水信息时可以充分、实时地传输,墨水文件可以存档供以后恢复或处理。这些事例说明了墨水生成和使用的 2 种不同的文件类型:流动类型(Streams)和存档类型

(Archives)。在前一类型中，墨水标示必须方便地传送增加的流动的墨水信息；而在后一类型中，墨水标示应该提供如搜索和解释等操作的结构需要。

在存档类型的用法中，背景元素是在〈defs〉元素中定义的。在存档墨水标示中，痕迹不仅能明确地通过使用 contextRef 和 brushRef 属性来指定背景，也能由嵌入的痕迹组提供它们自己的背景。在流动类型的墨水标示中，痕迹背景的变化是直接使用〈brush〉〈traceFormat〉和〈context〉元素来表达的。在存档的例子中，每个痕迹的背景是简单地由〈trace〉元素决定的，装在痕迹组里，由〈tdefs〉块定义背景元素；而在流动的例子中，痕迹的背景依赖背景变化的整个序列，直到〈trace〉元素点。

流动类型的优点是它表达背景的单个元素比较容易变化，但是，决定一特定痕迹的背景需要标示处理器更多的计算，这是因为在〈trace〉元素点建立当前的背景时，整个文件可能需要从开始进行扫描。

F-Pad2 手写板不仅可以提供书写时笔与板的接触位置，从而得到字形、笔顺、笔画等静态信息，而且还可以提供笔尖与手写板接触时的三维力信息，经过数学计算而进一步得到手写速度、加速度等动态信息。

在 inkML 中，所有的手写信息都通过一系列的元素来表达：

(1)inkML 文件标记定义：inkML 中的根元素就是〈ink〉元素，应对其定义唯一的标记。

(2)〈traceFormat〉元素、〈trace〉元素以及通道定义：〈traceFormat〉元素用来定义 trace 内部的数据。〈traceFormat〉元素是对〈trace〉元素中采样信息点编码格式的一种描述。具体说来，它又以〈regularChannels〉和〈intermittentChanngels〉中的任何一种或全部两种元素作为其元素内容。〈regularChannels〉元素列出的通道采集的是每一采样点的相关信息。通道的排列顺序也就决定了通道数据在〈trace〉元素中的出现顺序。而〈intermittentChannels〉元素则主要用于那些被选择性保存数据的通道定义。比如，与 WACOM 手写板配套的数字笔上按键的信息就可以采用这个元素来描述。由于这里的 F-Pad2 并没有这种间歇性的信息，故这一个元素不予讨论。

使用 F-Pad2 手写板书写时，在任意书写点 $P(x,y)$ 处，书写笔均会产生三维书写力信息(F_x、F_y、F_z)。因此，利用 F-Pad2 签名采集平台可以获得签名过程中的五维点序列 p_t，即 $p_t=(F_x^t, F_y^t, F_z^t, x^t, y^t)$，其中，$t=1,2,\cdots,n$，$n$ 为签名序列长度。因此，在 inkML 中定义了 6 个通道：X、Y、F_x、F_y、F_z 和 T，具体说明如表 5.3 所示。

表 5.3　　手写板的通道定义

通道名称	说明
X	X 坐标(水平笔位)
Y	Y 坐标(垂直笔位)
F_x	F_x笔尖力
F_y	F_y笔尖力
F_z	F_z笔尖力
T	时间(同一个点的)

(3)设备特性定义:〈captureDevice〉元素描述了 inkML 获取墨水痕迹时如何正确记录相应硬件的特性。F-Pad2 手写板的特性如表 5.4 所示。

表 5.4　　手写板的设备特性

特性名称	类型	要求	描述	e. g.
Acquisitiondevices	String	Optional	Tablet or Pen	F-Pad2
Sensor	String	Optional	acquisition devices	Multi-Dl force sensor
Sampling rate	Integer	Required	The sampling rate	100 Hz
model	String	Optional		Ft-4

(4)用户定义:记录不同用户的信息,如表 5.5 所示。

表 5.5　　用户定义

特性名称	类型	要求	描述	e. g.
No.	Integer	required	The serial number of the user	5
Name	String	Required	user's name	Shen Fei
Age	Integer	Required	user's age	34
Gender	Bool	Required	user's gender	F
Hand	Bool	Required	writing hand	R
Edu. Level	String	Optional	educational levels	Post-graduate

(5)“申”字的数字墨水表达：利用上面定义的 F-Pad2 手写板的设备特性、通道以及用户信息，可表达图 5.25 中“申”字的手写轨迹与笔尖接触点的三维力矢量信息。从图中可以看出，这个“申”字的轨迹可以分成三笔，在〈trace〉元素的表示中分为三段。在表示中，三维力矢量信息 F_x、F_y、F_z 的单位为 N，二维位置信息 x、y 的单位为 mm。

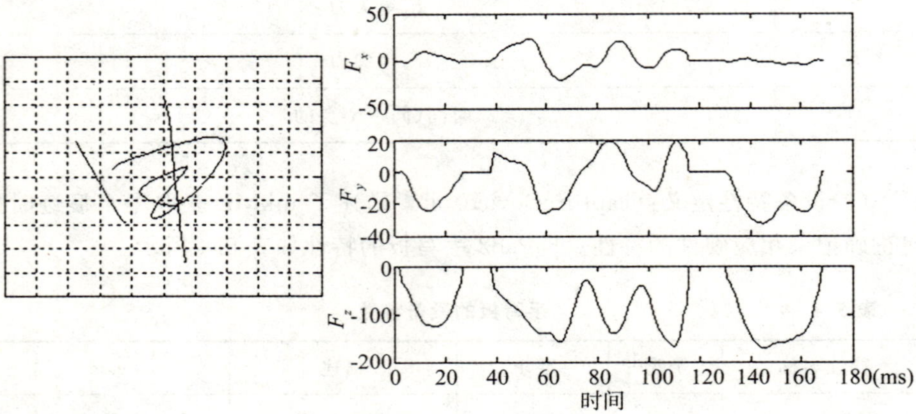

图 5.25　“申”字的手写轨迹与笔尖接触点的三维力矢量信息

四、笔式交互框架

通过对笔式交互原语模型的分析和描述，在考虑上下文感知和用户心理认知特征的基础上，结合笔式交互中的关键因素，来指导建立基于 F-Pad2 笔式交互平台的整个界面交互框架，如图 5.26 所示。

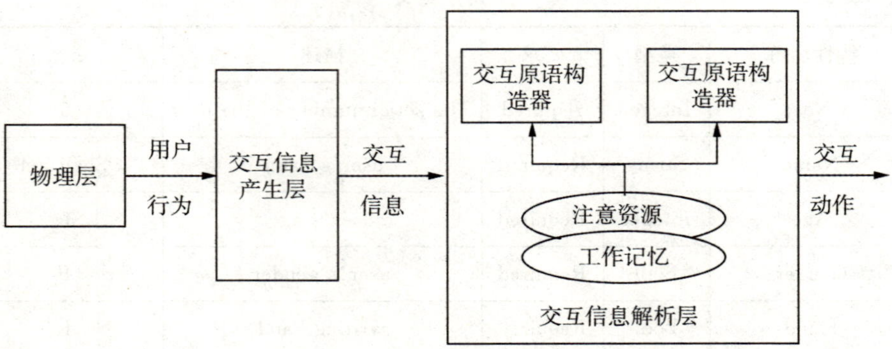

图 5.26　笔式界面交互框架

物理层由用户和 F-Pad2 笔式交互平台组成，用户为了达到笔交互的目的，通过 F-Pad2 产生了一定的交互动作；交互信息产生层用来捕捉交互动作执行过程中所产生的交互信息，并将其转化为计算机可表示的数据；交互信息解析层用来将交互信息产生层捕捉的交互信息解析成笔式界面中的各种交互动作。其中，交互动作和交互信息数据是与具体的交互设备相关的，因为在我们定义的交互信息中，描述了信息的产生装置。例如，选择任务(select task)，用户可以通过鼠标产生一个按键的动作，也可以通过笔的勾画(sketch)行为产生，更可以利用数据手套产生一个抓取的动作来实现。因此，正确区分和表征不同交互设备及其产生的交互动作和交互信息数据，是有必要的。

交互信息解析层是笔式界面交互框架的核心，它直接反映了计算机环境下系统对笔交互任务的理解和反馈。因此，为了能够使系统的行为更加符合用户操作时的心理认知，我们在注意资源和工作记忆这两个笔式交互中关键因素的指导下，将笔交互信息解析层设计成了包含交互原语构造器和交互任务整合器。它们的功能描述为：

1. 交互原语构造器

交互原语构造器定义了前面提到的 6 种基本交互原语，实现了笔交互信息向交互原语的转换，这里的笔交互信息是与具体物理层中的交互平台相关的。随着硬件技术的发展，F-Pad2 笔式交互平台可能会推陈出新，在后续的改进平台上其产生的交互信息会变得更加丰富，因此，此处的交互原语构造器应被设计成可扩展的结构。这样，当硬件平台提供的交互信息增加时，可以产生新的构造子模块来分析这些新的交互信息，并产生交互原语(交互原语不会发生变化)。

2. 交互任务整合器

交互任务整合器定义了交互原语向交互任务的整合。在整合的过程中，交互任务整合器需要分析交互原语的分发对象，即判断交互原语是否为界面层次、组件层次或对象层次上的操作，然后，交互任务整合器需要对不同层次的交互原语进行解释，并参照上下文信息来辅助对交互原语的解析工作。同时，还需要根据注意资源和记忆容量等因素来形成符合用户习惯的交互动作输出。

图 5.27 具体给出了在交互任务整合器中笔交互动作的生成过程。其核心模块为动作识别模块，负责识别用户笔输入信息，同时利用上下文感知信息对

动作识别模块识别出的动作进行上下文感知并同时考虑用户心理认知的关键因素来优化整合的任务,然后将由任务整合器输出的交互动作反馈在不同层次上,显示交互动作的结果。

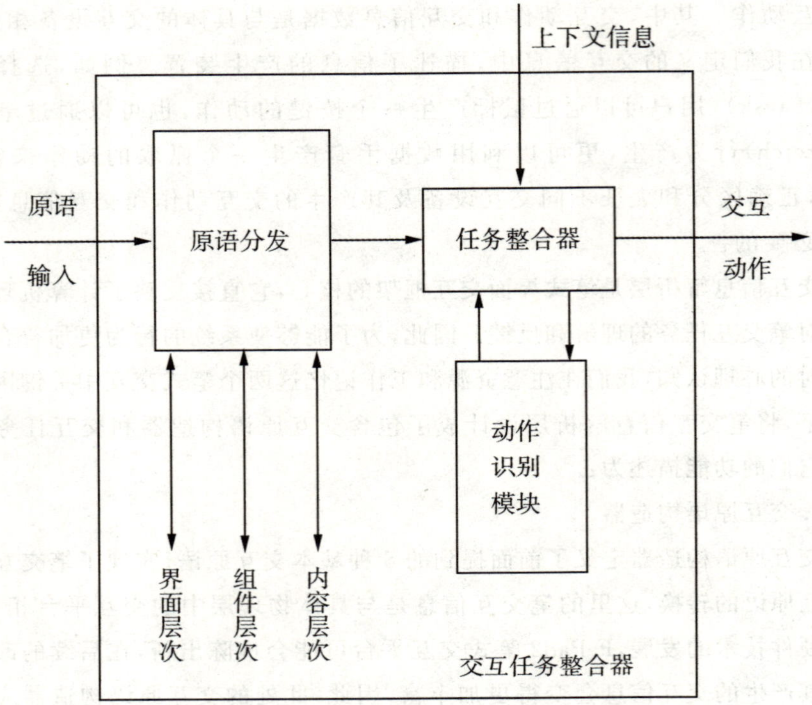

图 5.27　笔交互动作的生成过程

五、笔式交互动作设计

笔式界面与传统的 WIMP 用户界面有着很大的不同,表现为笔式界面提供的交互方式(笔式交互)同 WIMP 界面提供的鼠标和键盘交互相比具有信息输入的连续性、信息表征的多维性等特征。正是这些隐含的交互特征和非精确的输入信息,使得用户可以将其注意资源和工作记忆容量集中在用户任务(user task)本身,而不是如何来执行交互任务。这种交互方式能极大地提供人机交互的效率,但对于界面开发者而言,却是一件非常困难的工作,因为这些隐含的交互特征和非精确的输入信息必然会增加交互原语整合成交互任务时动作识别模块的设计难度。

传统的 WIMP 界面中，通过 GOMS 模型可以清楚地描述每个交互行为，主要通过菜单、按钮等组件和键盘输入、鼠标点击等动作来完成界面交互动作；而在笔式交互界面中，由于笔输入信息的连续性和不精确性，使得人们难以精确刻画笔式界面的交互动作。因此，在计算机领域中，对笔交互动作的识别(即笔手势的设计和识别)往往通过设计一组"规则"的意义性笔交互手势集，然后通过用户参与来实现对笔手势的选择以验证笔手势集设计的合理性。

这种笔交互手势集的设计思路是基于大量"规则"和判别算法来实现的，并在某些领域取得了较好的应用。但是该手势集的应用需要大量的计算资源，特别是当手势集中手势数量增多时，手势的相似性问题变得突出，不同手势之间的耦合度越来越大，从而使判别不同手势内容的算法变得更加复杂和耗时。然而，这对 F-Pad2 笔式交互平台来说，其有限的计算资源(433 MHz 的运行速度和 64 MB 的内存)和平台性能已无法完整实现和良好运行以上复杂的判别算法过程，即便能够实现，算法的执行效率也将会给整个界面交互动作的执行产生影响，如动作执行的流畅性和视觉反馈的实时性等。另外，界面交互方式的设计应基于实际运行的物理平台以及该物理平台能够获取的笔交互信息，特别是对可便携式的笔交互设备来说，由于其本身的资源受限，应设计和实现符合具体笔交互设备的界面交互动作，从而发挥笔交互设备的最佳性能和构建良好的笔式交互。

F-Pad2 笔式交互平台不仅能提供笔交互过程中的笔迹信息，更能直接获取笔交互过程中产生的三维力矢量和二维力矩矢量信息，以及其他的动力学参数信息，而获取的这些笔交互信息是目前其他笔式输入设备所无法提供的。基于此，针对 F-Pad2 笔式交互平台，人们设计和提出了一种"力—位置"混合作用的界面交互方式。

所谓"力—位置"混合作用是指用户的笔交互过程，具体是由笔接触表面形成的位置信息和笔接触表面产生的手写力信息混合作用的结果，如图 5.28 所示。特别的，从手写运行的物理过程分析可知，手写轨迹信息(位置序列)是由人手在手写力的驱动下完成的。因此，人类的笔交互过程本质上就是一个位置信息和手写力信息相互作用的过程，"力—位置"混合作用的界面交互方式是与人类自然的手写交互方式一致的。

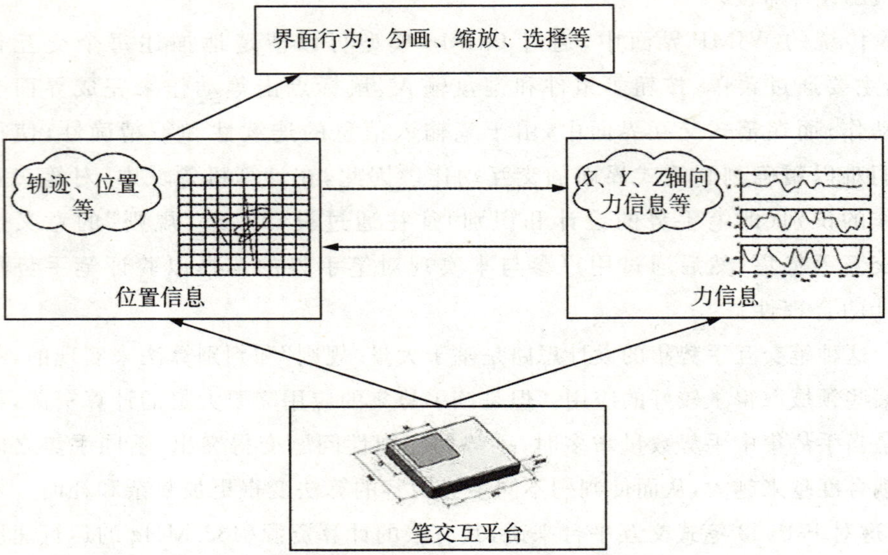

图 5.28 “力—位置”混合作用过程示意图

“力—位置”混合作用的界面交互方式与现有的笔式界面交互方式以及传统的 WIMP 界面交互方式均存在很大的不同，主要表现在：

(1)“力—位置”混合作用的界面交互方式更能体现人们的心理认知行为。“字如其人”包含两层含义：一是形，即“字”的位置信息反映了书写者的外在行为表现；另一个是神，即“字”的力道、粗细等信息反映了书写者的内在行为表现。因此，“力—位置”混合作用集中反映了书写者在自身书写力(内在行为)驱使下的位置(外在行为)或笔迹表征，而现有的笔式界面交互方式以及传统的 WIMP 界面交互方式均无法充分体现这一点。

(2)“力—位置”混合作用的界面交互方式占用用户较少的注意资源。用户在基于 F-Pad2 笔式交互平台上进行交互时，可以充分利用平台提供的笔交互力矢量信息来完成自组织和体现自身意念的交互操作，而不要用户分配额外的注意资源来学习具体的交互操作过程，如基于力矢量下的情感交互操作等。而这种体现用户情感的交互方式更是现有的笔式界面交互方式以及传统的 WIMP 界面交互方式无法实现的。

(3)“力—位置”混合作用的界面交互方式提供了多通道交互。该方式基于 F-Pad2 笔式交互平台提供的笔交互信息表示，其中 Force 可以用一个三元组 $\langle F_x, F_y, F_z \rangle$ 来表示产生的力矢量，相对于现有的笔式界面交互方式以及传统的 WIMP 界面交互方式仅利用单向正压力而言，F_x、F_y 的信息为笔式界面交互提供了额外的两个通道信息。例如，可以利用 F_x、F_y 的信息来控制墨水的扩散形状和方向，或三维空间操作时虚拟对象的力反馈校准等。因此，这种多通道的信息输入为界面交互方式的设计提供了丰富的信息源。

可以看出，“力—位置”混合作用的界面交互方式沿承了人们千百年来形成的自然书写习惯，例如毛笔书法。不同的毛笔帖风格正是由于书写者在书写过程中对力度的掌控使得墨水与物理纸张形成不同的扩散作用方式而书写出独具艺术品鉴的毛笔字体。因此，基于“力—位置”混合作用的界面交互能够使得用户以一种自然的方式完成笔交互过程。

基于此，针对 F-Pad2 笔式交互平台，在界面交互动作设计上融入了“力—位置”混合作用的界面交互方式来指导设计过程，如图 5.29 所示。

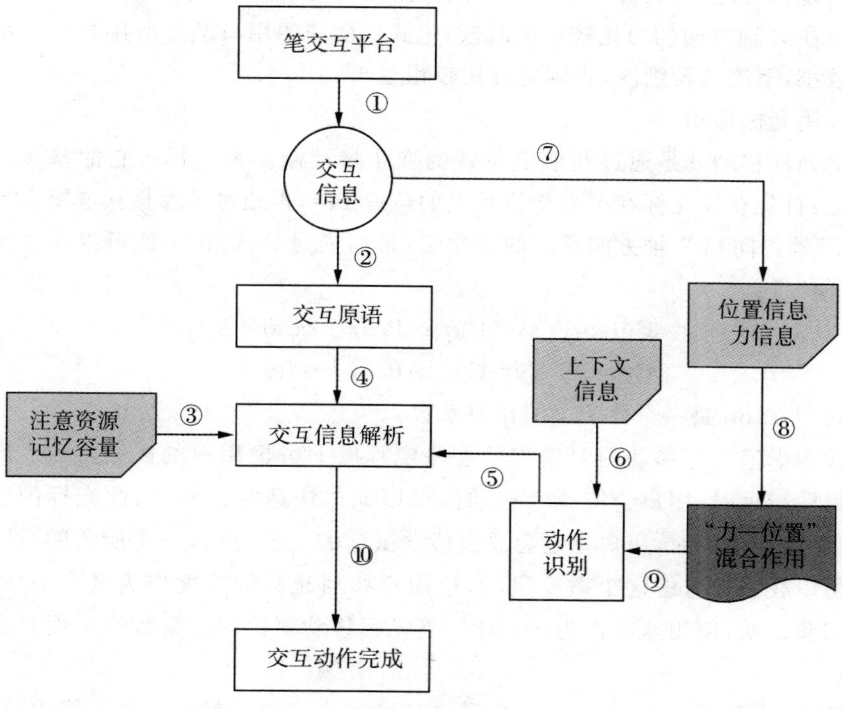

图 5.29　基于“力—位置”混合作用的界面交互方式流程

用户在 F-Pad2 笔式交互平台上进行操作时会产生多种交互信息，交互信息经过原语构造器形成交互原语。交互原语通过原语整合，并根据用户认知的注意资源和记忆容量来实现交互原语的解析；交互原语的解析则通过动作识别来完成，动作识别一方面接收上下文信息来进行上下文识别辅助，另一方面根据交互信息提供的位置信息和力信息来完成“力—位置”混合作用方式对动作识别过程的指导设计。最终,在交互信息解析完成后实现界面的交互动作过程。

笔式界面最重要的功能就是能够提供非精确笔输入信息,也正是这种非精确性使得用户可以将注意力集中到用户任务而非计算机命令上。但这也为笔式界面的设计带来了困难,因为非精确的命令输入必然增加计算机识别笔势动作的困难。

1. 笔勾画

笔勾画是笔式界面最基础的一个功能。通过数字墨水,用户可以很容易地实现笔迹书写功能。但是如果直接用数字墨水中的笔尖位置(X,Y)不加处理地简单描点连线,那么呈现出来的字就会给人不够自然的感觉,尤其是书写汉字的时候。为此,在还原用户书写笔迹时,需参考用户书写所施加的轴向力。当用户在 Z 轴方向的力比较小的时候,笔式界面还原用户笔迹所用笔迹灰度值就比较小,笔迹比较细淡,否则笔迹比较粗重。

2. 笔光标移动

笔光标移动就是通过获取笔位置的变化量控制屏幕光标。它的基本设计思路是:首先获取光标在屏幕坐标系上的位置 Pos,再通过手写板获取笔在手写板上 X 轴方向和 Y 轴方向移动的变化量,最后通过公式(5-1)就可以计算出新的光标位置:

$$\begin{aligned} \mathrm{CursorPosx} &= \mathrm{CursorPosx} + \mathrm{ratio} \times \Delta x \\ \mathrm{CursorPosy} &= \mathrm{CursorPosy} + \mathrm{ratio} \times \Delta y \end{aligned} \tag{5-1}$$

式中:ratio 是一个大于 1 的比率系数。

在考虑笔光标移动的时候需要在一定程度上考虑用户的认知特点。当光标离目标较远时,用户会快速地移动鼠标以期尽快达到目标,因此光标的速度较快;而靠近目标时,用户肯定会放慢移动鼠标的速度,进入一个所谓的"微调"期。所以我们在考虑这个微变量时,把用户移动光标的速度作为这个 ratio 系数。实验证明,使用速度作为 ratio 时,笔光标移动要比固定系数快速而且更加稳定。

图 5.30 和图 5.31 显示了光标移动速度和光标变化量的关系。图中显示,当笔移动速度增大或减小时,相应的光标移动的变化量也同步增大或减小。但是,在笔者设计的笔式界面中,笔者发现,如果光标位置直接采用原始数据计算得出的位置信息来控制,会出现所谓的"光标静态位漂"和"光标动态位漂":前者即用户在 F-Pad2 上握笔轻微左右摆动所产生的光标漂移;后者是用户在运笔过程中,尤其是起笔和落笔时产生的光标位漂。前者的位漂比较小,后者的位漂一般很大,甚至会让光标跑出屏幕区域。

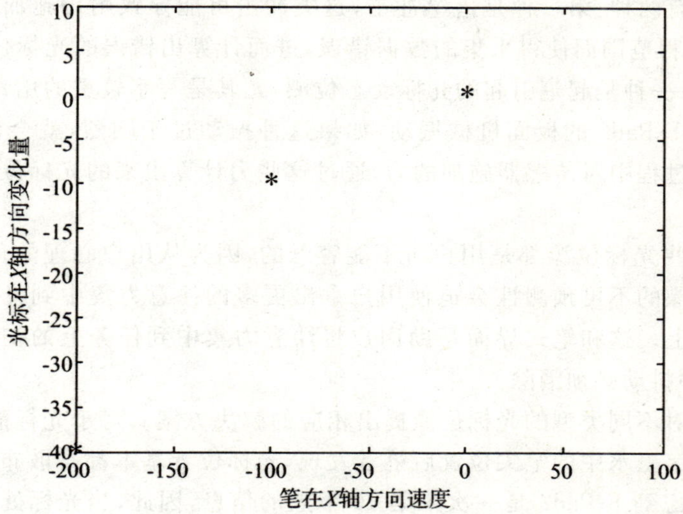

图 5.30　笔在 X 轴方向速度与光标跳动距离

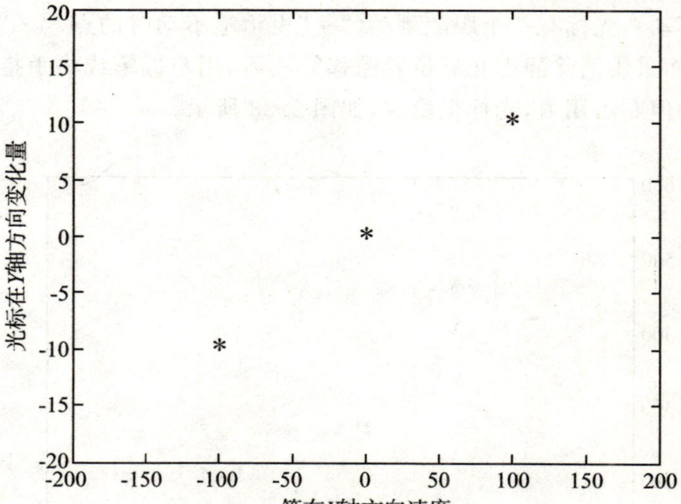

图 5.31　笔在 Y 轴方向速度与光标跳动距离

由于 F-Pad2 所使用的是多维力传感器，而且它是通过实时采样用户施加在 F-Pad2 上的力再通过力信息计算笔尖轨迹坐标的，因此，对于光标静态位漂，即使用户只是微幅摆动，哪怕仅仅左右倾斜了一下笔身，传感器也可以检测出这种变化，并将这种变化放大表现到光标的静态微位移上。而引起光标动态位漂的原因有两种：第一种是落笔冲击，这类冲击可能导致用户施加的力超出 F-Pad2 的量程范围而使得采集的数据错误，进而计算出错误的光标位置，导致光标漂移；另一种是起笔引起的光标动态位漂，尤其是写字较重的用户，迅速抬笔后会导致 F-Pad2 的板面机械振动，如果这种振动过于剧烈，就会使 F-Pad2 采集到振动过程中对传感器施加的力，通过这些力计算出来的光标位置也是错误的。

所有这些光标位漂都是用户所不能容忍的，因为从用户心理的角度考虑，这些光标位漂的不可预测性会迫使用户拿出更多的注意力集中到光标位置这种细节问题上。这和笔式界面帮助用户将注意力集中到任务上的初衷是违背的，为此这种抖动必须消除。

下面针对不同类型的光标位漂提出相应的解决方案。对于光标静态位漂，在分析了数字墨水中的笔尖位置后笔者发现，光标位置基本都是散布在某一个点附近。考虑到 F-Pad2 是一次采集 10 个点的信息，因此，当光标处于静态位漂的时候，第 1 点和第 2 点之间的距离与第 1 点和第 10 点之间距离应该是同一个数量级的。为此，我们提出了算法 1 来解决光标的静态位漂问题。

(1)光标静态位漂消除算法：从图 5.32 可以看出，当用户握笔左右微动时(笔尖基本不动)，光标有一个跟随跳动(“*”表示笔不动时的点，“·”点表示跳动的位置)；而采用消除静态光标位置漂移算法后，用户握笔或将手指放在板面上，位置不动但左右用力，光标很稳定，如图 5.33 所示。

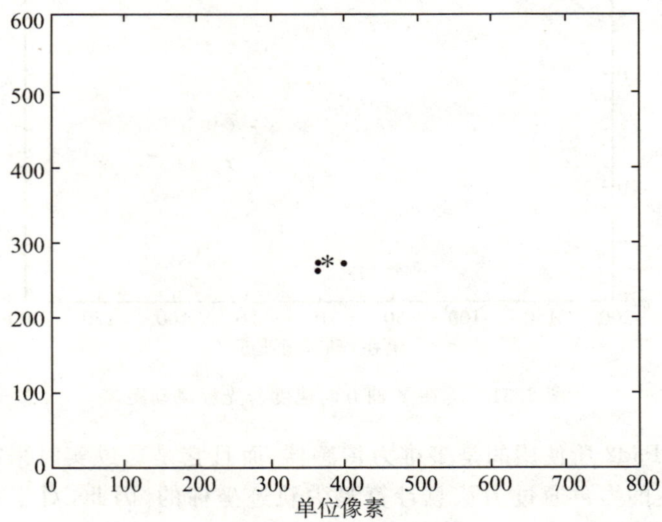

图 5.32　光标静态位漂

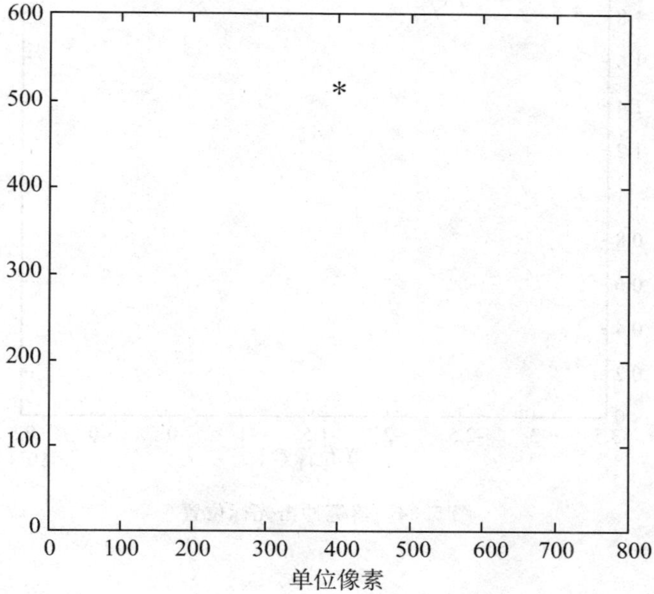

图 5.33　消除光标静态位漂后

对于落笔冲击，当数据出错时，这些出错的笔尖位置坐标的绝对值会非常大(往往是一个绝对值很大的随机数)，但这些出错的数据并不一定是时序靠前，而是随机的。基于上述考虑，笔者提出算法 2 来解决这个问题。

(2)光标落笔冲击位漂消除算法：图 5.34 给出了当落笔比较重时计算出来的光标位置，由图可见，漂移非常明显("·"表示漂移位置，"*"表示正常点，它其实是一系列点，只不过由于坐标轴单位的原因看起来像一个点)。笔者设计了如下实验以检验算法 2：有意以较重力道落笔冲击 F-Pad2，但是落笔后笔不动。由图 5.35 可看出，光标经受落笔冲击后依然非常稳定。最后，实验中最常发生也是漂动最厉害的就是提笔引起的光标位漂。这种光漂和落笔冲击的原因类似，都是传感器受到一定的扰动产生了很大的随机数。笔者考虑，由于光标位漂之前的数据一般都是正常的，于是消除这种位漂可以采用观察相邻的两段光标变化距离之间的距离比来实现。

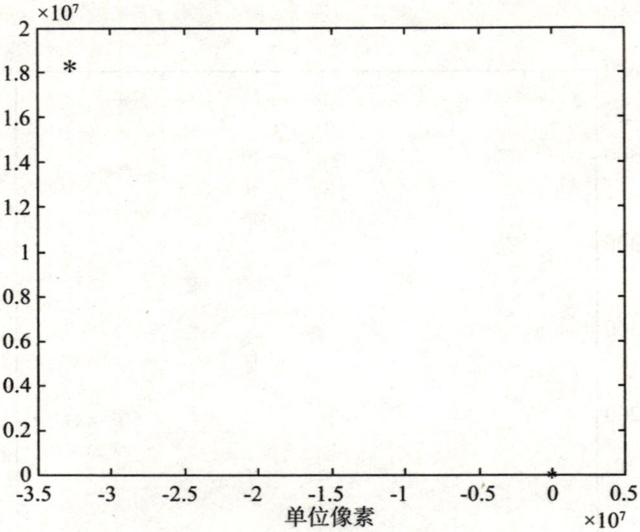

图 5.34　落笔冲击光标位置

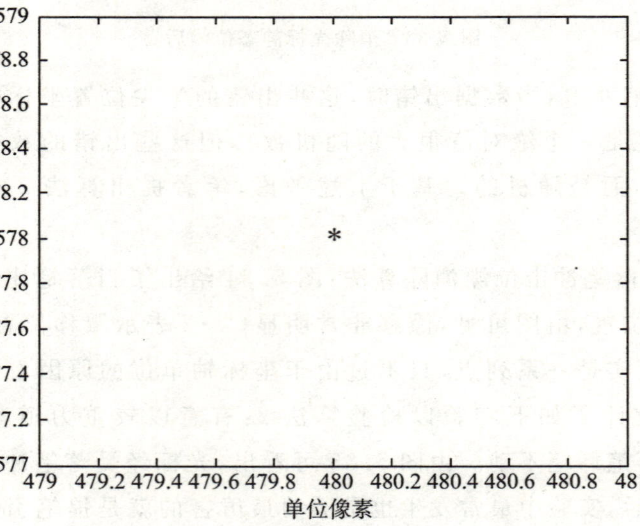

图 5.35　消除落笔冲击后的光标位置

(3)光标抬笔位漂消除算法：从图 5.36 中可以看出，当用户提笔后，光标位置从屏幕坐标(800×600)的范围内(由于坐标轴单位太大，图中显示就一个"*"，其实是一系列点)跳变到其他位置。它们都超出了屏幕坐标(800×600)的范围，使得光标跑出屏幕区域，分散用户的注意力，影响用户使用；而在使用了消除抬笔光标漂移算法之后，笔者有意用力压住 F-Pad2 并在板面上移动光标后迅速抬笔，使手写板板面振动，但是光标却没有异常位漂，如图 5.37 所示。

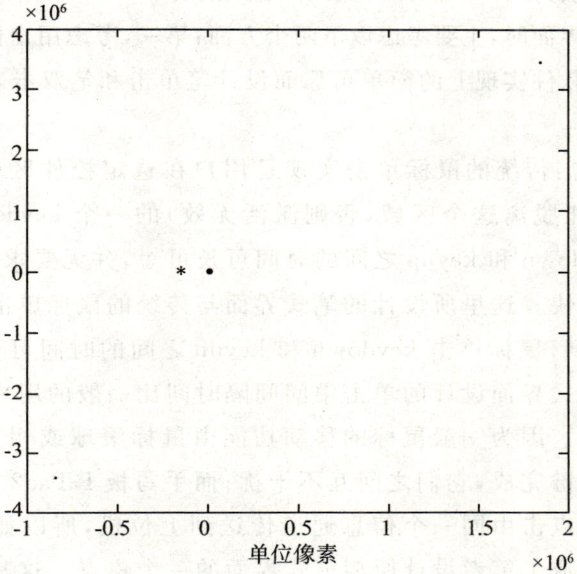

图 5.36 抬笔冲击光标位置

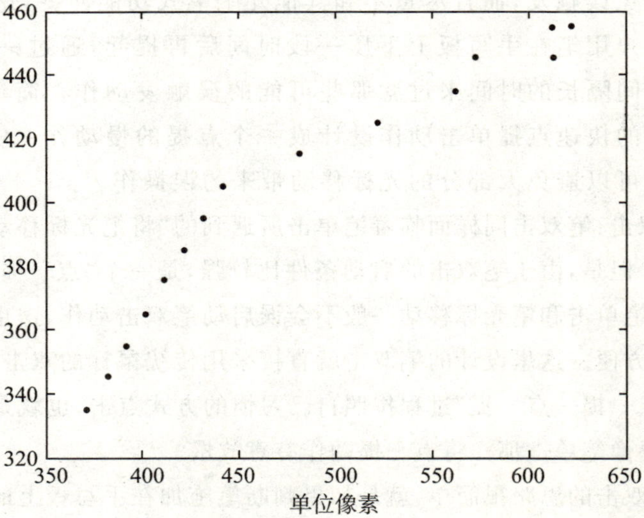

图 5.37 消除抬笔冲击后光标位置

3. 笔点击

在传统的GUI中，激活一个用户事件主要靠鼠标单击和双击两种方式。这两种方式不仅为用户所熟知，而且有大量相关的Win32函数支撑其设计。在设计笔式用户界面时，主要考虑以下两个方面：第一，考虑用户使用计算机的习惯；第二，出于软件实现上的简单可靠而设计笔单击和笔双击来实现激活用户事件。

(1)笔单击：传统的鼠标单击实现是用户在选定控件区域内(在这个过程中，光标不能脱离这个区域，否则激活无效)的一个keydown-keyup的实现。这个keydown和keyup之间的时间可长可短，并无要求，但是一般用户都点击得非常快。这里所设计的笔式界面与传统的鼠标单击有一点小小的不同：上面提到，鼠标单击keydown和keyup之间的时间可长可短，而这里所提的原型笔式界面设计的单击中间间隔时间比一般的用户鼠标快速单击间隔时间要长。因为一般鼠标的移动功能由鼠标滚球或相关设备完成，而点击则由左右键完成，它们之间互不干扰；而手写板F-Pad2则将笔手写、笔光标移动和笔点击由同一个信息通道传送到上位机，所以如何将这些信息分离出来也就成了笔者设计原型笔式界面的一个焦点。这其中干扰最大的是笔单击和笔光标移动，因为在笔光标移动过程中，如果笔迅速接触手写板而且马上离开，而光标又恰好在一个控件上，用户很可能就会误激活一个事件。为了避免误触发，而且尽量不和其他几个笔式功能冲突，这里选择的设计方案是用户用笔在手写板上下压一段时间后再提起，通过一个比传统用户单击时间间隔长的时间来过滤那些可能的误触发动作。简单地说，就是将用户习惯的快速点提单击动作设计成一个点提的慢动作。实验证明，这个方法确实可以避免大部分的光标移动带来的误操作。

(2)笔双击：笔双击同样面临着笔单击所遇到的"将笔光标移动误认为笔双击"的问题。但是，由于笔双击的启动条件比较强，是一个"点—提—点—提"的过程，因此，笔单击和笔光标移动一般不会误启动笔双击动作，这也为笔双击的设计带来了方便。这里设计的笔双击就直接采用传统鼠标的双击方式，用户可以将这个"点—提—点—提"过程按照自己习惯的方式点击，也就是可以快速点击，而不需要像笔单击那样将点—提动作有意放慢。

设计笔双击的思路很简单，就是如果判断笔施加在手写板上的压力信号在时序上是一个逻辑01010过程，就认为是启动笔双击，反之则不然。

第四节　基于笔式交互的手写信息采集

一、儿童手写信息采集

手写运动包括写字和绘画，对学龄期的儿童而言是十分重要的。儿童和青少年学生每天的活动几乎都会涉及手写技能的锻炼。从神经学和精神病学的角度来说，儿童和青少年时期是人们发展精细运动技能的关键时间段。研究表明，儿童在两岁左右就可以画竖线，两岁半时能够画横线，三岁时可以画圆圈，五岁时可以学会誊写正方形，五岁半时已经能够誊写三角形。当儿童能够誊写几何图形，尤其是交叉斜线时，就说明儿童已经具备了写字的基本能力。

(一)采集对象

前面已经提到，当孩子可以绘制一些简单的水平线、垂直线、圆圈、正方形等简单图形时，就具备了写字的必备技巧。考虑到低年级孩童的认知能力、各个年级的年龄差异和握笔能力等因素，最终确定通过采集孩童画水平线、圆圈这两种有代表性的简单几何图形时的多维力信息和其他诸如书写时间和速度等参数，其中每个人同一种笔画采样 15 个，然后进行数据分析比较。

本章的手写信息采集对象为某小学一年级到六年级的在校学生，共 60 名，其中男生 35 人，女生 25 人，均为右利手(左利手的样本较少，不便于取样)。实验对象根据所在年级分为 6 组，每组 10 人。表 5.6 展示了这些学生的情况。所有的学生都没有明显的心理问题和神经生理障碍。

表 5.6　　采集对象基本情况

群体	n	平均年龄	利手
一年级	10	6.20±0.42	右
二年级	8	7.88±0.99	右
三年级	10	9.00±0.47	右
四年级	11	9.81±0.87	右
五年级	11	11.82±0.98	右
六年级	10	11.70±0.82	右

考虑到低年级儿童的认知能力和身体发育状况，以及各个年级的握笔能力和书写差异等因素，确定通过采集学龄儿童绘制横线、竖线和圆圈这几种具有代表性的简单几何图形来提取其手写特征，如图 5.38 所示。其中每个人同一种笔画采样 15 次，最终选取绘画较好的 10 次进行数据分析比较。

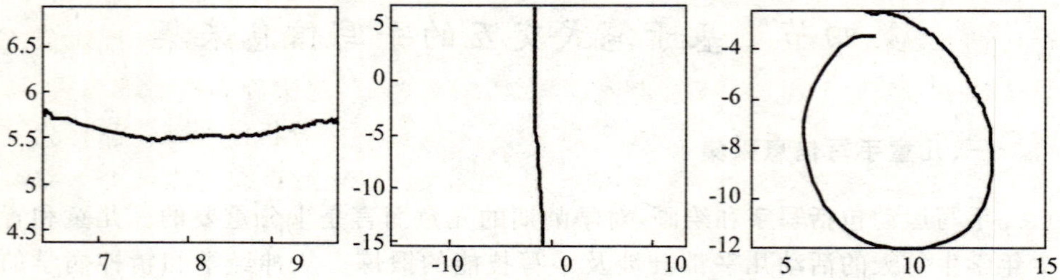

图 5.38　儿童手写信息采集实验任务

（二）采集过程

所有受试儿童的实验环境相似，都是在他们学校的一间安静教室里进行的，并且使用标准的学校桌椅。

鉴于实验条件（如写得越快越好和写得越大越好）会影响绘画运动的表现，在本实验中，实验者要求受试儿童按照他们习惯的速度和大小进行绘画。在绘画数据采集前，会对如何使用手写板以及实验要求进行讲解和演示。手写板以平行于桌面的方式摆放在书桌上，每个受试儿童都需要提前熟悉手写板的使用并尝试在手写板上练习这三种图形的绘画，以确保他们正确理解实验的执行要求。此外，在练习过程中，受试儿童可以根据自己的书写习惯调整手写板的摆放位置和方向，以在舒适的环境下完成手写任务。为了确保采集数据的有效性，实验过程中要对受试儿童的操作进行观察监督，不满足任务要求的手写数据会被删除，受试儿童需要重新执行绘画任务。

手写实验是在有视觉反馈的条件下进行的，绘画笔迹实时显示，并且线条的粗细根据正向笔压力的变化而动态调整，模拟了真实的纸笔交互场景。使绘画笔迹可视化的目的是为不熟练书写者的闭环控制运动提供视觉指导，同时也是为了实现对绘画数据有效性的及时检验。

（三）教师评分

在完成以上绘画任务后，受试儿童还需按照相同的绘画任务要求，在 A4 纸上分别再画手写实验要求的几何图形 5 次，作为教师评分的依据。评分为 10 分制，主要考虑受试儿童绘制的几何图形的质量，以及受试儿童平时的书写表现。具体的教师评分标准为：①受试儿童平时书面作业的整洁规范程度，主要考虑书写的易读性，占 40%；②受试儿童在数字手写板上绘制的几何图形的规范程度，占 40%；③受试儿童在 A4 纸上的绘制质量，占 20%。

二、手写特征参数

手写运动分析一般包括运动学分析和动力学分析。运动学分析通常是指不涉及笔尖施力和手写质量等因素而对手写运动过程进行描述，一般包括位移、速度和加速度等指标，以及由此衍生出的物理量，如峰值速度、速度峰值变化次数等参数。动力学分析是指在手写运动研究中对笔尖施力特点的分析，有时也包括对手写握力特点的分析。目前，手写的运动学分析已经被广泛使用并成为手写运动分析研究的专业术语。笔尖施力的变化特点在许多研究中都有提到，但是较少采用动力学分析的概念。在手写运动分析中，比较常用的运动参数包括时间变量、空间变量和手写压力等指标，如表 5.7 所示。

表 5.7　　常用手写特征参数

运动学分析		动力学分析
时间变量	空间变量	手写压力
运动时间、速度、加速度、笔在纸上的实际书写时间、笔离开纸面在空中停留的时间、速度和加速度变化次数	字体高度、书写的轨迹长度、字与字之间的空间距离、笔离开纸面的运动轨迹长度	整体书写压力均值、峰值压力、峰值压力与压力均值之比

研究中比较常用的时间变量包括完成一项手写任务过程中的运动时间(movement time)、手写的速度(handwriting velocity)和加速度(acceleration)。虽然从数学计算角度来说这三个变量密切相关，但是它们却反映了不同的手写运动特性。其他的时间变量还有：笔在纸上的实际书写时间(on paper time)、笔离开纸面在空中停留的时间(in air time)、速度和加速度的变化次数(number of inversions in velocity and acceleration，NIV and NIC)、峰值速度和加速度(peak velocity and acceleration)之比、峰值速度与速度均值之比、峰值加速度与加速度均值之比等参数。

常用的手写空间变量包括所书写字体的高度、书写轨迹的长度，字与字(或者单词、字母)之间的空间距离、笔离开纸面的运动轨迹长度等。手写压力(pressure)变量通常包括手写过程整体的笔尖施力均值、峰值压力大小(peak pressure)、峰值压力与压力均值之比等指标。

在具体研究中，根据研究的需要可采取相应的运动参数。这些运动参数不仅可显示出运动轨迹的生物力学条件的影响，而且也可反映不同的认知和运动需求。

基于三维力传感器设计的手写板可以采集到手写过程的全信息，包括三维力信息和二维轨迹信息，根据所采集的这些信息可以提取到丰富的手写运动特征参数。手写运动过程其实是一个不断对笔尖施力并且控制运笔方向的过程。笔者认为，真正反映人们手写内在本质特点的东西是实时施加在笔尖的力。

目前，国内外研究者对手写运动的分析方法大都关注于手写样本的几何特征，如字体的间距、大小、倾斜度等，以及手写的速度、峰值速度、加速度、加速度峰值等简单的运动学特征参数，而对反映手写运动本质特点的力信息进行探讨的研究较少，特别是缺少对手写运动的三维力矢量信息的研究。本章在常用特征参数基础上，对三维力信息进行了处理和分析，并在此基础上提取了一些指标参数。

这里所提取的特征参数为每个人手写过程中 X 方向速度均值 Mean V_x，Y 方向速度均值 Mean V_y，手写速度均值 Mean V，X 方向速度峰值 Peak V_x，Y 方向速度峰值 Peak V_y，手写速度峰值 Peak V，手写运动中 X 方向速度变化次数 NC V_x，Y 方向速度变化次数 NC V_y，合速度变化次数 NC V，X 方向加速度均值 Mean A_x，Y 方向加速度均值 Mean A_y，手写加速度均值 Mean A，X 方向加速度峰值 Peak A_x，Y 方向加速度峰值 Peak A_y，手写加速度峰值 Peak A，手写过程中 X 方向加速度变化次数 NC A_x，Y 方向加速度变化次数 NC A_y，总加速度变化次数 NC A，X 方向力矢量均值 Mean F_x，X 方向力矢量峰值 Peak F_x，Y 方向力矢量均值 Mean F_y，Y 方向力矢量峰值 Peak F_y，Z 方向力矢量均值 Mean F_z，Z 方向力矢量峰值 Peak F_z 等。

第五节　手写信息特征参数提取

一、数据预处理

由原始数据图 5.39 可以看出，由于数字采集设备的精度、采集环境等因素的影响，获取的手写信号中会存在噪声，在数据采集的开始和结束会有很多空笔画、白噪声等无效数据。因此，需要对数据进行去头尾空笔画、高斯滤波等预处理，去掉开始和结束时的无效数据，然后再对手写运动的特征参数进行提取分析，以提高分析的准确性。

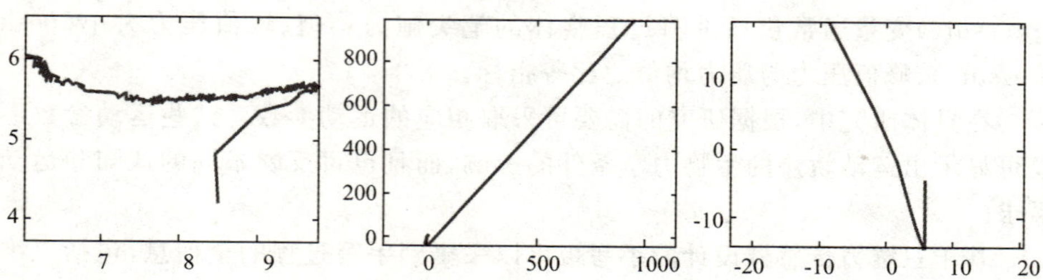

图 5.39　预处理前数据

（一）扰动点去除

由于落笔和抬笔时笔尖与书写平面接触的不稳定，导致一些手写样本的落笔和抬笔处出现干扰数据，从而影响采集到的手写数据的准确性和真实性。因此，本研究采用基于压力阈值的扰动点去除方法，确定每个手写样本的真实起始点和结束点。具体方法为判断手写样本对应的 F_z 压力时间序列的值是否大于预先设定的阈值 0.2 N，第一个大于阈值的点即为手写样本的起始点，最后一个大于阈值的点为结束点。

（二）高斯滤波

为消除噪声带来的各种干扰和失真，需要对手写信号进行高斯滤波处理。对一维特征时间序列，采用的高斯滤波公式为：

$$d'(t)=\frac{\sum_{j=-w}^{w} d(t+j)\cdot e^{\frac{j^2}{2\sigma^2}}}{\sum_{j=-w}^{w} e^{\frac{j^2}{2\sigma^2}}} \tag{5-2}$$

式中：$d(t+j)$ 和 $d'(t)$ 分别为原始信号和滤波后的一维特征序列；w 为高斯窗口宽度；σ 决定高斯函数的宽度。

在预处理步骤中，使用高斯滤波器对手写时间序列的各个特征分量进行平滑去噪处理，选取的滤波器的 w 和 σ 参数均为 2，并将头尾的无效数据去除，结果如图 5.40 所示。

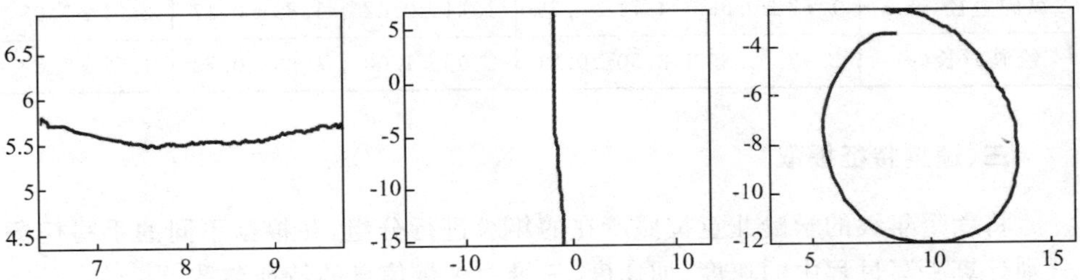

图 5.40　预处理后数据

经过处理后的数据明显好于原始数据。从处理后的图形可以看出，横、竖的效果非常明显，圆处理后的头和尾有明显的“尾巴”。由于这些数据并不是突变的信息，所以认为是样本采集时的真实有效数据。

二、空间特征

针对直线和圆的绘制任务，笔者分别提取了两个描述几何形状大小的空间特征：对直线提取笔迹长度和向量长度；对圆提取笔迹长度和纵向直径。笔迹长度是几何形状的采样点间欧氏距离的累加和，直线的向量长度是指直线起始点与结束点之间的直线距离；圆的纵向直径为圆上 Y 轴坐标最大点与 Y 轴坐标最小点之间的欧氏距离。空间特征度量的是手绘形状大小，因为本研究采集的是自由绘画数据，故几何形状的大小反映了实验对象手写运动的幅度及习惯。

通过表5.8可以看出，对于所有绘画任务，平均绘画速度随年级增长，并且在同一年级中从直线绘画任务到圆绘画任务也有持续增长。

表5.8　　空间特征参数的均值与方差

手写参数	一年级	二年级	三年级	四年级	五年级
水平线绘画					
笔迹长度(cm)	1.61±0.83	2.07±0.94	1.81±0.73	2.36±0.56	2.02±0.43
向量长度(cm)	1.52±0.82	1.99±0.93	1.74±0.71	2.30±0.57	1.99±0.43
绘画时长(s)	1.76±0.36	1.62±0.50	1.32±0.55	1.04±0.27	0.71±0.35
垂直线绘画					
笔迹长度(cm)	1.92±0.78	2.36±1.15	2.24±0.77	2.69±0.40	2.39±0.46
向量长度(cm)	1.84±0.79	2.28±1.15	2.20±0.77	2.64±0.39	2.35±0.44
绘画时长(s)	1.28±0.54	1.31±0.75	1.10±0.37	1.00±0.32	0.66±0.45
圆绘画					
笔迹长度(cm)	5.39±1.65	5.69±2.65	5.44±1.42	6.08±0.54	6.95±3.32
纵向直径(cm)	1.67±0.58	1.71±0.79	1.74±0.42	1.89±0.17	2.21±1.08
绘画时长(s)	2.93±0.89	2.50±0.81	2.05±1.00	1.83±0.72	1.52±0.82

三、速度特征提取

将六个年级的学龄儿童按照所在的年级进行分组，并根据不同的手写任务分别计算手写过程中的速度、加速度、三维力矢量信息的特征参数。

对所有的手绘几何形状提取了以下运动学特征：绘画时长、平均速度和速度曲线峰值点个数。

速度曲线峰值点个数参数提取的理论依据是手写自动化理论。根据该理论，自动化的手写运动是开环运动，一个基本笔画对应的速度曲线只有一个峰值点；而对于闭环运动，需要根据视觉反馈不断进行调整，对应的速度曲线是多峰的。对于本研究中采用的几何形状，由从左至右和从上至下的手写运动绘制的水平线和垂直线是绘画运动的基本笔画，由从上到下或从下到上的手写运动绘制的半圆是圆的基本组成。因而在开环控制下，绘制一条直线或一个半圆产生的速度曲线是一个单峰钟形曲线。一个圆需要通过上下往返的手写运动绘制，包含了两个半圆，因此，圆的速度曲线峰值点个数是以半圆为单位计算的。

速度是最常用的指标，通常被用于衡量手写的快慢以及自动化程度。速度特征参数提取如图5.41所示，NC V特征参数提取如图5.42所示。

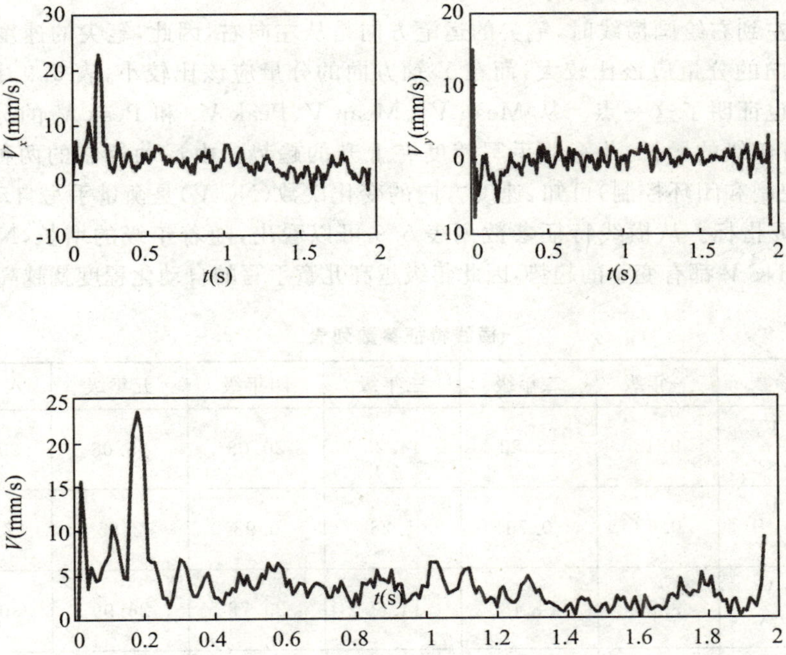

图 5.41　速度特征参数提取

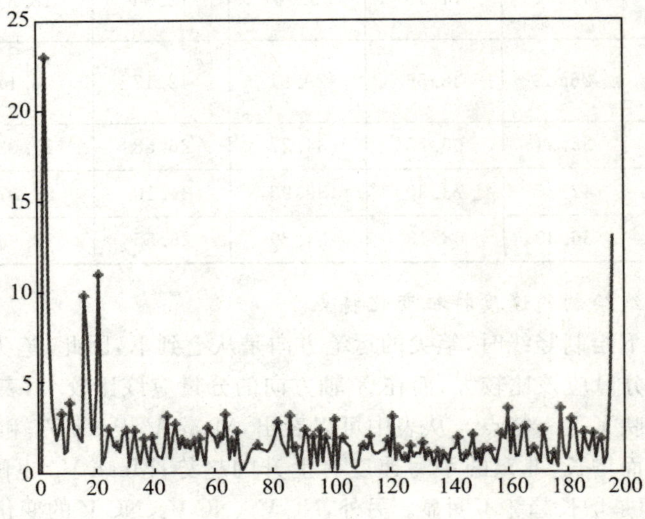

图 5.42　NC V 特征参数提取

(一)横线绘画的速度特征变化特点

从左到右绘画横线时,笔尖的运笔方向是从左向右,因此,笔尖的速度 V 在 X 轴方向的分量应该比较大,而在 Y 轴方向的分量应该比较小,表 5.9 中的数据特点也证明了这一点。从 Mean V_x、Mean V、Peak V_x 和 Peak V 的分布来看,随着年级的增长,儿童的手写速度有上升的趋势。由运动控制的两种模型(开环控制和闭环控制)可知,速度方向的变化次数(NC V)是衡量手写自动化程度的重要指标。从横线特征参数列表 5.9 可以看出,随着年级的增长,NC V_x、NC V_y、NC V 都有变小的趋势,因此年级越高儿童手写的自动化程度就越高。

表 5.9　横线特征参数列表

特征参数	一年级	二年级	三年级	四年级	五年级	六年级
Mean V_x (mm/s)	9.48	13.82	14.25	20.08	25.68	29.26
Mean V_y (mm/s)	0.68	0.76	1.26	0.98	2.85	2.09
Mean V (mm/s)	9.97	14.48	14.80	20.78	26.99	30.71
Peak V_x (mm/s)	24.04	36.83	28.72	39.75	52.17	57.80
Peak V_y (mm/s)	11.69	11.15	9.90	12.94	18.31	20.49
Peak V (mm/s)	26.32	38.56	29.81	42.17	56.17	60.68
NC V_x	35.91	66.75	34.27	26.58	23.03	17.31
NC V_y	42.86	73.30	39.93	31.10	27.07	21.81
NC V	36.30	68.13	34.29	26.55	22.96	17.25

(二)竖线绘制的速度特征变化特点

从上到下绘制竖线时,笔尖的运笔方向是从上到下,因此,笔尖的速度 V 在 Y 轴方向的分量应该比较大,而在 X 轴方向的分量应该比较小,表 5.10 中的数据很好地反映了这一特点。从表中可以看出,Mean V、Peak V_y 和 Peak V 随着年级的增长而增长,儿童的手写速度有上升的趋势;Mean V_y 也随着年级的增长而增长,但是增长趋势不明显。另外,NC V_x、NC V_y、NC V 的变化趋势不明显。但是我们可以看出,六年级儿童手写的自动化程度要明显比其他年级的高。

表 5.10　竖线特征参数列表

特征参数	一年级	二年级	三年级	四年级	五年级	六年级
Mean V_x (mm/s)	−1.25	0.02	−0.76	0.03	−0.57	0.62
Mean V_y (mm/s)	18.20	23.97	21.13	27.58	21.04	15.45
Mean V (mm/s)	19.07	24.53	21.61	28.27	54.34	55.31
Peak V_x (mm/s)	8.90	10.93	9.50	13.22	24.83	23.66
Peak V_y (mm/s)	8.67	7.90	5.23	7.12	7.23	9.70
Peak V (mm/s)	45.43	52.24	41.94	54.89	63.13	68.63
NC V_x	28.73	33.86	32.48	24.73	25.75	20.71
NC V_y	22.48	28.83	27.80	20.21	22.09	15.80
NC V	22.99	29.27	28.08	20.41	22.56	16.22

(三)圆圈绘制的速度特征变化特点

在绘制圆圈时,由于起点、终点位置基本重合,笔尖的运笔方向是不断变化的,且画图的上下左右运笔方向相反,速度和加速度均值在 X 轴方向和 Y 轴方向的分量应该都比较小,因此,我们重点考察了 Mean V 和 Peak V。从表 5.11 中可以看出,Mean V 和 Peak V_y 都随着年级的增长而上升。另外,随着年级的增长,儿童的手写自动化程度也明显升高,如表 5.11 所示,NC V_x、NC V_y、NC V都呈现下降的趋势。

表 5.11　圆圈特征参数列表

特征参数	一年级	二年级	三年级	四年级	五年级	六年级
Mean V_x (mm/s)	0.80	0.53	0.62	0.22	0.45	0.02
Mean V_y (mm/s)	0.23	−0.10	−0.38	−0.03	−0.91	−0.48
Mean V (mm/s)	22.18	24.00	29.44	34.12	47.87	43.15

续表

特征参数	一年级	二年级	三年级	四年级	五年级	六年级
Peak V_x (mm/s)	34.25	36.22	40.88	47.44	61.01	53.26
Peak V_y (mm/s)	40.15	38.69	42.05	50.01	67.01	60.24
Peak V (mm/s)	53.47	55.00	59.02	64.42	93.28	78.07
NC V_x	56.67	54.55	41.58	41.06	33.76	29.70
NC V_y	56.90	54.69	43.00	44.12	33.84	30.86
NC V	53.54	55.61	43.53	43.80	36.48	32.58

四、加速度特征提取

手写运动过程中的加速度用于衡量速度的变化特点，常用的指标包括加速度均值和峰值以及加速度的变化次数。加速度特征参数提取如图 5.43 所示，NC A 特征参数提取如图 5.44 所示。

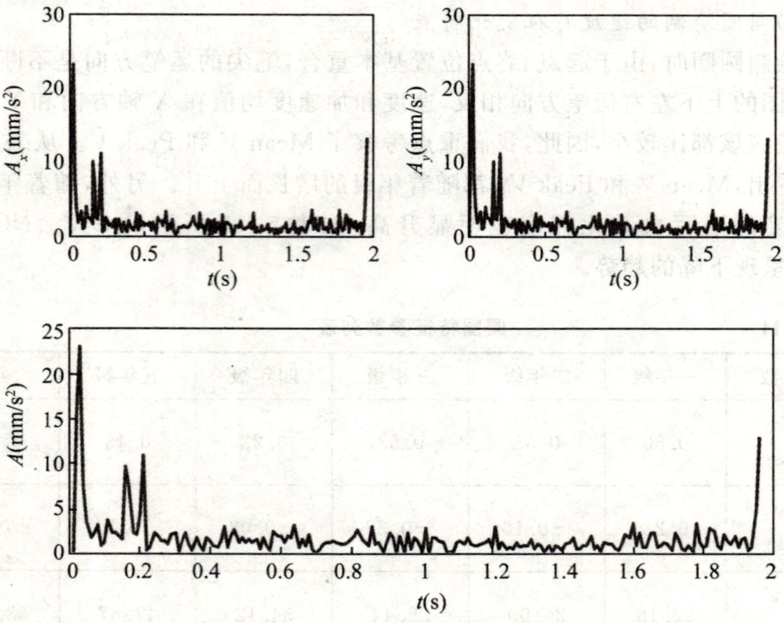

图 5.43　加速度特征参数提取

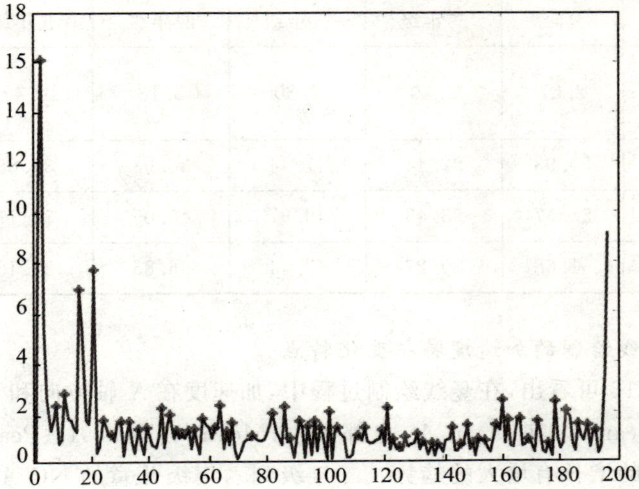

图 5.44　NC A 特征参数提取

(一)横线绘制的加速度特征变化特点

由表5.12可看出，在横线绘制过程中，加速度在 X 轴方向和 Y 轴方向的分量的均值 Mean A_x 和 Mean A_y 都比较小，Mean A、Peak A_x、Peak A_y 和 Peak A 都随着年级的增长有增大的趋势。二年级至六年级儿童的 NC A_x、NC A_y、NC A 随着年级的增长而减小，趋势明显。

表 5.12　　横线特征参数列表

特征参数	一年级	二年级	三年级	四年级	五年级	六年级
Mean A_x (mm/s^2)	0.03	0.01	0.03	0.05	−0.02	−0.05
Mean A_y (mm/s^2)	0.01	0.00	0.02	0.01	0.07	0.09
Mean A (mm/s^2)	2.27	2.30	2.30	3.18	4.47	4.71
Peak A_x (mm/s^2)	18.46	20.40	18.43	27.53	27.88	33.24
Peak A_y (mm/s^2)	14.66	13.38	13.06	19.07	23.20	23.11

续表

特征参数	一年级	二年级	三年级	四年级	五年级	六年级
Peak A (mm/s^2)	2.27	2.30	2.30	3.18	4.47	4.71
NC A_x	50.93	92.44	47.44	38.03	33.88	27.40
NC A_y	55.57	93.45	49.97	40.05	35.17	28.14
NC A	51.68	89.27	45.44	36.85	32.15	25.65

(二)竖线绘制的加速度特征变化特点

由表5.13可看出,在竖线绘制过程中,加速度在 X 轴方向和 Y 轴方向的分量的均值 Mean A_x 和 Mean A_y 也都很小,Mean A、Peak A_x、Peak A_y、Peak A 都随着年级的增长有增大的趋势。二年级到六年级儿童的 NC A_x、NC A_y、NC A 随着年级的增长而减小,趋势明显。

表5.13　竖线特征参数列表

特征参数	一年级	二年级	三年级	四年级	五年级	六年级
Mean A_x (mm/s^2)	−0.05	0.00	0.02	−0.02	−1.29	0.28
Mean A_y (mm/s^2)	−0.04	−0.03	−0.08	−0.07	13.62	15.33
Mean A (mm/s^2)	3.56	3.29	2.68	3.98	9.43	10.82
Peak A_x (mm/s^2)	13.97	16.01	12.91	16.19	19.85	20.59
Peak A_y (mm/s^2)	16.71	17.50	12.17	18.14	20.40	23.59
Peak A (mm/s^2)	3.56	3.29	2.68	3.98	9.43	10.82
NC A_x	37.98	43.66	41.85	32.01	33.63	27.43
NC A_y	34.15	41.16	40.46	30.93	32.40	25.53
NC A	35.48	40.40	38.86	29.63	30.61	24.59

(三)圆圈绘制的加速度特征变化特点

由表5.14可看出,在圆圈绘制过程中,加速度在X轴方向和Y轴方向的分量的均值Mean A_x和Mean A_y都很小,Mean A、Peak A_x、Peak A_y和Peak A都随着年级的增长有增大的趋势。二年级到六年级儿童的NC A_x、NC A_y、NC A随着年级的增长而减小,趋势明显。

表5.14　圆圈特征参数列表

特征参数	一年级	二年级	三年级	四年级	五年级	六年级
Mean A_x (mm/s^2)	0.03	0.05	0.12	0.14	0.13	0.15
Mean A_y (mm/s^2)	−0.00	0.02	0.01	−0.02	−0.17	−0.07
Mean A (mm/s^2)	3.30	2.67	3.20	3.91	5.89	4.88
Peak A_x (mm/s^2)	19.67	20.83	16.95	19.06	30.60	20.58
Peak A_y (mm/s^2)	19.57	25.58	22.22	27.29	26.56	24.55
Peak A (mm/s^2)	3.30	2.67	3.20	3.91	5.89	4.88
NC A_x	82.43	84.92	69.93	65.59	58.65	54.51
NC A_y	82.24	84.13	70.24	68.01	59.04	54.59
NC A	83.74	82.17	68.58	64.88	58.28	54.22

五、三维力矢量特征的提取

手写动力学特征包括平均正向压力、施力方向调整归一化指标(normalized force angle regulation,NFR)、画圆运动中精细控制变异性指标(variation of fine motor control in circles drawing,VFC)等。

平均正向压力是F_z对时间序列的均值,后两个指标均是在施力角度(force angle)提取的基础上计算得到的。在绘画运动过程中,笔尖运动由笔尖与书写平面接触力的摩擦力分量(F_x和F_y的合力)决定,该摩擦力分量的施力方向对应于笔尖的运动方向。因此,我们使用"施力角度"这一概念来量化手写摩擦力分量的施力方向,如图5.45所示。施力角度根据F_x

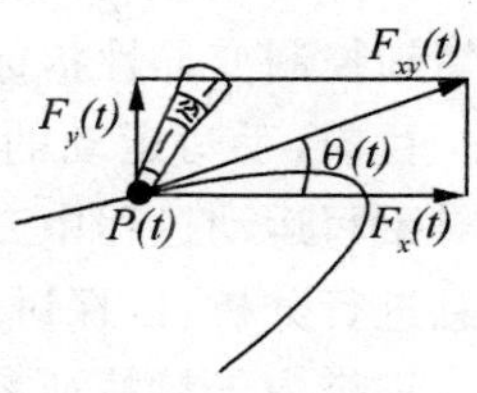

图5.45　施力角度计算示意图

和 F_y 的时间序列计算得到：设在采样时间点 t，笔与书写平面的接触点为 $p(t)$，接触点 $p(t)$ 处的施力角度 $\theta(t)$ 是指沿触摸屏的笛卡尔坐标系 X 轴方向上的分力 $F_x(t)$ 和沿触摸屏的笛卡尔坐标系 Y 轴方向上的分力 $F_y(t)$ 的合力 $F_{xy}(t)$ 与 X 轴的夹角。

$$\theta(t)=\arctan\frac{F_y(t)}{F_x(t)} \tag{5-3}$$

施力方向调整归一化指标(NFR)用于对用户绘画过程中笔尖运动方向的控制能力进行衡量。该指标的具体计算方法为：

(1)计算施力角度时间序列：根据 F_x 和 F_y 时间序列计算得到施力角度时间序列。

(2)计算施力方向调整次数：通过计算施力角度一阶差分的极值点个数得到施力方向调整次数，这个值在平滑的绘制运动中是最小的。

(3)计算施力方向调整归一化指标值：由于施力方向调整次数随几何形状的长度发生变化，因此，根据笔迹长度对其进行归一化处理，可得到最终指标值。

精细控制变异性指标(VFC)用于描述画圆运动中同时控制施力和速度的精细运动能力，是对手写过程中运动学和动力学特性的综合衡量。圆绘制任务需要手指和手腕的协调来完成圆形曲线运动。在理想情况下，圆绘制过程需要保持施力角度变化率恒定，以画出一个标准的圆形。在实际情况下，一个圆几何笔画的施力角度变化率变异性越大，则表明对力和速度同步控制的精细运动能力越差。施力角度变化率是指经过一个采样时间间隔 Δt，施力角度的转动角度与笔尖位移的比值为：

$$r(t)=\left|\frac{\Delta\theta_t}{\Delta d_t}\right|=\left|\frac{\theta(t+\Delta t)-\theta(t)}{\sqrt{[x(t+\Delta t)-x(t)]^2+[y(t+\Delta t)-y(t)]^2}}\right| \tag{5-4}$$

从采样时间点 t 到采样时间点 $(t+\Delta t)$，施力角度变化率 $r(t)$ 为施力角度的转动角度 $\Delta\theta_t$ 与笔尖移动距离 Δd_t 比值的绝对值，施力角度的转动角 $\Delta\theta_t$ 是接触点 $p(t+\Delta t)$ 处的施力角度 $\theta(t+\Delta t)$ 与接触点 $p(t)$ 处的施力角度 $\theta(t)$ 的差值，笔尖移动距离 Δd_t 是接触点 $p(t)$ 处的二维笛卡尔坐标 $(x(t), y(t))$ 和接触点 $p(t+\Delta t)$ 处的二维笛卡尔坐标 $(x(t+\Delta t), y(t+\Delta t))$ 的欧氏距离。

计算得到施力角度变化率的时间序列后，求其一阶差分绝对值的均值，即为精细控制变异性指标值。

目前，手写运动的分析技术缺乏对手写过程中动态信息的获取，尤其是缺乏对手写运动过程中三维力矢量信息的获取能力。因此需要对手写的三维力信息进行分析，以探讨儿童手写力矢量的发展变化特点。

三维力矢量特征参数提取如图 5.46 所示。

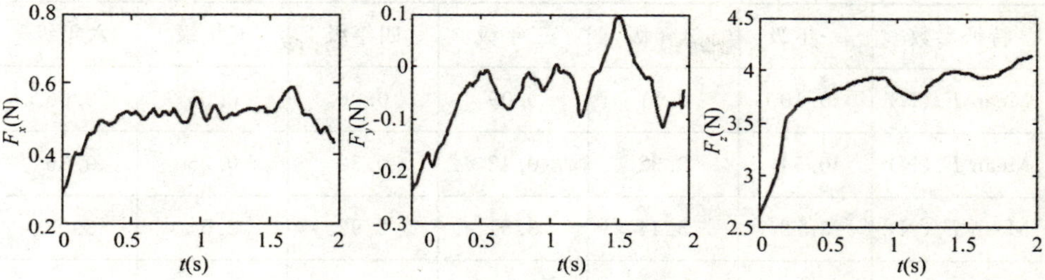

图 5.46 三维力矢量特征参数提取

(一)横线绘制的三维力矢量特征变化特点

由表 5.15 可看出,在横线绘制过程中,笔尖施力在 X 轴方向和 Y 轴方向的分量 Mean F_x、Mean F_y、Peak F_x、Peak F_y 都很小,变化趋势不明显。Mean F_x 和 Peak F_x 明显比 Mean F_y 和 Peak F_y 要大,这与横线绘制时的笔尖施力方向沿 X 轴有关。

Mean F_z 和 Peak F_z 随着年级的增长有减小的趋势,这说明随着年级的升高儿童运笔的力量变小,即可以用更小的施力完成相同的任务。

表 5.15　　横线特征参数列表

特征参数	一年级	二年级	三年级	四年级	五年级	六年级
Mean F_x(N)	0.43	0.27	0.35	0.27	0.29	0.30
Mean F_y(N)	0.04	0.07	0.01	0.03	0.06	0.01
Mean F_z(N)	3.53	3.74	3.61	3.26	2.71	2.88
Peak F_x(N)	0.54	0.45	0.44	0.36	0.37	0.39
Peak F_y(N)	0.17	0.18	0.12	0.11	0.14	0.09
Peak F_z(N)	4.02	4.41	4.10	3.93	3.16	3.43

(二)竖线绘制的三维力矢量特征变化特点

由表 5.16 可看出,在竖线绘制过程中,笔尖施力在 X 轴方向和 Y 轴方向的分量 Mean F_x、Mean F_y、Peak F_x 和 Peak F_y 都很小,变化趋势不明显。Mean F_y和 Peak F_y 明显比 Mean F_x 和 Peak F_x 要大,这与竖线绘制时的笔尖施力方向沿 Y 轴有关。

Mean F_z 和 Peak F_z 随着年级的增长也呈现减小的趋势,这说明随着年级的升高,儿童运笔的力量变小,即可以用更小的施力完成相同的任务。

表 5.16　　竖线特征参数列表

特征参数	一年级	二年级	三年级	四年级	五年级	六年级
Mean F_x(N)	0.10	0.11	0.09	0.06	0.05	0.06
Mean F_y(N)	0.54	0.32	0.42	0.32	0.25	0.36
Mean F_z(N)	3.72	3.44	3.81	2.92	2.51	3.08
Peak F_x(N)	0.07	0.01	0.02	0.04	0.06	0.05
Peak F_y(N)	0.20	0.10	0.19	0.12	0.02	0.11
Peak F_z(N)	4.21	4.01	4.34	3.53	3.00	3.62

（三）圆圈绘制的三维力矢量特征变化特点

由表 5.17 可看出，在圆圈绘制过程中，笔尖施力在 X 轴方向和 Y 轴方向的分量 Mean F_x、Mean F_y 都很小，并且接近于 0，这是由圆圈绘制的特点所决定的。

Mean F_z 和 Peak F_z 随着年级的变化不明显，可能是由于圆圈的绘制较直线的绘制更为复杂所致。

表 5.17　　圆圈特征参数列表

特征参数	一年级	二年级	三年级	四年级	五年级	六年级
Mean F_x(N)	0.09	0.10	0.06	0.04	0.03	0.05
Mean F_y(N)	0.01	0.06	0.03	0.05	0.02	0.04
Mean F_z(N)	3.14	3.81	3.50	2.78	2.60	2.95
Peak F_x(N)	0.44	0.43	0.44	0.32	0.32	0.37
Peak F_y(N)	0.51	0.63	0.51	0.39	0.44	0.55
Peak F_z(N)	3.98	4.87	4.37	3.45	3.24	3.70

六、三维力矢量频域特征提取

人写字的过程是一个非常复杂的运动过程，并不是只需要一种类型的肌肉运动。手写运动过程中不仅涉及手指和手腕的运动，而且涉及上肢的运动，还包括手写姿势、手写工具以及手写所使用的桌面等构成的复杂力学机械系统。研究表明：1～2 Hz 是完成某项手写任务时的主频率，即手指和手腕内收和外展

(adductive and abductive，即肌肉的屈伸动作)的主频率；3～4 Hz 是手写运动过程中视觉—运动闭环反馈控制的频率，即通过手眼协调来调整手写精确度的频率范围；大于 5 Hz 的频段表示神经运动噪声的频率，其中 9～12 Hz 是生理震颤和牵张反射动作发生的频段，而大于 21 Hz 是机械噪声和其他振动发生的频率范围，以及肌肉运动引起的残余振动等。

功率谱密度的观察对象是功率，观察域是谱域，通常指频域。密度是指观察对象在观察域上的分布情况。功率谱密度函数表示信号的功率密度(单位带宽上的功率)随频率的变化。功率谱具有单位频率的平均功率量纲，所以功率谱的标准叫法是“功率谱密度”。功率谱密度的单位是观察对象的单位的平方比上频率的单位，即函数幅值的均方根值与频率之比。因为力的单位为牛顿(N)，所以三维力矢量功率谱密度的单位为 N^2/Hz，而频率的单位是 1/s，经过换算得到三维力矢量功率谱密度的单位是 $N^2 \cdot s$。

计算时的步骤为：①对每一分段数据进行 FFT 变换，并求得幅值谱；②对幅值谱进行平方；③将双边谱转化为单边谱；④除以频率分辨率。

求信号功率谱时用下面的不同方法，功率谱密度的幅值大小相差很大。matlab 提供了几种功率谱的求法，在使用时需要注意各个参数的选取。

功率谱估计可以分为经典谱估计方法与现代谱估计方法。经典谱估计中最简单的就是周期图法，又分为直接法与间接法。直接法先取 N 点数据的傅里叶变换(即频谱)，然后取频谱与其共轭的乘积，就得到功率谱的估计；间接法先计算 N 点样本数据的自相关函数，然后取自相关函数的傅里叶变换，即得到功率谱的估计。二者都可以通过编程实现且很简单。在 matlab 中，周期图法可以用函数 periodogram 实现。

周期图法估计出的功率谱不够精细，分辨率比较低，因此需要对进行修正。可以将信号序列 $x(n)$分为 n 个不相重叠的小段，分别用周期图法进行谱估计，然后将这 n 段数据估计的结果的平均值作为整段数据功率谱估计的结果；还可以将信号序列 $x(n)$重叠分段，分别计算功率谱，再计算平均值作为整段数据的功率谱估计。一般而言，后者的效果比前者更好。加窗平均周期图法是对分段平均周期图法的改进，即在数据分段后对每段数据加一个非矩形窗进行预处理，然后再按分段平均周期图法估计功率谱。相对于分段平均周期图法，加窗平均周期图法可以减小频率泄漏，增加频峰的宽度。Welch 法就是利用改进的平均周期图法估计随机信号的功率谱，它采用信号分段重叠、加窗、FFT 等技术来计算功率谱。与周期图法比较，Welch 法可以改善估计谱曲线的光滑性，大大提高谱估计的分辨率。在 matlab 中，Welch 法用函数 psd 实现。调用格式如下：

```
[Px,F] = PSD(X,NFFT,Fs,WINDOW,NOVERLAP)
```

式中：X 代表输入样本数据；NFFT 代表 FFT 点数；Fs 代表采样率；WINDOW 代表窗类型；NOVERLAP 代表重叠长度。

现代谱估计主要是针对经典谱估计分辨率低和方差性不好提出的，可以极大地提高估计的分辨率和平滑性。可以分为参数模型谱估计和非参数模型谱估计。参数模型谱估计有 AR 模型、MA 模型、ARMA 模型等；非参数模型谱估计有最小方差法和 MUSIC 法等。由于涉及的问题太多，这里不再详述，读者可以参考有关资料。

在 matlab 中，现代谱估计的很多方法都可以实现。MUSIC 方法用 pmusic 命令实现功率谱估计，pburg 函数利用 burg 法实现功率谱估计，pyulear 函数利用 yule-walker 算法实现功率谱估计，等等。另外，sptool 工具箱也具有功率谱估计的功能。窗口化的操作界面很方便，而且有多种方法可以选择。

几种经典的功率谱估计：

(1)直接法：直接法又称“周期图法”，它是把随机序列 $x(n)$的 N 个观测数据视为一能量有限的序列，直接计算 $x(n)$的离散傅立叶变换，得 $X(k)$，然后再取其幅值的平方，并除以 N，作为序列 $x(n)$真实功率谱的估计。

(2)间接法：间接法先由序列 $x(n)$估计出自相关函数 $R(n)$，然后对 $R(n)$进行傅立叶变换，便得到 $x(n)$的功率谱估计。

(3)改进的直接法：对于直接法的功率谱估计，当数据长度 N 太大时，谱曲线起伏加剧；若 N 太小，则谱的分辨率不好。因此，该方法还需要改进。

(4)Bartlett 法：Bartlett 平均周期图的方法是将 N 点的有限长序列 $x(n)$分段求周期图再平均。

(5)Welch 法：Welch 法对 Bartlett 法进行了两方面的修正：一是选择适当的窗函数 $w(n)$，并在周期图计算前直接加进去，加窗的优点是无论什么样的窗函数均可使谱估计非负；二是在分段时，可使各段之间有重叠，这样会使方差减小。

(6)平均周期图法：参数条件一样的话，该法可以得到和其他方法完全相同的结果。直接采用平均周期图法求功率谱时，功率谱形状呈锯齿形，谱峰点的准确位置不容易确定，但是可以采用其他的方法对谱进行平滑操作。平滑化仅仅是为了使图形光滑，并不会使波的本质受到歪曲和畸变。平滑化的程度可以根据所分析的信号选择合理的窗函数和带宽，可以采用逐步观察的方法进行考察。

这里对手写过程中三维力信息的频谱特征参数进行了提取，图 5.47 是随机抽取的一名儿童在手写任务中的功率谱密度(power spectral density，PSD)分析图。由图中可看出，F_x、F_y、F_z 的功率谱密度反映的特征基本一致，都反映了低频能量占整体能量比率高的这个特征，与现有的研究结果基本一致。

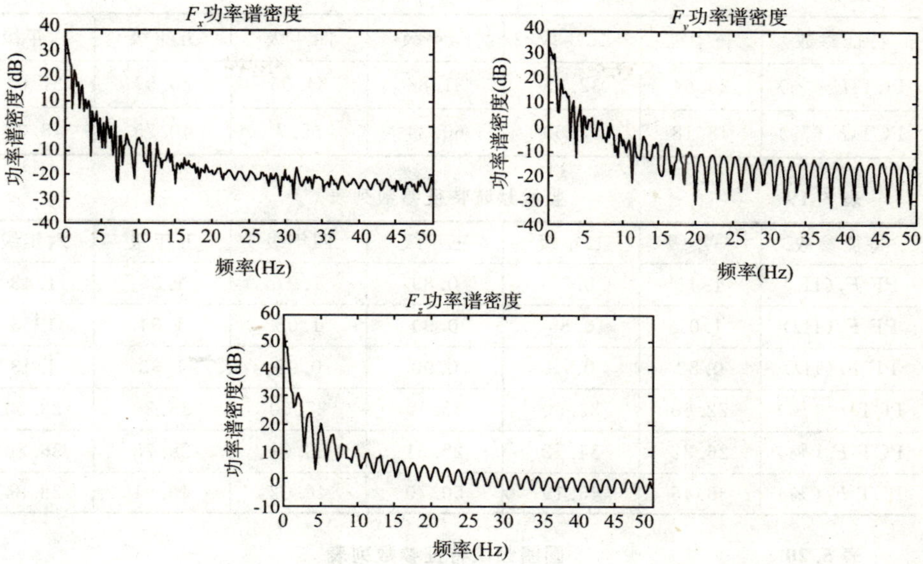

图 5.47　功率谱密度分析图

在此提取了儿童手写是功率谱的峰值频率，包括 F_x 的峰值频率（用 PF F_x 表示）、F_y 的峰值频率（用 PF F_y 表示）、F_z 的峰值频率（用 PF F_z 表示）。另外，由于 1～2 Hz 是完成某项手写任务时的主频率，而 3～4 Hz 是手写运动过程中视觉—运动闭环反馈控制的频率，大于 5 Hz 的频段表示神经运动噪声的频率，所以本研究提取了 1～5 Hz 的功率谱密度值占整个功率谱密度的百分比。其所占百分比越高，运动噪声越小，手写能力越好。分别用 PCT F_x、PCT F_y、PCT F_z 代表 F_x、F_y、F_z 功率谱密度中 1～5 Hz 所占整个频谱的百分比。

从横线、竖线、圆圈的功率谱峰值频率和 1～5 Hz 的功率谱所占百分比看（见表 5.18 至表 5.20），六个年级的数值大体相当，没有明显的变化趋势，导致这种结果的原因可能是所选取的实验对象均为正常的学龄儿童，其手写能力没有显著性差异。由于在频域所提取的特征参数没有明显的差异，因此没有对频域的特征做进一步的处理。

表 5.18　　横线频域特征参数列表

特征参数	一年级	二年级	三年级	四年级	五年级	六年级
PF F_x(Hz)	0.6	0.56	0.86	0.94	1.24	1.32
PF F_y(Hz)	0.8	0.85	1.31	1.36	1.65	1.90
PF F_z(Hz)	0.5	0.52	0.75	0.79	1.20	1.17
PCT F_x(%)	29.36	33.50	36.03	36.97	27.55	25.15

续表

特征参数	一年级	二年级	三年级	四年级	五年级	六年级
PCT F_y(%)	29.64	32.45	31.86	34.05	23.57	31.04
PCT F_z(%)	48.18	54.99	60.34	55.7	40.75	48.22

表 5.19　　竖线频域特征参数列表

特征参数	一年级	二年级	三年级	四年级	五年级	六年级
PF F_x(Hz)	1.41	0.80	0.89	1.07	1.35	1.43
PF F_y(Hz)	1.01	0.85	0.90	1.03	1.34	1.53
PF F_z(Hz)	0.82	0.78	0.90	0.93	1.33	1.43
PCT F_x(%)	22.60	32.50	33.10	27.60	35.30	23.55
PCT F_y(%)	26.32	34.52	25.61	23.01	29.78	36.80
PCT F_z(%)	38.45	45.19	50.70	46.02	49.91	38.84

表 5.20　　圆圈频域特征参数列表

特征参数	一年级	二年级	三年级	四年级	五年级	六年级
PF F_x(Hz)	0.23	0.19	0.16	0.09	0.07	0.09
PF F_y(Hz)	0.28	0.27	0.22	0.11	0.12	0.14
PF F_z(Hz)	0.66	1.91	0.72	0.41	0.30	0.41
PCT F_x(%)	34.50	36.37	32.58	33.40	22.51	28.91
PCT F_y(%)	33.65	31.42	26.44	22.66	29.66	34.43
PCT F_z(%)	46.31	51.23	49.61	51.78	49.39	47.80

第六节　儿童手写信息数据库设计

一、需求分析

手写信息数据库主要基于年龄、年级(受教育情况)、性别、利手情况、病史等因素对健康学龄儿童群体实验样本进行描述和分组。本研究借助自主设计的手写采集平台，设计了面向学龄儿童的手写运动信息采集平台，实现了对学龄儿童手写运动信息，特别是手写力矢量信息的全面获取，并基于获取的手写信息建成了一个具有存储、数据输入输出、检索查询等功能的健康学龄儿童群体手写运动数据库。

手写信息数据库主要有以下几个模块：受试者信息管理系统、手写信息管理系统、手写特征参数管理系统。受试者信息管理系统主要完成对儿童个人信息的存储和管理，包括年龄、年级、性别、学校、病史等个人信息；手写信息管理系统主要完成对手写过程中原始数据的保存和管理，包括手写的任务的类别、手写运动的位置信息、笔尖施力信息等内容；手写特征参数管理系统主要保存手写运动的特征参数，包括速度、加速度、笔尖施力特点等信息，便于数据的统计分析和管理。

"用例图"是指由参与者(actor)、用例(use case)以及它们之间的关系构成的用于描述系统功能的视图。用例图(user case)是被称为"参与者"的外部用户所能观察到的系统功能的模型图，呈现了一些参与者和一些用例，以及它们之间的关系，主要用于对系统、子系统或类似的功能行为进行建模。用例图描述了用户角度系统的基本功能，用户包括受试者、研究者和管理员，每个用例描述了用户使用系统的不同角度，从而产生不同的结果。用例视图是被称为"角色"的外部用户所能观察到的系统功能的模型图，用来描述系统应该具备的功能，显示用例、参与者以及它们之间的关系。

图 5.48 所示为本系统的用例图：

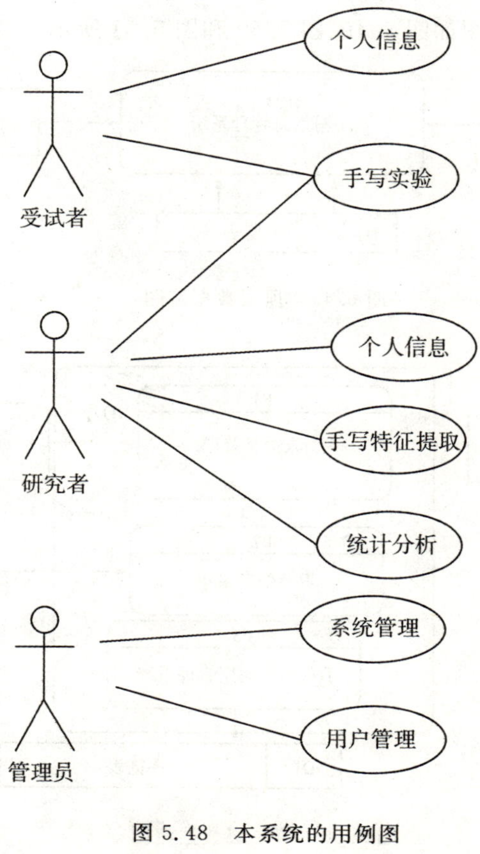

图 5.48　本系统的用例图

二、系统数据流图

数据流图(data flow diagram,DFD)是从数据传递和加工的角度,以图形的方式来表达系统的逻辑功能、数据在系统内部的逻辑流向和逻辑变换过程。它是一种图形化技术,描绘了信息流和数据从输入移动到输出的过程中所经受的变换。在数据流图中没有任何具体的物理部件,它只是描绘数据在软件中流动和被处理的逻辑过程,是系统逻辑功能的图形表示。设计数据流图时只需考虑系统必须完成的基本逻辑功能,完全不需要考虑怎样具体地实现这些功能,所以它也是今后进行软件设计的很好的出发点。

为了表达数据处理过程的数据加工情况,需要采用层次结构的数据流图。按照系统的层次结构进行逐步分解,并以分层的数据流图反映这种结构关系,能清楚地表达和容易理解整个系统。在多层数据流图中,顶层流图仅包含一个加工,它代表被开发系统。它的输入流是该系统的输入数据,输出流是系统所输出的数据。底层流图是指其加工不需再做分解的数据流图,它处在最底层。中间层流图则表示对其上层父图的细化,它的每一步加工可能继续细化,形成子图。

本系统的数据流图如图 5.49、图 5.50 和图 5.51 所示。

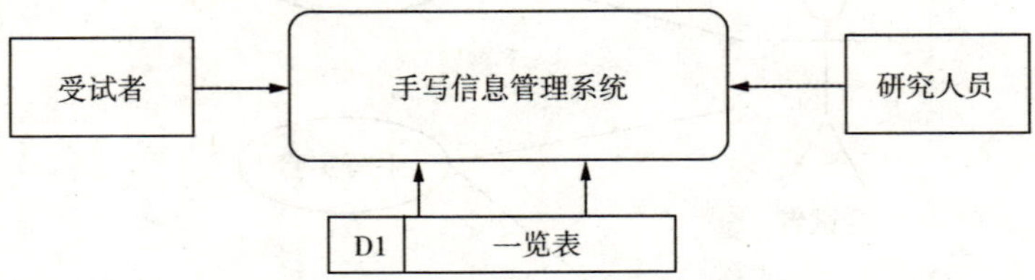

图 5.49　顶层数据流图

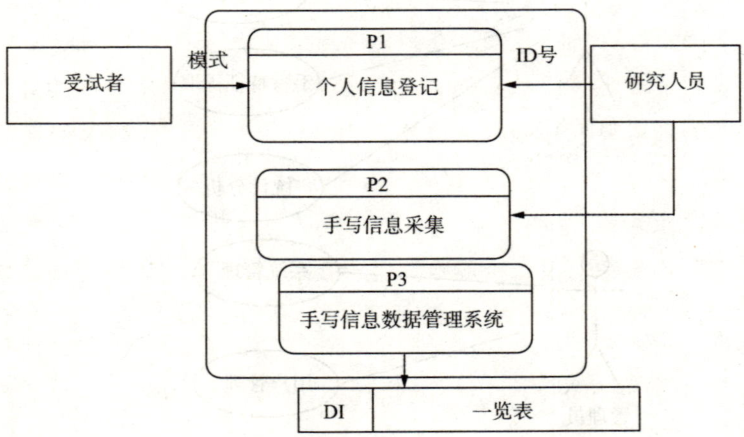

图 5.50　第一层数据流图

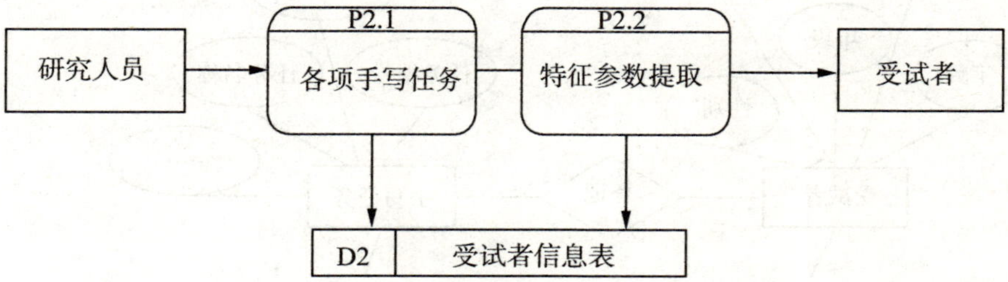

图 5.51　第二层数据流图

三、概念结构设计

E-R 方法是“实体一联系方法”(entity-relationship approach)的简称，它是描述现实世界概念结构模型的有效方法，是表示概念模型的一种方式。具体方法是：用矩形表示实体型，矩形框内写明实体名；用椭圆表示实体的属性，并用无向边将其与相应的实体型连接起来；用菱形表示实体型之间的联系，在菱形框内写明联系名，并用无向边分别与有关实体型连接起来，同时在无向边旁标上联系的类型。

实体联系模式图(entity relationship diagram，ERD)是由美籍华裔计算机科学家陈品山(Peter Chen)发明的，是概念数据模型的高层描述所使用的数据模型或模式图，它为表述这种实体联系模式图形式的数据模型提供了图形符号。这种数据模型典型的应用是在信息系统设计的第一阶段：比如，它们在需求分析阶段用来描述信息需求和/或要存储在数据库中的信息的类型。但是数据建模技术可以用来描述特定论域的任何本体。在基于数据库的信息系统设计的情况下，概念模型要映射到逻辑模型如关系模型上；它依次要在物理设计期间映射到物理模型上。

通过 E-R 图可以对系统中的数据进行抽象加工，将实体集合抽象成实体类型，用实体间联系的类型反映系统的内在联系。图 5.52 所示即为本系统的 E-R 图。

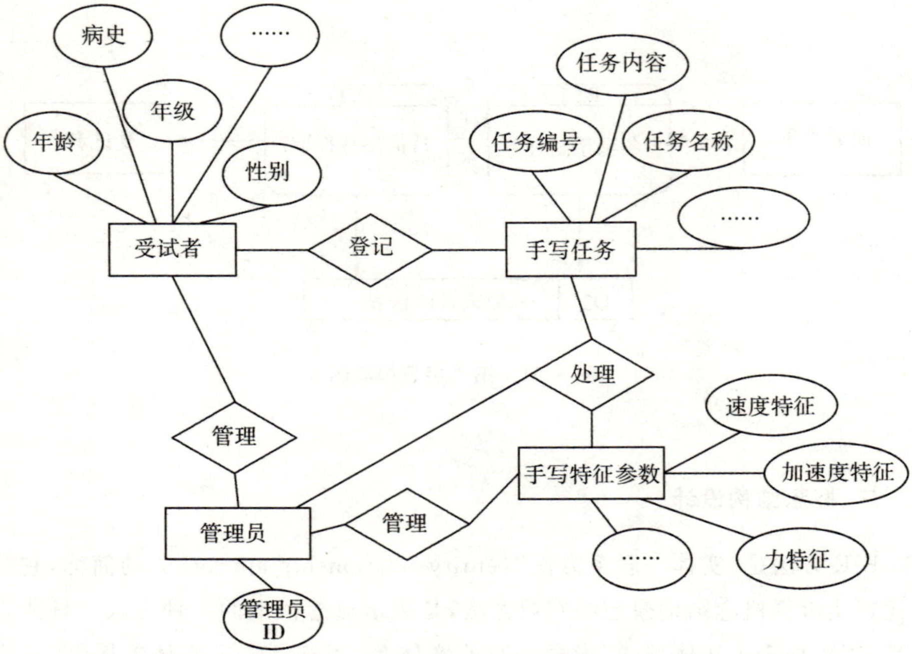

图 5.52　本系统的 E-R 图

Unified Modeling Language(UML)可译为“统一建模语言”或“标准建模语言”，是在 1997 年制定的一个 OMG 标准。它是一个支持模型化和软件系统开发的图形化语言，为软件开发的所有阶段提供模型化和可视化支持，包括由需求分析到规格，到构造和配置。面向对象的分析与设计(OOA&D,OOAD)方法的发展在 20 世纪 80 年代末至 90 年代中出现了一个高潮，UML 是这个高潮的产物，它不仅统一了 Booch、Rumbaugh 和 Jacobson 的表示方法，而且对其作了进一步的发展，并最终统一为大众所接受的标准建模语言。

UML 有 3 种基本的构造块:事物、关系和图。事物是对模型中最具有代表性的成分的抽象，包括结构事物，如类(class)、接口(interface)、协作(collaboration)、用例(usecase)、主动类(activeclass)、组件(component)和节点(node);行为事物，如交互(interaction)、态机(statemachine)、分组事物(包，package)、注释事物(注解，note)。关系用来把事物结合在一起，包括依赖、关联、泛化和实现关系。

UML 功能强大，是普遍适用且易于表达的建模语言，是迄今为止使用最广泛的面向对象系统的可视化的标准建模方法。数据库的 UML 类图如图 5.53 所示。

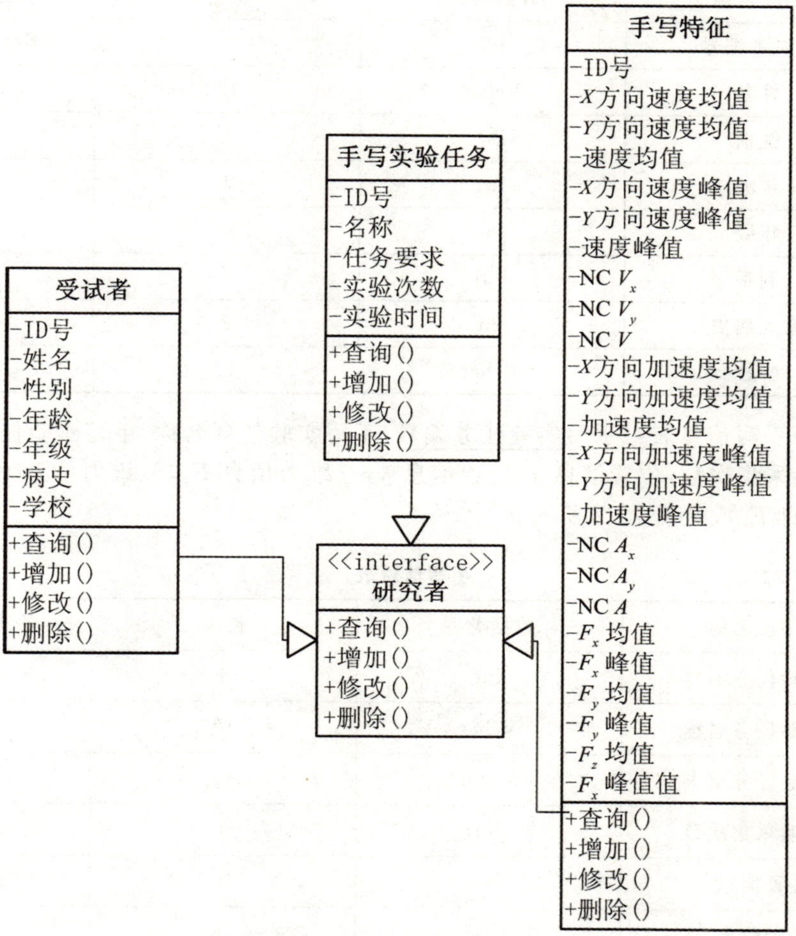

图 5.53　UML 类图

四、数据库表结构

通过 UML 对数据库进行建模分析后，设计的数据库表结构如下（有下划线者为主键）：

(1)受试者个人信息表：(受试者编号，姓名，性别，年龄，年级，利手，有无病史，学校……)，如表 5.21 所示。

表 5.21　　受试者个人信息表

字段名称	数据类型	长度	备注
受试者编号	Int	4	Key
姓名	Vchar	12	
性别	Bit	1	
年龄	Int	4	
年级	Int	4	
利手	Bitl	2	
有无病史	Bit	2	
学校	Vchar	12	

(2)手写信息表:(手写实验任务编号,手写实验任务名称,手写实验任务要求,实验采集次数,位置信息 x,位置信息 y,三维力信息 F_x,三维力信息 F_y,三维力信息 F_z),如表 5.22 所示。

表 5.22　　手写信息表

字段名称	数据类型	长度	备注
实验任务编号	Int	4	Key
实验任务名称	Vchar	12	
实验任务要求	Vchar	12	
实验采集次数	Int	4	
位置信息 x	Text	16	
位置信息 y	Text	16	
三维力信息 F_x	Text	16	
三维力信息 F_y	Text	16	
三维力信息 F_z	Text	16	

(3)手写特征参数表:(受试者编号,手写实验任务编号,X 方向速度均值,Y 方向速度均值,速度均值,X 方向速度峰值,Y 方向速度峰值,速度峰值,NC V,X 方向加速度均值,Y 方向加速度均值,加速度均值,X 方向加速度峰值,Y 方向加速度峰值,加速度峰值,NC A,F_x 均值,F_x 峰值,F_y 均值,F_y 峰值,F_z 均值,F_z 峰值),如表 5.23 所示。

表 5.23 手写特征参数表

字段名称	数据类型	长度	备注
受试者编号	Int	4	Key
实验任务编号	Int	4	
X方向速度均值	Float	4	
Y方向速度均值	Float	4	
速度均值	Float	4	
X方向速度峰值	Float	4	
Y方向速度峰值	Float	4	
速度峰值	Float	4	
NC V_x	Float	4	
NC V_y	Float	4	
NC V	Float	4	
X方向加速度均值	Float	4	
Y方向加速度均值	Float	4	
加速度峰值	Float	4	
X方向加速度峰值	Float	4	
Y方向加速度峰值	Float	4	
加速度峰值	Float	4	
NC A_x	Float	4	
NC A_y	Float	4	
NC A	Float	4	
F_x 均值	Float	4	
F_x 峰值	Float	4	
F_y 均值	Float	4	
F_y 峰值	Float	4	
F_z 均值	Float	4	
F_z 峰值	Float	4	

(4)研究者信息表:(研究者编号,姓名),如表 5.24 所示。

表 5.24 研究者信息表

字段名称	数据类型	长度	备注
研究者编号	Int	4	Key
姓名	Vchar	12	

本数据库使用的开发工具为 SQL Server 2005。Microsoft SQL Server 是微软公司开发的一款非常流行的关系数据库管理系统，SQL Server 的数据库应用在 Microsoft NT 系统平台上，它是能同时支持多个并发用户的关系数据库系统，是一个功能强大的客户服务器平台。作为服务器后端的 SQL Server，能解决上千个计算机同时访问服务器时所产生的问题，使每个客户端系统都能独立地处理来自于服务器数据库的各种数据，故本系统以此作为数据库设计的工具进行设计。

第七节　本章小结

本章首先从人的心理认知加工角度出发，分析了在笔式交互中资源和工作记忆容量对界面交互方式的影响，指出了在笔式界面交互方式设计中应使交互的方式符合人类心理认知模型；然后从如何设计高效和自然的笔式界面交互方式出发，给出了需要在交互信息的底层完成对最基本、最小的交互任务（交互原语）的描述，并给出了基于 F-Pad2 笔式交互平台设计的笔式交互原语模型；基于此，本章给出了在人类心理认知模型和笔式交互原语模型基础上针对笔者自行研发的 F-Pad2 笔式交互平台构建的界面交互框架，并分析了组成界面交互框架的每一个部分的作用；最后，我们基于 F-Pad2 笔式交互平台提出了一种“力—位置”混合作用的交互方式来指导设计 F-Pad2 笔式界面的交互动作设计，详细介绍了“力—位置”混合作用的交互方式思路。

基于笔式交互界面，我们采集了 60 名在校小学生绘制横线、竖线和圆圈的手写信息，提取了儿童手写运动过程中的运动学和动力学参数，主要从手写运动的速度、加速度和三维力矢量等三个方面进行了分析。所提取的手写运动特征包括 X 方向速度均值 Mean V_x、Y 方向速度均值 Mean V_y、手写速度均值 Mean V、X 方向速度峰值 Peak V_x、Y 方向速度峰值 Peak V_y、手写速度峰值 Peak V、手写运动中 X 方向速度变化次数 NC V_x、Y 方向速度变化次数 NC V_y、合速度变化次数 NC V、X 方向加速度均值 Mean A_x、Y 方向加速度均值 Mean A_y、手写加速度均值 Mean A、X 方向加速度峰值 Peak A_x、Y 方向加速度峰值 Peak A_y、手写加速度峰值 Peak A、手写过程中 X 方向加速度变化次数 NC A_x、Y 方向加速度变化次数 NC A_y、总加速度变化次数 NC A、X 方向力矢量均值 Mean F_x、X 方向力矢量峰值 Peak F_x、Y 方向力矢量均值 Mean F_y、Y 方向力矢量峰值 Peak F_y、Z 方向力矢量均值 Mean F_z、Z 方向力矢量峰值 Peak F_z 等 24 个特征参数，并对各参数的变化趋势进行了分析。最后，基于获取的手写信息，建成了一个具有存储、数据输入输出、检索查询等功能的儿童手写运动数据库。

第六章　基于 PCA 的儿童手写特征集构建

第一节　引　言

儿童时期是人类运动技能发展的重要阶段，也是掌握精细运动技能的关键时期。精细运动技能的发展不仅依赖于认知、感觉、视觉等其他技能的发育，同时也会促进其他技能的发育。精细运动技能的发展与脑认知发育具有融合性和一致性。随着精细运动技能的不断发育成熟，脑认知能力也会不断提高。

研究者对一至五年级（6～11 岁）儿童的手写运动发展特点进行研究后发现：一年级（6～7 岁）是儿童写字能力发展最迅速的时间段；二年级（7～8 岁）儿童写字会达到一个相对稳定的阶段；三年级（8～9 岁）儿童的书写能力会得到进一步的提升，写字的自动化能力、整体组织能力都达到了一定的程度，可以很自然地表达自己的思想并与他人进行交流。

本章基于构建的学龄儿童手写运动数据库，分析了学龄儿童群体的手写运动特点，针对提取的学龄儿童手写运动特征研究了学龄儿童手写能力随年级的变化特点，将受试者按照所在的年级进行分组，并通过斯皮尔曼相关系数考察了这些特征参数与年级的相关性，之后选取了斯皮尔曼相关性分析中与年级显著相关的运动参数，通过主成分回归分析方法构建了由力和速度等指标构成的儿童手写运动特征集。

第二节　儿童手写运动特点研究

一、统计分析方法

（一）皮尔逊积矩相关系数

在统计学中，皮尔逊积矩相关系数（Pearson product-moment correlation

coefficient，PMCC)通常用“r”或“ρ”表示，是用来度量两个变量 X 和 Y 之间的相互关系(线性相关)的指标，取值范围为[－1，＋1]。皮尔逊积矩相关系数在学术研究中被广泛应用来度量两个变量线性相关性的强弱，它是由 Karl Pearson 在 19 世纪 80 年代从 Francis Galton 介绍的想法基础发展起来的，发展后与原想法相似但略有不同。这种相关系数常被称为“Pearson 的 r”。

两个变量之间的皮尔逊积矩相关系数定义为这两个变量的协方差与二者标准差积的商，用公式表示为：

$$\rho_{XY}=\frac{\operatorname{cov}(X,Y)}{\sigma_X\sigma_Y}=\frac{E(X-\mu_X)(Y-\mu_Y)}{\sigma_X\sigma_Y} \tag{6-1}$$

式(6-1)定义了总体相关系数，一般用希腊字母“ρ”表示。若用样本计算的协方差和标准差代替总体的协方差和标准差则为样本相关系数，一般用 r 表示：

$$r=\frac{\sum_{i=1}^{n}(X_i-\bar{X})(X_i-\bar{Y})}{\sqrt{\sum_{i=1}^{n}(X_i-\bar{X})^2}\sqrt{\sum_{i=1}^{n}(Y_i-\bar{Y})^2}} \tag{6-2}$$

另外一个与式(6-2)等效的定义相关系数的公式是通过标准化以后变量均值的积定义的。假设样本可以记为(X_i,Y_i)，则样本 Pearson 相关系数为：

$$r=\frac{1}{n-1}\sum_{i=1}^{n}\left(\frac{X_i-\bar{X}}{s_X}\right)\left(\frac{Y_i-\bar{Y}}{s_Y}\right) \tag{6-3}$$

式中：$\frac{X_i-\bar{X}}{s_X}$、$\bar{X}$ 和 s_X 分别为标准化变量、样本均值和样本标准差。

皮尔逊积矩相关系数的数学特性为：不论是样本的还是总体的 Pearson 相关系数绝对值均小于等于 1，相关系数等于 1 或－1 时，所有数据的点都精确地落在一条直线上(为样本相关系数的情况)，或是两变量的分布完全由一条直线支撑(为总体相关系数的情况)。Pearson 相关系数具有对称性，即 $\operatorname{cor} r(X,Y)=\operatorname{cor} r(Y,X)$。

Pearson 相关系数的一个关键的特性就是它并不随着变量的位置或是大小的变化而变化。也就是说，我们可以把 X 变为 $a+bX$，把 Y 变为 $c+dY$，其中 a、b、c 和 d 都是常数，而并不会改变相互之间的相关系数(这点对总体和样本 Pearson 相关系数都成立)。

Pearson 相关系数可以用原点距的形式表示。即：

$$\mu_X=E(X),\sigma_X^2=[E(X)-X]^2=E(X^2)-E^2(X)$$

对于 Y 也有相似的表达式。即：

$$E(X-E(X))E(Y-E(Y))=E(XY)-E(X)E(Y)$$

于是我们得到：

$$\rho_{XY}=\frac{E(XY)-E(X)E(Y)}{\sqrt{E(X^2)-E^2(X)}\sqrt{E(Y^2)-E^2(Y)}} \tag{6-4}$$

上述形式对于样本的 Pearson 相关系数同样是可用的，有：

$$r_{xy}=\frac{\sum x_i y_i-n\bar{x}\bar{y}}{(n-1)s_X s_Y}=\frac{n\sum x_i y_i-\sum x_i\sum y_i}{\sqrt{n\sum x_i^2-(\sum x_i)^2}\sqrt{n\sum y_i^2-(\sum y_i)^2}} \tag{6-5}$$

式(6-5)提供了一个非常简单的计算样本相关系数的算法，但是有时受数据的影响，可能存在数值上的不稳定性。

相关系数的取值范围为[−1,1]。取 1 时表示变量 X 和 Y 之间具有线性变化的关系，即 Y 随着 X 的增加而增加，而且所有的点都落在一条直线上；取−1时则是所有点落在一条直线上，但是变量 Y 随着 X 的增加而减小；相关系数值为 0 时，表示变量之间没有线性相关关系。通常情况下通过以下取值范围判断变量的相关强度：相关系数为 0.8～1.0 表示极强相关；相关系数为 0.6～0.8 表示强相关；相关系数为 0.4～0.6 表示中等程度相关；相关系数为 0.2～0.4 表示弱相关；相关系数为 0.0～0.2 表示极弱相关或无相关。

更一般地，我们应该注意到，只要 X_i 和 Y_i 落在各自均值的同一侧，那么 $(X_i-\bar{X})(Y_i-\bar{Y})$ 就是大于 0 的。也就是说，只要 X_i 和 Y_i 同时趋近于大于或是同时趋近于小于它们各自的均值，那么它们的相关系数为正。反之，当二者区于在相反的一边时，二者的相关系数为负。

许多学者都提出了通过相关系数大小判断变量相关性的标准。但是这些标准或多或少都有些武断，不应该过于严格地遵守。相同相关系数对相关性大小的判断取决于不同的背景和目的。同样是 0.9 的相关系数，在使用很精确的仪器验证物理定律的时候可能被认为是很低的，但是社会科学中，在评定许多复杂因素的贡献时，却可能被认为是很高的相关性。

总体的 Pearson 相关系数是通过原点矩来定义的，所以二元概率分布的总体协方差以及变量边缘总体反差必须是有意义且是非零的。一些概率分布如柯西(Cauchy)分布的反差就是无意义的，因此在 X 或 Y 服从这种分布时，也是没有意义的。在一些实际应用中，例如那些涉及数据在尾部比较集中的情况，考虑这点就是很重要的。但是，相关系数的存在性通常不是我们关注的焦点，因为一般只要分布是有界的，那么就可以被定义。

在二元正态分布中，若已知变量的边缘分布的均值和标准差，那么由 Pearson 相关系数就可以完全确定该分布的特性。但是对于其他的二元分布，情况就有所不同。然而，不论变量之间的联合概率密度函数是不是正态的，Pearson 相关系数都是用来衡量两个随机变量之间的线性相关程度的。对于二元正态数据，样本的相关系数是总体相关系数的极大似然估计，并且具有渐进无偏性和有效性,也即是说在数据来自正态分布且样本大小适中或是足够大的时候,不可能构造一个比样本相关系数更加精确的量来估计变量之间的相关性。对于非正态总体,样本相关系数依然是渐进无偏的,但是可能不是有效的估计。只要样本均值、方差、协方差是一致的(可以通过应用大数定律来保证),样本相关系数就是总体相关系数的一个一致估计量。

与其他一些广泛应用的统计量相同,样本统计量 r 是不可靠的,在存在异常值的时候,r 的值可能会误导我们。也就是说,PMCC 不仅受变量分布的影响,还随异常值非常敏感。观察 X、Y 之间的散点图就可以看出,缺少鲁棒性确实是一个很大的问题,在这种情况下,就需要采用更加稳健的参量来度量变量的相关性。但是值得一提的是,无论采用多么稳健的参量来度量变量之间的相关性,都与 Pearson 相关系数在数值大小上保持着很好的一致性。

基于 Pearson 相关系数的统计推断对数据的分布类型是很敏感的。所以只有在数据是近似正态分布的时候,基于 Fisher 变换的精确检验和近似检验才能被采用,否则就可能导致错误的结论。在某些情况下,引导可用于构造置信区间并置换测试,可用于进行假设检验。在二元正态不成立时,非参数的方法在某些情况下可能会得到更有意义的结果。但这些方法的标准版本依赖于数据的互换性,也就是说,在没有特定的顺序或是数据可供分析时,可能影响相关估计的行为。

(二)斯皮尔曼(Spearman)秩相关系数

Pearson 线性相关系数只是许多可能中的一种情况,为了使用 Pearson 线性相关系数,必须假设数据是成对地从正态分布中取得的,并且数据至少在逻辑范畴内必须是等间距的数据。如果这两个条件不符合,一种可能就是采用 Spearman 秩相关系数来代替 Pearson 线性相关系数。Spearman 秩相关系数是一个非参数性质(与分布无关)的秩统计参数,由 Spearman 在 1904 年提出,用来度量两个变量之间联系的强弱。Spearman 秩相关系数可以用于 R 检验,同样可以在数据的分布使得 Pearson 线性相关系数不能用来描述或是用来描述或导致错误的结论时作为变量之间单调联系强弱的度量。

在统计学中,Spearman 秩相关系数也被称为“Spearman 的 ρ”,是由 Charles Spearman 命名的,一般用 ρ_s 或 r_s 表示。Spearman 秩相关系数是一个非参数的度量两个变量之间的统计相关性的指标,用来评估当用单调函数来描述时两个变量之间的关系有多好。在没有重复数据的情况下,如果一个变量是另外一个变量的严格单调的函数,则二者之间的 Spearman 秩相关系数就是+1 或−1,称变量完全 Spearman 相关。

Spearman 秩相关系数通常被认为是排列后的变量之间的 Pearson 线性相关系数,在实际计算中,有更简单的计算 ρ_s 的方法。假设原始的数据 X_i,Y_i 已经按从大到小的顺序排列，记 X_i'，Y_i' 为原 X_i，Y_i 在排列后数据所在的位置，则 X_i'，Y_i' 称为“变量 X_i，Y_i 的秩次”，则 $d_i=X_i'-Y_i'$ 为 X_i，Y_i 的秩次之差。

如果没有相同的秩次，则 ρ_s 可由下式计算：

$$\rho_s=\frac{\sqrt{\sum_i (X_i-\bar{X})^2 (Y_i-\bar{Y})^2}}{\sqrt{\sum_i (X_i-\bar{X})^2 \sum_i (Y_i-\bar{Y})^2}} \tag{6-6}$$

如果有相同的秩次存在，那么就需要计算秩次之间的 Pearson 线性相关系数，公式为：

$$\rho_s=\frac{\sum_i (X_i-\bar{X})(Y_i-\bar{Y})}{\sqrt{\sum_i (X_i-\bar{X})^2 \sum_i (Y_i-\bar{Y})^2}} \tag{6-7}$$

一个相同的值在一列数据中必须有相同的秩次，那么在计算中采用的秩次就是数值在按从大到小排列时所在位置的平均值。

Spearman 秩相关系数的符号表示 X 和 Y 之间联系的方向。如果 Y 随着 X 的增加而增加，那么 Spearman 秩相关系数是正的；如果 Y 随着 X 的增加而减小，Spearman 秩相关系数就是负的。Spearman 秩相关系数为 0 表示随着 X 的增加，Y 没有增大或减小的趋势。随着 X 和 Y 越来越接近严格单调的函数关系，Spearman 秩相关系数在数值上越来越大。当 X、Y 有严格单增的关系时，它们之间的 Spearman 秩相关系数为 1；在 X、Y 有严格单减的关系时，Spearman 秩相关系数为-1。严格单增的关系为对于任意的两对数据值 X_i，Y_i 和 X_j，Y_j，X_i-Y_i 和 X_j-Y_j 都具有相同的符号。严格单减则上述差值在任何时候都具有相反的符号。

Spearman 秩相关系数经常被称为“非参数相关系数”，这具有两层含义：第一，只要在 X 和 Y 具有单调的函数关系的关系，那么 X 和 Y 就是完全 Spearman 相关的，这与 Pearson 相关性不同，后者只有在变量之间具有线性关系时才是完全相关的。另外一个关于 Spearman 秩相关系数的非参数性的理解就是样本之间精确的分布可以在不知道 X 和 Y 的联合概率密度函数时获得。

不管变量之间的关系是不是线性的，只要变量之间具有严格的单调增加的函数关系，变量之间的 Spearman 秩相关系数就是 1。相同情况下，Pearson 相关性在变量不是线性函数关系时并不是完全相关的。在数据大略地呈椭圆形分布而且没有明显的外形轮廓的时候，Spearman 秩相关系数和 Pearson 线性相关系数大小比较接近。Spearman 秩相关系数对样本的尾部与具有明显的外形轮廓样本偏离比较大的情况没有 Pearson 线性相关系数敏感。正的 Spearman 秩相关系数对应于 X、Y 之间单调增加的变化趋势，负的 Spearman 秩相关系数对应于 X、Y 之间单调减小的变化趋势。

二、空间特征指标

如表 6.1 所示，对于直线绘制任务，向量长度与笔迹长度的变化一致，但无统计趋势。但是在水平线绘制中，归一化长度差异表现出显著的下降趋势($p=0.021$)。归一化长度差异通过计算笔迹长度与向量长度差值然后除以笔迹长度得到。对于圆绘制任务，笔迹长度和纵向直径从低年级到高年级均有上升趋势，但无统计显著性。

表 6.1　　空间特征和运动学特征参数的均值与方差

水平线绘制手写参数	一年级	二年级	三年级	四年级	五年级
水平线绘制					
笔迹长度(cm)	1.61±0.83	2.07±0.94	1.81±0.73	2.36±0.56	2.02±0.43
向量长度(cm)	1.52±0.82	1.99±0.93	1.74±0.71	2.30±0.57	1.99±0.43
绘制时长(s)	1.76±0.36	1.62±0.50	1.32±0.55	1.04±0.27	0.71±0.35
平均绘制速度(cm/s)	0.94±0.42	1.45±0.87	1.66±1.02	2.49±0.78	3.91±2.11
NP *V*	8.61±1.43	7.81±1.84	6.27±2.26	4.80±1.39	2.91±1.30
垂直线绘制					
笔迹长度(cm)	1.92±0.78	2.36±1.15	2.24±0.77	2.69±0.40	2.39±0.46
向量长度(cm)	1.84±0.79	2.28±1.15	2.20±0.77	2.64±0.39	2.35±0.44
绘制时长(s)	1.28±0.54	1.31±0.75	1.10±0.37	1.00±0.32	0.66±0.45
平均绘制速度(cm/s)	1.85±1.04	2.46±1.58	2.46±1.57	3.11±1.05	4.87±2.40
NP *V*	6.65±2.94	5.74±2.44	5.43±2.07	4.91±2.07	2.53±1.75
圆绘制					
笔迹长度(cm)	5.39±1.65	5.69±2.65	5.44±1.42	6.08±0.54	6.95±3.32
纵向直径(cm)	1.67±0.58	1.71±0.79	1.74±0.42	1.89±0.17	2.21±1.08
绘制时长(s)	2.93±0.89	2.50±0.81	2.05±1.00	1.83±0.72	1.52±0.82
平均绘制速度(cm/s)	2.19±1.30	2.69±1.61	3.11±1.01	3.83±1.52	5.44±3.37
NP *V*	7.31±2.36	6.21±2.16	5.16±2.72	4.53±2.09	2.56±1.43

图 6.1 所示为运动学指标随年级的变化趋势。从图中我们可以看出，绘制时长随年级增长显著降低，这一趋势体现在水平线绘制($p<0.001$)和圆绘制任务($p=0.019$)中。由于画圆任务比直线任务的执行复杂度高，受试儿童通常需要更多的时间来完成一次圆绘制。两因素方差分析表明，对于绘制时长参数，年级因素效应($p<0.001$)和任务因素效应($p<0.001$)均显著。

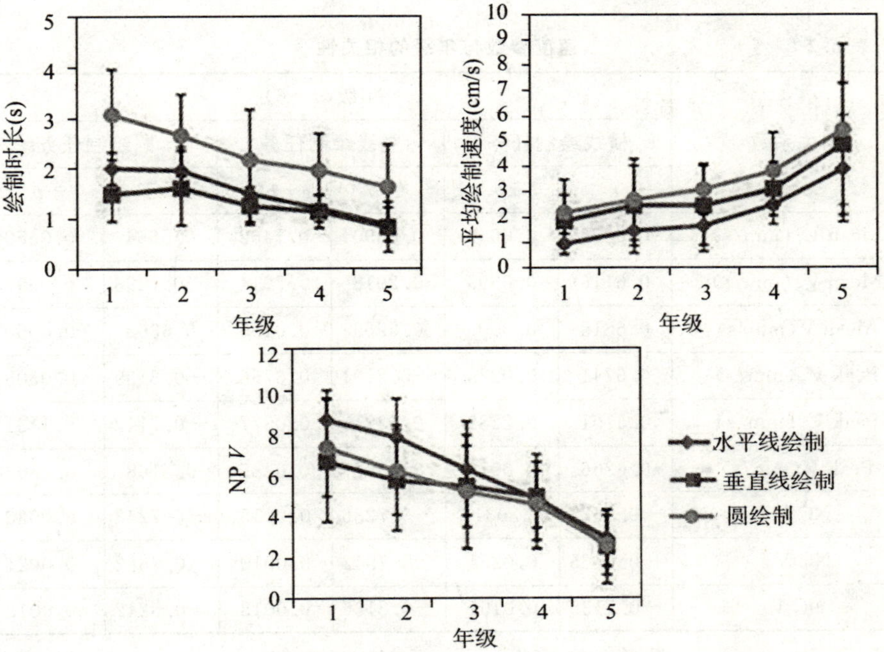

图 6.1　运动学指标随年级变化趋势

对于所有绘制任务而言，平均绘制速度随年级增长，并且在同一年级中从直线绘制任务到圆绘制任务也有持续增长。五年级任务水平的两因素方差分析表明，年级和任务因素都有显著效应($p<0.001$)。

与平均绘制速度的发展趋势相反，NP V 随年级降低，直到五年级时达到最低值。为了观察年级和任务类型对手写运动自动化水平的影响，对 NP V 特征值进行了五年级任务水平的两因素方差分析。结果表明，存在显著的年级效应($p<0.001$)，但任务效应并不显著。

三、速度特点

学龄儿童随着年级的不断升高，手写能力会不断地提升，因此年级是影响学龄儿童手写能力的主要因素。在此，为了研究学龄儿童手写能力随年级的变化特点，我们将受试者按照所在的年级进行了分组，并通过斯皮尔曼相关系数考察了这些特征参数与年级的相关性，如表 6.2 所示。

从表 6.2 中我们可以看出，在所有手写绘制任务中，速度参数 Mean V、Peak V、NC V_x、NC V_y、NC V 都与年级显著相关，其中 Mean V、Peak V 随着年级的增长而升高，NC V_x、NC V_y、NC V 随着年级的增长而呈现递减的趋势，如图 6.2 和图 6.3 所示。而在横线绘制任务中，Mean V_x 和 Peak V_x 也随着年级呈现上升的趋势，如图 6.4 所示。

表 6.2　　速度参数与年级的相关性

相关系数	年级(1～6)					
	横线绘制任务		竖线绘制任务		圆绘制任务	
	r	p	r	p	r	p
Mean V_x(mm/s)	0.6836	0.0004	0.6690	0.1462	0.5654	0.0559
Mean V_y(mm/s)	0.6116	0.0599	0.2018	0.7014	−0.7296	0.0998
Mean V(mm/s)	0.6815	0.0005	0.5966	0.0155	0.6362	0.0060
Peak V_x(mm/s)	0.6741	0.0228	−0.2191	0.6766	−0.6139	0.0508
Peak V_y(mm/s)	0.5751	0.2289	0.5371	0.0577	−0.7112	0.1131
Peak V(mm/s)	0.6266	0.0079	0.5352	0.0385	0.5108	0.0503
NC V_x	−0.5627	0.031	−0.7286	0.0015	−0.7242	0.0036
NC V_y	−0.6765	0.0251	−0.7942	0.0010	−0.7682	0.0021
NC V	−0.7135	0.0151	−0.8136	0.0013	−0.8242	0.0012

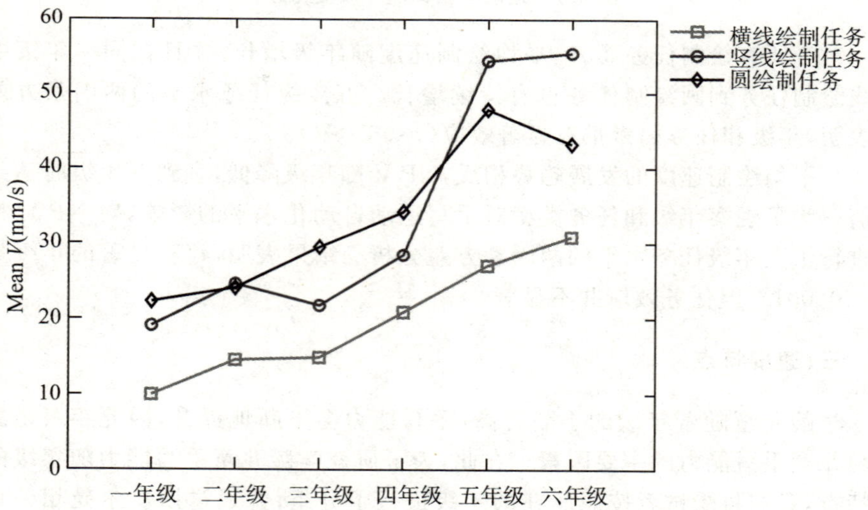

图 6.2　Mean V 随年级的变化趋势

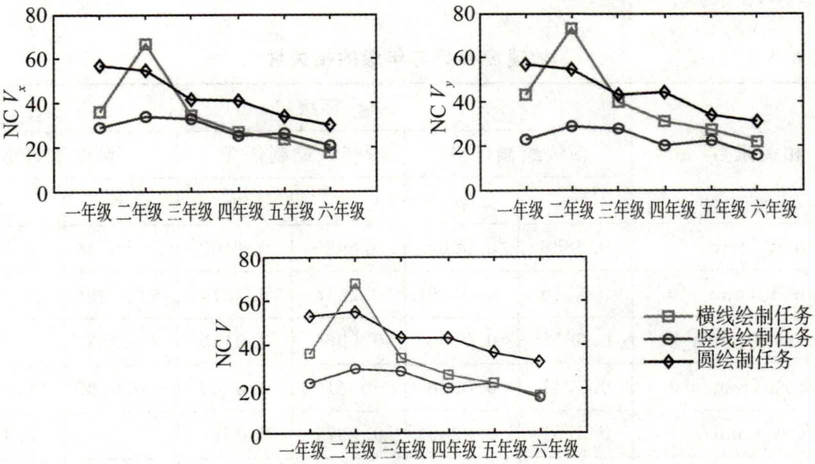

图 6.3　NC V_x、NC V_y、NC V 随年级的变化趋势

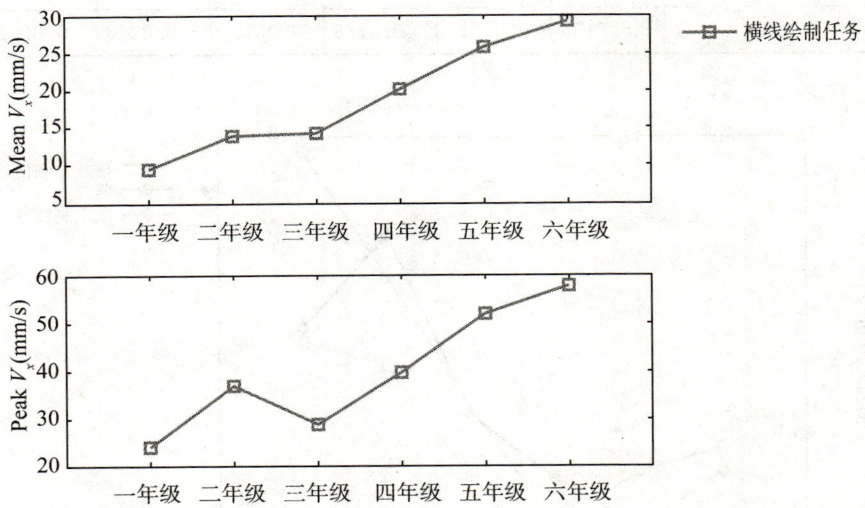

图 6.4　横线手写任务中 Mean V_x 和 Peak V_x 随年级的变化趋势

四、加速度特点

从表 6.3 可以看出，在所有手写绘制任务中，加速度参数 Mean A、Peak A、NC A_x、NC A_y、NC A 都与年级显著相关，其中 Mean A、Peak A 随着年级的增长而升高，NC A_x、NC A_y、NC A 随着年级的增长而呈现递减的趋势，如图 6.5 和图 6.6 所示。而在横线绘制任务中，Mean A_x 和 Peak A_x 也随着年级呈现上

升的趋势，如图 6.7 所示。

表 6.3　　加速度参数与年级的相关性

相关系数	年级(1～6)					
	横线绘制任务		竖线绘制任务		圆绘制任务	
	r	p	r	p	r	p
Mean A_x (mm/s^2)	0.6836	0.0004	0.6690	0.1462	0.5654	0.0559
Mean A_y (mm/s^2)	0.6116	0.0599	0.2018	0.7014	−0.7296	0.0998
Mean A (mm/s^2)	0.6815	0.0005	0.5966	0.0155	0.6362	0.0060
Peak A_x (mm/s^2)	0.6741	0.0228	−0.2191	0.6766	−0.6139	0.0508
Peak A_y (mm/s^2)	0.5751	0.2289	0.5371	0.0577	−0.7112	0.1131
Peak A (mm/s^2)	0.6266	0.0079	0.5352	0.0385	0.5108	0.0503
NC A_x	−0.5627	0.031	−0.7286	0.0015	−0.7242	0.0036
NC A_y	−0.6765	0.0251	−0.7942	0.0010	−0.7682	0.0021
NC A	−0.7135	0.0151	−0.8136	0.0013	−0.8242	0.0012

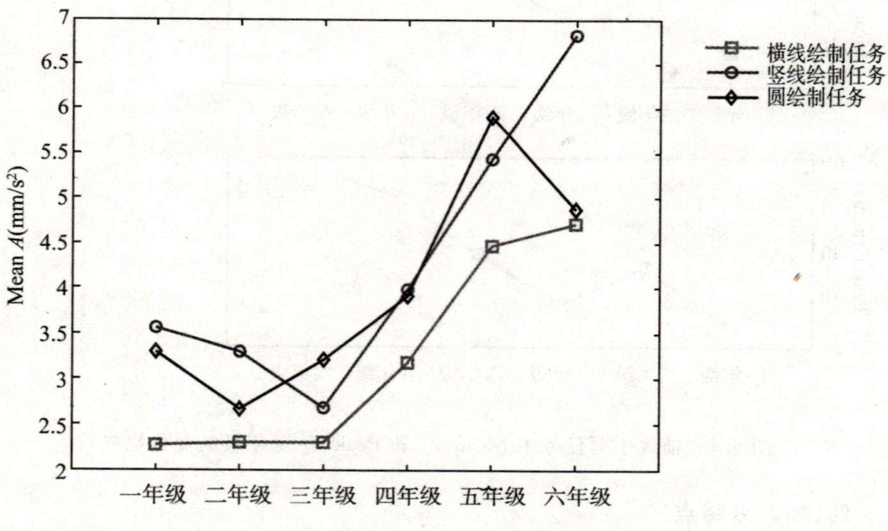

图 6.5　Mean A 随年级的变化趋势

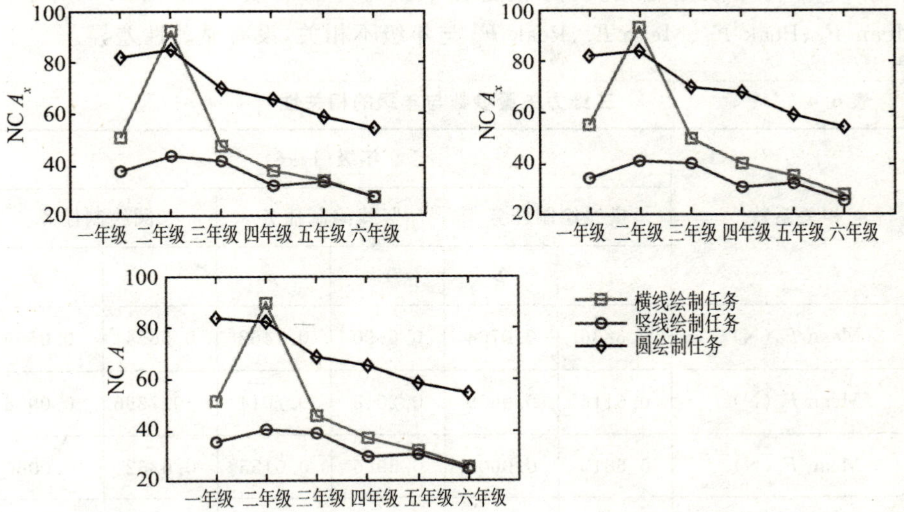

图 6.6　NC A_x、NC A_y、NC A 随年级的变化趋势

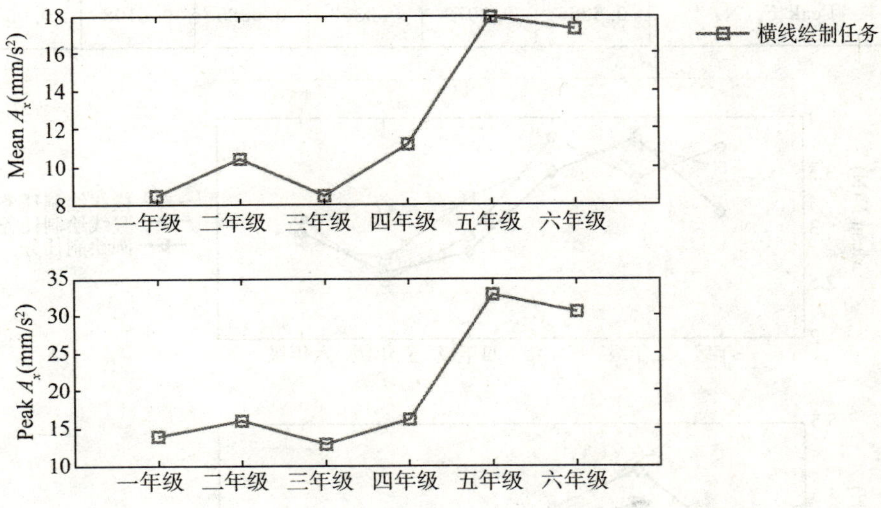

图 6.7　横线绘制任务中 Mean A_x 和 Peak A_x 随年级的变化趋势

五、三维力矢量特点

从表 6.4 可以看出，在所有手写绘制任务中，三维力矢量参数 Mean F_z 和

Peak F_z 都与年级显著相关，并且随着年级的升高而减小，如图 6.8 所示；而 Mean F_x、Peak F_x、Mean F_y、Peak F_y 与年级不相关，没有显著性差异。

表 6.4　　　　三维力矢量参数与年级的相关性

相关系数	年级(1～6)					
	横线绘制任务		竖线绘制任务		圆绘制任务	
	r	p	r	p	r	p
Mean F_x(N)	0.6836	0.0704	0.6690	0.1462	0.5654	0.0559
Mean F_y(N)	0.6116	0.0699	0.2018	0.7014	−0.7296	0.0998
Mean F_z(N)	0.6815	0.0005	0.5966	0.0155	0.6362	0.0060
Peak F_x(N)	0.6741	0.0980	−0.2191	0.6766	−0.6139	0.0508
Peak F_y(N)	0.5751	0.2289	0.5371	0.0577	−0.7112	0.1131
Peak F_z(N)	0.6266	0.0079	0.5352	0.0385	0.5108	0.0503

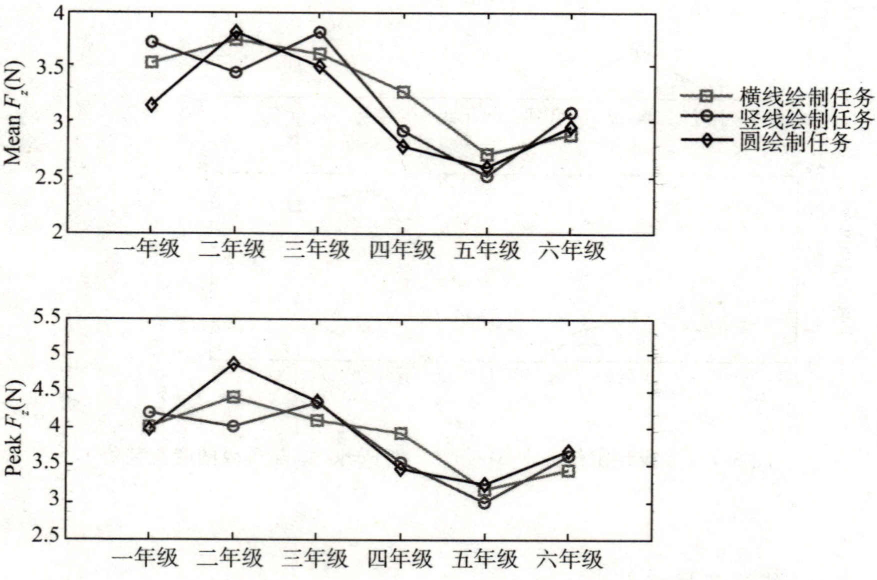

图 6.8　Mean F_z、Peak F_z 随年级的变化趋势

第三节　儿童手写运动特点分析

一、年级对手写运动特征的影响

我们采用斯皮尔曼相关性分析方法对学龄儿童群体的手写运动特点进行研究后发现，在所有的手写绘制任务中，速度参数 Mean V、Peak V、NC V_x、NC V_y、NC V 都与年级显著相关，其中 Mean V、Peak V 随着年级的增长而升高，NC V_x、NC V_y、NC V 随着年级的增长而呈现递减的趋势。速度越高，说明完成同一项手写任务时的执行能力越强；而速度的变化次数越少，说明手写过程中的流畅程度越高。因此，随着年级的上升，儿童的年龄不断增长，其手写的速度得到不断的提高，即完成同一项手写任务时高年级的儿童完成速度快，熟练程度高。

加速度参数 Mean A、Peak A、NC A_x、NC A_y、NC A 都与年级显著相关，其中 Mean A、Peak A 随着年级的增长而升高，NC A_x、NC A_y、NC A 随着年级的增长而呈现递减的趋势。手写过程中的加速度越高，说明对手写速度的控制能力越好，即神经肌肉的协调能力越高；而加速度变化次数越低，说明对速度变化的控制能力越高，手写的速度流畅性越好。

三维力矢量参数 Mean F_z 和 Peak F_z 都与年级显著相关，并且随着年级的升高而减小。F_z 方向的力是笔尖施力的主要分量，其随年级升高而减小，而 F_x、F_y 没有明显的变化趋势，说明笔尖的施力随着年级的上升而减小，即在完成同一项手写任务时，高年级的儿童所需要付出的力更小，也就是说更容易完成相同的任务，手写能力更好。

随着年龄的增长，儿童的大脑神经系统的发育不断完善，神经肌肉的控制能力逐渐增强，手写的速度不断提高。这说明神经肌肉之间的控制逐渐成熟，儿童动作的协调性、平衡能力、准确性以及对肌肉运动的感觉能力不断提高，其精细运动控制能力得到了不断的发展和完善。同时，精细运动技能的不断发育成熟，也会促进脑认知能力的不断提高。

二、年龄对手写运动特征的影响

因为各年级的实验参与对象之间存在年龄边界的重叠，因此，采用皮尔逊相关性分析(Pearson's correlation analysis)研究年龄因素对指标的可能影响，如图 6.9 和图 6.10 所示。

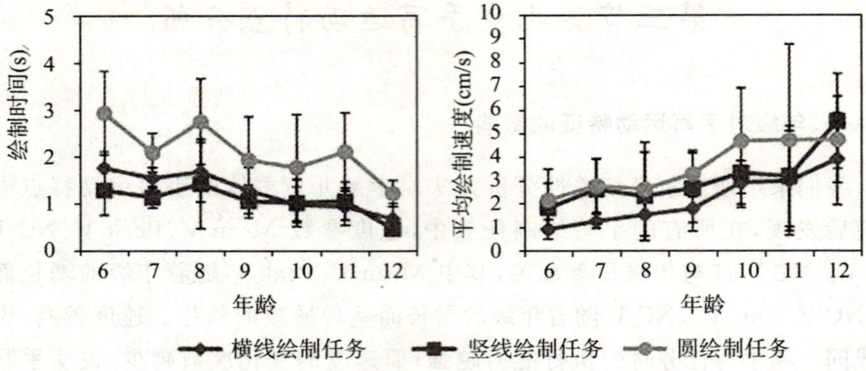

图 6.9　年龄因素对绘制时长和平均绘制速度的影响

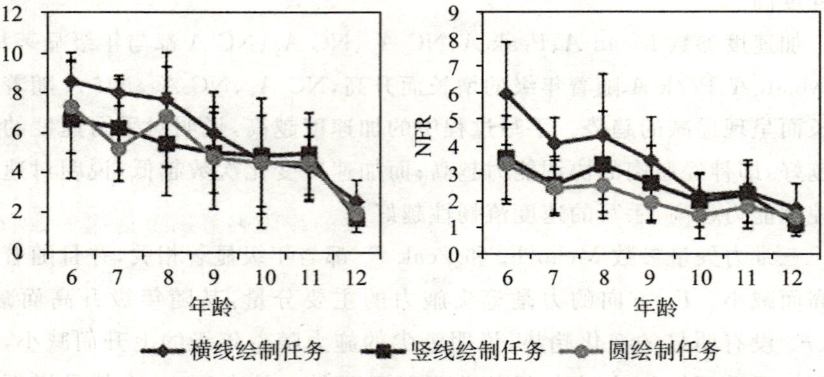

图 6.10　年龄因素对 NP V 和 NFR 的影响

（一）年龄对空间特征的影响

三种绘制运动中，笔迹长度与年龄相关性都不显著，与此一致的是直线的向量长度和圆的纵向直径与年龄之间均不存在统计相关性。但是，直线绘制任务中的归一化长度差异却与年龄有中等程度的负相关性，并达到了统计显著性。皮尔逊相关性为：对于水平线而言，$r=-0.492$，$p<0.01$；对于垂直线而言，$r=-0.386$，$p=0.01$。

（二）年龄对运动学特征的影响

直线绘制任务和圆绘制任务的绘制时长均与年龄显著相关。皮尔逊相关性为：在水平线绘制任务中，$r=-0.665$，$p<0.01$；在垂直线绘制任务中，$r=-0.396$，$p=0.01$；在圆绘制任务中，$r=-0.492$，$p<0.01$。

平均绘制速度和年龄之间存在皮尔逊正相关，并且相关程度取决于任务类型:在水平线绘制任务中,$r=0.623$,$p<0.01$;在垂直线绘制任务中,$r=0.503$,$p<0.01$;在圆绘制任务中,$r=0.447$,$p<0.01$。

此外,在三种绘制任务水平上,NP V 指标值与年龄显著相关,相关系数均为负数:在水平线绘制任务中,$r=-0.767$,$p<0.01$;在垂直线绘制任务中,$r=-0.488$,$p<0.01$;在圆绘制任务中,$r=-0.455$,$p<0.01$。

(三)年龄对动力学特征的影响

平均正向压力在两类绘制任务中均没有表现出与年龄的相关性。与运动学指标 NP V 的发展趋势相似,NFR 与年龄之间存在负相关且达到统计显著性(水平线:$r=-0.682$,$p<0.01$;垂直线:$r=-0.481$,$p<0.01$;圆:$r=-0.561$,$p<0.01$)。对于圆绘制任务,VFC 指标值与年龄之间也表现出了类似的负相关($r=-0.431$,$p<0.01$)。

综上,对年龄因素的分析发现,绘制时长、平均绘制速度、NP V、NFR、VFC 参数均与年龄显著相关。

三、儿童手写运动特点分析

本研究通过量化绘制运动的空间特征、运动学特征和动力学特征,分析了学龄儿童手写精细运动技能的发展。儿童手写运动的熟练掌握和发育成熟表现为:平均绘制速度的增加,平均绘制时间、NP V 和 NFR 的下降,以及画圆运动中 VFC 值的降低。运动学和动力学参数的显著趋势以及这些参数与年龄的显著相关性表明了学校教育和身体发育对精细运动技能的显著影响。

在两类自由绘制任务中,受试儿童以他们习惯的运动幅度进行几何形状绘制。空间特征参数包括笔迹长度、直线的向量长度和圆的纵向直径,它们被用来度量每个受试儿童的运动幅度。结果表明,这三个参数的变化无统计显著性。对这一结果的可能解释是,儿童对手写运动幅度的控制不受年龄和学校教育影响,或者影响很小。然而,在直线绘制任务中观察到了归一化长度差异与年龄的显著相关性,这表明,归一化长度差异可作为对精细运动成熟的一个敏感的度量指标。

时间控制是书写和绘制运动中的一个重要方面,通常以抬笔时间(in air time)和落笔时间(on paper time)来衡量。抬笔时间是指书写或绘制过程中,手写笔提起、未与书写平面接触的时间。落笔时间是书写或绘制过程中,手写笔与书写平面的接触时间。本章提取的绘制时长指标对应于文献中的落笔时间。通过数据分析观察到了绘制时长随受教育年限的增长而减少,同时与年龄呈现负相关。由于手写熟练度的提高和运动技能的发育成熟,高年级同时也是年龄稍大的学生往往需要耗费更少的时间在绘制任务上。

当儿童步入学校,开始面对课堂和考试对手写执行的时间限制后,速度便成为手写运动技能的一个重要因素。Graham 等人研究了一至九年级儿童的书写速度和易读性发展，发现抄写速度以不均匀的增幅从一个年级向下一个年级增长。同样的，在以上分析中也发现平均绘制速度随年级不均衡发展。此外，Graham 等人的研究还表明，儿童的抄写速度在九年级时趋于平稳并接近健康成年人的抄写速度。由于涉及的年级较少以及缺乏成年人参考样本，手写速度发展完成的年级在本研究中是未知的。除了学校教育的影响，协变量的分析显示，平均绘制速度与年龄呈正相关。这一发现与先前的研究结果一致，均得出了绘制速度和年龄之间的正相关关系。随着手写速度的提高，学龄儿童可以更好地处理课堂任务和课外活动。

开环控制(open-loop control)和闭环控制(closed-loop control)已被广泛应用于研究书写和绘制运动的运动控制，即运动自动化能力。开环控制产生流畅的运动，而闭环控制需要更多的依赖反馈信息。速度曲线中峰值点个数的急剧减少意味着从闭环控制转换到开环控制。正如预期，运动学参数 NP V 在直线绘制和圆绘制任务中均随年级下降。年龄较小的学生倾向于使用视觉控制机制执行闭环运动，最后导致较低的速度和多峰速度曲线。这个发现支持了“开环控制的程度影响精细动作发展”这一假设，并表明 NP V 是度量精细运动自动化水平的有效指标。此外，皮尔逊相关分析表明，在两类绘制任务中，NP V 都随年龄增加而降低，这与 Rueckriegel 等人的发现相符。然而，Mergl 等人并没有发现成年人画圆运动的自动化参数与年龄之间显著的相关性。由于健康成年人应该已经具备自动化的精细运动，这一发现也是合理的。因此，随着学业训练和生理发育，手写运动会变得越来越自动化并通过运动学指标反映。

对分析中得到的高年级学生手写运动的 NP V 指标值进行研究后发现，其年级平均的最小值出现在五年级的垂直线绘制运动中，要略高于前期的一些研究报道的指标值。不同于本研究自由绘制的设定，这两项研究在实验任务中都要求受试者以最快的速度进行圆绘制，并据此研究年龄对手写运动学特征的影响。由于较低的绘制速度(平均峰值速度低于 50 mm/s)会导致多峰的速度曲线，因此本研究中采用的自由绘制速度可以用来解释稍高的 NP V 值。

平均正向压力在低年级间波动，但整体呈现下降趋势。到目前为止，关于手写笔压力的研究还没有得到一致的研究结论。Khalid 等人的研究并未证实平均绘制压力是区分书写困难儿童和正常发展儿童的一个有效指标。但是，Rueckriegel 等人发现，对于 6～12 岁的儿童而言，在画圆任务和句子书写任务中，压力与年龄存在正相关。考虑到手写任务的复杂度会对笔尖压力和个人的笔压力变异性产生影响，在今后的研究中，需要通过更严格的实验设计对手写力进行细节特点研究。

手写过程中笔与书写平面的接触力由正向笔压力和摩擦力分量组成。手写运动分析发展至今，对绘制和书写运动的动力学研究通常涉及的是轴向压力或正向压力的平均值。而本研究对手写动力学的另一个重要组成——摩擦力分量进行了探讨，并提出了两个对应的动力学指标 NFR 和 VFC。

NFR 用来度量手写接触力摩擦力分量的波动性，并且该特征指标值在平滑的手部运动中最小。目前，关于手写力波动性或变异性的研究和文献报道仍然缺乏，书写能力较差的受试者的笔压力比书写能力较好者的笔压力更为多变，因此笔压力变异性能够作为度量书写困难的有效指标。与之前的预期相一致，本研究中儿童的动力学技能随年级增长，导致 NFR 指标年级均值从低年级到高年级逐步下降。该发现反映了笔压力变异性指标的有效性，提示应该开展更为深入的研究。

圆绘制任务依赖于对重复的运动模式中施力和绘制速度的同步控制。画圆运动的这种特点使得其能够敏感地检测运动过程中的细微变化。精细运动控制能力的熟练掌握能够通过较低的 VFC 值直接反映，表明了画圆运动的一致性。正如预期，VFC 指标值同样与年龄显著相关，反映出绘制运动中动力学技能的成熟。此外，相对于单一类别的参数，如平均绘制速度、NP V 和 NFR 指标，VFC 指标同时涉及了两个领域（运动学和动力学领域）。VFC 指标的提出为绘制运动的运动学和动力学综合分析提供了一种新的途径。

关于任务效应，本研究中观察到的任务之间的运动学和动力学差异可能归因于受试儿童执行绘制任务的顺序。据 Chang 和 Yu 报道称，对于健康儿童和 DCD 儿童，练习尝试次数（number of practice attempts）的增加能够提升书写运动的自动化水平。在这项研究中，练习尝试（practice attempt）是指重复相同的任务若干次。从另一个角度来看，本研究表明，连续执行的不同类型的任务也有助于提高手写运动自动化水平。尽管直线绘制任务不同于圆绘制任务，但是在顺序执行这两类任务的过程中，儿童的绘制特征得到了改善提高。

第四节　主成分分析

一、主成分分析原理

主成分分析（principal component analysis，PCA）是研究如何将多指标问题转化为较少的综合指标的一种重要统计方法，它能将高维空间的问题转化到低维空间去处理，使问题变得比较简单、直观，而且这些较少的综合指标之间互不相关，又能提供原有指标的绝大部分信息。它是一种掌握事物主要矛盾的统计分析方法，可以从多元事物中解析出主要影响因素，揭示事物的本质，简化复杂的问题。

主成分分析法(PCA)是一种很好的线性映射方法,并广泛用于模式识别当中。该方法主要是求取一个主轴方向,使得样本点在该方向上有最大的特征值,然后通过特征矢量来表示出主成分分量。由概率统计知识可知,对于一个方差较大的随机变量,它当中所包含的信息量相对也会很多。而对于一个方差为零的随机变量,几乎不含有任何信息,只是一个常数。在主成分分析当中,我们将样本数据的所有变量通过一定的线性映射来得出另一组变量。这种投影方法就是寻找变换后方差最大的方向,所求取的最大方差对应的变量称为"第一主成分"。以此类推,所对应的方差以及特征值按降序排列,分别对应的变量为第二、第三等主成分,而且各个主成分之间是相互正交且线性无关的。通过主成分分析,噪声包含在整个变换空间当中,而主要信息包含在几个主成分当中,从而通过降维或者特征提取过程达到去除噪声的目的。

在对样本的描述过程当中,PCA 的这种好的特征提取方法使用较少的数量特征来对样本数据进行描述,在特征提取的同时降低了维数,简化了计算复杂度,被广泛用于图像处理等研究领域。PCA 在对样本数据进行正交变换处理时,这个过程使得数据的信噪比得到很大的提高,并且抗干扰能力也得到了改善。

主成分分析的数学模型如下:

设 $X=(X_1,X_2,\cdots,X_p)'$ 为 P 个变量所构成的 P 维随机向量。对 X 作一正交变换,记为 $Y=T'X$。X 经过变换之后的 Y 的各分量是互不相关的,且对应 Y 的第一个分量的方差是最大的,第二个分量的方差次之,等等。因此它的数学模型就是求一个正交变换,来得出另一个向量的表示方法。而用几何的方式来表述就是作一个坐标旋转,因此,主成分分析在二维空间中有着明显的几何意义。

设共有 n 个样品,对每个样品都测两个指标,即 x_1,x_2,它们的分布如图 6.11 所示。在坐标系 x_1Ox_2 中,x_1 和 x_2 分别为椭圆当中的长轴、短轴,对每个样品的指标的分布来说,它们总会沿着某一个长轴方向略微扩张。因此,单独对 n 个点的分量进行分析可知,它们在 x_1 方向和 x_2 方向上都具有较大的离散性,其离散的程度可分别用 x_1 的方差与 x_2 的方差来衡量。

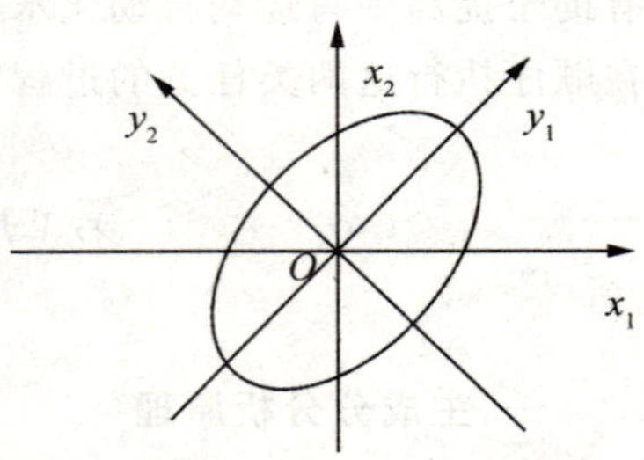

图 6.11　主成分分析的几何意义

对坐标 x_1Ox_2 进行某个角度 θ 的旋转,得到一个新的坐标系。在这个新坐标系 y_1Oy_2 里,y_1 和 y_2 分别为新的椭圆的长轴及短轴,记旋转公式为:

$$\begin{cases}Y_1=X_1\cos\theta+X_2\sin\theta\\Y_2=-X_1\sin\theta+X_2\cos\theta\end{cases}\tag{6-8}$$

将所得出的新变量用矩阵形式表示如下：

$$\begin{bmatrix} Y_1 \\ Y_2 \end{bmatrix}=\begin{bmatrix} \cos\theta & \sin\theta \\ -\sin\theta & \cos\theta \end{bmatrix}\begin{bmatrix} X_1 \\ X_2 \end{bmatrix}=T'X \tag{6-9}$$

其中，T' 为旋转变换矩阵且是正交矩阵。

由式(6-9)可知，样本点在 y_1Oy_2 下是互不相关的，因此用 Y_1 和 Y_2 来分别表示原始变量 X_1 和 X_2 的综合变量。如果这 n 个点在 y_1 轴上达到了最大方差，说明在此方向上所包含的 n 个样品的信息量最大。所以，将一个二维空间的点投影到某一个一维方向上的过程，就是选择一条所包含信息量最大的轴(如 y_1 轴)的过程，我们称 Y_1 和 Y_2 分别为第一主成分、第二主成分。由椭圆的形状我们也能分析出主成分所表达的效果，长轴越长即椭圆越是扁平，n 个点在 y_1 轴上的方差就相对越大，在 y_2 轴上的方差就相对越小，因此用第一主成分来代替原始样本所造成的信息损失也就越小。

PCA 的模型中存在诸多的假设条件，决定了它存在一定的限制，在有些场合可能会造成效果不好甚至失效。PCA 的假设条件包括：

(1)线性假设：PCA 的内部模型是线性的，这也就决定了它能进行的主元分析之间的关系也是线性的。现在比较流行的 kernel-PCA 的一类方法就是使用非线性的权值对原有 PCA 技术的拓展。

(2)使用中值和方差进行充分统计：使用中值和方差进行充分的概率分布描述的模型只限于指数型概率分布模型(例如高斯分布)，也就是说，如果考察的数据的概率分布并不满足高斯分布或是指数型的概率分布，那么 PCA 将会失效。在这种模型下，不能使用方差和协方差来很好地描述噪声和冗余，对变化之后的协方差矩阵并不能得到很合适的结果。不过，所幸的是，根据中央极限定理，现实生活中所遇到的大部分采样数据的概率分布都是遵从高斯分布的，所以 PCA 仍然是一个适用于绝大部分领域的稳定且有效的算法。

(3)大方差向量具有较大重要性：PCA 方法隐含了这样的假设：数据本身具有较高的信噪比，所以具有最高方差的一维向量就可以被看做是主元，而方差较小的变化则被认为是噪声。这是由低通滤波器的选择决定的。

(4)主元正交：PCA 方法假设主元向量之间都是正交的，从而可以利用线性代数的一系列有效的数学工具进行求解，大大提高了效率和应用的范围。

主成分分析是一种多元统计方法，它的思想是从一个多元事物当中提取出该事物的主要影响因素，从而表达出事物的主要特征，简化了问题的复杂度，它掌握着事物的主要矛盾。计算主成分的目的就是将高维数据投影到低维子空间。可以这样来描述，一个变量在分析过程当中，所提供的数据越少，它包含的信息量也就越有限；提供的数据越多，包含的信息量也就越大。在主成分分析中，一般用标准差或者方差来表示所求信息的变异性。在实际应用研究当中，我们必须考虑一切相关因素来确保问题的全面性以及系统性。因为不同的变量在不同程度上反映了不同的信息,但是不同变量之间又存在着一定的相关性,因此统计数据所反映出的信息不可避免地会有重叠。在用统计方法对多个变量问题进行的研究当中,过多的变量导致了计算的复杂度,因此我们希望找到一个统计方法,即用较少的变量来表述原始样本数据当中所包含的大部分信息。而 PCA 就是一种使用较少的数量特征值来对样本进行表述的统计方法,从而使特征维数减少,达到降维提取主要信息的目的。

如果在一个数据处理系统中要求所有的输入都为实值向量,而输入的数据维数太高,这时系统将不能有效地工作。为了使得分析得以顺利进行,当在该系统中输入向量维数很高时,就得采取一种措施使得系统能够正常工作,这种方法就是所谓的"降维方法"。为了可以简单但又不失准确地分析和处理,同时尽量保留原始数据的信息,主要是通过主成分分析法将数据降到合适的维数,通过处理降维后的数据来分析原始数据。图 6.12 所示即为上述降维的大概过程。

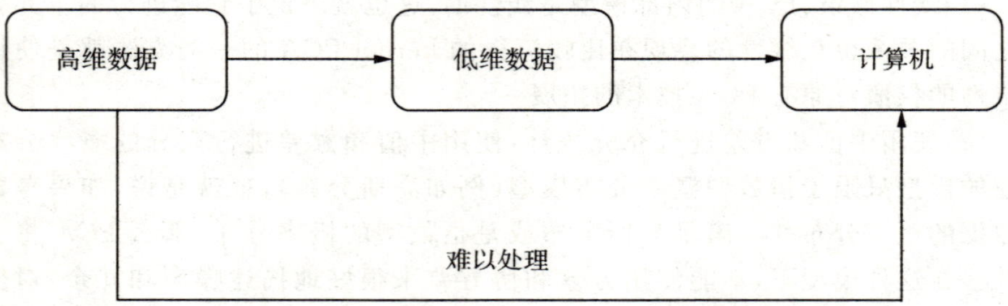

图 6.12　数据降维处理

由上图可得,现实世界中的"复杂现象"处在一种高维情形之下,这种原始数据集的本征维数总是会比其真实的维数要小得多。数据降维处理就是通过一种方法提取其本征维数。在各个研究领域分析问题的过程当中,数据的降维处理不仅可以获得计算上的优势,同时还可以改善数据的可理解性。通过降维可以获得数据在不同坐标系之下的特性描述,在特征提取和编码方面有重要的应用。

数据降维分为以下两类:

(1)特征提取:将原始特征空间进行变换,生成一个各维之间更独立的低维特征空间。特征提取一般分为线性和非线性。线性特征提取方法主要有:主成分分析法(PCA)、线性区别分析、独立成分分析法(ICA)、投影追踪和线性区别分析。非线性特征提取方法主要有:非线性 PCA 网络、多维尺度方法、Kohonen

匹配、非线性 PCA 网络、非线性区别分析和 Sammon 投影等。

(2)特征选择:是从特征集中选择一个特征子集。从原始空间中选择一部分重要特征的方法并不改变原始特征空间的性质。主成分分析法目前广泛应用于各个领域,在线性降维方法中也是常用的特征提取方法。

特征值的大小是对应主分量所具有信息量多少的表征,并且也表明了每个分量对整个数据集的贡献性。在实际情况当中,第一主分量包括了全部信息量的大部分,常常占全部特征值的 80%以上。以后第二主分量、第三主分量所含信息量依次减少。

主成分分析不仅是一种线性降维方法,同时是一个能从高维数据集当中提取主要特征的有力工具。它是通过对所要描述的观察数据进行一个正交变换,用一组较少的线性组合表示出来的,并且保持了数据集的最主要信息。从数学意义上来说,它是一种求取矩阵特征值的问题;从几何意义上来说,就是通过坐标轴的旋转将观测数据集投影到主轴上的特征值排序问题。

在实际应用当中,求取一个数据集主成分的具体计算步骤可以归纳(设有 n 个观测样本,每个样本有 p 个观测指标)为:

(1)将原始观察数据组成观察矩阵 X,每一列为一个观察样本,每一行为一维,即:

$$X=\begin{bmatrix} x_{11} & x_{12} & \cdots & x_{1p} \\ x_{21} & x_{22} & \cdots & x_{2p} \\ \vdots & \vdots & & \vdots \\ x_{n1} & x_{n2} & \cdots & x_{np} \end{bmatrix} \tag{6-10}$$

(2)将原始数据进行标准化。

(3)建立变量的相关系数阵:

$$R=(r_{ij})_{p\times p}(\text{假设 } R=X'X) \tag{6-11}$$

(4)求 R 得特征根 $\lambda_1\geqslant\lambda_2\geqslant\cdots\geqslant\lambda_p>0$,且求出相应的特征向量:

$$a_1=\begin{bmatrix} a_{11} \\ a_{21} \\ \vdots \\ a_{p1} \end{bmatrix},a_2=\begin{bmatrix} a_{12} \\ a_{22} \\ \vdots \\ a_{p2} \end{bmatrix},\cdots,a_p=\begin{bmatrix} a_{1p} \\ a_{2p} \\ \vdots \\ a_{pp} \end{bmatrix} \tag{6-12}$$

(5)写出主成分:

$$F_i=a_{1i}X_1+a_{2i}X_2+\cdots+a_{pi}X_p,i=1,\cdots,p \tag{6-13}$$

因此,对一个数据集提取主成分的一般步骤归纳为:①将选定的数据进行标准化处理;②计算样本的均值向量及方差矩阵;③求取方差矩阵的特征值及特征向量;④将所求特征值降序排列,选取前面较大特征值的特征向量作为主轴;⑤提取主成分。相对应的 PCA 的分析步骤流程图如图 6.13 所示。

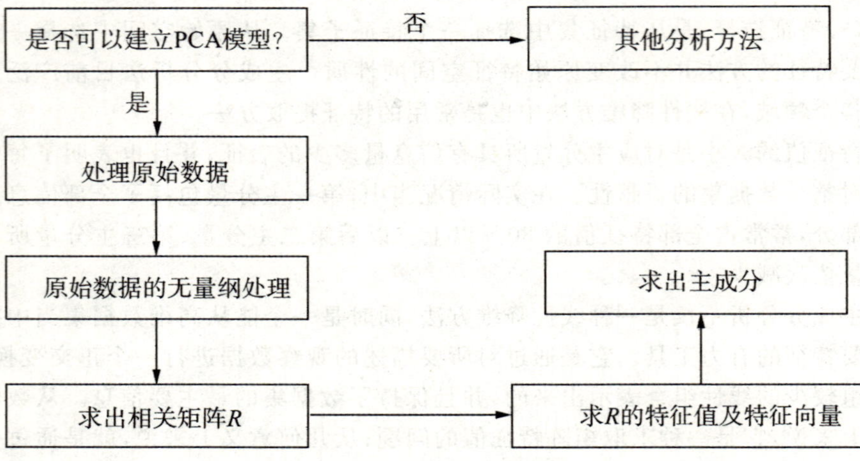

图 6.13　主成分分析流程图

二、主成分的特性分析

主成分分析的评价结果更加切合实际，避免了在综合评分等方法中权重确定的主观性和随意性。因为，主成分分量是原变量的线性组合，在求得的综合指标包括所有分量的情况下，我们就能够得到精确的结果。不会因为在变换过程当中舍弃了若干分量产生较大的误差，同时可以确保将 85%以上的变差信息全部准确地体现在综合评分中。巨大的信息含量使得第一主成分常被用来分析问题的主要信息。

主成分分析有以下几方面的特点：①它能找到表现原始的数据矩阵的最重要的变量组合。②通过表示最大的方差，能非常有效地直观反映样本之间的关系。③能从最大的几个主成分的得分来反映近似的原始信息。④不同的主成分轴之间相互正交。⑤如果原来有 m 个变量，则最多可选取 m 个主成分，利用这 m 个主成分的变化来充分反映原来全部 m 个变量的变化性。⑥如果我们所选取的主成分个数少于 m 个，则这些主成分的变化应该尽可能多地反映原来全部 m 个变量的变化。

PCA 的缺点包括：①当样本点具有一些非线性性质时，采用 PCA 得到的降维结果无法反映出样本点之间所隐藏的非线性性质。②PCA 能找到很好的代表所有样本点的方向，但这个方向对于分类未必是最有利的。③对 PCA 所要保持的主分量的个数的估计比较困难。虽然可以通过样本点中心化矩阵的相邻奇异值之间的比值大小，或者采用特征值所占百分比（如大于 85%）的方法来确定主分量个数，但是当奇异值大小变化比较平缓时，难以估计应该舍弃哪些分量。④在有些情况下，难以对 PCA 所保持的主分量的意义进行解释，如降维结果中的负值。

PCA 技术的一大好处是对数据进行降维的处理。可以对新求出的“主元”向量的重要性进行排序，根据需要取前面最重要的部分，将后面的维数省去，可以达到降维从而简化模型或是对数据进行压缩的效果，同时最大限度地保持了原有数据的信息。

PCA 技术的一个很大的优点是，它是完全无参数限制的。在 PCA 的计算过程中完全不需要人为设定参数或是根据任何经验模型对计算进行干预，最后的结果只与数据相关，与用户是独立的。

但是，这一点同时也可以看做是缺点。如果用户对观测对象有一定的先验知识，掌握了数据的一些特征，却无法通过参数化等方法对处理过程进行干预，可能会得不到预期的效果，效率也不高。

有时数据的分布并不满足高斯分布。在非高斯分布的情况下，PCA 方法得出的主元可能并不是最优的。在寻找主元时不能将方差作为衡量重要性的标准。要根据数据的分布情况选择合适的描述完全分布的变量，然后根据概率分布式来计算两个向量上数据分布的相关性。

PCA 方法和线形代数中的奇异值分解（singular value decomposition，SVD）方法有内在的联系，从一定意义上来说，PCA 的解法是 SVD 的一种变形和弱化。也可以直接对原数据矩阵进行奇异值分解，从而得到特征向量矩阵，也就是主元向量。

第五节　儿童手写特征集的构建

一、特征集构建算法

对儿童手写特征集的构建来说，特征参数的选取是十分关键的一步，特征选取的好坏将会直接影响对儿童手写能力评估的准确性。本书选取了斯皮尔曼相关性分析中与年级相关性显著的运动参数用于特征集的构建。在所有任务中，年级与 Mean V、Peak V、NC V、NC V_x、NC V_y、Mean A、Peak A、NC A、NC A_x、NC A_y、Mean F_z、Peak F_z 的相关性显著，因此可以选取这些参数对儿童手写特征集进行构建。

在实际的研究中，为了全面分析问题，往往涉及众多有关的变量。虽然各自变量对因变量都是有意义的，但是某些自变量彼此相关，变量太多不仅会增加计算的复杂度，而且也会影响分析问题和解决问题的效率。因此，需要对回归方程中的变量进行共线性诊断，并且确定它们对参数估计的影响，利用相关性对这些变量加以“改造”,用为数较少的新变量来反映原变量所提供的大部分信息,通过对新变量的分析达到解决问题的目的。

主成分分析的基本方法是通过构造原变量的线性组合来产生一系列互不相关的新变量,从中选出少数几个新变量并使它们含有尽可能多的原变量带有的信息,从而使得用这几个新变量代替原变量分析问题和解决问题成为可能。因此,利用主成分分析可以很好地解决回归分析中多重共线性问题。

本书采用主成分回归分析方法建立模型,主成分回归的原理是用主成分分析提取的主成分与因变量回归建模。由于主成分间具有不相关性,并且能较好地反映原来众多相关性指标的综合信息,因此,用主成分作为新的自变量进行回归分析可使得回归方程及参数估计更加可靠。

主成分分析除了降低多变量数据系统的维度以外,同时还简化了变量系统的统计数字特征。计算主成分的目的是将高维数据投影到较低维空间,给定 n 个变量的 m 个观察值,形成一个 $n \times m$ 的数据矩阵(n 通常比较大)。对于一个由多个变量描述的复杂事物,人们难以认识,但是我们可以抓住事物的主要方面进行重点分析。如果事物的主要方面刚好体现在几个主要变量上,我们只需要将这几个变量分离出来进行详细分析。但是,在一般情况下,并不能直接找出这样的关键变量。这时我们可以用原有变量的线性组合来表示事物的主要方面,PCA 就是这样一种分析方法。

主成分分析在对多变量数据系统进行最佳简化的同时,还可以提供许多重要的系统信息,例如数据点的重心位置(或称为“平均水平”)、数据变异的最大方向、群点的散布范围等。

主成分分析作为最重要的多元统计方法之一,在社会经济、企业管理及地质、生化等各领域都有其用武之地,如在综合评价、过程控制与诊断、数据压缩、信号处理、模式识别等方面获得了广泛的应用。

主成分分析的基本思路可概述如下:借助一个正交变换,将分量相关的原随机变量转换成分量不相关的新变量。从代数角度而言,即将原变量的协方差阵转换成对角阵;从几何角度而言,即将原变量系统变换成新的正交系统,使之指向样本点散布最开的正交方向,进而对多维变量系统进行降维处理。按照特征提取的观点,主成分分析相当于一种基于最小均方误差的提取方法。

PCA 的目标是寻找 $r(r<n)$ 个新变量,使它们反映事物的主要特征,压缩原有数据矩阵的规模。每个新变量均是原有变量的线性组合,体现原有变量的综合效果,具有一定的实际含义。这 r 个新变量称为“主成分”,它们可以在很大程度上反映原来 n 个变量的影响,并且这些新变量是互不相关的,也是正交的。通过主成分分析,压缩数据空间,将多元数据的特征在低维空间里直观地表示出来。例如,将多个时间点、多个实验条件下的基因表达谱数据(N 维)表

示为三维空间中的一个点，即将数据的维数从 R_N 降到 R_3。

假设将数据的维数从 R_N 降到 R_3，具体的PCA分析步骤如下：

(1)第一步：计算矩阵 X 的样本的协方差矩阵 S。

(2)第二步：计算协方差矩阵 S 的本征向量 $e_1, e_2, \cdots, e_N$ 的本征值，$i=1,2,\cdots,N$。本征值按从大到小排序。

(3)第三步：投影数据到本征矢张成的空间之中，这些本征矢相应的本征值可以在三维空间中展示为云状的点集。

对于PCA，确定新变量的个数 r 是一个两难的问题。我们的目标是减小 r，如果 r 小，则数据的维数低，便于分析，同时也降低了噪声，但可能丢失一些有用的信息。r 取值需要进一步分析每个主元素对信息的贡献。

贡献率表示所定义的主成分在整个数据分析中承担的主要意义占多大的比重：当取前 r 个主成分来代替原来的全部变量时，累计贡献率的大小反映了这种取代的可靠性——累计贡献率越大，可靠性越大；反之，则可靠性越小。一般要求累计贡献率达到70%以上。

经过PCA分析，一个多变量的复杂问题被简化为低维空间的简单问题。可以利用这种简化方法进行作图，形象地表示和分析复杂问题。

二、特征回归模型

由手写运动特征参数和年级的相关性分析可以看出，在所有的任务中，年级与Mean V、Peak V、NC V、NC V_x、NC V_y、Mean A、Peak A、NC A、NC A_x、NC A_y、Mean F_z、Peak F_z 的相关性显著，因此可以建立年级与众多参数变量之间的回归模型。

但是由于参数很多，而且很多参数之间的相关性显著，因此在建立模型时会出现严重的共线性。

通过主成分分析算法，我们使用Matlab对影响手写运动的各个因素Mean $V(X_1)$、Peak $V(X_2)$、NC $V(X_3)$、NC $V_x(X_4)$、NC $V_y(X_5)$、Mean $A(X_6)$、Peak $A(X_7)$、NC $A(X_8)$、NC $A_x(X_9)$、NC $A_y(X_{10})$、Mean $F_z(X_{11})$、Peak $F_z(X_{12})$、Mean $V_x(X_{13})$、Peak $V_x(X_{14})$进行了分析，结果如表6.5所示。

表6.5　横线绘制主成分分析结果

序号	特征值	方差贡献率	累计贡献率
1	11.4965	0.8212	0.8212
2	2.2405	0.1600	0.9812
3	0.2374	0.0170	0.9982

续表

序号	特征值	方差贡献率	累计贡献率
4	0.0161	0.0012	0.9994
5	0.0094	0.0007	1
6	0.052	0	1
7	0.029	0	1
8	0.006	0	1
9	0.001	0	1
10	0	0	1
11	0	0	1
12	0	0	1
13	0	0	1
14	0	0	1

从表 6.5 中可知，第一主成分的特征值为 11.4965，能够解释总变异的 82.12%；第二主成分的特征值为 2.2405，解释了总变异的 16.00%。前两个特征根的累计贡献率达到 98.12%，说明前两个主成分已经反映原来 14 个指标 98.12%的信息，因此可以确定选择前两个主成分建立模型。然后再由特征向量得到第一主成分和第二主成分表达式，分别为：

$$ZH_1 = 0.249X_1 - 0.2145X_2 - 0.0569X_3 + 0.0224X_4 + 0.0254X_5 - 0.1842X_6 - 0.1829X_7 - 0.0409X_8 - 0.0412X_9 - 0.0507X_{10} - 0.0569X_{11} - 0.0493X_{12} - 0.5574X_{13} + 0.7054X_{14} \quad (6\text{-}14)$$

$$ZH_2 = 0.6431X_1 + 0.1851X_2 - 0.0232X_3 + 0.1603X_4 - 0.0673X_5 + 0.1104X_6 + 0.1205X_7 - 0.0940X_8 + 0.1337X_9 - 0.0445X_{10} - 0.0045X_{11} + 0.0838X_{12} - 0.4730X_{13} - 0.4850X_{14} \quad (6\text{-}15)$$

在第一主成分的表达式中主要包含了变量 X_{13}（Mean V_x）和 X_{14}（Peak V_x），这两个参数起主要作用，可以把第一主成分看成是由 Mean V_x 和 Peak V_x 组成的综合指标。

在第二主成分的表达式中主要包含了变量 X_1（Mean V），这个参数起主要作用，可单独看成是由 Mean V 组成的影响手写运动的指标。

利用主成分 ZH_1 和 ZH_2 做线性组合，并以每个主成分的方差贡献率作为权数，可以构造一个综合的评价指标函数：

$$QH = a_1 ZH_1 + a_2 ZH_2 = 0.8212ZH_1 + 0.1600ZH_2 \quad (6\text{-}16)$$

QH 是代表横线手写绘制能力的指标，可以通过 QH 对横线绘制手写能力进行量化分级。

通过主要成分分析算法，使用Matlab对影响竖线绘制的各因素进行分析，结果如表6.6所示。

表6.6　竖线绘制主成分分析结果

序号	特征值	方差贡献率	累计贡献率
1	9.6192	0.8016	0.8016
2	1.6972	0.1414	0.9430
3	0.5839	0.0487	0.9917
4	0.0646	0.0054	0.9971
5	0.0351	0.0029	1
6	0	0	1
7	0	0	1
8	0	0	1
9	0	0	1
10	0	0	1
11	0	0	1
12	0	0	1

从表6.6中可知，第一主成分的特征值为9.6192，能够解释总变异的80.16%；第二主成分的特征值为1.6972，解释了总变异的14.14%。前两个特征根的累计贡献率达到94.30%，说明前两个主成分已经反映原来12个指标94.30%的信息，因此确定选择前两个主成分建立模型。

再由特征向量，得到第一主成分和第二主成分表达式，分别为：

$$ZS_1 = -0.1286X_1 + 0.2928X_2 - 0.0585X_3 + 0.0796X_4 - 0.3146X_5 + 0.1842X_6 - 0.2322X_7 - 0.1777X_8 + 0.0489X_9 - 0.4470X_{10} - 0.4508X_{11} + 0.5140X_{12} \quad (6\text{-}17)$$

$$ZS_2 = -0.0094X_1 - 0.1551X_2 + 0.3634X_3 - 0.5503X_4 - 0.4938X_5 - 0.0022X_6 + 0.1412X_7 + 0.2616X_8 + 0.0701X_9 + 0.3959X_{10} + 0.1173X_{11} - 0.1827X_{12} \quad (6\text{-}18)$$

在第一主成分的表达式中主要包含了变量X_{10}(NC A_y)、X_{11}(Mean F_z)和X_{12}(Peak F_z)，这三个参数起主要作用，可以把第一主成分看成是由NC A_y、Mean F_z和Peak V_x组成的综合指标。

在第二主成分的表达式中主要包含了变量X_3(NC V)、X_4(NC V_x)和X_5(NC V_y)，这三个参数起主要作用，可以把第二主成分看成是由速度变化次数组成的评价指标。

利用主成分 ZS_1 和 ZS_2 做线性组合,并以每个主成分的方差贡献率作为权数,可以构造一个综合的评价指标函数:

$$QS = a_1 ZS_1 + a_2 ZS_2 = 0.8016ZS_1 + 0.1414ZS_2 \tag{6-19}$$

QS 是代表竖线手写绘制能力的指标,可以通过 QS 对竖线绘制手写能力进行量化分级。

通过主成分分析算法,使用 Matlab 对影响圆圈绘制的各因素进行分析,结果如表 6.7 所示。

表 6.7　圆圈绘制主成分分析结果

序号	特征值	方差贡献率	累计贡献率
1	10.5299	0.8775	0.8755
2	1.0332	0.0861	0.9636
3	0.3988	0.0332	0.9968
4	0.0349	0.0029	0.9997
5	0.0031	0.0003	1
6	0	0	1
7	0	0	1
8	0	0	1
9	0	0	1
10	0	0	1
11	0	0	1
12	0	0	1

从表 6.7 中可以得知,第一主成分的特征值为 10.5299,能够解释总变异的 87.75%;第二主成分的特征值为 1.0332,解释了总变异的 8.61%。前两个特征根的累计贡献率达到 96.36%,说明前两个主成分已经反映原来 12 个指标 96.36%的信息,因此确定选择前两个主成分建立模型。

再由特征向量,得到第一主成分和第二主成分表达式,分别为:

$$ZY_1 = -0.19521X_1 + 0.0599X_2 + 0.0805X_3 - 0.5011X_4 + 0.2281X_5 + 0.1017X_6 + 0.0281X_7 + 0.2347X_8 + 0.4166X_9 + 0.2998X_{10} + 0.3661X_{11} + 0.4301X_{12} \tag{6-20}$$

$$ZY_2 = 0.5355X_1 - 0.2511X_2 - 0.0909X_3 + 0.1545X_4 - 0.3824X_5 - 0.0553X_6 + 0.1150X_7 + 0.5374X_8 - 0.2960X_9 + 0.2724X_{10} + 0.0011X_{11} - 0.0704X_{12} \tag{6-21}$$

在第一主成分的表达式中主要包含了变量 X_4(NC V_x)、X_9(NC A_x)和 X_{12}(Peak F_z),这三个参数起主要作用,可以把第一主成分看成是由这三个参数组成的综合指标。

在第二主成分的表达式中主要包含了变量 X_1(Mean V)，这个参数起主要作用，可单独看成是由 Mean V 组成的影响手写运动的指标。

利用主成分 ZY_1 和 ZY_2 做线性组合，并以每个主成分的方差贡献率 a_1 作为权数，可以构造一个综合的评价指标函数：

$$QY = a_1 ZY_1 + a_2 ZY_2 = 0.8775ZY_1 + 0.0861ZY_2 \tag{6-22}$$

QY 代表圆圈手写绘制能力的指标，可以通过 QY 对圆圈绘制手写能力进行量化分级。

第六节　本章小结

本章基于构建的学龄儿童手写运动数据库，采用斯皮尔曼相关性分析方法对学龄儿童群体的手写运动特点进行了研究，发现在所有的手写绘制任务中，速度参数 Mean V、Peak V、NC V_x、NC V_y、NC V 都与年级显著相关，其中 Mean V、Peak V 随着年级的增长而升高，NC V_x、NC V_y、NC V 随着年级的增长而呈现递减的趋势；而在横线绘制任务中，Mean V_x 和 Peak V_x 也随着年级呈现上升的趋势。加速度参数 Mean A、Peak A、NC A_x、NC A_y、NC A 都与年级显著相关，其中 Mean A、Peak A 随着年级的增长而升高，NC A_x、NC A_y、NC A随着年级的增长而呈现递减的趋势；而在横线绘制任务中，Mean A_x 和 Peak A_x 也随着年级的增长呈现上升的趋势。三维力矢量参数 Mean F_z 和 Peak F_z 都与年级显著相关，并且随着年级的升高而减小，而 Mean F_x、Peak F_x、Mean F_y、Peak F_y 与年级不相关，没有显著性差异。通过主成分分析(PCA)对手写量化指标参数进行了降维，并构建了由力和速度等指标参数构成的参数模型，可以更全面地对手写能力进行衡量。

总体来说，本研究提供了儿童绘制笔迹、运动学和动力学特征量化方法，研究结果为进一步建立常模数据库打下了基础。在掌握手写运动技能常规发展量化数据的情况下，对精细运动障碍如书写困难和 DCD 的诊断更为有据可依。运动学和动力学参数随年级的显著趋势反映了学校教育对精细运动技能的发展和评估是至关重要的。任务类型的主效应以及参数与年龄之间的显著相关性表明，年龄、任务类型等是手写运动评估中必须要考虑的因素。此外，本研究中发现的有效特征指标包括绘制时长、平均绘制速度、速度曲线峰值点个数(NP V)、施力方向调整归一化指标(NFR)和画圆运动中精细控制变异性指标(VFC)，它们是精细运动发展的重要特征，可以进一步用于儿童发展阶段的临床评估手段和干预方法的选择。其中，NFR 和 VFC 都是手写笔压力的细节特征，分析结果表明，动力学分析是精细运动研究的另一个重要方面。

第七章　儿童手写运动指标量化方法的研究

第一节　引　言

对儿童手写能力评价的常规方式主要基于纸笔测试，受试者执行书写或绘制任务，由医师或教师依据评价量表对书写或绘制结果进行评分。这种类型的评估直接取决于医师和教师的观察判断，不可避免地带来了主观和模糊的因素，其信度和效度受到质疑。此外，由于分析结论主要依据对静态笔迹的目视检查，并不能提供关于手写执行的过程信息和潜在机制信息，而实际上这类信息对于手写评估是非常重要的。传统评价方式的缺陷，使得客观、定量、有效的手写功能评价方法的提出成为迫切需要。同时，对手写功能障碍客观准确的早期诊断可为儿童手写的早期干预提供条件，对运动障碍疾病或发育神经类疾病儿童的早期治疗和康复具有十分重要的意义。

数字化时代，电脑、移动终端带来了信息记录和处理方式的变革，人们越来越多地使用数字设备输入和处理文字。然而，基于纸笔交互的手写运动仍是儿童的主要学习方式并伴随着他们的成长。幼儿从握笔涂鸦开始，逐渐形成写字技能，到了学龄阶段，书写和绘制技能在学校里得到了全面且深入的指导和培养，无论是做笔记、写作业，还是参加考试，都要通过书写来完成。

数字手写设备的快速发展为手写过程及手写结果的量化评估提供了技术手段。随着计算机技术的发展，便捷的笔交互设备的出现为手写运动的研究和相关学科的发展提供了支持。借助数字手写设备采集手写结果和过程信息，通过手写特征提取和分析建立有效的定量评价指标，能够为运动障碍疾病的检测评估以及治疗评价提供方便快捷、客观定量的手段，同时具有非入侵性的特点。

基于数字手写设备和计算机的手写运动分析技术包括运动学分析(kinematics analysis)和动力学分析(kinetics analysis)。目前国外学者在运动学分析方面已进行了深入的研究，在国外有报道的手写运动分析系统主要包括以下几种：

(一)OASIS

OASIS 基于 WACOM 手写板，设计的主要目的不是提供一组固定的、随时可运行的测试和实验，而是提供宏语言以方便创建新的测试和实验。图 7.1 所示为 OASIS 提供的频谱分析功能。

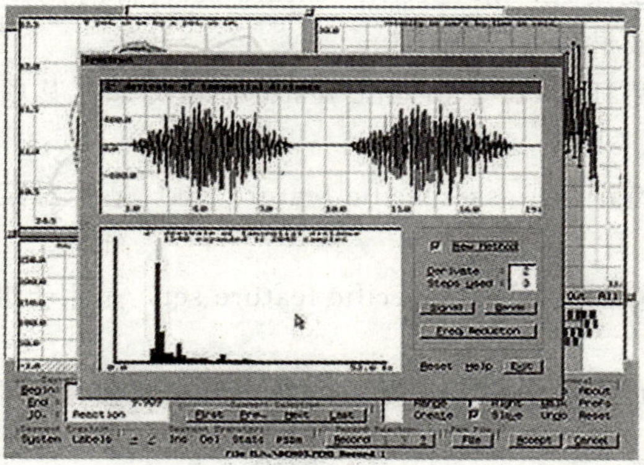

图 7.1　OASIS 频谱分析

(二)NeuroGlyphics.

NeuroGlyphics 系统分为五个主要的功能模块：数据采集、数据显示、数据分析、数据文件存储、报告生成。数据采集阶段包括阿基米德螺旋线(顺时针方向和逆时针方向)、书写和静态点击共三项任务。在静态点击任务中，要求用户用输入设备(如书写笔的笔尖)点击圆形目标区域的中心，点击位置与中心的临近程度、准确度、施加的压力这些参数可实时给出。NeuroGlyphics 软件数据查看界面如图 7.2 所示，包括笔迹、用户基本信息和任务信息显示，以及对螺旋线绘制数据的时域分析曲线图、频域分析曲线图以及时频分析结果。

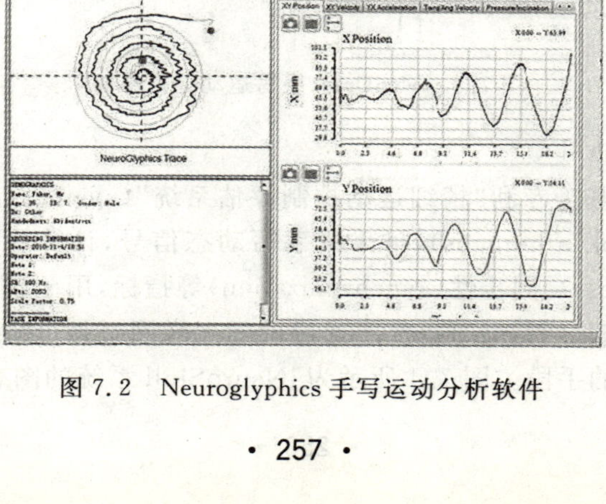

图 7.2　Neuroglyphics 手写运动分析软件

（三）MedDraw

MedDraw 为 University of Kent 和 University of Rouen 的联合项目，致力于神经功能损害的检查、评估和治疗。该系统将手写特征分为五类：

（1）通用特征集（common feature set）：包括绘制总时长、根据抬笔得到的笔画数、抬笔落笔时间比等特征。

（2）特定组特征集（group-specific feature set）：针对同一类测试提取的特征，例如根据绘制或书写进行分组。

（3）特定测试特征集（test-specific feature set）：是在某项测试中对所有任务都提取的特征。

（4）特定任务特征集（task-specific feature set）：是针对某个特定任务的专项特征。

（5）特定形状特征集（shape-specific feature set）：是用于准确描述特定形状的特征。

图 7.3 所示为 MedDraw 系统提取的特定形状圆和方的手写特征。

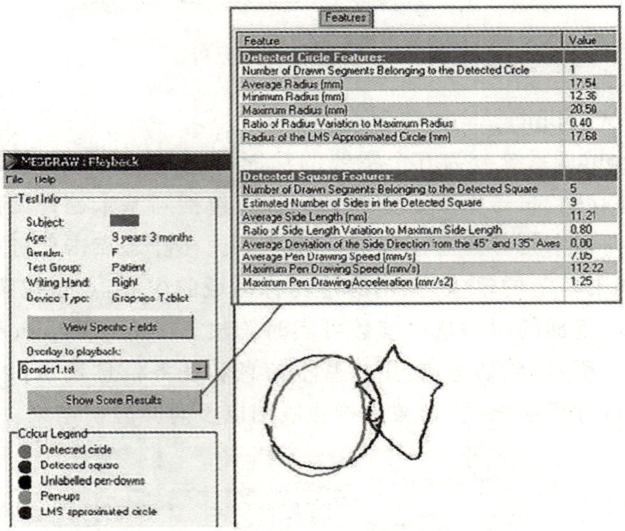

图 7.3　MedDraw 手写运动分析界面

（四）iNeuroSkill

iNeuroSkill 基于专利“精细运动控制评估系统”（system for assessment of fine motor control in humans），可采集手写动态信号，计算稳定性（stability）、平滑性（smoothness）、同步性（synchronization）等指标，用于辅助临床医师对帕金森氏症进行早期诊断，同时提供了通过国际互联网对每个病患的药物治疗效果进行远程监测的手段。图 7.4 所示为 iNeuroSkill 系统的图表分析界面，用户通过手写板提交手写样本并记录每天用药情况，通过该系统的可视化界面，得到其精细运动控制能力的反馈。

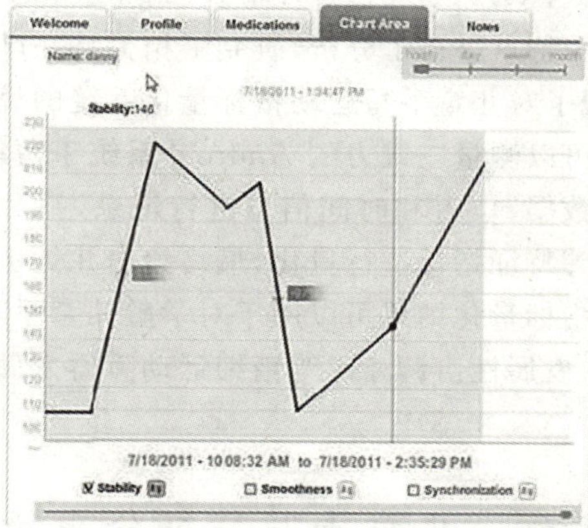

图 7.4　iNeuroSkill 系统手写运动分析界面

（五）MovAlyzeR

MovAlyzeR 为 Neuro Script 公司的运动分析软件产品，用于手部运动和精细运动控制度量和分析。该系统在指导用户操作的同时，以 100～200 Hz 的频率记录笔尖位置、压力、方向，鼠标位置和手指位置信息，将笔画分割为弹道阶段和感觉调整阶段进行子运动分析，用户可以及时查看评估结果。此外，该系统还可以扫描纸张上的阿基米德螺旋线，并将其作为运动序列进行分析。图 7.5 所示为 MovAlyzeR 的手写数据采集界面。

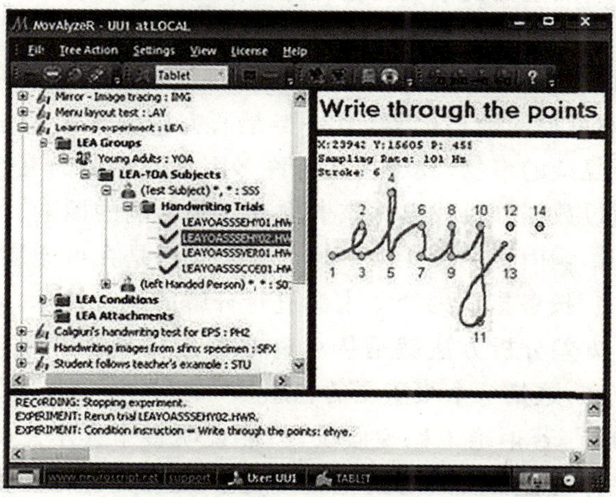

图 7.5　MovAlyzeR 手写信息采集界面

参考国外现有的手写运动分析系统，本章基于构建的儿童手写特征集，结合学龄儿童认知及其动作技能的发展特点，采用统计学方法中的方差分析(analysis of variance, ANOVA)和显著性检验(significance testing)，对学龄儿童手写运动特征的分布特点进行了分析，研究了相关特征序列的显著性分布区间，并在此基础上实现了对儿童手写运动指标量化系统的设计。儿童手写运动指标量化系统是基于可以测量三维力的 Android 系统手写板开发的，本系统可以将手写过程中的力数据、位置和时间信息进行记录，并对手写运动过程中的速度、加速度、三维力等特征指标进行量化，最终给出儿童手写运动各指标的量化结果。手写运动的指标量化结果可以用于对学龄儿童手写能力的评估，也可以为医生对书写困难、发展性协调障碍等精细运动障碍方面的诊断提供客观有效的参考依据。

第二节　儿童手写特征分布特点

一、分析方法

方差分析(analysis of variance, ANOVA)又称“变异数分析”或“F 检验”，是由英国统计学家 R. A. Fisher 于 1923 年提出的。这种方法是将 k 个处理的观测值作为一个整体看待，把观测值总变异的平方和及自由度分解为相应于不同变异来源的平方和及自由度，进而获得不同变异来源总体方差估计值；通过计算这些总体方差的估计值的适当比值，就能检验各样本所属总体平均数是否相等。方差分析实质上是关于观测值变异原因的数量分析，它在科学研究中应用十分广泛。

由于各种因素的影响，研究所得的数据呈现波动状。造成波动的原因可分成两类：一类是不可控的随机因素，另一类是研究中施加的对结果形成影响的可控因素。一个复杂的事物，其中往往有许多因素互相制约又互相依存。方差分析的目的是通过数据分析找出对该事物有显著影响的因素、各因素之间的交互作用以及显著影响因素的最佳水平等。方差分析是在可比较的数组中，把数据间的总的“变差”按各指定的变差来源进行分解的一种技术，对变差的度量采用离差平方和。方差分析方法就是从总离差平方和分解出可追溯到指定来源的部分离差平方和，这是一个很重要的思想。

经过方差分析，若拒绝了检验假设，只能说明多个样本总体均数不相等或不全相等。若要得到各组均数间更详细的信息，应在方差分析的基础上进行多个样本均数的两两比较。

在科学研究中，经常要分析各种因素以及不同因素之间的相互作用对研究对象某些指标值的影响。在方差分析中，把试验数据的总波动（总变差或总方差）分解为由所考虑因素引起的波动（各因素的变差）和随机因素引起的波动（误差的变差），然后通过分析比较这些变差来推断哪些因素对所考察指标的影响是显著的，哪些是不显著的。

应用方差分析对资料进行统计推断之前应注意其使用条件，包括：

(1)可比性：若资料中各组均数本身不具可比性，则不适用方差分析。

(2)正态性：偏态分布资料不适用方差分析。对偏态分布的资料应考虑用对数变换、平方根变换、倒数变换、平方根反正弦变换等变量变换方法变为正态或接近正态后再进行方差分析。

(3)方差齐性：若组间方差不齐，则不适用方差分析。多个方差的齐性检验可用 Bartlett 法，它用卡方值作为检验统计量，结果判断需查阅卡方界值表。

方差分析主要用于：①均数差别的显著性检验；②分离各有关因素并估计其对总变异的作用；③分析因素间的交互作用；④方差齐性检验。

根据资料设计类型的不同，有两种方差分析的方法：单因素方差分析和双因素方差分析。单因素方差分析是指对单因素试验结果进行分析，检验因素对试验结果有无显著性影响的方法。单因素方差分析是两个样本平均数比较的引申，它是用来检验多个平均数之间的差异，从而确定因素对试验结果有无显著性影响的一种统计方法。双因素方差分析是一种统计分析方法，这种分析方法可以用来分析两个因素的不同水平对结果是否有显著影响，以及两因素之间是否存在交互效应。一般运用双因素方差分析法，先对两个因素的不同水平的组合进行设计试验，要求每个组合下所得到的样本的含量都是相同的。

在实际问题的研究中，有时需要考虑两个因素对试验结果的影响。例如，关于饮料销售，我们除了关心饮料颜色之外，还想了解销售地区是否影响销售量。如果在不同的地区销售量存在显著的差异，就需要分析原因，采用不同的销售策略：使该饮料品牌在市场占有率高的地区继续深入人心，保持领先地位；在市场占有率低的地区进一步扩大宣传，让更多的消费者了解、接受该产品。若把饮料的颜色看作影响销售量的因素 A，饮料的销售地区则是影响因素 B。对因素 A 和因素 B 同时进行分析，就属于双因素方差分析的内容，双因素方差分析是对影响因素进行检验以发现究竟是一个因素在起作用还是两个因素都起作用，或是两个因素的影响都不显著。

双因素方差分析有两种类型：一种是无交互作用的双因素方差分析，它假定因素 A 和因素 B 的效应之间是相互独立的，不存在相互关系；另一种是有交互作用的双因素方差分析，它假定因素 A 和因素 B 的结合会产生出一种新的效应。例如，若假定不同地区的消费者对某种颜色有与其他地区消费者不同的特殊偏爱，这就是两个因素结合后产生的新效应，属于有交互作用的背景；否则,就是无交互作用的背景。

两类方差分析的基本步骤相同,只是变异的分解方式不同,对成组设计的资料,总变异分解为组内变异和组间变异(随机误差),即:$SS_{总}=SS_{组间}+SS_{组内}$;而对配伍组设计的资料,总变异除了分解为处理组变异和随机误差外,还包括配伍组变异,即:$SS_{总}=SS_{处理}+SS_{配伍}+SS_{误差}$。整个方差分析的基本步骤如下:

(1)建立检验假设:

H_0:多个样本总体均数相等。

H_1:多个样本总体均数不相等或不全等。

检验水准为0.05。

(2)计算检验统计量F值。

(3)确定p值并作出推断结果。

显著性检验(significance testing)是事先对总体(随机变量)的参数或总体分布形式作出一个假设,然后利用样本信息来判断这个假设(原假设)是否合理,即判断总体的真实情况与原假设是否有显著性差异。或者说,显著性检验要判断样本与我们对总体所作的假设之间的差异是纯属机会变异,还是由我们所作的假设与总体真实情况之间不一致所引起的。显著性检验是针对我们对总体所作的假设做检验,其原理就是“小概率事件实际不可能性原理”来接受或否定假设。

抽样试验会产生抽样误差,对试验资料进行比较分析时,不能仅凭两个结果(平均数或率)的不同就作出结论,而是要进行统计学分析,鉴别出两者差异是抽样误差引起的,还是由特定的试验处理引起的。

显著性检验是用于检验实验处理组与对照组或两种不同处理的效应之间是否有差异,以及这种差异是否显著的方法。

常把一个要检验的假设记作H_0,称为“原假设”(或“零假设”)(null hypothesis),与H_0对立的假设记作H_1,称为“备择假设”(alternative hypothesis)。原假设和备择假设合在一起,应涵盖我们所研究的总体特征的所有可能性。

(1)在原假设为真时,决定放弃原假设,称为“第一类错误”,其出现的概率通常记作α。

(2)在原假设不真时,决定接受原假设,称为“第二类错误”,其出现的概率通常记作β。

通常只限定犯第一类错误的最大概率α,不考虑犯第二类错误的概率β。这样的假设检验又称为“显著性检验”,概率α称为“显著性水平”。

最常用的α值为0.01、0.05、0.10等。一般情况下,根据研究的问题,如果放弃真错误损失大,为减少这类错误,α取值小些;反之,α取值大些。

无效假设：显著性检验的基本原理是提出"无效假设"和检验"无效假设"成立的概率(p)水平的选择。所谓"无效假设"，就是当比较试验处理组与对照组的结果时，假设两组结果间差异不显著，即试验处理对结果没有影响或无效。经统计学分析后，如发现两组间差异系抽样引起的，则"无效假设"成立，可认为这种差异为不显著(即试验处理无效)；若两组间差异不是由抽样引起的，则"无效假设"不成立，可认为这种差异是显著的(即试验处理有效)。

显著性检验的 p 值：用计算机统计软件进行假设检验，经常会见到 p 值。根据检验统计量的样本值查表得到的概率就是 p 值，我们称之为"观察到的显著水平"。

"无效假设"成立的概率水平：检验"无效假设"成立的概率水平一般定为5%(常写为 $p \leqslant 0.05$)，其含义是将同一试验重复 100 次，若两者结果间的差异有 5 次以上是由抽样误差造成的，则"无效假设"成立，可认为两组间的差异为不显著，常记为 $p>0.05$。若两者结果间的差异 5 次以下是由抽样误差造成的，则"无效假设"不成立，可认为两组间的差异为显著，常记为 $p \leqslant 0.05$。如果 $p \leqslant 0.01$，则认为两组间的差异为非常显著。

统计学上规定的 p 值意义如表 7.1 所示。

表 7.1　　p 值意义

p 值	碰巧的概率	对"无效假设"	统计意义
$p>0.05$	碰巧出现的可能性大于 5%	不能否定"无效假设"	两组差别无显著意义
$p<0.05$	碰巧出现的可能性小于 5%	可以否定"无效假设"	两组差别有显著意义
$p<0.01$	碰巧出现的可能性小于 1%	可以否定"无效假设"	两者差别有非常显著意义

需要注意的是：

(1)p 的意义不表示两组差别的大小。p 反映两组差别有无统计学意义，并不表示差别大小。

(2)$p>0.05$ 时，差异无显著意义，根据统计学原理可知，不能否认"无效假设"，但并不认为"无效假设"肯定成立。那种将"两组差别无显著意义"与"两组基本等效"等同的做法是缺乏统计学依据的。

(3)统计学主要用上述三种 p 值表示，也可以计算出确切的 p 值。

(4)显著性检验只是统计结论，判断差别还要根据专业知识。

在进行显著性检验时，需要注意要有合理的试验设计和准确的试验操作，避免系统误差、降低试验误差，提高试验的准确性和精确性。所选用的显著性检验方法要符合其应用条件。由于研究变量的类型、问题的性质、条件、试验设计方法、样本大小等的不同，所选用的显著性检验方法也不同，因而在选用检验方法时，应考虑其应用条件和适用范围。

显著性检验结论中的“差异显著”或“差异极显著”不应该误解为相差很大或非常大，也不能认为在实际应用上一定就有重要或很重要的价值。“显著”或“极显著”是指表面差异为试验误差可能性小于0.05或0.01，已达到了可以认为存在真实差异的显著水平。有些试验结果虽然表面差异大，但由于试验误差大，也许还不能得出“差异显著”的结论；而有些试验的结果虽然表面差异小，但由于试验误差小，反而可能推断为“差异显著”。

显著水平的高低只表示作出结论的可靠程度的高低，即在0.01水平下否定“无效假设”的可靠程度为99%，而在0.05水平下否定“无效假设”的可靠程度为95%。“差异不显著”是指表面差异为试验误差可能性大于统计上公认的概率水平0.05，不能理解为没有差异。作出“差异不显著”的结论时，客观上存在两种可能：一是无本质差异；二是有本质差异，但被试验误差所掩盖，表现不出差异的显著性来。如果减小试验误差或增大样本容量，则可能表现出差异显著性。显著性检验只是用来确定“无效假设”能否被否定，而不能证明“无效假设”是正确的。

本研究通过方差分析和显著性检验对学龄儿童的手写运动特征的分布特点进行的研究。

二、分布特点

对六个年级的儿童在三种不同手写任务中的特征参数进行分析，发现Mean V、Peak V、NC V、NC V_x、NC V_y 在六个年级和三种不同手写任务中均有明显差异($p<0.01$)，Mean V_x、Peak V_x 在横线绘制手写任务中各年级有显著性差异($p<0.01$)，Mean F_z、Peak F_z 在不同年级中均有显著性差异($p<0.05$)，Mean V_y、Mean F_x、Peak F_x、Mean F_y、Peak F_y 在不同年级和不同任务间没有显著性差异。

置信区间又称“估计区间”，用来估计参数的取值范围。参数估计是统计推断的重要内容。

设 $\alpha(0<\alpha<1)$ 为一给定的常数，如果满足关系式 $P(T_1\leqslant\theta\leqslant T_2)=1-\alpha$ 并用这个随机区间作为参数 θ 的估计，则称 $[T_1(x_1,x_2,\cdots,x_n),T_2(x_1,x_2,\cdots,x_n)]$ 是参数 θ 的置信水平为 $1-\alpha$ 的区间估计，称 α 为显著性水平，称 $T_1(x_1,x_2,\cdots,x_n)$，$T_2(x_1,x_2,\cdots,x_n)$ 分别为上、下置信限。求参数的置信区间通常的做法是对给定的置信水平 α(如 $\alpha=0.05$ 或 $\alpha=0.01$)求出相应的置信区间。

本研究以 $\alpha=0.05$ 对参数的分布区间进行估计，如表7.2、表7.3和表7.4所示。由前面的分析可知，Mean V、Peak V、NC V、NC V_x、NC V_y、Mean A、Peak A、NC A、NC A_x、NC A_y、Mean F_z、Peak F_z 在所有任务中都与年级有显著差异，因此我们对这些参数按照年级和手写任务进行置信区间的估计，而对于 Mean V_x、Peak V_x 我们只估计在横线绘制手写任务中各年级的置信区间。Mean V_y、Mean F_x、Peak F_x、Mean F_y、Peak F_y 这些参数在各年级和不同手写任务之间没有差异，因此不计算其置信区间。

表 7.2　　横线绘制任务各参数的置信区间

参数		横线绘制(α=0.05)					
		年级					
		一年级	二年级	三年级	四年级	五年级	六年级
Mean V_x (mm/s)	上限	13.65	20.91	23.19	29.23	39.42	44.85
	下限	5.31	6.71	5.30	10.91	11.92	13.66
Peak V_x (mm/s)	上限	28.21	43.93	37.66	48.90	65.91	73.39
	下限	19.87	29.76	19.77	30.58	38.41	42.20
Mean V (mm/s)	上限	14.09	21.99	24.10	30.21	41.41	48.19
	下限	5.83	7.01	5.49	11.35	12.56	13.22
Peak V (mm/s)	上限	30.44	46.02	39.11	51.60	70.59	78.16
	下限	22.18	31.08	20.50	32.74	41.74	43.19
NC V_x	上限	37.31	68.15	35.67	27.98	24.42	18.71
	下限	34.51	65.35	32.87	25.18	21.62	15.91
NC V_y	上限	44.26	74.70	41.33	32.50	28.47	23.21
	下限	41.46	71.90	38.53	29.70	25.67	20.41
NC V	上限	37.70	69.52	35.69	27.94	24.36	18.65
	下限	34.90	66.72	32.89	25.15	21.56	15.85
Mean F_z (N)	上限	4.52	5.03	4.59	4.99	3.77	3.92
	下限	2.53	2.45	2.63	1.53	1.64	1.83
Peak F_z (N)	上限	5.00	5.70	5.08	5.66	4.22	4.47
	下限	3.02	3.12	3.11	2.20	2.09	2.38

表 7.3　　竖线绘制任务各参数的置信区间

参数		竖线绘制(α=0.05)					
		年级					
		一年级	二年级	三年级	四年级	五年级	六年级
Mean V (mm/s)	上限	27.25	41.52	38.08	39.23	44.06	55.05
	下限	10.88	7.53	5.14	17.31	25.38	26.42

续表

参数		竖线绘制(α=0.05)					
		年级					
		一年级	二年级	三年级	四年级	五年级	六年级
Peak V (mm/s)	上限	53.61	69.23	58.40	65.84	71.81	48.35
	下限	37.24	35.24	25.47	43.92	58.44	38.83
NC V_x	上限	30.13	35.26	33.88	26.12	27.15	22.11
	下限	27.33	32.46	31.08	23.32	24.35	19.31
NC V_y	上限	23.88	30.22	29.20	21.60	23.49	17.20
	下限	21.08	27.42	26.40	18.80	20.69	14.40
NC V	上限	24.39	30.67	29.48	21.80	23.96	17.62
	下限	21.59	27.87	26.68	19.01	21.16	14.82
Mean F_z (N)	上限	5.415	4.80	4.95	4.53	3.39	4.84
	下限	2.01	2.08	2.66	1.29	1.62	1.31
Peak F_z (N)	上限	2.51	2.64	3.20	1.90	2.11	1.85
	下限	3.02	3.12	3.11	2.20	2.09	2.38

表 7.4　圆圈绘制任务各参数的置信区间

参数		圆圈绘制(α=0.05)					
		年级					
		一年级	二年级	三年级	四年级	五年级	六年级
Mean V (mm/s)	上限	33.30	35.12	40.25	48.71	81.64	59.67
	下限	11.05	12.91	18.62	19.53	14.08	26.62
Peak V (mm/s)	上限	64.59	66.14	69.83	79.00	127.03	94.59
	下限	42.34	43.93	48.20	49.82	59.49	61.54
NC V_x	上限	58.07	55.90	42.98	42.46	35.16	31.10
	下限	55.25	53.10	40.18	39.66	32.36	28.30
NC V_y	上限	58.30	56.05	44.40	45.51	35.23	32.26
	下限	55.50	53.25	41.60	42.71	32.43	29.46
NC V	上限	54.94	57.05	44.93	45.20	37.88	33.98
	下限	52.14	54.25	42.13	42.40	35.08	31.18

续表

参数		圆圈绘制($\alpha=0.05$)					
		年级					
		一年级	二年级	三年级	四年级	五年级	六年级
Mean F_z (N)	上限	4.18	4.86	4.57	3.99	3.24	3.64
	下限	2.10	2.74	2.41	1.56	1.94	2.25
Peak F_z (N)	上限	5.00	5.70	5.08	5.66	4.22	4.47
	下限	2.94	3.81	3.29	2.23	2.58	2.99

第三节　儿童手写运动特征量化系统设计

一、系统概述

本系统基于所构建的学龄儿童手写运动特征集和儿童手写特征分布特点，开发了适合学龄儿童的手写运动指标量化系统，并设计了相应的趣味性绘制手写实验任务，对儿童手写运动过程中的各项指标进行量化。

儿童手写运动指标量化系统的用户分为“注册用户”和“游客”两种角色。注册用户需要填写年龄、年级、性别、利手等个人信息，而游客则以默认的设置进入系统。用户进入系统后，通过完成相应的手写绘制实验，系统自动给出其手写能力的各项指标。本系统所使用的实验任务与儿童手写信息采集时的实验任务相同，从而使量化的结果更加准确可靠。

本系统基于 Android 平台开发，Android 是一种基于 Linux 的自由及开放源代码的操作系统，主要使用于移动设备，如智能手机和平板电脑，由 Google 公司和开放手机联盟领导及开发。该平台由操作系统、中间件、用户界面和应用软件组成。

本系统的设计需要达到以下目标：

(1)趣味性：针对儿童的发展特点和认知能力，实验任务的设计应该具有趣味性，并且简单易懂。

(2)易操作：界面设计美观，操作简单，以便于儿童理解并完成手写实验任务。

(3)实时性：要求力信息和位置信息能够实时采集，真实可靠。

(4)真实性：儿童进行实验任务时，手写效果的显示具有真实性，能够客观反映不同儿童的书写结果。

二、系统总体设计

该系统主要包括用户登录模块、手写绘制任务模块、数据处理模块、量化结果显示模块以及系统设置模块等功能，如图 7.6 所示。

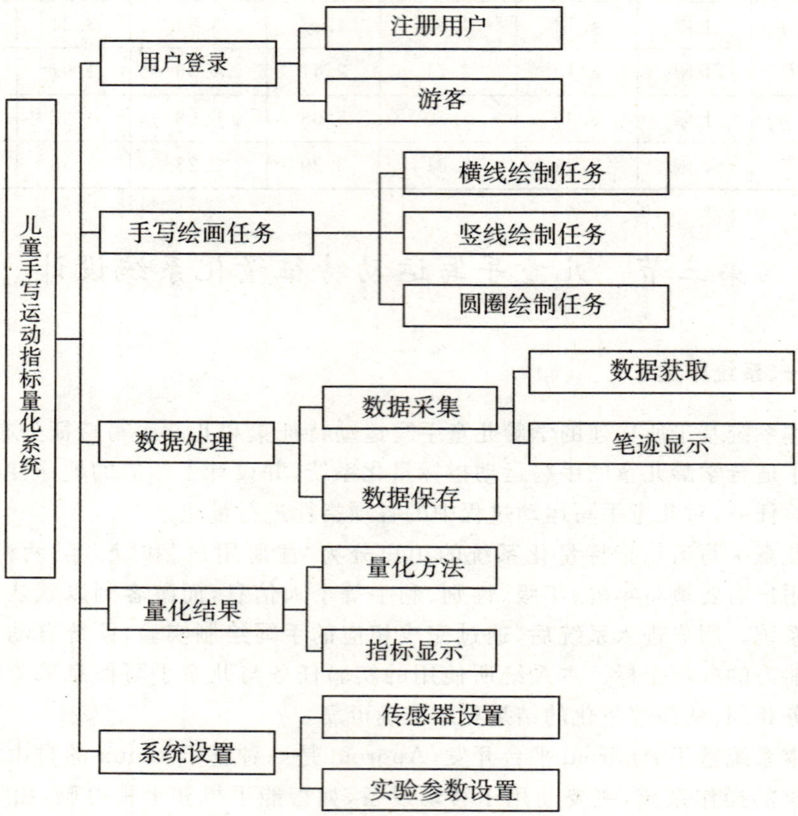

图 7.6 儿童手写运动指标量化系统总体设计

（一）用户登录

用户登录模块分为注册用户和游客，注册用户可以使用用户名和密码进行登录，并可以查看每次的手写量化记录；游客则只能使用软件的部分功能，不记录量化结果。用户在注册时需要填写的基本信息包括年级、年龄、性别、利手情况、病史或健康状况等内容。

（二）手写绘制任务

手写绘制任务主要包括横、竖、圆的自由绘制任务，根据不同的绘制要求设计相应的趣味性实验，在保证实验可靠性的前提下，尽量提高实验的趣味性。

（三）数据处理

用户在 Android 手写板上按照实验要求进行手写，并获取手写过程中的笔迹位置以及手写三维力等信息。由于采集到的数据会受到噪声干扰，因此，必须对数据进行预处理，以消除噪声干扰。实时显示当前实验任务的编号以及采集次数、系统运行状态等内容，并及时保存每次实验的数据。在每次实验任务结束后，对手写运动过程中的位置信息、力信息和时间信息等内容进行存储，用于最终量化结果的显示。

（四）手写运动指标量化结果显示模块

量化算法的设计为本系统的关键环节，将直接影响系统的可靠性和有效性。根据用户的控制因素和实验任务的不同，需要选取不同的特征指标对用户的手写能力进行量化。本系统所选取的量化指标来自于儿童手写运动特征集，主要包括速度和加速度的均值、峰值、变化次数等指标，同时提取了手写运动过程中三维力矢量的均值和峰值，并且根据不同的手写实验任务构建了相应的力和速度混合控制能力量化指标。

（五）系统设置

系统设置主要包括手写设备参数设置和手写实验任务参数设置等功能。其中，手写设备参数设置主要包括手写采样频率设置、手写效果设置（如笔迹粗细、颜色）等内容，实验参数设置主要包括实验任务的选择、实验任务中力和速度大小的设置等内容。

第四节　儿童手写运动特征量化系统详细设计

一、系统处理流程

基于所构建的学龄儿童手写运动特征集，开发适合学龄儿童的手写运动指标量化系统，结合学龄儿童认知及其动作技能的发展特点，设计相应的手写绘制实验任务，量化学龄儿童手写运动过程中对力和速度的综合控制能力，给出客观的量化结果。

儿童手写运动指标量化系统的设计过程中，要求系统操作流程合理、有统一规范的提示信息和操作指导信息，能达到手写特征提取所需要的精度、灵敏度等要求，并能及时有效地进行故障处理。

基于 Android 的儿童手写运动指标量化系统的开发是在实验室自主设计的手写信息采集平台上完成的，本系统可以客观地量化儿童手写能力的各种指标。

本系统结合手写平台的硬件设备特点，根据系统需求，遵循软件工程原理进行设计。系统的功能体系设计是在现状调研和需求分析的基础上进行的，对系统功能进行模块化划分，并遵循软件工程学中的模块独立性原则，保证模块的高内聚性和模块之间的低耦合性。

基于 Android 的儿童手写运动指标量化系统的处理流程如图 7.7 和图 7.8 所示，其中，图 7.7 为基于 Android 的儿童手写运动指标量化系统总体处理流程，图 7.8 为用户接口模块中儿童手写任务模块处理流程。

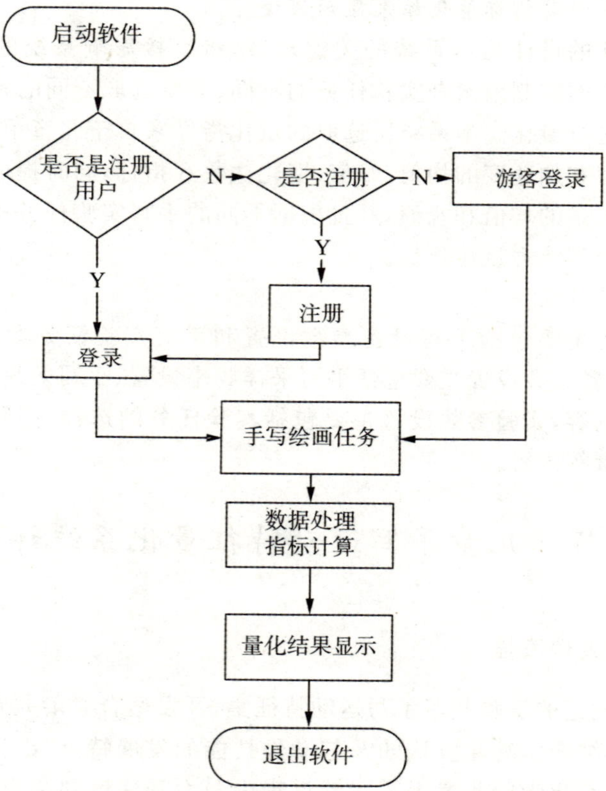

图 7.7　基于 Android 的儿童手写运动指标量化系统总体处理流程

基于 Android 的儿童手写运动指标量化系统总体处理流程：用户启动系统，如果是已经注册的用户，则直接登录；如果是未注册的用户，则需要注册或以游客身份进入。当以注册用户登录时，系统会记录每次的量化结果；而以游客身份登录时，系统不对量化结果进行记录。当用户登录成功后进入手写绘制实验任务界面，用户需要按照实验的要求完成手写任务。用户完成所有的手写任务后，系统最后会给出其手写能力的各项量化指标。

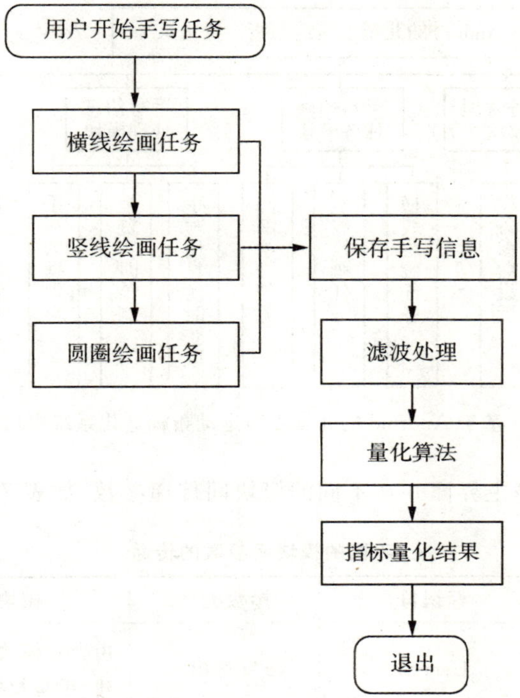

图 7.8　手写任务模块处理流程

用户登录成功后，按照手写绘制实验任务要求依次完成实验，系统自动记录手写过程的位置信息和三维力矢量信息，并进行保存。系统对原始数据进行滤波等预处理后计算手写运动的各项指标，用户完成手写任务后系统自动给出用户的手写能力量化指标结果。

二、系统数据结构设计

本系统基于 Android 平台使用 Java 语言进行开发，Java 程序设计语言具有很好的平台移植性、高效性、通用性和安全性，并且 Java. awt 包为方便图形用户界面的开发设计了专门的类库，可以用来生成各种标准图形用户界面元素和处理图形界面的各种事件，使开发变得容易。

用户管理模块要求用户以手写输入方式提交个人信息。对于手写任务模块，在每个手写任务的主界面都给出了实验介绍和操作指南，要求用户按照要求完成手写绘制任务。对于系统故障或者用户错误操作，以弹出警告对话框的方式进行提示，如图 7.9 所示。

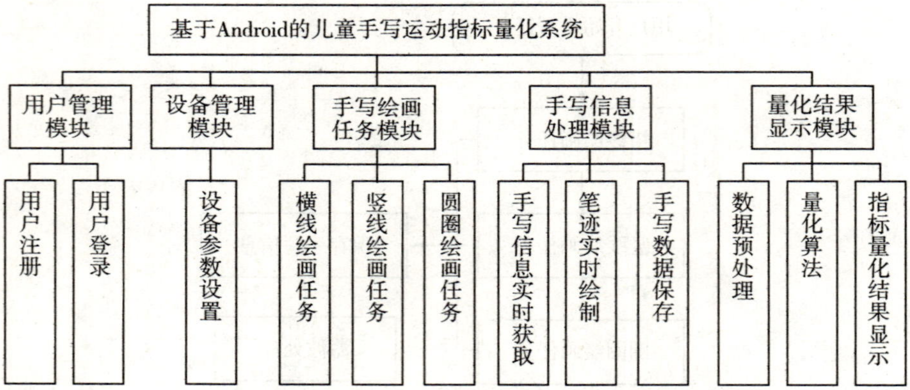

图 7.9　基于 Android 的儿童手写运动指标量化系统模块结构图

用户进入程序主界面并在不同的模块间传递参数，如表 7.5 所示：

表 7.5　　不同的模块间参数的传递

参数名称	标识符	参数类型	模块间数据传递
用户名	UserID	字符串	由登录模块传递给用户目录创建、手写数据保存
力数据	forceData	多维数组	力传感器读取模块实时获取
位置信息	PositionData	Point	绘图响应模块实时获取
手写信息缓存	resultValue	多维数组	由笔迹实时绘制模块传递给手写数据保存模块

系统涉及的主要数据结构及其介绍，如表 7.6 所示：

表 7.6　　系统的数据结构

参数名称	标识符	作用
用户名	UserID	获取手写运动实验的用户信息
力数据	forceData	获取多维力传感器发送的一帧数据，即三维力信息 (F_x, F_y, F_z)
位置信息	PositionData	获取手写位置信息，即二维时间序列轨迹信息 (x, y)
手写信息缓存	resultValue	缓存五维手写信息，即二维时间序列轨迹信息 (x, y)、三维时间序列力矢量信息 (F_x, F_y, F_z)

系统涉及的主要数据结构的存储结构,如表 7.7 所示:

表 7.7　数据的存储结构

名称	标识符	类型	定义
用户名	UserID	字符串	CString UserID;
力数据	forceData	多维数组	#define sampleCha 3//采样通道数 #define samplePoi //每帧点数 double forceData[samplePoi][sampleCha];
位置信息	PositionData	Point	Point mousePoint(xPos, yPos)
手写信息缓存	resultValue	1000*5 维数组	double resultValue[1000][5];

数据结构与应用程序模块间的关系,如表 7.8 所示:

表 7.8　数据结构与应用程序模块间的关系

	用户信息录入	用户目录创建	设备参数设置	手写任务	数据实时获取	笔迹实时绘制	手写数据保存	用户信息查看	量化结果查看
用户名	√	√	√	√			√	√	√
力和位置数据					√	√			
手写信息缓存						√	√		

系统可能出现的错误或故障情况处理,如表 7.9 所示:

表 7.9　故障情况处理

出错或故障情况	系统输出信息	用户处理
连接多维力传感器失败	弹出警告框,提示连接失败	重启软件
多维力传感器获取数据失败	弹出警告框,提示无法获取手写信息	再次尝试进行数据采集操作或重启软件
书写后并无笔迹显示	无	重新进行数据采集操作,若仍无法显示笔迹,则重启软件

三、系统实现

用户双击软件,正常启动后进入登录界面,如图 7.10 所示。用户直接登录或进行注册(见图 7.11)。用户提交信息后,进入手写绘制任务模块(见图 7.12、图 7.13 和图 7.14),按照实验任务操作要求进行手写绘制任务,用户执笔在数据采集界面进行手写，触发数据采集模块，获取手写信息并绘制笔迹，并根据用户的操作进行相应处理。手写任务完成后，系统自动提取相应的手写运动指标对儿童的手写能力进行量化，最终以手写能力指标量化报告单的形式给出，如图 7.15 所示。实验任务完成后即可退出软件，已注册用户的量化结果由系统自动进行保存，游客的量化结果不进行记录。

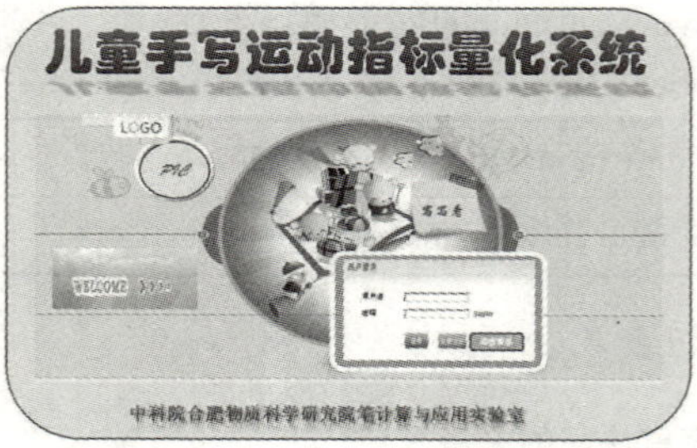

图 7.10　儿童手写运动指标量化系统登录界面

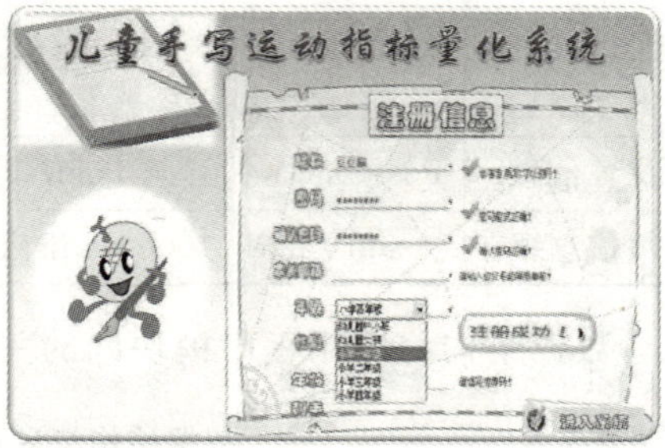

图 7.11　儿童手写运动指标量化系统注册界面

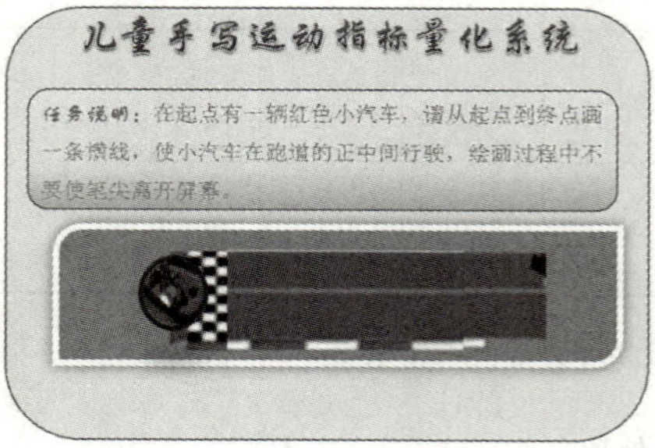

图 7.12　手写任务(横线绘制)

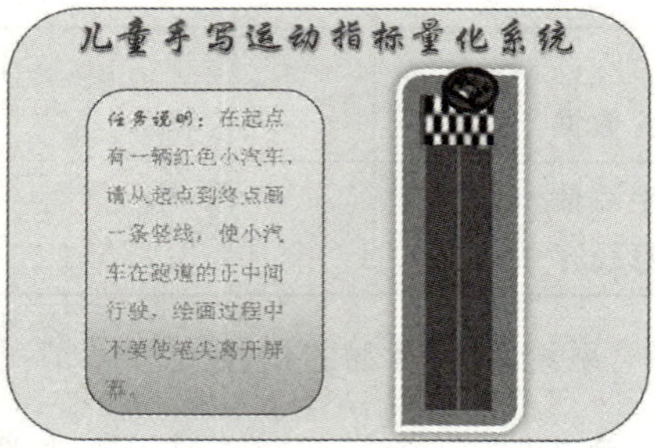

图 7.13　手写任务(竖线绘制)

图 7.14　手写任务(圆绘制)

中国科学院合肥物质研究院手写运动指标量化结果检验报告单

姓名:小明　　　　性别:男　　　　年龄:12　　　　样本编号:001

项目	英文缩写	量化结果			单位
		横线	竖线	圆圈	
X 方向速度均值	Mean V_x	25.68	0.03	0.45	mm/s
Y 方向速度均值	Mean V_y	2.85	27.58	0.91	mm/s
速度均值	Mean V	26.99	28.27	45.87	mm/s
X 方向速度峰值	Peak V_x	52.17	13.22	61.01	mm/s
Y 方向速度峰值	Peak V_x	18.31	7.12	67.01	mm/s
速度峰值	Peak V	56.17	54.89	93.28	mm/s
X 方向速度变化次数	NC V_x	23.03	24.73	33.76	
Y 方向速度变化次数	NC V_y	27.07	20.21	33.84	
速度变化次数	NC V	22.96	20.41	36.48	
X 方向加速度均值	Mean A_x	0.05	1.29	0.14	mm/s^2
Y 方向加速度均值	Mean A_y	0.01	13.62	0.02	mm/s^2
加速度均值	Mean A	3.18	9.43	3.91	mm/s^2
X 方向加速度峰值	Peak A_x	27.53	19.85	19.06	mm/s^2
Y 方向加速度峰值	Peak A_y	19.07	20.4	27.29	mm/s^2
加速度峰值	Peak A	3.18	9.43	3.91	mm/s^2
X 方向加速度变化次数	NC A_x	38.03	33.63	65.59	
Y 方向加速度变化次数	NC A_y	40.05	32.4	68.01	
加速度变化次数	NC A	36.85	30.61	64.88	
F_x 均值	Mean F_x	0.29	0.05	0.03	N
F_x 峰值	Mean F_x	0.06	0.25	0.02	N
F_y 均值	Mean F_y	2.71	2.51	2.6	N
F_y 峰值	Mean F_y	0.37	0.06	0.32	N
F_z 均值	Mean F_z	0.14	0.02	0.44	N
F_z 峰值	Mean F_z	3.16	3.00	3.24	N

采集时间:2014-07-03　08:31:04　　　报告时间:2014-07-03　13:03:26

检验员:张三　　　　　　审核人:李四

图 7.15　量化结果

第五节　本章小结

本章针对提取的学龄儿童手写运动特征，采用统计学方法中的方差分析和显著性检验分析了学龄期儿童手写运动特征的分布特点，研究了相关特征序列的显著性分布区间，并以 $\alpha=0.05$ 对参数的分布区间进行了估计。儿童手写运动指标量化系统是基于可以测量三维力的 Android 系统手写板开发的，本系统可以将手写过程中的力数据、位置和时间信息进行记录。本章基于构建的儿童手写运动特征集，并结合学龄儿童认知及其动作技能的发展特点，设计了相应的趣味性绘制手写实验任务，主要包括横线的绘制、竖线的绘制和圆圈的绘制，通过量化算法对儿童手写运动过程中的各项指标进行了计算，最终给出了儿童手写运动各指标的量化结果。

第八章　儿童手写稳定性评估方法研究

第一节　引　言

Memex 是 Vannevar Bush 于 1945 年在其文章 *As We May Think* 中提出的一种“扩展存储器”(memory-extender)设想。Vannevar Bush 在文中指出，Memex 是一个基于微缩胶卷存储的“个人图书馆”，可以根据“交叉引用”来播放图书和影片。它可以通过照相或触摸屏感应来记录新信息。同时它还提供在资料之间建立关联的功能，读者可以建立一些指向某些微缩胶卷片段的链接，并依照自己的喜好形成新的线性顺序，甚至加上自己的补充或评论。而且这些可以成为共享，他人只要键入建立链接的作者的索引代码，就可以追溯到这些关联。

2003 年图灵奖的获得者 Alan Kay 认为，计算机应当像生命体一样来运行。计算机应该具备情感计算能力，也就是说，计算机不但要能够忠实执行用户所发出的命令，还应能够在一定程度上感知用户所想，记录用户的生活习惯，捕捉用户的生活习惯，创造适合用户个性的交流方式。为此，本研究通过对用户手写数据的稳定性进行初步的分析，试图了解哪些手写特征受感情心理影响较大，而哪些特征参数受心理波动影响较小，对情感计算中的关键技术进行初步的研究。

手写运动是人们通过有意识、有目的性的学习并通过练习发展形成的技能。在长期的学习和练习过程中，大脑皮层对手写运动这种定型化的刺激形成条件反射系统，于是手写运动就可以自动地完成，同时也意味着手写动力定型的形成。动力定型的条件反射模式使得在不断练习的基础上手写运动越来越巩固和自动化，因而具有相对稳定的特点。在习得手写技能的过程中，手写运动稳定性的程度随着手写技能的熟练程度发展变化。在刚开始学习时，手写稳定性较差；随后，通过不断的练习强化，手写技能得到逐渐掌握，稳定性得到提高但仍然不足；最后，当手写技能达到动力定型后，手写技能发展放缓甚至不再继续提高，稳定性得到体现。此外，疾病因素也会影响手写动力定型的形成或者造成已建立的手写动力定型自动化体系失去刺激强化，并最终导致手写技能的难以掌握或者退化。在此背景下，对儿童手写运动的稳定性进行量化研究可以作为衡量手写自动化程度以及疾病因素影响的有效手段。

手写运动稳定性评估是一个新的研究方向，目前主要的研究人员集中在医学领域。中国台湾大学的曾美惠给出了一个所谓的“曾氏写字问题检核表”(Tseng handwriting problem checklist, THPC)，用于老师通过观察勾选评估学生的手写能力，属于一种问卷式研究。曾美惠还对孩童在慢书写速度和正常书写速度中所表现出来的不同感知运动量度和持续注意力等因素进行了研究，并对它们之间的相互影响做了相关工作。曾美惠还研究了人机工效学，如握笔力量、运笔压力和感知运动能力对手写的影响，研究发现，视觉感知对手写运动的影响不如肌肉运动触觉、视觉运动和运动规划等感知因素。P. Mavrogiorgou等人分析了强迫症患者的手写运动，得出了“通过手写可以发现很细微的运动机能障碍”的结论。另外根据某些人的研究，左右手和性别差异对写字并无什么影响，握笔姿势只是影响写字的一个并非十分显著的因子，影响书写能力的因素比较复杂。Sarbaz 等人借助分析手写动力学对帕金森氏症患者进行了筛选。

在如何借助计算机进行量化评估手写运动稳定性方面的研究中，中国台湾辅英技术学院做了有益的工作，提出了一套以 MAtlab 语言编写的计算机评估学童握笔姿势与写字能力的评估系统。以色列 Dr. Sara Rosenblum 等以日本 WACOM 公司的数位板为基础，开发了一套名为 POET 的手写计算机量化评估系统，对有运动机能障碍孩子的康复情况进行评估。国内王成江在进行手写研究的过程中对速度特征的稳定性进行过相关研究，但对其他参数特征未进行过相关研究。

目前，对儿童手写运动的研究多从运动学角度出发，观察手写特征均值描述运动特点。少量研究以标准差的方式探讨了手写特征的波动性(variability)，如 Khalid 等人指出了研究压力标准差的重要性。在对手写运动自动化程度的研究中，速度曲线方向变化次数是最常用的有效指标。但是，速度曲线方向变化次数只是从速度层面对手写运动特点进行评估，而手写运动涉及静、动态多个层面，包括笔迹形状特征、运动学和动力学特征。

此外，这些现有研究使用的指标实现了对手写运动的全局描述，而手写运动过程中各种特征是不断发展变化的，全局特征指标并不能敏锐且有效地反映这些运动过程中的细微改变。因此，从笔迹形状、运动学和动力学三个层面，在综合分析手写过程细节特点基础上得到的特征指标能够提供关于手写执行的更多信息，对于手写运动机制的研究具有重要意义。

综合以上因素考虑，本章研究手写执行过程中各特征的变化特点，对儿童手写稳定性进行评估，从而实现对手写自动化程度更为全面的描述和度量。通过数字手写板采集得到的手写信息是时间序列，手写稳定性评估即为观察儿童重复执行手写任务产生的特征时间序列的一致性。尽管自动化的手写运动具有稳定性，但是手写的执行并不是一个非常精确的、可完全重复的过程。基于相同的手写内容，一个人前后两次的手写特征不会完全相同。由于手写运动的不可重复性以及手写过程中速度的不断变化，使得手写过程在时间轴上存在非线性波动。克服这种非线性波动并实现手写数据时间序列之间的匹配比较是手写稳定性研究需要解决的一个核心问题。因此，本章在使用统计学方法进行儿童手写稳定性分析之外，也会将动态时间规整算法(dynamic time warping, DTW)引入到儿童手写稳定性评估工作中，实现对不同长度手写特征时间序列间的非线性匹配，并提取匹配指标，用于衡量手写运动的相对稳定性程度。与 NC V 有明确的标准值不同，手写运动稳定性度量无法确定标准值。手写运动具有特定性，其具体表现因人而异，每个人达到动力定型时的稳定程度不同，对应的稳定性指标值也存在差异。

本章首先使用统计学方法进行儿童手写稳定性分析，之后介绍用于匹配手写时间序列的动态时间规整算法，然后阐述采用的手写稳定性指标，通过对比不同手写能力儿童(手写水平较高组和手写水平较低组)的手写稳定性特点，验证了稳定性指标的有效性。

第二节　特征参数

F-Pad2 所能采集到的信息非常丰富，所以，根据这个特点本研究可采用的特征参数信息也非常丰富。用户运笔写字的过程其实就是一个不断施力于笔尖的过程，真正反映用户书写内在本质的东西是用户实时施加在笔尖上的力。前人做的很多评估工作基本都是通过采集用户手写笔迹，通过分析样本的几何特征，或是书写时记录的用户书写速度、峰值速度、加速度等简单的运动学特征进行分析比较，而没有对反映书写本质的力信息作深入分析。如果能够对书写时用户运笔的力信息作一定的分析研究，提取一些力信息自身的特征参数，应该能够获取更多的有益信息。为此，本研究在传统特征参数的基础上，对多维力信号进行信号处理分析，并在此基础上再提取一些特征参数。

本研究所提取的特征参数有几何特征参数、运动学特征参数和与频谱相关的一些参数。其中，对于横来说，具体又分为每个人所有横的 X 方向速度均值 Mean V_x、X 方向速度方差 Var V_x、Y 方向速度均值 Mean V_y、Y 方向速度方差 Var V_y、X 方向加速度均值 Mean A_x、X 方向加速度方差 Var A_x、Y 方向加速度均值 Mean A_y、Y 方向加速度方差 Var A_y、速度均值 Mean V、速度方差 Var V、加速度均值 Mean A、加速度方差 Var A、用最小二乘法拟合出的用户原始手绘

横的直线斜率 K，以及用户原始手绘横的坐标点到拟合出横的距离和的均值 DistPt2Line 以及压力均值 Mean F_z 和压力方差 Var F_z 这 16 个特征参数。

对于竖来说，具体又分为每个人所有竖的 X 方向速度均值 Mean V_x、X 方向速度方差 Var V_x、Y 方向速度均值 Mean V_y、Y 方向速度方差 Var V_y、X 方向加速度均值 Mean A_x、X 方向加速度方差 Var A_x、Y 方向加速度均值 Mean A_y、Y 方向加速度方差 Var A_y、速度均值 Mean V、速度方差 Var V、加速度均值 Mean A、加速度方差 Var A、用最小二乘法拟合出的用户原始手绘竖的直线斜率 K，以及用户原始手绘竖的坐标点到拟合出竖的距离和的均值 DistPt2Line 以及压力均值 Mean F_z 和压力方差 Var F_z 这 16 个特征参数。

考虑到画圆时起点、终点位置基本重合，且画图的上下左右运笔方向相反，速度和加速度均值可基本抵消，所以本研究只选取了压力均值 Mean F_z、压力方差 Var F_z、速度方差 Var V、加速度方差 Var A 以及根据最小二乘法和手绘圆坐标点拟合出的标准圆与手绘圆在坐标上距离和的方差 Var-sqr R。

本研究对横、竖与圆的频谱特征参数选取一样。试验发现，反映用户的频率谱和功率谱的二维图形形状大致一样。图 8.1 和图 8.2 是随机抽取的同一人同一笔画的频率谱和功率谱分析图，由图可见，它们反映的特征基本一致，都反映了低频能量占整体能量比率高的这个特征，所以这里只选用频率谱作为特征参数，并且在频率谱的基础之上又衍生提取了其他一些参数。

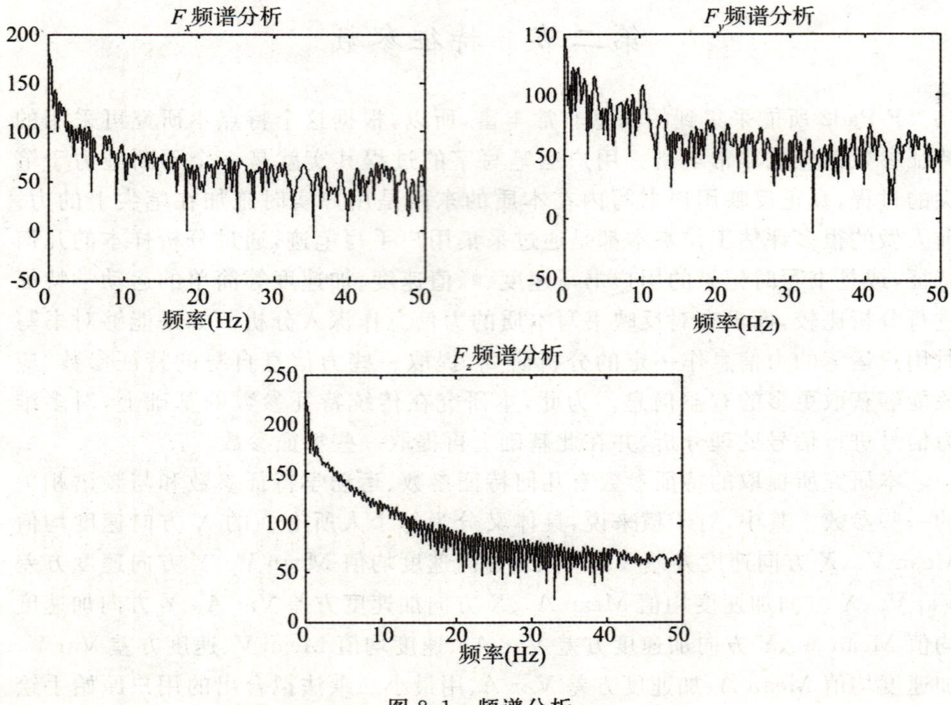

图 8.1　频谱分析

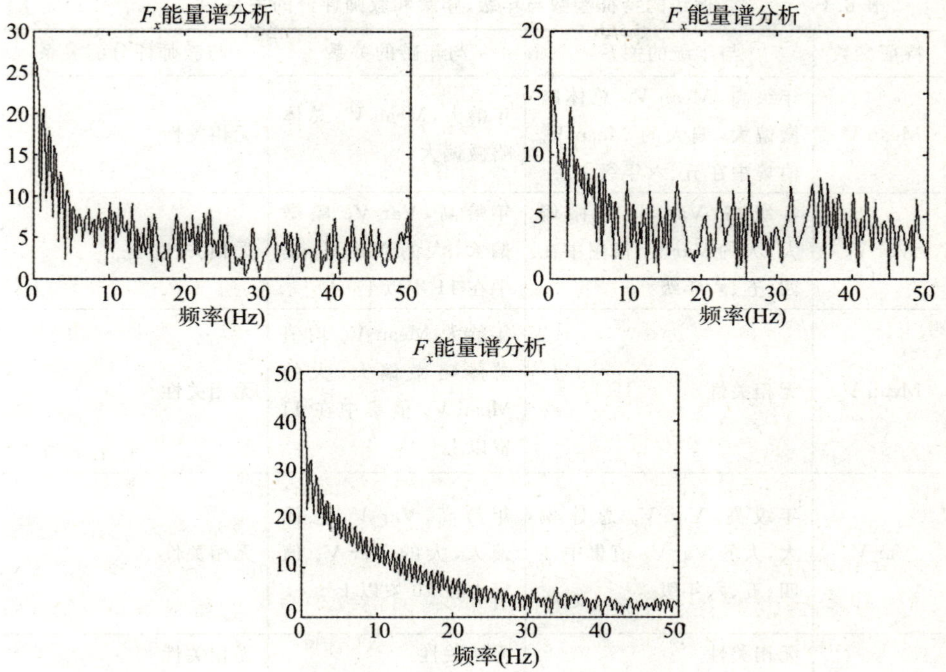

图 8.2　能量谱分析

当然，上面这些提取的特征参数有一些是相互耦合的，比如，横的 X 方向速度均值 Mean V_x 和速度均值 Mean V 这一对参数就是相互关联紧密的特征参数。本研究将主要通过试验来判别选取什么样的特征参数反映用户的手写稳定性。

第三节　数据分析

一、统计特征参数

(一)画横线的统计特征参数

画横线的统计特征参数分为几何特征参数和运动学特征参数，共有前面所提到的 16 项。本研究对其和年级、年龄和教师评分的关系一一进行了试验，表 8.1 展示了它们与年级、年龄和教师评分的分析结果。需要注意的是，本研究之所以在考虑了年龄的基础上又考虑了和年龄密切相关的年级，是想考察一下教育因素对儿童手写稳定性的影响。

表 8.1　横线的特征参数与年级、年龄和教师评分的关系

特征参数	与年级的关系	与年龄的关系	与教师评分的关系
Mean V_x	年级高，Mean V_x 总体略微偏大，偏大的 Mean V_x 值集中在五、六年级	年龄大，Mean V_x 总体略微偏大	无相关性
Var V_x	年级高，Var V_x 略微偏大，大的 Var V_x 值集中在四、五、六年级	年龄高，Var V_x 略微偏大，大的 Var V_x 集中在 11 岁以上	无相关性
Mean V_y	无相关性	年龄大 Mean V_y 均值总体略微偏大，大的 Mean V_y 值集中在 11 岁以上	无相关性
Var V_y	年级高，Var V_y 总体偏大，大的 Var V_y 值集中在四、五、六年级	年龄高，Var V_y 总体偏大，大的 Var V_y 值集中在 10 岁以上	无相关性
Mean A_x	无相关性 大的 Mean A_x 值集中在三年级以上	无相关性 大的 Mean A_x 值集中在 9 岁以上	无相关性 偏大的 Mean A_x 值集中在 60 分、70 分
Var A_x	无相关性 四、五、六年级 Var A_x 值偏大的数量多，但总体和其他年级差不多	大于 10 岁的 Var A_x 值方差总体偏大	无相关性
Mean A_y	无相关性 大的 Mean A_y 值集中在四年级以上	大的 Mean A_y 值集中在 10 岁以上	无相关性
Var A_y	无相关性	偏大的 Var A_y 值集中在 10 岁以上	无相关性 偏大的 Var A_y 值集中在 50 分、60 分、70 分
Mean V	年级高，Mean V 值总体偏大，偏大的 Mean V 值集中在四年级以上	偏大的 Mean V 值总体集中在 9 岁以上	无相关性
Var V	年级低，Var V 总体偏小，大的 Var V 值集中在四、五、六年级	偏大的 Var V 值集中在 10～12 岁	无相关性

续表

特征参数	与年级的关系	与年龄的关系	与教师评分的关系
Mean A	无相关性 大的 Mean A 值集中在四年级以上	无相关性 大的 Mean A 值集中在 10 岁以上	无相关性
Var A	年级高，均值总体偏大，偏大的 Var V 值集中在四、五年级以上	年龄高的方差总体偏大，大的 Var A 值集中在 10 岁以上	无相关性
K	无相关性 偏大的 K 值集中在三、五年级	无相关性	无相关性
DistPt2Line	无相关性	无相关性	无相关性
Mean F_z	无相关性	无相关性	无相关性
Var F_z	无相关性	无相关性	无相关性

从表 8.1 中可以看到，速度（包括 V_x、V_y 和 V）、加速度（包括 A_x、A_y 和 A）和儿童的年龄、年级存在一定的关系，而与老师的评分几乎不存在什么相关性，这与本研究制定的教师评分标准粗糙有关，未能将教师平时的观察经验有效地通过量化的形式表现出来。如果采用曾氏写字问题检核表，应该能更好地发现这些特征参数与学生书写能力之间的关系，这也是下一步需要改进的地方；而年龄和年级几乎是同步增长，因此它们反映出几乎相同的试验结果也就不足为奇。总体看来，速度、速度方差、加速度和加速度方差能比较好地体现手写稳定度。

（二）画竖线的统计特征参数

画竖线的统计特征参数分为几何特征参数和运动学特征参数，共有前面所提到的 16 项。本研究对其和年级、年龄和教师评分的关系分别进行了试验，表 8.2 所示为它们与年级、年龄和教师评分的分析结果。

表 8.2　　竖线的特征参数与年级、年龄和教师评分的关系

特征参数	与年级的关系	与年龄的关系	与教师评分的关系
Mean V_x	无相关性	年龄大，Mean V_x 均值总体略微偏大，大的 Mean V_x 值集中在 11 岁以上	无相关性

续表

特征参数	与年级的关系	与年龄的关系	与教师评分的关系
Var V_x	年级高，Var V_x 略微偏大，大的 Var V_x 值集中在四、五、六年级	年龄高，Var V_x 略微偏大，大的 Var V_x 值集中在 10 岁以上	无相关性
Mean V_y	年级高，Mean V_x 总体略微偏大，偏大的 Mean V_x 值集中在五、六年级	年龄大，Mean V_y 总体略微偏大	无相关性
Var V_y	年级高，Var V_y 总体偏大，大的 Var V_y 值集中在四、五、六年级	年龄高，Var V_y 总体偏大，大的 Var V_y 值集中在 11 岁以上	无相关性
Mean A_x	无相关性 大的 Mean A_x 值集中在四年级以上	无相关性 大的 Mean A_x 值集中在 10 岁以上	无相关性 偏大的 Mean A_x 值集中在 60 分、70 分
Var A_x	无相关性 四、五、六年级 Var A_x 值偏大的数量多，但总体和其他年级差不多	大于 9 岁的 Var A_x 值方差总体偏大	无相关性
Mean A_y	无相关性 大的 Mean A_y 值集中在三年级以上	大的 Mean A_y 值集中在 9 岁以上	无相关性
Var A_y	无相关性	偏大的 Var A_y 值集中在 10 岁以上	无相关性 偏大的 Var A_y 值集中在 50 分、60 分、70 分
Mean V	年级高，Mean V 值总体偏大，偏大的 Mean V 值集中在四年级以上	偏大的 Mean V 值总体集中在 9 岁以上	无相关性
Var V	年级低，Var V 总体偏小，大的 Var V 值集中在四、五、六年级	偏大的 Var V 值集中在 9～12 岁	无相关性
Mean A	无相关性 大的 Mean A 值集中在四年级以上	无相关性 大的 Mean A 值集中在 9 岁以上	无相关性
Var A	年级高，均值总体偏大，偏大的 Var V 值集中在四年级以上	年龄高，方差总体偏大，大的 Var A 值集中在 9 岁以上	无相关性

续表

特征参数	与年级的关系	与年龄的关系	与教师评分的关系
K	无相关性 偏大的 K 值集中在三、五年级	无相关性	无相关性
DistPt2Line	无相关性	无相关性	无相关性
Mean F_z	无相关性	无相关性	无相关性
Var F_z	无相关性	无相关性	无相关性

从表 8.2 中可以看到，速度（包括 V_x、V_y 和 V）、加速度（包括 A_x、A_y 和 A）和儿童的年龄、年级存在一定的关系。总体看来，速度、速度方差、加速度和加速度方差能比较好地体现手写稳定度。

（三）画圆的统计特征参数

考虑到画圆时起点、终点位置基本重合，且画图的上下左右运笔方向相反，速度和加速度均值可基本抵消，所以本研究这里只选取了压力均值 Mean F_z、压力方差 Var F_z、速度方差 Var V、加速度方差 Var A 以及根据最小二乘法和手绘圆坐标点拟合出的标准圆与手绘圆在坐标上距离和的方差 Var-sqr R。表 8.3 所示为它们与年级、年龄和教师评分的关系。

表 8.3　　圆的特征参数与年级、年龄和教师评分的关系

特征参数	与年级的关系	与年龄的关系	与教师评分的关系
Mean F_z	无相关性 大的 Mean F_z 值集中在一、二、三年级	无相关性 大的 Mean F_z 值集中在 9 岁以下	无相关性
Var F_z	无相关性 大的 Var F_z 集中在二、三、四年级	无相关性 大的 Var F_z 值集中在 9 岁以下	无相关性
Var-sqr R	无相关性	年龄大于 10 岁的 Var-sqr R 值总体偏小	无相关性
Var A	无相关性	无相关性	无相关性
Var V	无相关性	无相关性	无相关性

二、频谱特征分析

（一）横的频谱分析

下面对横的多维力信息进行频谱分析，并提取和分析一些特征参数。首先，随机绘制 6 个人的横的频谱图，如图 8.3 至图 8.8 所示，其中每个人分别属于一个年级。

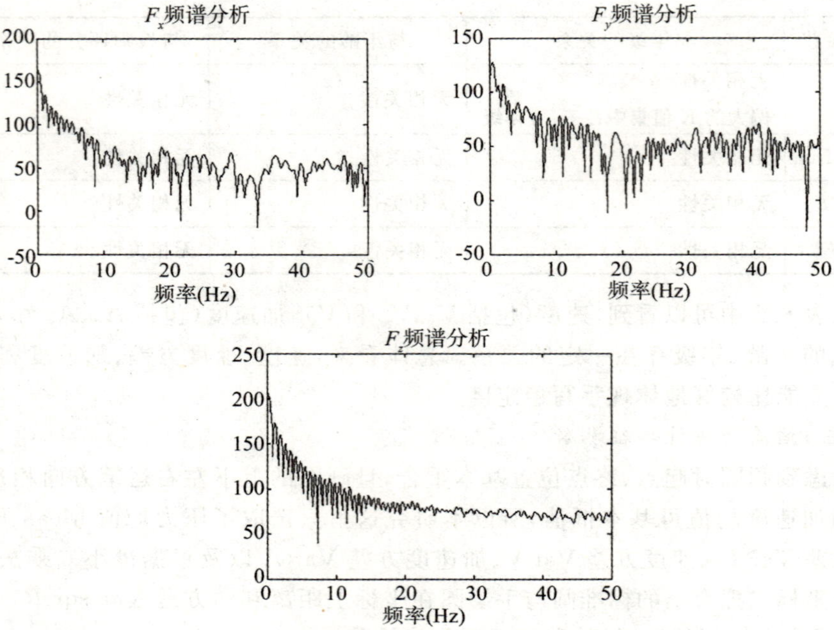

图 8.3　某一年级儿童的手写频谱分析

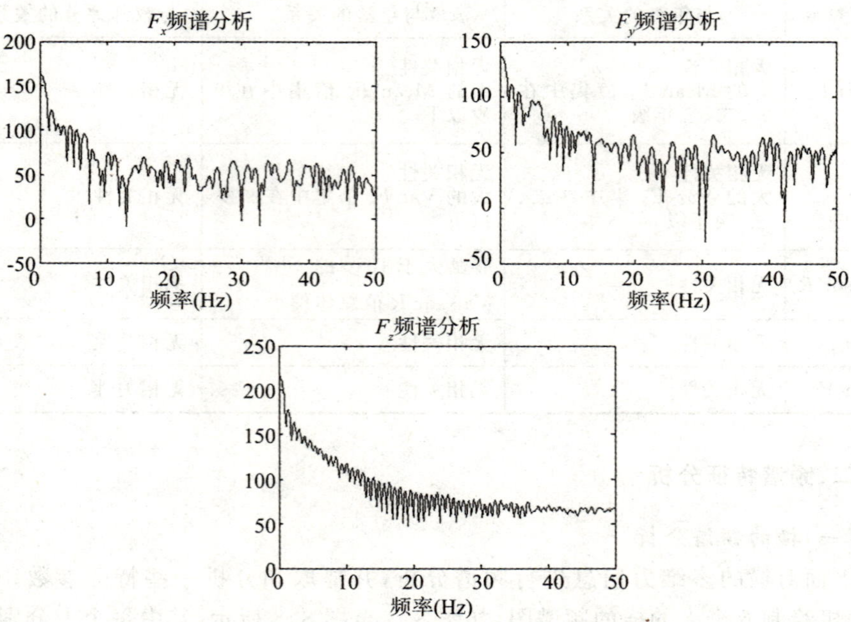

图 8.4　某二年级儿童的手写频谱分析

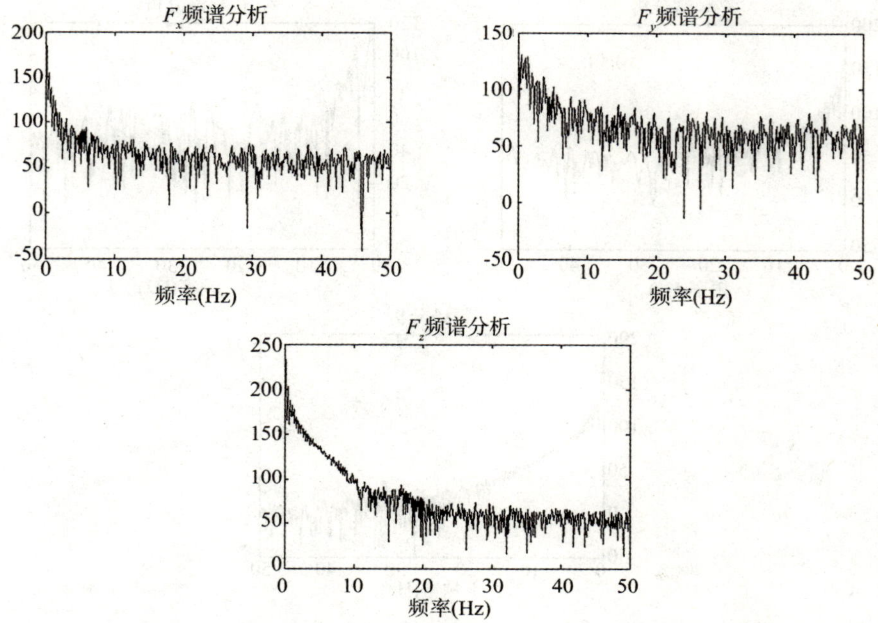

图 8.5　某三年级儿童的手写频谱分析

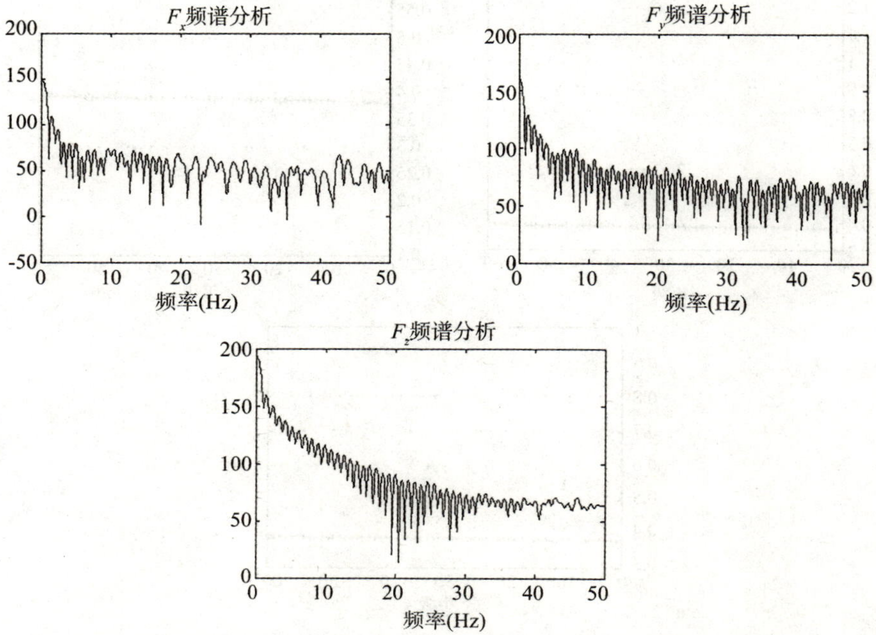

图 8.6　某四年级儿童的手写频谱分析

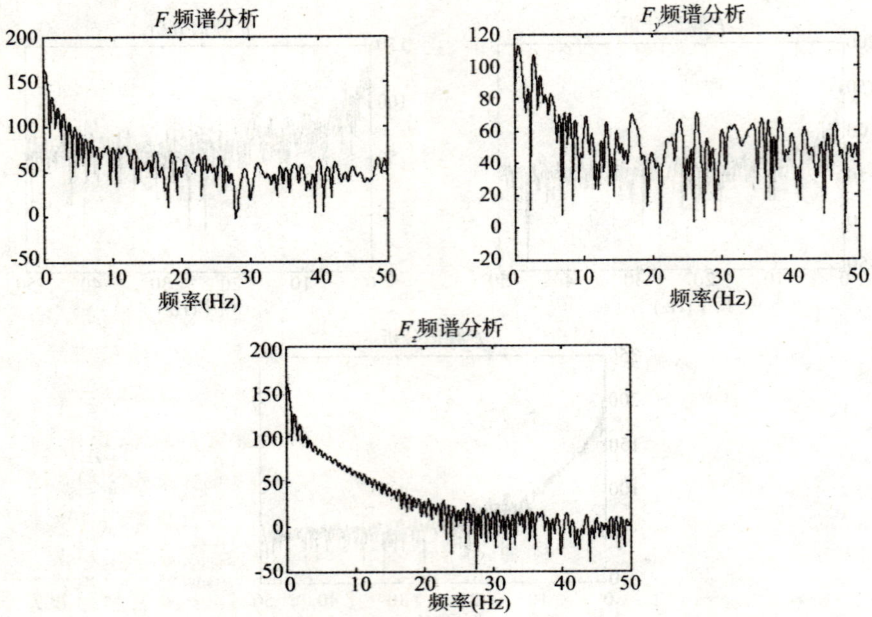

图 8.7　某五年级儿童的手写频谱分析

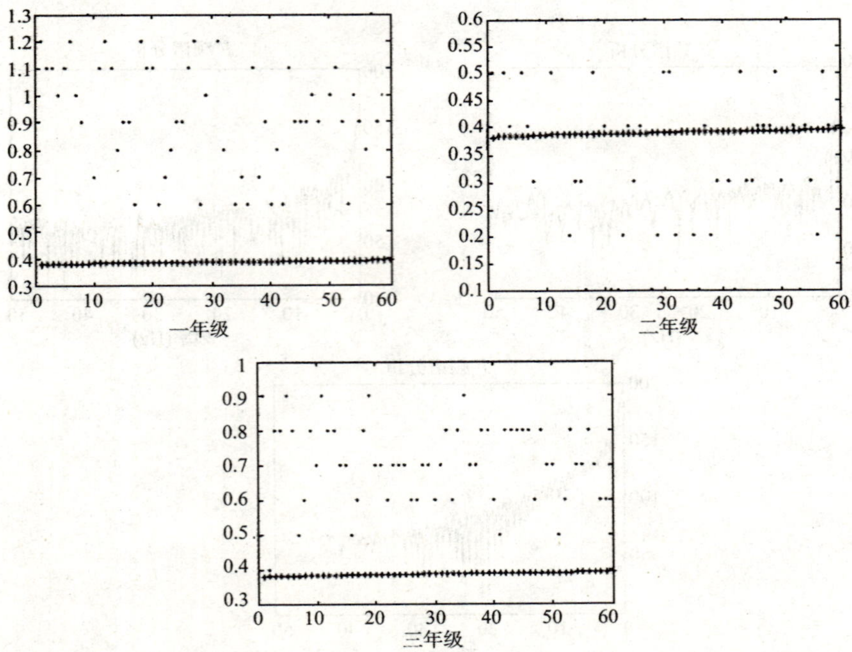

图 8.8　某六年级儿童的手写频谱分析

由于本研究所使用的手写板 F-Pad2 采样频率是 100 Hz，所以经过 DFFT 后的 F_x、F_y、F_z 每一维力的频谱图横坐标范围都是 0～50 Hz。本研究将每 10 Hz划为一个频段，一共 5 个频段，分别用数字 1、2、3、4、5 表示。从图中可以看到，每个人的频谱基本都是低频段能量高，高频段能量低，但是具体每个人每个频段所占整个频谱能量的比率是不一样，基于此考虑，本研究决定提取每一笔横线绘制的每一维力的 0～10 Hz、10～20 Hz、20～30 Hz、30～40 Hz、40～50 Hz、0～20 Hz、0～30 Hz、30～50 Hz 以及 20～50 Hz 频段占整个频谱的能量比率(称之为 RYx、RYy 和 RYz)作为特征参数。在此基础上再提取计算同一个人这些参数的均值和方差作为新的特征参数，称为 MRYx、MRYy、MRYz 和 VRYx、VRYy、VRYz，并在此基础上寻找它们与儿童年龄、年级以及教师评分之间的关系。

在分别分析了整个频谱能量比率的均值和方差与孩童年龄、年级和教师评分结果之后，本研究得出的结果如表 8.4、表 8.5 和表 8.6 所示。

表 8.4　X 方向力信息频谱特征参数与年龄、年级和教师评分之间的关系

特征参数	与年级的关系	与年龄的关系	与教师评分的关系
MRYx1	无相关性	无相关性	无相关性
VRYx1	年级越高，方差越大，方差偏大的值集中在四年级以上	年龄越高，方差越大，方差偏大的值集中在 10 岁以上	无相关性
MRYx2	无相关性	无相关性	无相关性
VRYx2	年级越高，方差越大，方差偏大的值集中在四年级以上	年龄越高，方差越大，方差偏大的值集中在 10 岁以上	无相关性
MRYx3	无相关性	无相关性	无相关性
VRYx3	年级越高，方差越大，方差偏大的值集中在四年级以上	年龄越高，方差越大，方差偏大的值集中在 10 岁以上	无相关性
MRYx4	无相关性	无相关性	无相关性
VRYx4	年级越高，方差越大，方差偏大的值集中在四年级以上	年龄越高，方差越大，方差偏大的值集中在 10 岁以上	无相关性
MRYx5	无相关性	无相关性	无相关性
VRYx5	年级越高，方差越大，方差偏大的值集中在四年级以上	年龄越高，方差越大，方差偏大的值集中在 10 岁以上	无相关性
MRYx12	无相关性	无相关性	无相关性
VRYx12	年级越高，方差越大，方差偏大的值集中在四年级以上	年龄越高，方差越大，方差偏大的值集中在 10 岁以上	无相关性

续表

特征参数	与年级的关系	与年龄的关系	与教师评分的关系
MRYx45	无相关性	无相关性	无相关性
VRYx45	年级越高,方差越大,方差偏大的值集中在四年级以上	年龄越高,方差越大,方差偏大的值集中在10岁以上	无相关性

表8.4中,MRYx和VRYx后面的数字代表的是第几个频段,如果是几个数字,则表示这几个频段是作为一个大的频段考虑。例如,RYx12表示0～20 Hz。

表8.5　*Y*方向力信息频谱特征参数与年龄、年级和教师评分之间的关系

特征参数	与年级的关系	与年龄的关系	与教师评分的关系
MRYy1	无相关性	无相关性	无相关性
VRYy1	年级越高,方差越大,方差偏大的值集中在四年级以上	年龄越高,方差越大,方差偏大的值集中在10岁以上	无相关性
MRYy2	无相关性	无相关性	无相关性
VRYy2	年级越高,方差越大,方差偏大的值集中在四年级以上	年龄越高,方差越大,方差偏大的值集中在10岁以上	无相关性
MRYy3	无相关性	无相关性	无相关性
VRYy3	年级越高,方差越大,方差偏大的值集中在四年级以上	年龄越高,方差越大,方差偏大的值集中在10岁以上	无相关性
MRYy4	无相关性	无相关性	无相关性
VRYy4	年级越高,方差越大,方差偏大的值集中在四年级以上	年龄越高,方差越大,方差偏大的值集中在10岁以上	无相关性
MRYy5	无相关性	无相关性	无相关性
VRYy5	年级越高,方差越大,方差偏大的值集中在四年级以上	年龄越高,方差越大,方差偏大的值集中在10岁以上	无相关性
MRYy12	无相关性	无相关性	无相关性
VRYy12	年级越高,方差越大,方差偏大的值集中在四年级以上	年龄越高,方差越大,方差偏大的值集中在10岁以上	无相关性
MRYy45	无相关性	无相关性	无相关性
VRYy45	年级越高,方差越大,方差偏大的值集中在四年级以上	年龄越高,方差越大,方差偏大的值集中在10岁以上	无相关性

表 8.6　Z 方向力信息频谱特征参数与年龄、年级和教师评分之间的关系

特征参数	与年级的关系	与年龄的关系	与教师评分的关系
MRYz1	无相关性	无相关性	无相关性
VRYz1	年级越高，方差越大，方差偏大的值集中在四年级以上	年龄越高，方差越大，方差偏大的值集中在 10 岁以上	无相关性
MRYz2	无相关性	无相关性	无相关性
VRYz2	年级越高，方差越大，方差偏大的值集中在四年级以上	年龄越高，方差越大，方差偏大的值集中在 10 岁以上	无相关性
MRYz3	无相关性	无相关性	无相关性
VRYz3	年级越高，方差越大，方差偏大的值集中在四年级以上	年龄越高，方差越大，方差偏大的值集中在 10 岁以上	无相关性
MRYz4	无相关性	无相关性	无相关性
VRYz4	年级越高，方差越大，方差偏大的值集中在四年级以上	年龄越高，方差越大，方差偏大的值集中在 10 岁以上	无相关性
MRYz5	无相关性	无相关性	无相关性
VRYz5	年级越高，方差越大，方差偏大的值集中在四年级以上	年龄越高，方差越大，方差偏大的值集中在 10 岁以上	无相关性
MRYz12	无相关性	无相关性	无相关性
VRYz12	年级越高，方差越大，方差偏大的值集中在四年级以上	年龄越高，方差越大，方差偏大的值集中在 10 岁以上	无相关性
MRYz45	无相关性	无相关性	无相关性
VRYz45	年级越高，方差越大，方差偏大的值集中在四年级以上	年龄越高，方差越大，方差偏大的值集中在 10 岁以上	无相关性

得到这些结果的原因首先是特征之间有很强的耦合性，其次是它们确实反映了数据的内在信息，可以用来反映特征参数。

（二）竖的频谱分析

类似横线绘制的分析方法，在分别分析了竖线绘制的整个频谱能量比率的均值和方差与孩童年龄、年级和教师评分结果之后，本研究得到了如表 8.7、表 8.8 和表 8.9 所示的结果。

表 8.7 *X* 方向力信息频谱特征参数与年龄、年级和教师评分之间的关系

特征参数	与年级的关系	与年龄的关系	与教师评分的关系
MRYx1	无相关性	无相关性	无相关性
VRYx1	年级越高，方差越大，方差偏大的值集中在四年级以上	年龄越高，方差越大，方差偏大的值集中在 10 岁以上	无相关性
MRYx2	无相关性	无相关性	无相关性
VRYx2	年级越高，方差越大，方差偏大的值集中在四年级以上	年龄越高，方差越大，方差偏大的值集中在 10 岁以上	无相关性
MRYx3	无相关性	无相关性	无相关性
VRYx3	年级越高，方差越大，方差偏大的值集中在四年级以上	年龄越高，方差越大，方差偏大的值集中在 10 岁以上	无相关性
MRYx4	无相关性	无相关性	无相关性
VRYx4	年级越高，方差越大，方差偏大的值集中在四年级以上	年龄越高，方差越大，方差偏大的值集中在 10 岁以上	无相关性
MRYx5	无相关性	无相关性	无相关性
VRYx5	年级越高，方差越大，方差偏大的值集中在四年级以上	年龄越高，方差越大，方差偏大的值集中在 10 岁以上	无相关性
MRYx12	无相关性	无相关性	无相关性
VRYx12	年级越高，方差越大，方差偏大的值集中在四年级以上	年龄越高，方差越大，方差偏大的值集中在 10 岁以上	无相关性
MRYx45	无相关性	无相关性	无相关性
VRYx45	年级越高，方差越大，方差偏大的值集中在四年级以上	年龄越高，方差越大，方差偏大的值集中在 10 岁以上	无相关性

表 8.7 中，MRYx 和 VRYx 后面的数字代表的是第几个频段，如果是几个数字，则表示这几个频段是作为一个大的频段考虑。例如，RYx12 表示 0～20 Hz。

表 8.8 *Y* 方向力信息频谱特征参数与年龄、年级和教师评分之间的关系

特征参数	与年级的关系	与年龄的关系	与教师评分的关系
MRYy1	无相关性	无相关性	无相关性
VRYy1	年级越高，方差越大，方差偏大的值集中在四年级以上	年龄越高，方差越大，方差偏大的值集中在 10 岁以上	无相关性

续表

特征参数	与年级的关系	与年龄的关系	与教师评分的关系
MRYy2	无相关性	无相关性	无相关性
VRYy2	年级越高,方差越大,方差偏大的值集中在四年级以上	年龄越高,方差越大,方差偏大的值集中在10岁以上	无相关性
MRYy3	无相关性	无相关性	无相关性
VRYy3	年级越高,方差越大,方差偏大的值集中在四年级以上	年龄越高,方差越大,方差偏大的值集中在10岁以上	无相关性
MRYy4	无相关性	无相关性	无相关性
VRYy4	年级越高,方差越大,方差偏大的值集中在四年级以上	年龄越高,方差越大,方差偏大的值集中在10岁以上	无相关性
MRYy5	无相关性	无相关性	无相关性
VRYy5	年级越高,方差越大,方差偏大的值集中在四年级以上	年龄越高,方差越大,方差偏大的值集中在10岁以上	无相关性
MRYy12	无相关性	无相关性	无相关性
VRYy12	年级越高,方差越大,方差偏大的值集中在四年级以上	年龄越高,方差越大,方差偏大的值集中在10岁以上	无相关性
MRYy45	无相关性	无相关性	无相关性
VRYy45	年级越高,方差越大,方差偏大的值集中在四年级以上	年龄越高,方差越大,方差偏大的值集中在10岁以上	无相关性

表8.9　*Z*方向力信息频谱特征参数与年龄、年级和教师评分之间的关系

特征参数	与年级的关系	与年龄的关系	与教师评分的关系
MRYz1	无相关性	无相关性	无相关性
VRYz1	年级越高,方差越大,方差偏大的值集中在四年级以上	年龄越高,方差越大,方差偏大的值集中在9岁以上	无相关性
MRYz2	无相关性	无相关性	无相关性
VRYz2	年级越高,方差越大,方差偏大的值集中在四年级以上	年龄越高,方差越大,方差偏大的值集中在10岁以上	无相关性
MRYz3	无相关性	无相关性	无相关性
VRYz3	年级越高,方差越大,方差偏大的值集中在四年级以上	年龄越高,方差越大,方差偏大的值集中在10岁以上	无相关性

续表

特征参数	与年级的关系	与年龄的关系	与教师评分的关系
MRYz4	无相关性	无相关性	无相关性
VRYz4	年级越高,方差越大,方差偏大的值集中在四年级以上	年龄越高,方差越大,方差偏大的值集中在10岁以上	无相关性
MRYz5	无相关性	无相关性	无相关性
VRYz5	年级越高,方差越大,方差偏大的值集中在四年级以上	年龄越高,方差越大,方差偏大的值集中在10岁以上	无相关性
MRYz12	无相关性	无相关性	无相关性
VRYz12	年级越高,方差越大,方差偏大的值集中在四年级以上	年龄越高,方差越大,方差偏大的值集中在10岁以上	无相关性
MRYz45	无相关性	无相关性	无相关性
VRYz45	年级越高,方差越大,方差偏大的值集中在四年级以上	年龄越高,方差越大,方差偏大的值集中在10岁以上	无相关性

(三)圆的频谱分析

类似横线绘制的分析方法,在分别分析了圆绘制的整个频谱能量比率的均值和方差与孩童年龄、年级和教师评分结果之后,本研究得到了表8.10、表8.11和表8.12所示的结果。

表8.10 *X*方向力信息频谱特征参数与年龄、年级和教师评分之间的关系

特征参数	与年级的关系	与年龄的关系	与教师评分的关系
MRYx1	无相关性	无相关性	无相关性
VRYx1	年级越高,方差越大,方差偏大的值集中在四年级以上	年龄越高,方差越大,方差偏大的值集中在10岁以上	无相关性
MRYx2	无相关性	无相关性	无相关性
VRYx2	年级越高,方差越大,方差偏大的值集中在四年级以上	年龄越高,方差越大,方差偏大的值集中在10岁以上	无相关性
MRYx3	无相关性	无相关性	无相关性
VRYx3	年级越高,方差越大,方差偏大的值集中在四年级以上	年龄越高,方差越大,方差偏大的值集中在10岁以上	无相关性
MRYx4	无相关性	无相关性	无相关性

续表

特征参数	与年级的关系	与年龄的关系	与教师评分的关系
VRYx4	年级越高，方差越大，方差偏大的值集中在四年级以上	年龄越高，方差越大，方差偏大的值集中在 10 岁以上	无相关性
MRYx5	无相关性	无相关性	无相关性
VRYx5	年级越高，方差越大，方差偏大的值集中在四年级以上	年龄越高，方差越大，方差偏大的值集中在 10 岁以上	无相关性
MRYx12	无相关性	无相关性	无相关性
VRYx12	年级越高，方差越大，方差偏大的值集中在四年级以上	年龄越高，方差越大，方差偏大的值集中在 10 岁以上	无相关性
MRYx45	无相关性	无相关性	无相关性
VRYx45	年级越高，方差越大，方差偏大的值集中在四年级以上	年龄越高，方差越大，方差偏大的值集中在 10 岁以上	无相关性

表 8.10 中，MRYx 和 VRYx 后面的数字代表的是第几个频段，如果是几个数字，则表示这几个频段是作为一个大的频段考虑。例如，RYx12 表示 0～20 Hz，以下均相同。

表 8.11 *Y* 方向力信息频谱特征参数与年龄、年级和教师评分之间的关系

特征参数	与年级的关系	与年龄的关系	与教师评分的关系
MRYy1	无相关性	无相关性	无相关性
VRYy1	年级越高，方差越大，方差偏大的值集中在四年级以上	年龄越高，方差越大，方差偏大的值集中在 10 岁以上	无相关性
MRYy2	无相关性	无相关性	无相关性
VRYy2	年级越高，方差越大，方差偏大的值集中在四年级以上	年龄越高，方差越大，方差偏大的值集中在 10 岁以上	无相关性
MRYy3	无相关性	无相关性	无相关性
VRYy3	年级越高，方差越大，方差偏大的值集中在四年级以上	年龄越高，方差越大，方差偏大的值集中在 10 岁以上	无相关性
MRYy4	无相关性	无相关性	无相关性
VRYy4	年级越高，方差越大，方差偏大的值集中在四年级以上	年龄越高，方差越大，方差偏大的值集中在 10 岁以上	无相关性
MRYy5	无相关性	无相关性	无相关性

续表

特征参数	与年级的关系	与年龄的关系	与教师评分的关系
VRYy5	年级越高，方差越大，方差偏大的值集中在四年级以上	年龄越高，方差越大，方差偏大的值集中在10岁以上	无相关性
MRYy12	无相关性	无相关性	无相关性
VRYy12	年级越高，方差越大，方差偏大的值集中在四年级以上	年龄越高，方差越大，方差偏大的值集中在10岁以上	无相关性
MRYy45	无相关性	无相关性	无相关性
VRYy45	年级越高，方差越大，方差偏大的值集中在四年级以上	年龄越高，方差越大，方差偏大的值集中在10岁以上	无相关性

表8.12 Z方向力信息频谱特征参数与年龄、年级和教师评分之间的关系

特征参数	与年级的关系	与年龄的关系	与教师评分的关系
MRYz1	无相关性	无相关性	无相关性
VRYz1	年级越高，方差越大，方差偏大的值集中在四年级以上	年龄越高，方差越大，方差偏大的值集中在10岁以上	无相关性
MRYz2	无相关性	无相关性	无相关性
VRYz2	年级越高，方差越大，方差偏大的值集中在四年级以上	年龄越高，方差越大，方差偏大的值集中在10岁以上	无相关性
MRYz3	无相关性	无相关性	无相关性
VRYz3	年级越高，方差越大，方差偏大的值集中在四年级以上	年龄越高，方差越大，方差偏大的值集中在10岁以上	无相关性
MRYz4	无相关性	无相关性	无相关性
VRYz4	年级越高，方差越大，方差偏大的值集中在四年级以上	年龄越高，方差越大，方差偏大的值集中在10岁以上	无相关性
MRYz5	无相关性	无相关性	无相关性
VRYz5	年级越高，方差越大，方差偏大的值集中在四年级以上	年龄越高，方差越大，方差偏大的值集中在10岁以上	无相关性
MRYz12	无相关性	无相关性	无相关性
VRYz12	年级越高，方差越大，方差偏大的值集中在四年级以上	年龄越高，方差越大，方差偏大的值集中在10岁以上	无相关性
MRYz45	无相关性	无相关性	无相关性
VRYz45	年级越高，方差越大，方差偏大的值集中在四年级以上	年龄越高，方差越大，方差偏大的值集中在10岁以上	无相关性

第四节　评估方法与结论

频谱分析可以很好地反映手写稳定性，而且参数的一致性很高，传统的一些参数也可以反映，但是从实验的角度分析，频谱分析的实验结果更好。9～10岁以下孩子的手写特征由于认知能力和握笔能力等因素的影响不是很明显，9～10岁是一个转折点，可以明显看出，VRYx、VRYy 和 VRYz 是比较大的，这和传统认识认为写字稳定的人应该方差小相反，分析其原因可能是写字稳定后，握笔有力，书写流畅，导致写字速度、加速度大，那么在某些笔画或者书写中途的急停、变向、加速要多，导致方差变大。

总体说来，9～10 岁，也即四年级的孩子能够比较好地掌握手写技巧，无论是统计参数还是频谱参数都反映了这一事实，以后可以集中在这一部分孩子中间选择合适的采样范本并进行具体分析。

本研究提到的相关性基本都可用图 8.9 来解释。图 8.9 是圆的 MRYx45 跟年级、年龄和教师评分的关系。从图中可以看到，MRYx45 基本是一条水平线，而且跟年龄、年级和教师评分无关。其他与均值相关的参数与年龄、年级和教师评分之间的关系也和 MRYx45 一样。从这里可以看出，均值是一个稳定的参数，但是每个人都一样，反映不出任何有价值的信息。

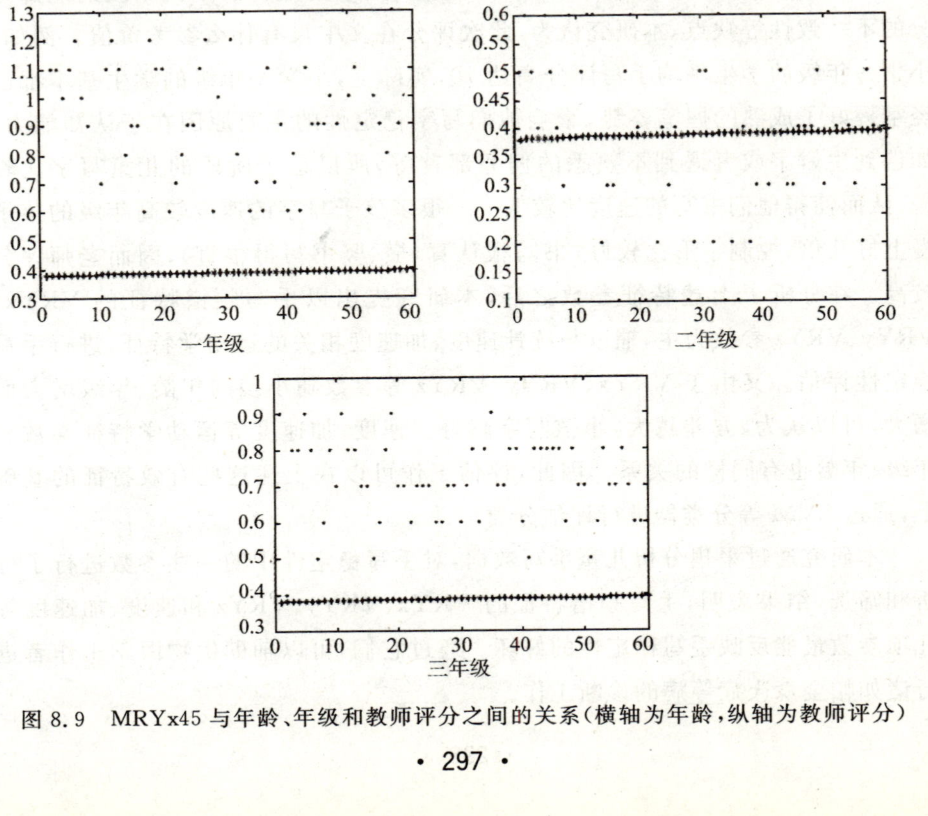

图 8.9　MRYx45 与年龄、年级和教师评分之间的关系（横轴为年龄，纵轴为教师评分）

横和圆的方差特性也几乎是一致的，如图 8.10 所示，方差呈阶梯式上升，而且年龄越大、年级越高，方差总体越大。关于横和圆的方差特性，需要注意的是，横有 6 个平行段，而圆有 7 个，且每一段都要比横的方差段水平。本研究认为造成这一现象的原因可能是几何图形复杂，要求手部肌肉有更强的控制技巧，从而通过方差反映出了不同手写稳定性孩童之间的细微差距。

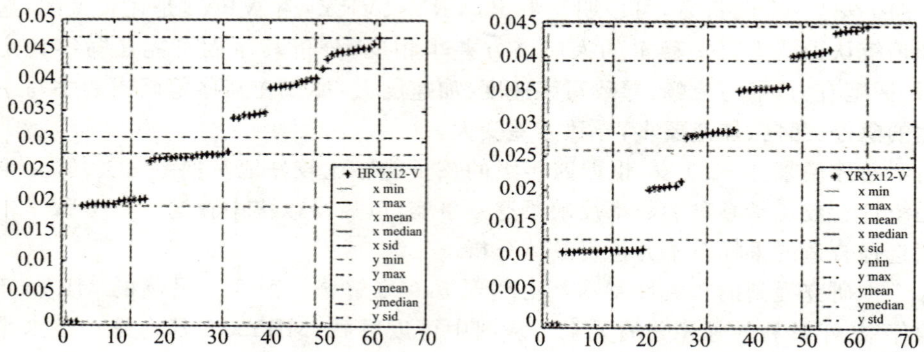

图 8.10　横和圆的 VRYx12

考虑到教师评分的主观性，评分标准制定的区分度低和不同年级的老师评分的不一致性等缺点，本研究认为，此次评分在文中没有什么参考价值。例如，小学一年级的学生平均手写评分高达 70，实际上，小学一年级的学生基本都已经掌握好了成熟的握笔姿势，影响他们写字稳定性的主要原因在于认知能力，如遇到生僻字或者遇到不熟悉的偏旁部首等，所以这个阶段的儿童写字比较慢，从而使得他们书写的速度比较低——很多孩子写字的速度较高年级的孩子慢上好几倍，控制字形比较好（书写很认真，横、竖书写得很直），因而老师评分较高。在分析了上述特征参数之后，本研究提出以手写频谱特征的 VRYx、VRYy、VRYz 参数为主，辅以与统计速度、加速度相关的运动学特征，进行手写稳定性评估。又由于 VRYx、VRYy、VRYz 等参数随小孩的年龄、年级增大而增大，可以认为，方差越大，小孩写字越好。速度、加速度等运动学特征参数和年级、年龄也有同样的关系。因此，评估工作可以在上述这些有效特征的基础上，通过 SVM 等分类器进行评估分类。

本研究通过采集分析儿童手写数据，对手写稳定性中的一些参数进行了分析和筛选，结果表明，手写频谱特征的 VRYx、VRYy、VRYz 和速度、加速度等几项参数最能反映手写稳定性的好坏。通过它们，可以辅助生物医学工作者进行诸如帕金森氏症等病的诊断工作。

情感计算将对人机交互技术产生深远的影响。目前传统的计算机(包括应用现有智能计算方法的计算机)只包含了反映理性思维的“脑”,而情感计算将为该机器增添具有感性思维的“心”。可以认为,情感计算是在人工智能理论框架下的一个质的进步。因为从广度上讲,它扩展并包容了情感智能;从深度上讲,情感智能在人类智能思维与反应中体现了一种更高层次的智能。情感计算必将为计算机的未来应用展现一种全新的方向。同时,由此引发出来的理论与应用问题会层出不穷。情感计算的概念尽管被提出来的时间很短,但已受到学术界的日益关注和企业界的迅速反应。英国电信公司(British Telecom)已成立了专门的情感计算研究小组,IBM 也已开发出所谓的“情感鼠标”(Emotion Mouse)。情感计算是未来人工智能发展与人机交互技术所不可或缺的关键技术。随着计算机现有软、硬件技术和传感技术等的发展以及人们对营造和谐自然人机环境迫切要求的日益增强,情感计算必将得到进一步的发展。

第五节　基于 DTW 的儿童手写稳定性评估

一、动态时间规整算法概述

动态规划(dynamic programming)是运筹学的一个分支,是求解决策过程最优化的数学方法。20 世纪 50 年代初,美国数学家 R. E. Bellman 等人在研究多阶段决策过程(multistep decision process)的优化问题时,提出了著名的“最优化原理”(principle of optimality),即通过将一个多变量的复杂问题进行分级处理,将多变量问题变成求解多个单变量问题,逐个求解,从而创立了解决这类过程优化问题的新方法——动态规划。

动态规划问世以来,在经济管理、生产调度、工程技术和最优控制等方面得到了广泛应用。例如,最短路线、库存管理、资源分配、设备更新、排序和装载等问题,用动态规划方法比用其他方法求解更为方便。

动态规划应用的两个基本条件为最优化原理和无后效性,内容如下:

(1)最优化原理:一个最优化策略具有这样的性质,即不论过去状态和决策如何,对前面的决策所形成的状态而言,余下的诸决策必须构成最优策略,即一个最优化策略的子策略总是最优的。

(2)无后效性:过去的步骤只能通过当前状态影响未来的发展,当前的状态是历史的总结。这条特征说明,动态规划只适用于解决当前决策与过去状态无关的问题。

动态时间伸缩算法(dynamic time warping, DTW),是日本学者板仓(Itakura)将动态规划技术应用于解决孤立词识别中说话速度不均匀的难题时,提出的把时间规整和距离测度计算结合起来的一种非线性归整技术。其思想是:由于语音信号是一种具有相当大随机性的信号,即使同一说话人对相同的词,每一次发音的结果也都不同,动态时间规整即要寻找出一个时间规整函数,该函数将测试矢量的时间轴非线性地映射到模板的时间轴上。

动态时间规整是一个典型的优化问题,它采用满足一定条件的时间规整函数描述输入样本和参考模板在时间上的对应关系,求解两者匹配时累积距离最小所对应的规整函数。

对于如下所示具有 I 帧矢量的语音参考模板 T 和具有 J 帧的测试语音 S:

$$T:\{t_1,t_2,\cdots,t_i,\cdots,t_I\} \tag{8-1}$$

$$S:\{s_1,s_2,\cdots,s_j,\cdots,s_J\} \tag{8-2}$$

动态时间规整函数的目的是要寻找出一个时间规整函数,通过对测试语音的局部拉伸或压缩,将测试矢量的时间轴 j 非线性地映射到模板的时间轴 i 上(见图 8.11),以消除其与参考模板在时间上的差别,使得在建立模板与测试语音的点对点映射时总距离最小。针对图 8.11 得到的动态时间规整函数的映射如下:

$$f:c(1,1),\cdots,c(i(k),j(k)),\cdots,c(I,J) \tag{8-3}$$

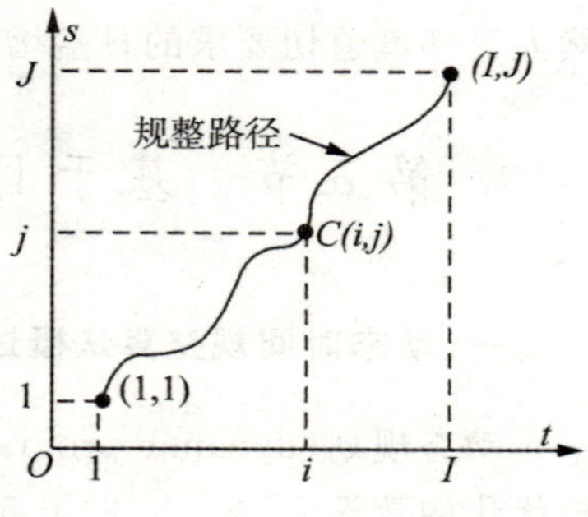

图 8.11 测试语音与模板之间的 DTW 算法对齐

此外,还应使该函数满足:

$$D(T,S)=\min\frac{\sum_{k=1}^{K}d[c(k)]\times w(k)}{\sum_{k=1}^{K}w(k)} \tag{8-4}$$

式中:$D(T,S)$为采用动态时间规整对两矢量进行匹配对应情况下的距离;$c(k)=c(i(k),j(k))$表示第 i 帧模板矢量和第 j 帧测试矢量之间的映射关系;$d[c(k)]$是第 i 帧模板矢量和第 j 帧测试矢量之间的距离测度;$w(k)$表示加权系数,与匹配路径相关。

(一)DTW 算法流程

求 $D(T,S)$的问题为一典型的多阶段寻优问题,并且语音模板和样本具有满足动态规划求解条件的以下四个特点,故可采用动态规划(DP)技术进行求解。

端点限制:

$$\begin{cases}i(1)=1\\ j(1)=1\end{cases} 且 \begin{cases}i(k)=I\\ j(k)=J\end{cases}$$

单调性限制:

$$\begin{cases} i(k+1) \geqslant i(k) \\ j(k+1) \geqslant j(k) \end{cases}$$

连续性限制：

$$\begin{cases} i(k+1)-i(k) \leqslant 1 \\ j(k+1)-j(k) \leqslant 1 \end{cases}$$

路径调整窗限制：

$$|i(k)-j(k)| \leqslant r$$

斜率加权设置如表 8.13 所示。

表 8.13　　DTW 算法对齐路径、加权系数设置及相应递推公式

对齐路径及加权系数	动态规划递推公式
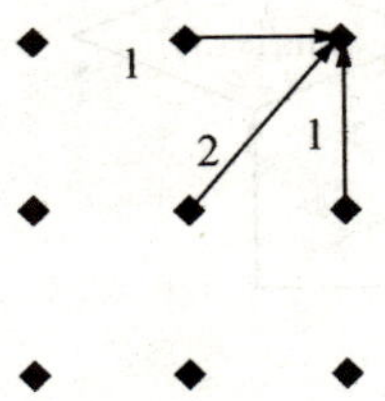	$g(i,j)=\min\left[\begin{array}{l} g(i-1,j)+d(i,j) \\ g(i-1,j-1)+2d(i,j) \\ g(i,j-1)+d(i,j) \end{array}\right]$
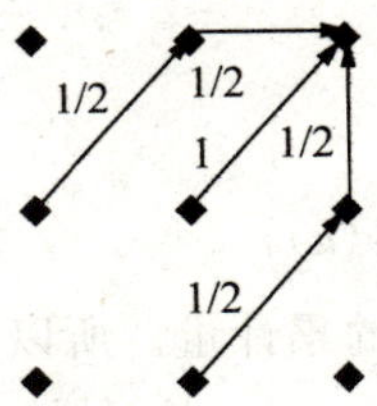	$g(i,j)=\min\left[\begin{array}{l} g(i-2,j-1)+\frac{1}{2}[d(i-1,j)+d(i,j)] \\ g(i-1,j-1)+d(i,j) \\ g(i-1,j-2)+\frac{1}{2}[d(i,j-1)+d(i,j)] \end{array}\right]$
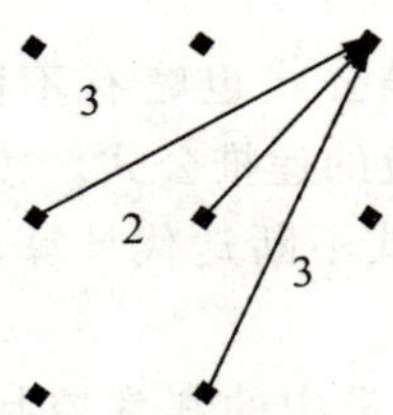	$g(i,j)=\min\left[\begin{array}{l} g(i-2,j-1)+3d(i,j) \\ g(i-1,j-1)+2d(i,j) \\ g(i-1,j-2)+3d(i,j) \end{array}\right]$

经典的 DTW 算法流程如图 8.12 所示。

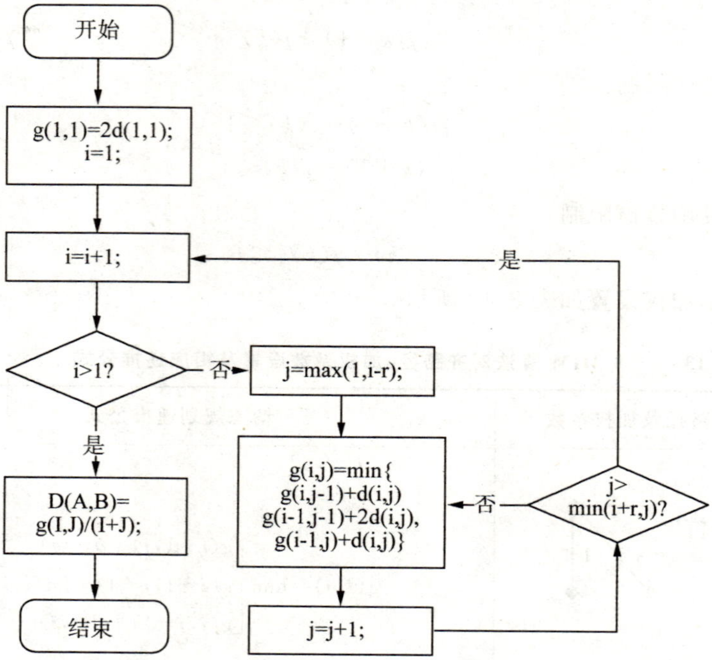

图 8.12 经典的 DTW 算法流程

(二)DTW 算法的变形或扩充

动态规划计算 $D(T,S)$所采用的递推公式如下：

$$g_k[c(k)]=\min_{c(k-1)}\{g_{k-1}[c(k-1)]+d[c(k)]\cdot w(k)\} \tag{8-5}$$

式中：$g_k[c(k)]$代表进行到第 k 步时 $d[c(k)]\cdot w(k)$的累计量。所以，时间规整总距离为：

$$D(T,S)=\frac{1}{I+J}g_k[c(I,J)] \tag{8-6}$$

对于不同的规划路径和加权系数设置，相应的递推公式也略有不同，表 8.13 列出了 3 种不同的对齐路径、加权系数设置以及相应的递推公式。按照动态规划求解 $D(T,S)$即从终点(I,J)根据相应的递推公式不断迭代计算，直到得到 $g(1,1)$为止。

DTW 算法的变形和扩充主要包括以下两个方面：行进中的斜率控制和端点限制取消。行进中的斜率控制如图 8.13 中的点阵所示，即规定了行进中纵向和横向前进的比例，使得匹配更合理且迅速降低计算复杂度；端点限制取消如图 8.14 中的点阵所示，即取消起点对齐 $i(1)=1,j(1)=1$ 或终点对齐$i(k)_{\max}=I,j(k)_{\max}=J$ 或是同时取消两端的限制，这样可以减小样本因起点选择不佳带来的误差。

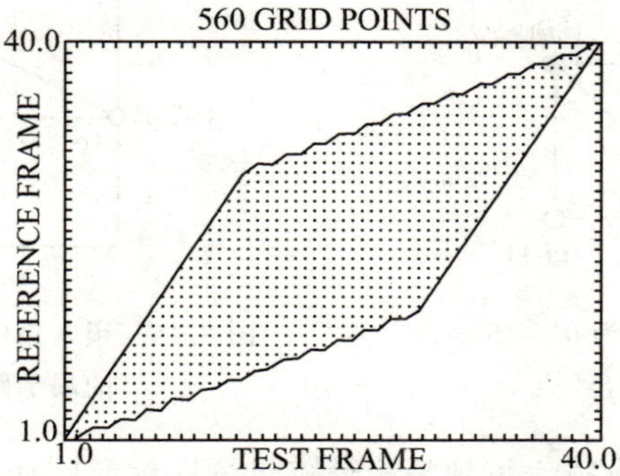

图 8.13　DTW 算法变形行进中的斜率控制

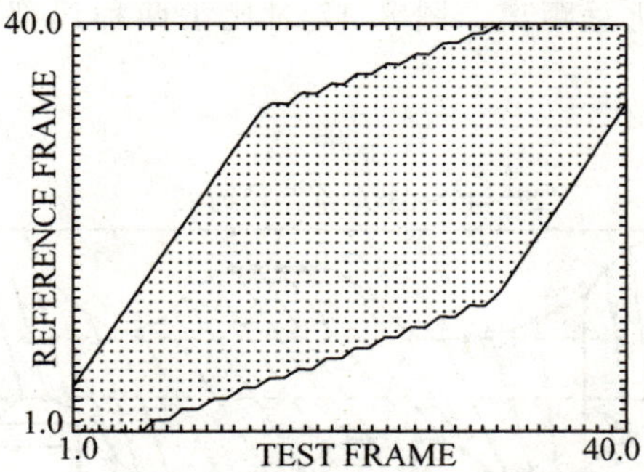

图 8.14　DTW 算法变形行进中的端点限制取消

由于 DTW 算法在整个特征序列之间进行非线性匹配，它的计算量是输入特征序列长度的平方，即时间复杂度为 $O(n^2)$，这大大增加了计算机的负担，也是 DTW 算法在应用时的一个显著缺点。此外，DTW 算法可能存在过度规整时间序列的问题，这种情况下的匹配路径是没有意义的。目前，已有多种方案用来加快 DTW 的计算以及更好地控制规整路径的可能范围，其中主要是通过路径约束的方式。

目前常用的局部路径约束主要有两种：扇入角度为 0°～45°～90°的局部路径约束，以及扇入角度为 27°～45°～63°的局部路径约束。

扇入角度为 0°～45°～90°的局部路径约束对应经典 DTW 算法中的连续性约束，如图 8.15 所示。在扇入角度为 27°～45°～63°的局部路径约束中（见图 8.16），对于 $c(k)=(i(k),j(k))$，有：

$$c(k-1)=\begin{cases}(i(k),j(k)-2)\\(i(k)-1,j(k)-1)\\(i(k)-2,j(k))\end{cases}\tag{8-7}$$

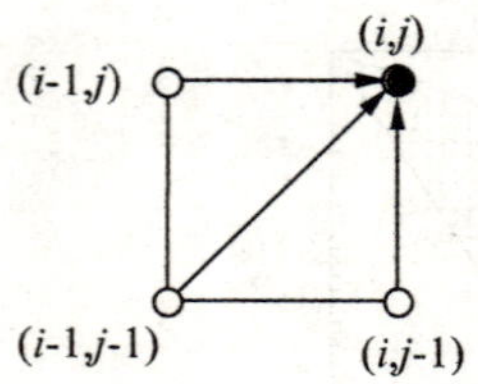

图 8.15　扇入角度为 0°～45°～90°的局部路径约束

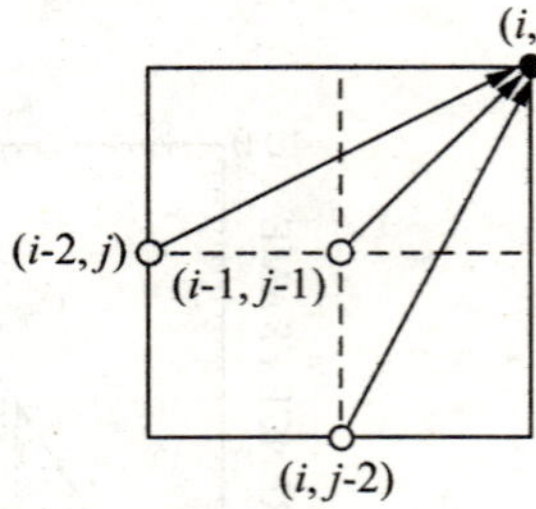

图 8.16　扇入角度为 27°～45°～63°的局部路径约束

这种局部路径约束将导致规整路径跳过待匹配时间序列的某些点，尤其是在时间序列中存在噪声的点，并且有时规整路径将选择 27°、63°的局部路径而不是 45°，以试图最小化总距离。图 8.17 对比了两种局部路径约束下的规整路径。

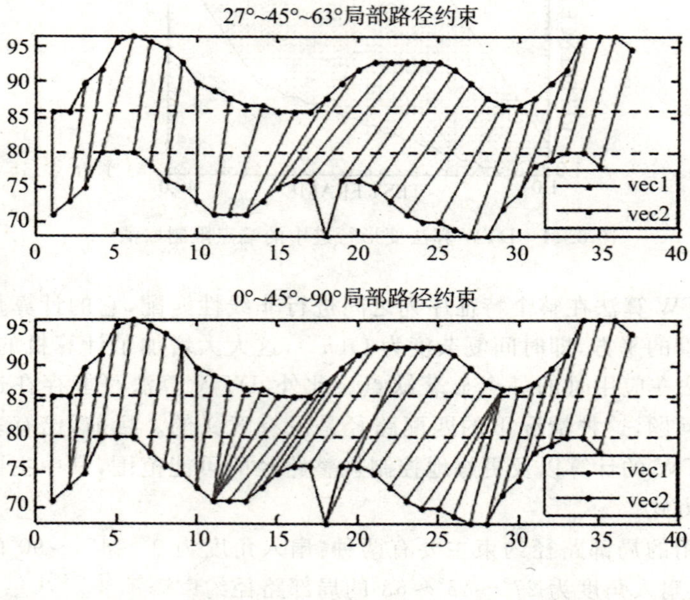

图 8.17　0°～45°～90°和 27°～45°～63°的局部路径约束对应的规整路径

寻找匹配路径时的边界限制在一定程度上减少了 DTW 算法的计算量，同时也通过控制规整路径的可能走向来防止极端的或不合适的对齐。这种边界限制称为“规整窗口”(warping window)，也就是全局路径约束。目前，最常用的全局路径约束是 Sakoe-Chiba 带和 Itakura 平行四边形，如图 8.18 所示。

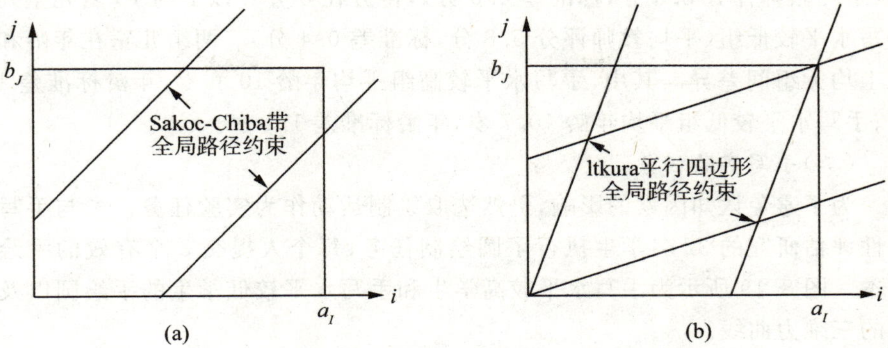

图 8.18 Sakoe-Chiba 带和 Itakura 平行四边形全局路径约束

Sakoe-Chiba 带即为经典 DTW 算法中的调整窗口。Itakura 平行四边形描述一个约束规整路径斜率的区域，更准确地说，对于一个固定的 $S\in R$，Itakura 平行四边形由斜率分别为 $1/S$ 和 S 且分别过(0,0)和(I,J)点的直线规整路径所包围的单元组成，通常 $S=2$，在这一路径限制下，只有当两个待比较时间序列的长度比在 0.5～2 之间时，才存在可行的规整路径。

二、儿童手写稳定性评估

Di Brina 等人在 2008 年验证了 DTW 算法在辨别书写水平较高儿童与书写水平较低儿童上的效力，该研究采用了“个人原型”(individual prototype)的概念，通过匹配比较手写字母与个人原型而评价了儿童书写字母“a”时的变异性。不过，这项研究中的 DTW 特征提取仅限于字形匹配下的累积欧式距离，并未对手写的运动学和动力学特征时间序列进行分析。

此外，规整路径也是 DTW 算法的一个重要方面，对匹配路径特点进行研究也许能提供更多的手写稳定性信息。考虑到以上两点，本节从 DTW 距离值计算改进和匹配路径特征提取两个方面，提出分别基于形状匹配和一维特征序列匹配的稳定性特征提取方法，并在不同手写能力儿童中检验稳定性评估的有效性。

(一)实验对象的筛选

根据前面对健康儿童手写发展特点的研究可以发现，低年级儿童因其还处于手写技能学习的初期，在各项指标上均表现得较差。并且，一些研究学者认为，儿童的手写技能发展到 9 岁时得便会到完全巩固，即大多数学生在三年级时已经基本掌握书写技能。因此，为了对比不同手写能力在稳定性上的差异，实验对象在高年级(三年级及以上)儿童中进行选择。32 名年龄在 9 岁及以上并且为三年级及以上的儿童参与了本研究。在执行完画圆手写任务后，根据教师评分对受试儿童进行筛选，得分为 8 分或 9 分的 9 名儿童列入手写水平较高组(平均教师评分 8.3 分,标准差 0.5 分),得分在 6 分及以下的 10 名儿童列入手写水平较低组(平均教师评分 5.8 分,标准差 0.4 分)。两组儿童在年龄和年级上均无组间差异。其中,手写水平较高组平均年龄 10.6 岁,年龄标准差 1.8 岁;手写水平较低组平均年龄 10.7 岁,年龄标准差 1.1 岁。

(二)手写实验任务

为了避免认知因素的影响,仍然选取绘制运动作为实验任务。参与手写稳定性评估研究的 32 名学生执行了圆绘制任务,每个人提交 8 个有效的手绘圆样本。图 8.19 所示为手写水平较高学生和手写水平较低学生的手绘圆以及对应的三维力曲线。

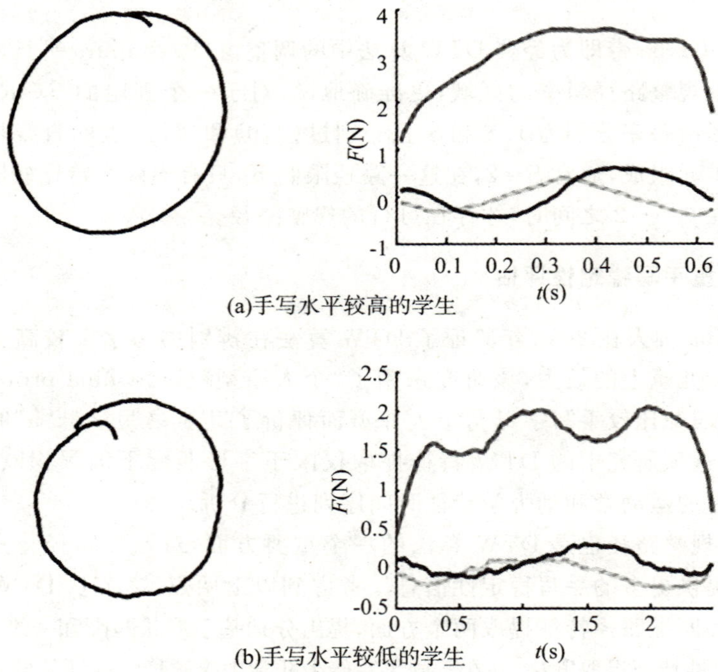

(a)手写水平较高的学生

(b)手写水平较低的学生

图 8.19 手写水平较高学生和手写水平较低学生的手绘圆以及对应的三维力曲线

对数据的预处理包括扰动点去除和高斯滤波。此外,为了基于 DTW 算法对手绘圆进行形状匹配,预处理时还需要对位置进行归一化处理,以避免由于位置偏移导致的 DTW 形状距离值增加。位置归一化通过坐标平移来完成,将圆的位置重心作为新坐标的原点,平移公式如下:

$$\begin{cases} x'(t)=x(t)-\bar{x} \\ y'(t)=y(t)-\bar{y} \end{cases} \tag{8-8}$$

式中：$x(t)$和 $y(t)$为原始坐标，$x'(t)$和 $y'(t)$为位置归一化后的坐标。

（三）稳定性特征提取

对于每个受试儿童，采用无斜率限制（$p=0$）以及对称权重系数的 DTW 算法对 8 个圆特征时间序列进行两两匹配，完成稳定性特征提取。

三、基于形状匹配的稳定性特征

对于五维手写特征时间序列，形状匹配是指对二维位置时间序列进行 DTW 匹配，采用欧式距离计算最小累积匹配距离，并据此得到匹配路径。

（一）匹配距离特征

本研究通过形状匹配计算四类匹配特征距离：经典 DTW 距离，长度归一化 DTW 距离，基于形状匹配的累积 F_x、F_y 特征距离和累积 F_z 特征距离。

经典 DTW 距离根据式(8-6)计算得到，长度归一化 DTW 距离将归一化因子替换为两个匹配圆周长的均值，在距离计算的同时考虑了圆的形状、大小。

$$D(A,B)=\frac{g(I,J)}{\bar{L}}=\frac{\min(\sum_{k=1}^{k}d(c(k))\cdot w(k))}{(\sum_{i=1}^{I-1}d(i,i+1)+\sum_{i=1}^{J-1}d(j,j+1))/2} \tag{8-9}$$

式中：$\bar{L}$ 为两个二维位置时间序列对应的圆的平均周长。

此外，根据形状匹配路径，采用力特征距离计算累积距离并按照式(8-6)进行归一化处理，即可得到基于形状匹配的累积 F_x、F_y 特征距离和累积 F_z 特征距离。F_x、F_y 特征距离如式(8-10)所示采用欧式距离计算，F_z 特征距离如式(8-11)所示采用差值绝对值计算。

$$d(i,j)=\sqrt{(F_x^a(i)-F_x^b(j))^2+(F_y^a(i)-F_y^b(j))^2} \tag{8-10}$$

$$d(i,j)=|F_z^a(i)-F_z^b(j)| \tag{8-11}$$

式中：$F_x^a(i)$，$F_y^a(i)$，$F_z^a(i)$和 $F_x^b(j)$，$F_y^b(j)$，$F_z^b(j)$分别为两个手绘圆的三维力特征。

（二）匹配路径特征

在 DTW 算法中，匹配路径也是反映两个时间序列匹配程度的关键。对于两个待比较时间序列，匹配路径的非线性扭曲越严重，则两序列的时间差异越大。本研究提取了两个描述匹配路径特点的稳定性特征：路径规整程度和扭曲匹配比率。

路径规整程度统计匹配点对间的时间差并取均值，作为对两个时间序列匹配过程中规整程度的衡量。

$$W(A,B)=\frac{\sum_{k=1}^{K}|i-j|}{K} \tag{8-12}$$

式中：$c(k)=(i,j)$为两个时间序列匹配路径上的匹配点对的时间点序号，K为匹配路径长度。

匹配路径中存在三种匹配情况：一对一匹配、多对一匹配和多对多匹配。一对一匹配是指时间序列 A 的一个采样点只与时间序列 B 的一个采样点匹配。多对一匹配是指某一个时间序列（A 或 B）的一个采样点与另一个时间序列的多个采样点匹配。如果时间序列 A 的一个采样点对应时间序列 B 的 m 个采样点，则记为 m 个多对一匹配点对。多对多匹配是指对于匹配的两个采样点 a_i 和 b_j，序列 A 的采样点 a_i 与序列 B 的包括 b_j 在内的多个采样点匹配，同时序列 B 的采样点 b_j 也与序列 A 的包括 a_i 在内的多个采样点匹配。正是由于多对一匹配和多对多匹配的存在，使得时间序列 A 与时间序列 B 的路径匹配存在非线性扭曲。因此，本章将多对一匹配和多对多匹配统称为"扭曲匹配"，并统计匹配路径中扭曲匹配点对数 M 占的比率：

$$R(A,B)=M/K \tag{8-13}$$

最后，得到的 $R(A,B)$ 即为扭曲匹配比率。

四、基于一维特征序列匹配的稳定性特征

根据由 $x(t)$、$y(t)$ 计算得到的速度特征 $v(t)$，由 $F_x(t)$、$F_y(t)$ 计算得到的施力角度特征外 $\Theta(t)$ 以及正向笔压力特征 $F_z(t)$ 采用 DTW 算法对每一维特征提取三个参数：经典 DTW 距离、路径规整程度和扭曲匹配比率。

基于形状匹配的稳定性特征和基于一维特征序列匹配的稳定性特征的均值、方差及 t 检验组间差异显著性分别如表 8.14 和表 8.15 所示。对于基于形状匹配的稳定性特征，手写水平较高组和手写水平较低组在长度归一化 DTW 距离，累积 F_x、F_y 特征距离，累积 F_z 特征距离和扭曲匹配比率上存在显著的组间差异。

表 8.14　基于形状匹配的稳定性特征均值、方差及组间差异显著性

特征	手写水平较高组（$n=9$）	手写水平较低组（$n=10$）	p
经典 DTW 距离	1.35±0.61	1.90±1.11	0.206
长度归一化 DTW 距离	5.39±2.74	15.23±7.43	0.002
累积 F_x、F_y 特征距离	9.22±3.20	22.62±11.04	0.003
累积 F_z 特征距离	0.70±0.15	0.96±0.0771	<0.001
路径规整程度	6.98±5.00	11.79±5.10	0.054
扭曲匹配比率	11.01±6.48	26.49±12.71	0.004

表 8.15　基于一维特征序列匹配的稳定性特征均值、方差及组间差异显著性

特征	手写水平较高组	手写水平较低组	p
$F_z(t)$DTW 距离	0.25±0.13	0.35±0.24	0.303
$F_z(t)$路径规整程度	13.55±5.11	34.57±12.28	<0.001
$F_z(t)$扭曲匹配比率	0.93±0.03	0.99±0.03	0.001
$v(t)$DTW 距离	0.55±0.37	0.27±0.10	0.031
$v(t)$路径规整程度	10.97±3.91	28.35±12.16	<0.001
$v(t)$扭曲匹配比率	1.02±0.02	1.03±0.01	0.084
$\Theta(t)$DTW 距离	4.66±2.13	6.47±2.52	0.110
$\Theta(t)$路径规整程度	9.34±3.23	24.14±10.09	0.001
$\Theta(t)$扭曲匹配比率	0.71±0.08	0.92±0.04	<0.001

对于基于一维特征序列匹配的稳定性特征，$F_z(t)$路径规整程度、$F_z(t)$扭曲匹配比率、$v(t)$路径规整程度、$\Theta(t)$路径规整程度和扭曲匹配比率表现出了显著的组间差异。在提取的匹配距离特征中，无论是基于形状匹配还是基于一维特征序列匹配的经典 DTW 距离均不能在统计上区分。匹配路径特征的组间分辨力随匹配方式(形状匹配、一维特征序列匹配)和一维特征类型的不同而不同。

五、评估结果总结与分析

本小节采用 DTW 算法提取匹配距离特征和匹配路径特征用于儿童手写稳定性评估。对手写水平较高学生和手写水平较低学生的对比分析发现，基于形状匹配和基于一维特征匹配的经典 DTW 距离在两组之间均无统计差异。Di Brina 等人采用 DTW 笔迹匹配技术推导个人原型，并据此计算了手写字母形状距离。不同于本研究关于形状匹配 DTW 距离的结论，他们发现相对于年龄相当的控制组对象，书写能力差的男生在写字母“a”时字形表现出了更大的变化性，异形字的比例也更高。这一差异可能来自实验任务的不同，在执行复杂度上画圆运动比字母书写简单，即使是手写能力较差的儿童掌握起来也相对容易。对于字母书写任务，熟练书写者对于常用字母已形成稳定的书写习惯，而不熟练书写者并未完全掌握，因此两组在字形稳定上存在差异。

虽然经典 DTW 距离不具备区分手写技能高低的能力，但是长度归一化 DTW 距离，累积 F_x、F_y 特征距离，累积 F_z 特征距离这三种匹配距离表现出了显著的组间差异。这三类匹配距离均不是单一维度的特征，长度归一化 DTW 距离在计算匹配距离的同时考虑了长度因素，累积 F_x、F_y 特征距离和累积 F_z 特征距离在形状匹配的基础上计算力特征稳定性，衡量了位置和力同步协调控

制的能力。不同于以往对手写单一维度特征的研究，累积 F_x、F_y 特征距离和累积 F_z 特征距离从形状信息和力信息的角度分析了手写特征序列，具备细致性和全面性的特点。

匹配路径也是 DTW 算法的一个重要方面，两个带比较时间序列的相似性决定着匹配路径相对于对角线方向的偏移程度。本章采用路径规整程度和扭曲匹配比率度量 DTW 规整路径的特点，提供手写稳定性信息，统计分析结果验证了指标的有效性。

在形状匹配中，扭曲匹配比率特征在两组间差异显著。图 8.20 和图 8.21 分别为手写水平较高组某位学生和手写水平较低组某位学生的手绘圆样本及其形状匹配情况。由图可知，手写水平较高儿童的圆样本笔迹流畅，较少的采样点数反映了其较快的绘制速度，并且在匹配路径中可以观察到一对一、多对一和多对多的匹配情况。而手写水平较低儿童绘制速度较慢，带来了手绘圆轨迹上密集的采样点分布，并且所绘的圆形状不规则、曲线不流畅，其点对点匹配中存在更多的扭曲匹配情况。

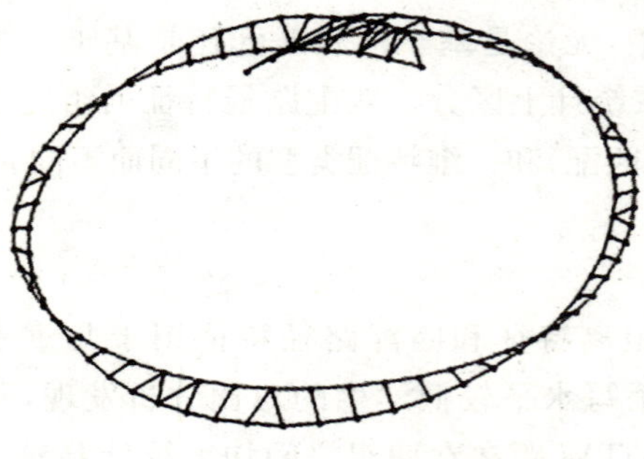

图 8.20　手写水平较高学生手绘圆的形状匹配

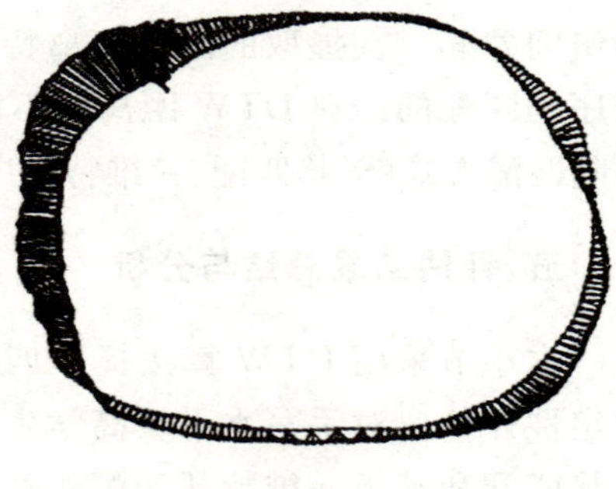

图 8.21　手写水平较低学生手绘圆的形状匹配

此外，$F_z(t)$ 路径规整程度、$F_z(t)$ 扭曲匹配比率、$v(t)$ 路径规整程度、$\Theta(t)$ 路径规整程度和扭曲匹配比率均表现出了显著的组间差异。图 8.22 和图 8.23 分别展示了手写水平较高学生与手写水平较低学生在画圆运动速度上的 DTW 匹配路径示意图。由匹配路径可以看到，手写水平较高学生的两个圆绘制速度特征序列之间的规整幅度要少于手写水平较低学生的两个圆绘制速度特征序列匹配时的规整幅度。由于在匹配过程中没有对匹配路径进行斜率限制，所以对于两个时间差异较大的速度序列（见图 8.23），匹配路径中出现了大量的水平和垂直方向上的连续匹配，使得最后形成的匹配路径与对角线方向存在较大偏移，从而反映了两个速度特征序列之间的时间差异。

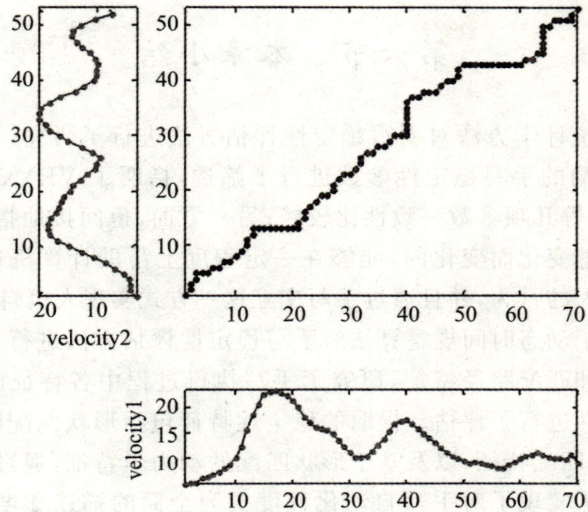

图 8.22 手写水平较高学生速度特征 DTW 匹配路径示意图

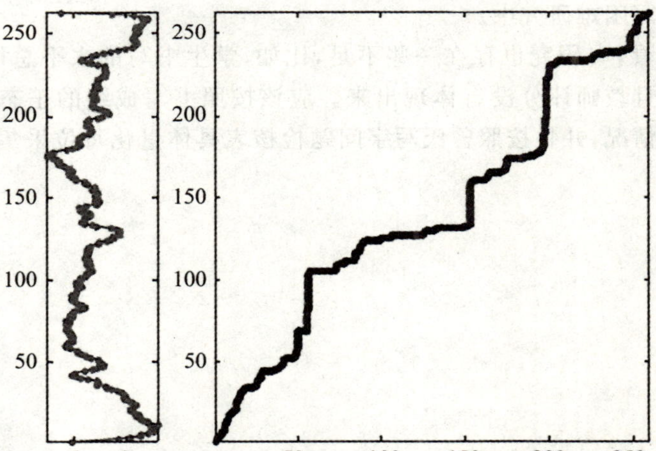

图 8.23 手写水平较低学生速度特征 DTW 匹配路径示意图

第六节　本章小结

本章通过统计学方法对手写稳定性评估方法进行了研究，一方面，对受用户心里波动影响的手写稳定性参数进行了筛选，指明了 VRYx、VRYy、VRYz 和速度、加速度等几项参数一致性比较好；另一方面，也间接地指出了其他的参数是随用户情感变化而变化的，能够在一定程度上帮助计算机进行情感计算，使计算机理解人的行为，并且通过手写交互这一方式实现人机自然交互。

本章还基于动态时间规整算法对手写稳定性评估方法进行了研究，提取了匹配距离特征和匹配路径特征，研究了手写执行过程中各特征的变化特点，对儿童手写稳定性进行了评估。提取的稳定性特征包括形状匹配特征、运动学匹配特征、动力学匹配特征，以及基于形状匹配的动力学特征，通过对手写时间序列的点对点分析实现了对手写自动化程度更为全面的描述和度量。在手写水平较高儿童和手写水平较低儿童间的对比分析表明，匹配路径特征以及改进的匹配距离特征具有显著的组间差异性。这一结果证实了儿童手写稳定性量化评估是衡量手写自动化程度的有效手段，可进一步用于儿童发展性研究或者患病儿童的手写困难研究中。

总的来看，本研究也存在一些不足，比如，学生书写的水平总体不高（平均得分低），而且教师评分没有体现出来。应该按照书写成绩的正态分布确定采集对象分布情况，并且按照曾氏写字问题检核表具体量化每位采集对象的书写量化成绩。

第九章 儿童手写量化分类方法研究

第一节 引 言

目前,儿童手写量化研究主要进行的是基于统计方法的特征分析工作。例如,通过方差分析(analysis of variance, ANOVA)对比疾病患者和控制组的手写特点,采用相关性分析研究量化指标与量表评分的一致性。此外,现有手写评估系统仍停留在特征提取层面,系统提取大量手写特征时,除 NC *V* 外其他特征通常没有正常值范围参考,使用难度较大。切实有效的手写量化临床应用,需要在统计特征分析的基础上提取有辨别力的特征,同时需要一个综合各方面因素与特征给出的总体量化分值,为医师临床诊断提供辅助。因此,研究采用模式识别方法对儿童手写运动进行量化分类具有重要价值。

模式识别(pattern recognition)就是通过计算机用数学技术方法来研究模式的自动处理和判读。人们把环境与客体统称为"模式"。随着计算机技术的发展,人类有可能研究复杂的信息处理过程。信息处理过程的一个重要形式是生命体对环境及客体的识别。模式识别是人类的一项基本智能,在日常生活中,人们经常进行"模式识别"。随着 20 世纪 40 年代计算机的出现以及 20 世纪 50 年代人工智能的兴起,人们希望能用计算机来代替或扩展人类的部分脑力劳动。模式识别是指对表征事物或现象的各种形式的(数值的、文字的和逻辑关系的)信息进行处理和分析,以对事物或现象进行描述、辨认、分类和解释的过程,是信息科学和人工智能的重要组成部分。

模式识别又常称作"模式分类",从处理问题的性质和解决问题的方法等角度来说,模式识别分为有"监督的分类"(supervised classification)和"无监督的分类"(unsupervised classification)两种。有监督的分类又称"训练场地法",是以建立统计识别函数为理论基础,依据典型样本训练方法进行分类的技术。即根据已知训练区提供的样本,通过选择特征参数,求出特征参数作为决策规则,建立判别函数以对各待分类影像进行的图像分类,是模式识别的一种方法。它要求训练区域具有典型性和代表性，判别准则若满足分类精度要求，则此准则成立；反之，需重新建立分类的决策规则，直至满足分类精度要求为止。常用算法有：判别分析、最大似然分析、特征分析、序贯分析和图形识别等。无监督的分类是指人们事先对分类过程不施加任何的先验知识，而仅凭数据（即自然聚类的特性）进行“盲目”的分类；其分类的结果只是对不同类别达到了区分，但并不能确定类别的属性，即无监督的分类只能把样本区分为若干类别，而不能给出样本的描述；其类别的属性是通过分类结束后目视判读或实地调查确定的。无监督的分类也称“聚类分析”，一般的聚类算法是先选择若干个模式点作为聚类的中心，每一中心代表一个类别，按照某种相似性度量方法（如最小距离方法）将各模式归于各聚类中心所代表的类别，形成初始分类，然后由聚类准则判断初始分类是否合理，如果不合理就修改分类，如此反复迭代运算，直到合理为止。与监督法的先学习后分类不同，非监督法是边学习边分类，通过学习找到相同的类别，然后将该类与其他类区分开，但是非监督法与监督法都是以图像的灰度为基础，通过统计计算一些特征参数（如均值、协方差等）进行分类的。

模式识别的过程实质上是数据空间到类型空间的映射过程。对于一个具体的模式识别问题，需要经过数据采集、预处理、特征提取和分类四个步骤，如图 9.1 所示。其中，特征提取和分类是手写量化研究的重点与难点。

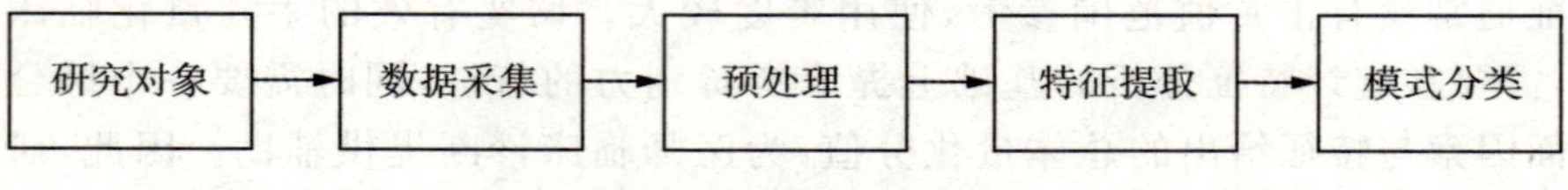

图 9.1　模式识别过程

通过数字手写板采集的手写过程信息可以提取大量的手写特征，减少特征冗余、选择有效特征是手写量化的重要关注点。而且，由于根据特征值通过分类器得到是或否的结论，在临床应用上容易引起误导，这就要求分类器在提供分类信息的同时还要能够以量化方式给出综合评分。结合这两点，本研究采用混合高斯模型用于儿童手写量化分类，并对比分析了不同类型特征向量带来的影响。

第二节　高斯混合模型

一、高斯混合模型概述

高斯混合模型（Gaussian mixture model，GMM）是单一高斯概率密度函数的延伸，通过增加高斯模型的个数，可以任意地逼近任何连续的概率密度分布。高斯混合模型是有限混合模型（finite mixture model，FMM）的典型代表，具有形式灵活、建模方便的特点。GMM 在图像识别、语音识别领域已得到了广泛的应用，均取得了不错的效果。在图像应用上具体包括手写体数字图像识别、运动检测、视频分割、图像配准、噪声消除、医疗图像处理。在语音识别领域，常被用在语音与语者辨识上，例如语者分群、语种识别、说话人识别和说话人验证。

对于训练得到的高斯混合模型，输入新的数据值，得到的结果不仅仅是该组数据值的分类结果，还包含了该组数据值标记为每个分类的概率。这个概率提供了非常有用的信息，特别是在疾病诊断领域，对于较明显的特征可以做到准确区分。但是当出现较难分辨的情况时，为了避免误诊，分类器可以不给出分类结果而是提供概率值，由医师根据临床经验和观察来判断。

一个完整的高斯混合模型具有三个参数：混合加权值、平均值向量以及共变异矩阵，如下式所示：

$$\lambda=\{w_i,\vec{\mu}_i,\Sigma_i\} \quad (i=1,\cdots,M) \tag{9-1}$$

式中：w_i表示的是混合加权值；$\vec{\mu}_i$ 表示的是平均值向量；Σ_i 表示的是共变异矩阵，而 M 则是高斯分布的个数，对每一个语音而言，我们用一个 λ 来代表。

对一个 D 维的特征向量 $\vec{x}$ 而言，对于语音高斯混合模型的相似度计算如下所示：

$$p(\bar{x}|\lambda)=\sum_{i=1}^{M}w_i b_i(\bar{x}) \tag{9-2}$$

$$b_i(\bar{x})=\frac{1}{(2\pi)^{\frac{D}{2}}|\sum_i|^{\frac{1}{2}}}\exp\left\{-\frac{1}{2}(\bar{x}-\bar{\mu}_i)\right\} \tag{9-3}$$

式中：$\sum_{i=1}^{M}w_i=1$。

最后得到的高斯混合密度函数由这些子密度函数的混合权重（mixture weight）、均值向量（mean vector）和协方差矩阵（covariance matrix）决定。

图 9.2 为二维空间内 3 个高斯分布混合示意图，其中(a)标注了 3 个混合分量及对应的混合权重；(b)为混合高斯分布的边缘概率密度 $p(x)$；(c)为分布 $p(x)$的曲面图。

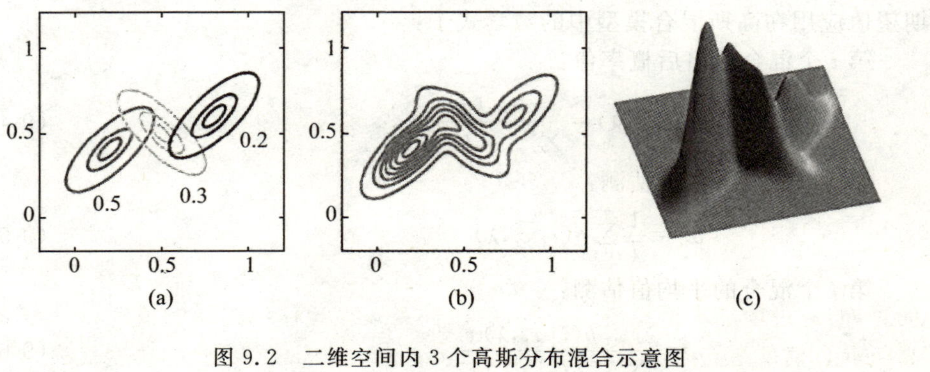

图 9.2　二维空间内 3 个高斯分布混合示意图

为了组成混合模型的闭合解，需要采用最大期望算法（expectation-maximization algorithm，EM)通过迭代来求解。首先，为均值、协方差和混合权重选择初始值，然后交替进行 E step（expectation step）和 M step（maximization step）。最后，当对数似然函数或者混合模型参数的变化小于阈值的时候，该算法收敛。

图 9.3 为二维空间下的高斯混合模型示例，其中包含 1000 组数据，$K=4$，左图为模型参数估计的演变过程，右图为收敛结果。

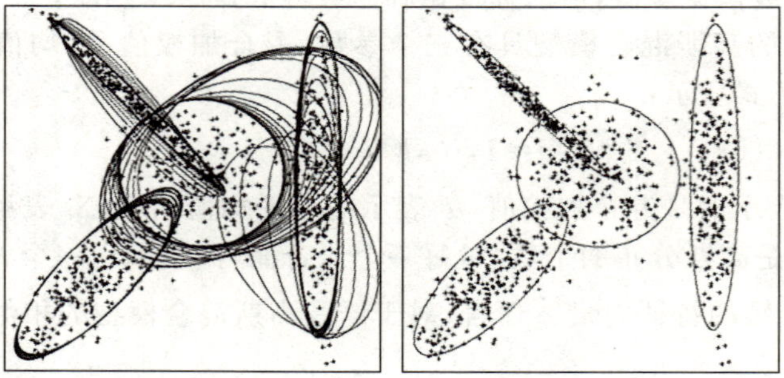

图 9.3　二维空间下的高斯混合模型示例

对于基于 GMM 的分类系统，模型训练阶段的目的就是估计 GMM 参数，寻找使得高斯混合密度能够最优地拟合训练特征向量分布的参数。在分类阶段，根据最大后验概率为输入特征序列选定类别。

以下是模型训练：

给定一个观测向量，其所属的高斯分布为一“隐藏”的信息，因此模型的训练需借助期望值最大化的方法。先从一个给定的初始模型 λ 开始，计算训练语料中每一个特征向量在每一个高斯分布中的统计概率，再利用这些统计概率来计算每一个高斯分布的期望值，然后以这些期望值反过来最大化高斯混合模型的参数值，得到 $\bar{\lambda}$。重复上述步骤，直到 $p(X|\lambda)$收敛为止。下面所列为最大化期望值应用在高斯混合模型中的数学式子：

第 i 个混合的事后概率值：

$$p(i|\bar{x},\lambda)=\frac{w_i b_i(\bar{x}_t)}{\sum_{k=1}^{M} w_k b_k(\bar{x})} \tag{9-4}$$

第 i 个混合加权值估测：

$$\bar{w}_i=\frac{1}{T}\sum_{t=1}^{T} p(i|\bar{x}_t,\lambda) \tag{9-5}$$

第 i 个混合的平均值估测：

$$\bar{\mu}=\frac{\sum_{t=1}^{T} p(i|\bar{x}_t,\lambda)\bar{x}_t}{\sum_{t=1}^{T} p(i|\bar{x}_t,\lambda)} \tag{9-6}$$

第 i 个混合的变异量估测：

$$\bar{\sigma}_t^2=\frac{\sum_{t=1}^{T} p(i|\bar{x}_t,\lambda)x_t^2}{\sum_{t=1}^{T} p(i|\bar{x}_t,\lambda)}-\bar{\mu}_i^2 \tag{9-7}$$

式中：$\bar{x}_t(t=1,\cdots,T)$表示时间 1 到 T 的观测平均值。

分群的策略如下：如果群数小于 8，则全部用 K 平均值修正法(modified K-means)来分裂，每一次分裂增加一群，分群后用 K 平均值法(K-means)迭代到收敛；如果群数大于 8，则 1 到群的分裂法用 K 平均值修正法，大于 8 的群数则用二值分裂法(Binary Splitting)来分群。每一群的向量个数规定最少为 20 个，如果小于 20 个，则分裂失败。

在期望值最大化的训练过程中，我们可能会碰到稀疏语料的问题。在所分的群数过多时，有一些群分到的特征向量过少，这会导致变异数过大或过小的问题。这样可能会使得训练的过程发生问题，因此我们在期望值最大化每一次的训练过程中加入了变异数平滑化(variance smoothing)的步骤：首先我们先定义一个变异量的下限，在每一次 EM 训练后，检查每一个变异量是否低于下限值。如果低于下限值的话，则用其他高斯分布相对应的变异数最小的那个值取代。如果那个变异数也小于下限值的话，则用下限值取代。

二、EM 算法

极大似然估计方法是求估计的另一种方法，该方法于 1821 年首先由德国数学家高斯提出，但是这个方法的发明通常被归功于英国的统计学家罗纳德·费希尔，他在 1922 年的论文中再次提出了这个思想，并且首先探讨了这种方法的一些性质。“极大似然估计”这一名称也是费希尔给的。这是一种目前仍然被广泛应用的方法。

极大似然估计方法是建立在极大似然原理基础上的一个统计方法。极大似然原理的直观想法是：一个随机试验如有若干个可能的结果 A、B、C……若在仅仅做一次试验中，结果 A 出现，则一般认为试验条件对 A 出现有利，也即 A 出现的概率很大。一般地，事件 A 发生的概率与参数 Θ 相关，A 发生的概率记为 $P(A,\Theta)$，则 Θ 的估计应该使上述概率达到最大，这样的 Θ 顾名思义称为“极大似然估计”。

求极大似然函数估计值的一般步骤为：①写出似然函数；②对似然函数取对数并整理；③求导数；④解似然方程。

极大似然估计只是概率论在统计学上应用的一种，它是参数估计的方法之一，研究的是已知某个随机样本满足某种概率分布，但是其中具体的参数不清楚的情况。参数估计就是通过若干次试验观察其结果，利用结果推出参数的大概值。极大似然估计是建立在这样的思想上：已知某个参数能使这个样本出现的概率最大，我们当然不会再去选择其他小概率的样本，所以干脆就把这个参数作为估计的真实值。

当然,极大似然估计只是一种粗略的数学期望,要知道它的误差大小还要做区间估计。

最大期望算法(expectation maximization algorithm,又译为“期望最大化算法”)是一种迭代算法,用于含有隐变量(latent variable)的概率参数模型的最大似然估计或极大后验概率估计。

EM 算法是 Dempster、Laind 和 Rubin 于 1977 年提出的求参数极大似然估计的一种方法,它可以从非完整数据集中对参数进行 MLE (memory limit exceeded)估计,是一种非常简单实用的学习算法。这种方法可以广泛地应用于处理缺损数据、截尾数据、带有噪声等所谓的“不完全数据”(incomplete data)。

在统计计算中,最大期望(EM)算法是在概率(probabilistic)模型中寻找参数最大似然估计或者最大后验估计的算法,其中概率模型依赖于无法观测的隐藏变量(latent variable)。最大期望经常用在机器学习和计算机视觉的数据聚类(data clustering)领域。

假定集合 $Z=(X,Y)$ 由观测数据 X 和未观测数据 Y 组成,X 和 $Z=(X,Y)$ 分别称为“不完整数据”和“完整数据”。假设 Z 的联合概率密度被参数化地定义为 $p(X,Y|\Theta)$,其中 Θ 表示要被估计的参数。Θ 的最大似然估计是求不完整数据的对数似然函数 $L(X;\Theta)$ 的最大值而得到的:

$$L(\Theta;X)=\log p(X|\Theta)=\int \log p(X,Y|\Theta)dY$$

EM 算法包括两个步骤:E 步和 M 步。它是通过迭代最大化完整数据的对数似然函数 $L_c(X;\Theta)$ 的期望值来最大化不完整数据的对数似然函数,其中:

$$L_c(X;\Theta)=\log p(X,Y|\Theta)$$

假设在算法第 t 次迭代后 Θ 获得的估计记为 $\Theta(t)$,则在 $(t+1)$ 次迭代时:

E 步:计算完整数据的对数似然函数的期望,记为:

$$Q(\Theta|\Theta(t))=E(L_c(\Theta;Z)|X;\Theta(t))$$

M 步:通过最大化 $Q(\Theta|\Theta(t))$ 来获得新的 Θ。

通过交替使用这两个步骤,EM 算法逐步改进模型的参数,使参数和训练样本的似然概率逐渐增大,最后终止于一个极大点。直观地理解 EM 算法,它也可被看作一个逐次逼近算法:事先并不知道模型的参数,可以随机选择一套参数或者事先粗略地给定某个初始参数 λ_0,确定出对应于这组参数的最可能的状态,计算每个训练样本的可能结果的概率,在当前的状态下再由样本对参数修正,重新估计参数 λ,并在新的参数下重新确定模型的状态,这样,通过多次的迭代、循环直至某个收敛条件满足,就可以使得模型的参数逐渐逼近真实参数。

总体来说,EM 的算法流程如下:

(1)初始化分布参数。

(2)重复直到收敛:①E 步骤:估计未知参数的期望值,给出当前的参数估计。②M 步骤:重新估计分布参数,以使得数据的似然性最大,给出未知变量的期望估计。

EM 算法的主要目的是提供一个简单的迭代算法计算后验密度函数，它的最大优点是简单和稳定，但容易陷入局部最优。

第三节　儿童手写量化分类

一、儿童手写量化分类方法

本研究采用的基于 GMM 的儿童手写量化分类方法是：①选择若干手写水平较高儿童和手写水平较低儿童的手绘圆样本作为训练数据进行高斯混合模型训练，分别得到两个高斯混合模型 GMM1 和 GMM2，并检验模型对训练样本的分类准确率；②以其余的手绘圆样本作为测试数据，分别计算输入的 n 个样本属于 GMM1 和 GMM2 的概率，$1\leqslant S_n\leqslant 8$；③将输入样本在 GMM1 和 GMM2 上的累积对数似然函数值输出，并据此给出分类结果。根据这三大步骤，基于 GMM 的儿童手写量化分类的主要流程如图 9.4 所示。

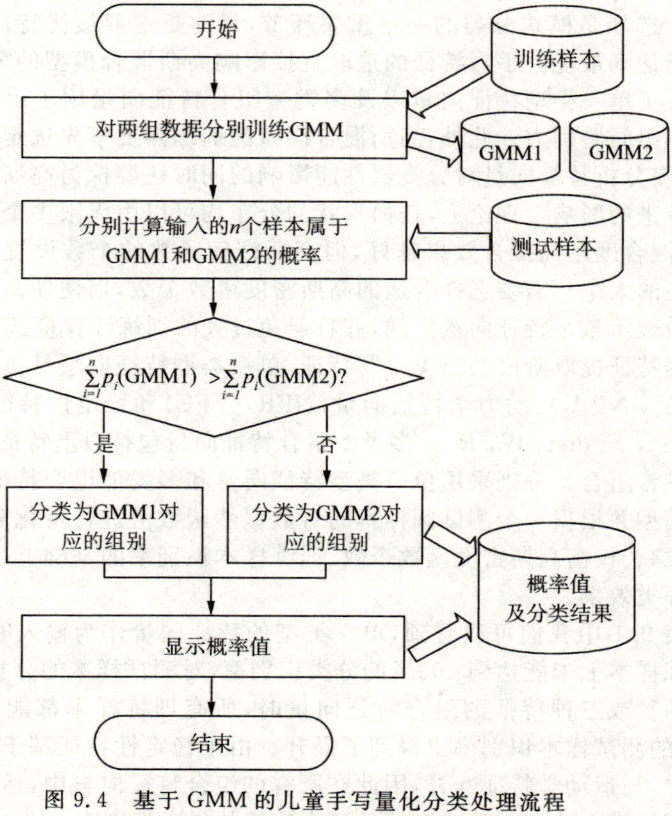

图 9.4　基于 GMM 的儿童手写量化分类处理流程

本章所研究的手写数据集为所采集的 9 名手写水平较高组儿童和 10 名手写水平较低组儿童的圆绘制数据,每名儿童有 8 个手绘圆样本。

为了进行 GMM 分类器的模型训练和分类性能评估,将手写数据集分为训练样本和测试样本。从手写水平较高组和手写水平较低组中选择前 4 名儿童的圆绘制数据作为训练样本,即每组有 32 个手绘圆样本用于模型训练。另外的 5 名手写水平较高组儿童和 6 名手写水平较低组儿童的圆绘制数据作为测试样本,用于 GMM 分类性能评估。

对于运动学和动力学特征提取,预处理包括扰动点去除和高斯滤波。对于基于形状匹配的稳定性特征提取,预处理步骤还包括位置归一化。针对数据集提取的特征分为三类:

(1)运动学特征:平均绘制速度(V)和速度曲线峰值点个数(NP V)。

(2)动力学特征:施力方向调整归一化指标(NFR)和画圆运动中精细控制变异性指标(VFC)。

(3)稳定性特征:在形状匹配基础上得到的长度归一化 DTW 距离(L dist)、累积 F_x、F_y 特征距离(F_x、F_y dist),累积 F_z 特征距离(F_z dist)、路径规整程度(W)和扭曲匹配比率(R)。

特征选择是模式分类的一个重要环节,目的是选取最优特征子集,以使分类器性能达到最优。手写特征的选取直接影响高斯混合模型的分类性能,本章对比分析了单一类型特征向量以及多类型组合特征向量用于手写量化分类的灵敏度和组间鉴别力。此外,高斯混合模型的训练需要事先选定高斯密度函数的个数,在分析特征向量对分类器性能影响的同时还要探讨高斯密度函数的个数选取带来的影响。理论上,任何形状的分布均可以由无限多个高斯密度函数来拟合,混合度越高拟合效果越好,但高斯密度函数的个数设置还需要依据训练样本集的大小。需要选择合适的高斯密度函数个数,以便使高斯混合模型能够很好地表示整个特征向量空间,并且避免过大的训练计算量。

根据特征提取阶段的三类手写特征,单一类型特征向量具体包括运动学特征向量(V, NP V)、动力学特征向量(NFR, VFC)和稳定性特征向量(L dist, F_x、F_y dist, F_z dist, W, R)。多类型组合特征向量包括以上特征向量的两两组合以及三者组合。分别采用单一类型特征向量和多类型组合特征向量,训练高斯混合模型并根据一个测试圆样本的对数似然函数值进行量化分类(单样本决策)。在综合权衡高斯密度函数个数、训练样本识别率的基础上,给出了各特征向量的分类效果。

从表 9.1 中我们可以看到,单一类型的特征向量作为输入时,高斯混合模型在训练样本上未能达到 100%的分类识别率,对测试样本的分类效果也较差。当采用两种或三种特征的组合特征向量时,所有训练样本都能够被正确地识别,对应的测试样本识别率也得到了提升。由于稳定性特征基于形状信息和力信息提取,与运动学特征互补,因此在所有的组合特征向量中,运动学特征和稳定性特征的组合特征向量达到了单样本决策的最高识别率。

表 9.1　　　　单样本决策下各特征向量的分类识别率

特征向量	高斯密度函数个数	训练样本识别率	测试样本识别率
运动学特征	1	95.31%	60.23%
动力学特征	2	95.31%	67.05%
稳定性特征	5	92.19%	70.45%
运动学和动力学特征	6	100%	72.73%
运动学和稳定性特征	7	100%	88.64%
动力学和稳定性特征	6	100%	80.68%
运动学、动力学和稳定性特征	9	100%	87.5%

二、高斯混合度对识别率的影响

高斯概率密度函数的个数决定了高斯混合模型的混合度，是影响分类性能的重要参数。图 9.5 所示为不同高斯密度函数个数条件下运动学特征向量、动力学特征向量以及两者的组合特征向量用于高斯混合模型分类的训练样本识别率和测试样本识别率变化趋势。在单样本的情况下，以单一类型的特征向量作为输入时识别率均较低，并且两类特征组合后分类性能并未得到明显提升，说明两类特征并未相互补充分布信息。

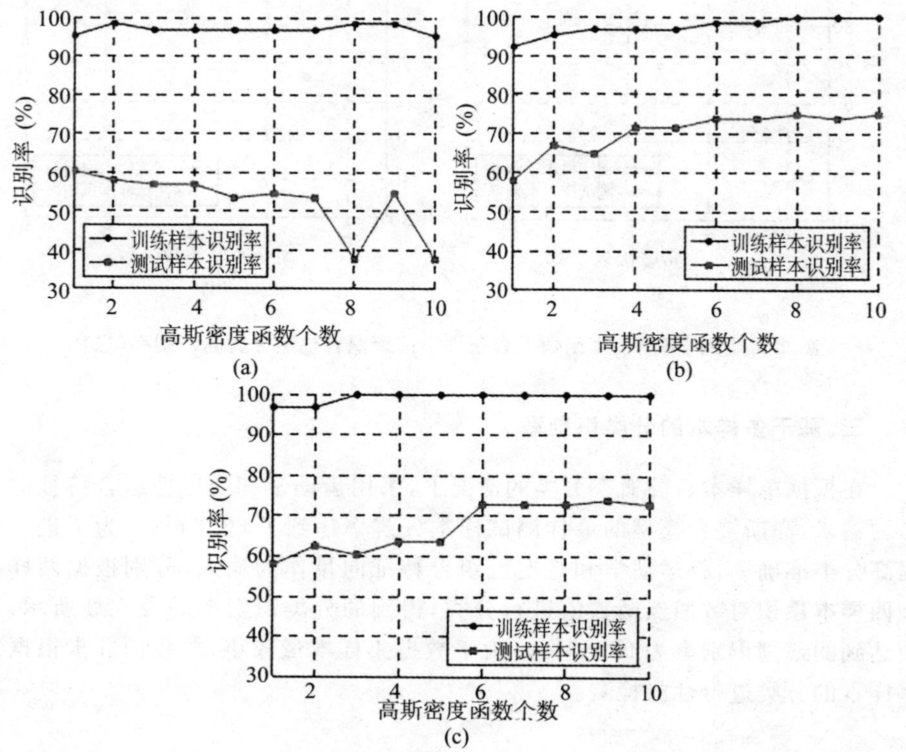

图 9.5　不同高斯密度函数个数条件下高斯混合模型分类的识别率(一)

图 9.6 所示为稳定性特征向量、运动学和稳定性特征向量、动力学和稳定性特征向量以及三种联合特征向量用于高斯混合模型分类后在不同高斯密度函数个数条件下的识别率。在以单样本后验概率进行分类决策的情况下，以稳定性特征向量作为输入时分类识别率也较低，但运动学和稳定性特征向量达到了相对较高的识别率，说明在分布特点上这两类特征提供了互补的信息。

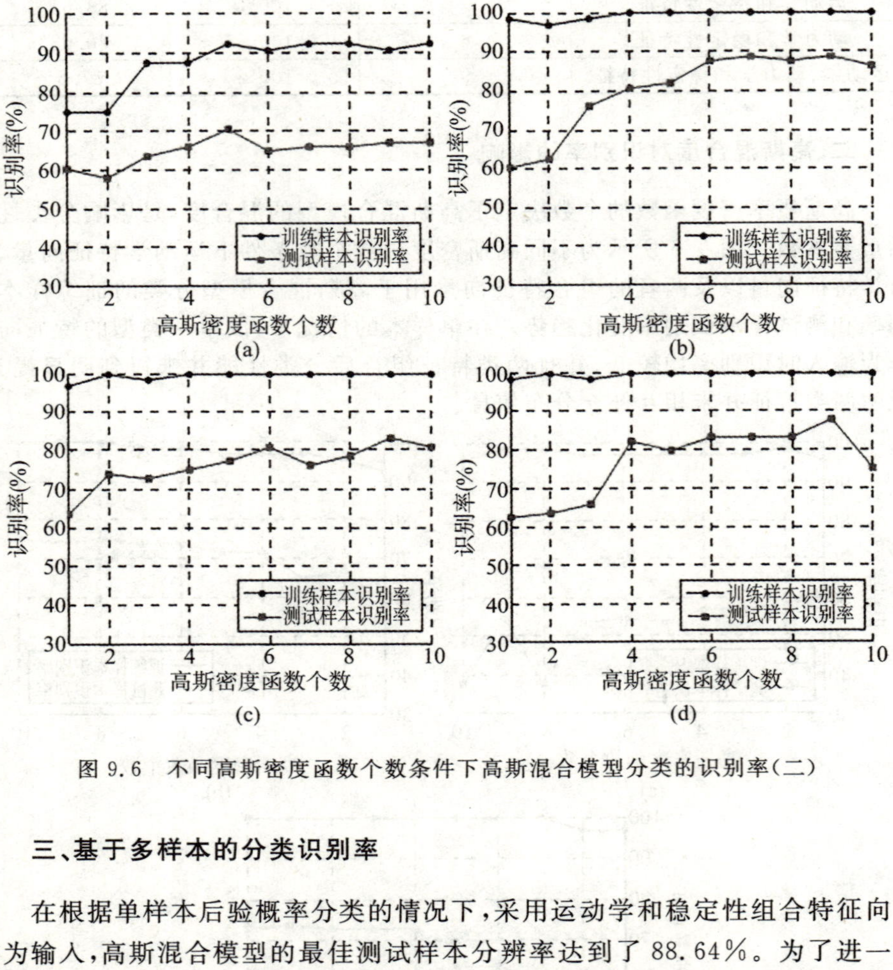

图 9.6　不同高斯密度函数个数条件下高斯混合模型分类的识别率(二)

三、基于多样本的分类识别率

在根据单样本后验概率分类的情况下，采用运动学和稳定性组合特征向量作为输入，高斯混合模型的最佳测试样本分辨率达到了 88.64%。为了进一步提高分类准确率，将运动学和稳定性组合特征向量作为输入，分别根据两样本和四样本累积对数似然函数值进行分类，得到的分类识别率如表 9.2 所示，其中达到的最高识别率为 95.45%。由于数据集样本量较小，故我们并未根据更多样本的分类进行性能检测。

表 9.2　　　　　　　　不同分类条件下的识别率

分类条件	高斯密度函数个数	训练样本识别率	测试样本识别率
单样本	7	100％	88.64％
两样本	9	100％	90.91％
四样本	9	100％	95.45％

以两样本为例，如图 9.7 所示，在输出分类结果的同时提供在两个混合高斯模型上的累积对数似然函数值，作为分类结果可信度的参考。

GMM1 两样本累积对数似然函数值：－221.440511
GMM2 两样本累积对数似然函数值：－334.523892
样本组别：1；分类结果：1
GMM1 两样本累积对数似然函数值：－98.603377
GMM2 两样本累积对数似然函数值：－220.004107
样本组别：1；分类结果：1
GMM1 两样本累积对数似然函数值：－74.730201
GMM2 两样本累积对数似然函数值：－40.190709
样本组别：2；分类结果：2
GMM1 两样本累积对数似然函数值：－44.789637
GMM2 两样本累积对数似然函数值：－61.079398
样本组别：2；分类结果：1
…

图 9.7　两样本累积对数似然函数值及分类结果

第四节　本章小结

本章基于混合高斯模型进行了儿童手写量化分类研究，根据单样本分类对运动学特征向量（V，NP V）、动力学特征向量（NFR，VFC）和稳定性特征向量（L dist，F_x、F_y dist，F_z dist，W，R）以及它们的组合特征向量的分类识别率进行了对比并探讨了高斯混合度对识别率的影响。通过分析发现，运动学和稳定性特征向量达到了相对较高的识别率。随后，为了进一步提高分类准确率，本研究将运动学和稳定性组合特征向量作为输入，观察了基于多样本决策的分类识别率，分别根据两样本和四样本累积对数似然函数值进行分类，并在四样本分类下得到了最佳识别率 95.45％。本章的研究结果表明，模式识别方法为儿童手写运动进行量化评估提供了一种有效途径。

第十章 总结与展望

第一节 总 结

笔是人类文明的产物。在人类漫长的历史中,人们利用笔和文字来记录历史的发展进程,并推动着文明的发展。即便在计算机技术高度发展的今天,人们依然习惯于使用笔来记录各种数据,如医生开具药方、学生完成作业等。因此,笔的使用符合人们的生活习惯和思维方式。

随着20世纪"普适计算"概念的提出,人们大大突破了人机交互中原本存在的"被动的适应机器理解"的交互方式,自然、高效和多通道交互逐渐成为人机交互方式中发展的主流方向。而基于笔的人机交互方式更是被作为人类所固有的一种自然交互方式而得到了广泛的研究和发展。在此推动下,世界各国的科研机构和公司纷纷加大了对笔交互技术的研发,并出现了一系列笔交互设备和与之相应的应用系统。然而,要使基于笔交互设备真正达到与自然物理纸笔交互同样的感觉,尚有许多问题需要解决。

手写是反映大脑思维的表达方式,是人类进化的重要标志。手写精细运动的发展在学龄儿童运动发育、认知培养以及学业发展中都非常重要,对学龄儿童手写量化评估的研究具有重要意义。通过对儿童手写的运动分析,能够了解正常儿童手写的运动控制机制,从而有助于理解书写困难及其他各种精细运动障碍的潜在病理。

在手写过程中,笔迹是由人手的作用力带动笔尖相对书写平面的接触运动而产生的轨迹。手写完整信息是五维时间序列信息,包括笔尖在书写平面上产生的运动轨迹(二维位置时间序列信息 $x(t)$、$y(t)$)和对应点的接触力(三维力时间序列信息 $F_x(t)$、$F_y(t)$、$F_z(t)$)。因此,在五维信息获取的基础上,分析手手写结果信息(笔迹)和手写过程信息(运动学和动力学特征)有助于对儿童手写运动特点的全面掌握。

目前,针对学龄儿童手写的分析技术主要还停留在时域、形状和运动学特点的研究上,并且通常是采用平均值这类全局特征指标,而对手写运动过程中细节特征尤其是动力学特征的研究较少,无法全面解析学龄儿童手写过程。另外,研究人员主要还是基于各自的实验样本采集手写运动信息,来定量分析学龄儿童手写运动特点,但相应的研究缺乏量化的评估指标。此外,关于手写障碍群体的研究缺乏健康学龄儿童在每个阶段的手写特点作为参考,一般只局限于某个特定年龄或年级阶段的障碍组与健康控制组的对比,并且由于研究中用于量化学龄儿童手写能力的特征指标各不相同,使得研究结果之间缺乏可比性,也不利于手写量化方法的临床应用。

为此,本研究旨在基于绘制手写实验任务,采集学龄儿童手写全信息(包括二维位置和三维力信息),通过笔迹特征、运动学特征和动力学特征提取,研究健康学龄儿童手写发展特点,并且结合模式识别方法提取反映手写细节特点且综合多维度手写信息的稳定性特征,实现对不同手写能力儿童的稳定性特征评估和量化分类,为儿童手写运动量化分析提供新思路和有效手段。

在对手写运动物理过程分析的基础上,本研究以儿童手写运动特征提取与量化方法为核心目标,主要研究工作如下:

(1)根据儿童认知和动作技能的发展规律,针对小学一年级到六年级的儿童,设计了图形绘制和简单汉字书写两类典型的手写活动,完成了实验任务的设计,特别是手写动力学实验的设计,并能够完整地获取儿童手写运动中的手写特征数据。

(2)针对传统手写信息采集系统存在的信息获取不全面的问题,特别是无法实现对手写过程全力信息获取的问题,本研究基于多维力传感器的手写信息采集系统,设计完成了一套学龄儿童手写运动采集系统,实现了对手写过程中三维力矢量信息和位置信息的全面获取,为手写运动分析技术提供了一种有效的信息采集工具。

(3)通过对学龄儿童手写绘制横线、竖线和圆圈的实验样本采集,完成了手写特征参数的提取,并建立了健康学龄儿童群体的手写运动数据库,为学龄儿童手写运动研究提供了公用的数据源。

(4)基于学龄儿童群体的手写运动数据库,研究了学龄儿童手写能力随年级的变化特点,并通过斯皮尔曼相关系数考察了这些特征参数与年级的相关性,并利用特征识别和提取方法构建了由力和速度等指标构成的儿童手写运动特征集。

(5)利用构建的学龄儿童手写运动特征集,分析了学龄儿童的手写运动指标的分布特点,完成了对学龄儿童手写运动特征指标的量化,设计了相应的指标量化系统,为儿童书写困难、精细运动障碍患者以及儿童智力发育的研究提供了可靠的参考依据。

(6)基于手写动力学细节特征，对健康儿童手写发展特点进行了研究，为建立手写常模数据库打下了基础。在对不同手写能力儿童的手写特点分析中，提出了稳定性特征提取方法和量化分类方法，验证了模式识别方法用于儿童手写运动量化评估的有效性。

第二节　工作展望

本研究的工作有待进一步研究和完善，简述如下：

(1)本研究对60名小学儿童在绘制横线、竖线和圆圈时的手写信息进行了采集，他们均就读于同一所学校，这对于构建全面的健康儿童手写信息数据库而言样本量较少，有待进一步补充。

(2)目前手写运动分析技术在国内的临床研究和教育中还没有得到广泛的使用，在儿童书写困难诊断方面的研究还处于较薄弱的阶段。汉字书写不同于英语等拼音文字的书写。拼音文字的字母是一种纯粹的发音符号，单词由字母横向组合而成；而汉字是方块字，组成汉字的部件、字形复杂多样，它所具有的视觉图形结构使得文字书写的过程更为复杂。因此，本研究在对学龄儿童手写特点和汉字结构特征分析的基础上，设计了有效的汉字书写任务，有助于实现更充分、更完整地获取对中国儿童手写运动障碍表现具有代表性的手写数据，并为手写运动的特征提取和分析提供支撑，针对中国儿童编制合适的手写分析系统，将手写运动分析技术应用于汉语儿童书写困难的诊断研究。

(3)建立健康儿童手写数据库以及疾病数据库。目前，关于手写运动分析的各项研究中，由于采用的实验对象、实验任务以及临床评价标准不同，使得研究成果之间的可比性较差。此外，手写运动研究工作需要足够数量的手写样本，在此基础上进行的研究工作其结果才更具可靠性和说服力。针对这一现状，通过实验对象选择、实验方案设计及数据采集，建立健康儿童手写数据库以及疾病数据库，可为相关研究提供统一的数据源，方便相关研究成果的对比与验证。儿童手写运动研究的根本目的是能够有效地应用于学校教育、临床诊断或干预治疗中。基于儿童手写运动特征提取的研究成果，以及学龄儿童手写运动特征定量评估及分类系统有助于对儿童书写困难和其他精细运动障碍进行诊断和康复训练。

(4)手写稳定性评估方法研究。由于采集的样本几何特征还比较简单，还有一些其他更能反映手写稳定性和用户心理波动的参数特征没有体现出来，下一步可以继续采集更为复杂一些的字形，借助小波变换等其他一些参数提取方法提取一些其他的特征点，通过广泛的提取参数和分析，确定手写过程中哪些参数最能反映手写稳定性。此外，在样本采集过程中，要求老师按照一些已有的写字问题检核表来客观一致地对采集对象的手写样本打分，作为评估过程中的重要依据。

(5)手写是一项复杂的精细运动技能，其运动执行涉及大脑的广泛区域。手写运动的变化不仅能反映出手写者的精细运动控制特点，还可以通过对手写过程中的认知和情绪变量的操纵反映出手写者复杂的认知特点。由于在具体的临床研究中采用的是非常简单的手写任务，虽然能够反映出大脑功能是否受到损伤或病变，但是不能反映出人们高水平的认知活动。如果采用需要复杂认知活动参与的手写任务，通过不同的手写模式控制不同的认知变量，结合肌电图(EMG)、脑电图(EEG)和功能磁共振成像(FMRI)等技术手段对手写运动的神经控制机制和脑功能等特点进行深入研究，则可反映出手写者复杂的认知特点。

附 录

附录一 F-Pad2 手写板性能参数

参数描述	单位	最小值	最大值
系统主频	MHz	533	667
像素分辨率	Pixel		800×480
采样速率	kb/s	0	125
力量程	N	0	25(F_x/F_y);50(F_z)
力矩量程	N·m	0	1(M_x/M_y)
力分辨率	N	0	0.1
力矩分辨率	N·m	0	0.003
存储空间	MB	0	128(SDRAM/FLASH)
操作系统		Windows CE 6.0	
外观尺寸	mm		230(W)×170(H)×29(D)

附录二　教师评分表

序号	项目	标准	分值	得分
1	姿势（10分）	坐姿和握笔都很正确（脚、背、胸、手、眼等）	5	
		坐姿和握笔比较正确	4	
		坐姿和握笔基本正确	3	
		坐姿和握笔都很不正确	0	
2	正确率（10分）	平时作业和考核竞赛，错别字完全没有	5	
		平时作业和考核竞赛，错别字很少（1篇中有1错）	4	
		平时作业和考核竞赛，错别字比较多（有2错）	3	
		平时作业和考核竞赛，错别字很多（有3错）	0	
3	整洁（10分）	平时作业和考核竞赛，都很整洁（没有污迹）	5	
		平时作业和考核竞赛，比较整洁（有1处污迹）	4	
		平时作业和考核竞赛，基本整洁（有2处污迹）	3	
		平时作业和考核竞赛，很不整洁（有3处污迹）	0	
4	笔画（10分）	点、横、撇、捺等基本笔画书写都很标准、均匀（无不准）	8	
		点、横、撇、捺等基本笔画书写比较标准、均匀（有1处不准）	6	
		点、横、撇、捺等基本笔画书写基本标准、均匀（有2处不准）	4	
		点、横、撇、捺等基本笔画书写很不标准、均匀（有3处不准）	0	
5	结构（20分）	字的结构比例都很恰当协调（没有不准）	8	
		字的结构比例比较恰当协调（有1处不准）	6	
		字的结构比例基本恰当协调（有2处不准）	4	
		字的结构比例很不恰当协调（有3处不准）	0	

续表

序号	项目	标准	分值	得分
6	字体（20分）	正楷和行楷的书写都规范，都很符合字体要求	10	
		正楷和行楷的书写较规范，比较符合字体要求	8	
		正楷和行楷的书写还规范，基本符合字体要求	6	
		正楷和行楷的书写不规范，很不符合字体要求	0	
7	熟练（20分）	书写都很熟练自然，定时完成作业	10	
		书写比较熟练自然，定时完成作业	8	
		书写基本熟练自然，定时完成作业	6	
		书写很不熟练自然，或定时完不成作业	0	

附录三　学生汉字书写评定登记表

学生汉字书写评定登记表

类型：　　　　　　　班级：　　　　　　　　　　　　　年　　月　　日　　教师：

序号	学生	姿势	正确率	整洁	笔画	结构	字体	熟练	成绩	总分
1										
2										
3										
4										
5										

主要参考文献

一、中文文献

[1]董奇，陶沙，曾琦. 论动作在个体早期心理发展中的作用[J]. 北京师范大学学报(社会科学版)，1997，(4):48-55.

[2]董士海. 多通道用户界面的模型、方法及实例[J]. 北京大学学报(自然科学版)，1998，(1):99-107.

[3]董士海. 人机交互的进展及面临的挑战[J]. 计算机辅助设计与图形学学报，2004，16(1):1-3.

[4]付永刚. 桌面环境下的三维用户界面和三维交互技术研究[D]. 中国科学院研究生院(软件研究所)博士学位论文，2005.

[5]高荣芳，马丁，郑宏涛. 浅析笔式用户界面研究与发展[J]. 软件，2013，(4):155-159.

[6]韩双焕. 笔式用户界面中手势的可用性设计和识别研究[D]. 中国科学院研究生院(软件研究所)硕士学位论文，2005.

[7]金华. 儿童发育性运动协调障碍的诊断与共病研究[D]. 南京医科大学硕士学位论文，2007.

[8]李蓓蕾，林磊，董奇. 儿童精细动作能力的发展及与其学业成绩的关系[J]. 心理学报，2002，34(5):494-499.

[9]李斐. 早期精细动作技能发育促进脑认知发展的研究进展[J]. 中华医学杂志，2005，85(30):2157-2159.

[10]李杰. 笔式用户界面开发方法研究[D]. 中国科学院研究生院(软件研究所)博士学位论文，2004.

[11]李晓茜，贺善侃. 中西方语言的差异对科学认知的影响[J]. 东华大学学报(社会科学版)，2009，9(1):5-9.

[12]李允公，张金萍，刘杰. 基于神经网络和主元分析的特征集生成方

法[J]. 机械工程学报，2009，62-67.

[13]栗阳，关志伟，戴国忠. 笔式用户界面开发工具研究[J]. 软件学报，2003，14(3)：392-400.

[14]刘靖年. 汉字结构研究[D]. 吉林大学博士学位论文，2011.

[15]卢亦鲁. 脑瘫儿童书写功能的评估和训练[J]. 中国康复，1997，(4)：155-157.

[16]罗健飞. 手写多维力信息的测量与特征分析[J]. 传感技术学报，2012，25(9)：1274-1279.

[17]罗健飞. 支持笔交互的手写设备设计与实现[J]. 仪器仪表学报，2012，33(9)：2115-2124.

[18]孟庆茂，赵增梅. 快速书写条件下硬笔笔迹变量与认知及个性特征的关系[J]. 心理科学，1997(1)：7-10.

[19]孟祥芝. 65 名儿童中文书写评估及其类型初步分析[J]. 中国心理卫生杂志，2004，(12)：833-835.

[20]史迹. 论欧美学生的汉字认知与汉字应用[J]. 西南交通大学学报(社会科学版)，2012，13(2)：71-77.

[21]宋叶华，牛建平，张奕文，彭瑞强，徐娜. 阿尔茨海默病的书写障碍研究[J]. 中华脑血管病杂志，2011，(5)：35-36.

[22]粟阳. 笔式用户界面研究——理论、方法和实现[D]. 中国科学院研究生院(软件研究所)博士学位论文，2002.

[23]田丰. Post-Wimp 软件界面研究[D]. 中国科学院研究生院(软件研究所)博士学位论文，2003.

[24]王敏. 帕金森氏症患者的辅助诊断与手运动补偿研究[D]. 华东理工大学博士学位论文，2012.

[25]温超. 基于 pibg 范式的笔式用户界面可用性设计研究[D]. 西北大学硕士学位论文，2006.

[26]谢爱武. 不同学业成绩中学生的手书运动特点研究[D]. 华南师范大学博士学位论文，2007.

[27]谢爱武. 手书运动分析及其在书写困难中的研究[J]. 心理科学，2009，(32)：977-979.

[28]谢爱武，郑希付. 学优生与学差生在自然和考试情景中的手书变化特点[J]. 中国健康心理学杂志，2007，15(7)：639-642.

[29]许锦民，郑希付，宫火良，武萌. 数学不良儿童的精细运动控制功能[J]. 中国健康心理学杂志，2008，16(3)：211-213.

[30]许锦民，郑希付，宫火良. 数学不良儿童的书写运动控制特征[J]. 心理

与行为研究，2008，6(2):94-97.

[31]许锦民，郑希付.笔迹运动规律分析[C].第十届全国心理学学术大会（中国上海：2005）:580.

[32]许锦民，郑希付.数学不良儿童的画画运动控制特征[C].第十五届全国心理学学术会议（中国广东广州：2012）:1.

[33]杨春晓.中国古代笔迹心理学思想综论[J].烟台师范学院学报（哲学社会科学版）:1996，(1):87-91.

[34]杨双，刘翔平.空间书写障碍的个案研究[J].心理学报，2007，39(1):71-77.

[35]应攀.3D手写识别特征集取技术研究[D].浙江大学硕士学位论文，2013.

[36]张露，马丽.数据库设计[J].安阳工学院学报，2007，(4):76-79.

[37]赵韫，张月娟.手部动作灵活性及其测量[J].中国临床心理学杂志，2010，18(6):725-727.

[38]郑希付.学困儿童和学优儿童的手书特点比较[J].心理科学，2007，30(1):165-168.

[39]周明骏，徐礼爽，田丰，戴国忠.协作笔式用户界面开发工具研究[J].软件学报，2008，19(10):2780-2788.

二、英文文献

[1]A. Accardo, A. Chiap, M. Borean, L. Bravar, S. Zoia, M. Carrozzi, and A. Scabar, A Device for Quantitative Kinematic Analysis of Children's Handwriting Movements [C]. 11th Mediterranean Conference on Medical and Biological Engineering and Computing 2007, Vols 1 and 2, ed. by T. Jarm, P. KramarA. Zupanic (Berlin: Springer-Verlag Berlin, 2007):pp. 445-448.

[2]A. Czajka A. Pacut, Recognition of Human Signatures [J]. Proceedings of the International Joint Conference on Neural Networks, 2001, 1560-1564.

[3]A. H. S. Chan, and J. C. Y. So, Task Factor Usability Ratings for Different Age Groups Writing Chinese [J]. Ergonomics, 2009 (52):1372-1385.

[4]A. Lochy, A. Pillon, P. Zesiger, and X. Seron, Verbal Structure of Numerals and Digits Handwriting: New Evidence from Kinematics, Quarterly Journal of Experimental Psychology Section [J]. Human Experimental Psychology, 2002(55):263-288.

[5]A. Midorikawa, R. Hashimoto, H. Noguchi, O. Saitoh, H. Kunugi,

and K. Nakamura, Impairment of Motor Dexterity in Schizophrenia Assessed by a Novel Finger Movement Test [J]. Psychiatry Research, 2008(159):281-289.

[6]A. Overvelde, and W. Hulstijn, Handwriting Development in Grade 2 and Grade 3 Primary School Children with Normal, at Risk, or Dysgraphic Characteristics [J]. Research in Developmental Disabilities, 2011(32):540-548.

[7]A. Schroter, R. Mergl, K. Burger, H. Hampel, H. J. Moller, and U. Hegerl, Kinematic Analysis of Handwriting Movements in Patients with Alzheimer's Disease, Mild Cognitive Impairment, Depression and Healthy Subjects [J]. Dementia and Geriatric Cognitive Disorders, 2003(15):132-142.

[8]Agostino P. Accardo, Mariangela Genna, and Michela Borean, Development, Maturation and Learning Influence on Handwriting Kinematics [J]. Human Movement Science, 2013.

[9]Ailong Li, Zhongcheng Wu, Fei Shen, and Ieee, Digital Ink Representation of Handwriting Scripts by F_Tablet Based on Inkml [C]. 2006 IEEE International Conference on Information Acquisition, Vols 1 and 2, Conference Proceedings(2006): pp. 1138-1143.

[10]Alexander W. Hooke, Sohit Karol, Jaebum Park, Yoon Hyuk Kim, and Jae Kun Shim, Handwriting: Three-Dimensional Kinetic Synergies in Circle Drawing Movements [J]. Motor Control, 2012(16):329-352.

[11]Alice Cheng-Lai, Cecilia W. P. Li-Tsang, Alan H. L. Chan, and Amy G. W. Lo, Writing to Dictation and Handwriting Performance among Chinese Children with Dyslexia: Relationships with Orthographic Knowledge and Perceptual-Motor Skills [J]. Research in Developmental Disabilities, 2013(34):3372-3383.

[12]Amir Karniel, The Minimum Transition Hypothesis for Intermittent Hierarchical Motor Control [J]. Frontiers In Computational Neuroscience, 2013(7):105-107.

[13]Angelo Marcelli, Antonio Parziale, and Adolfo Santoro, Modelling Visual Appearance of Handwriting, Image Analysis and Processing [M]. 1 st ed. by A. Petrosino (2013): pp. 673-682.

[14]Azadeh Kushki, Tom Chau, and Evdokia Anagnostou, Handwriting Difficulties in Children with Autism Spectrum Disorders: A Scoping Review [J]. Journal of Autism and Developmental Disorders, 2011(41):1706-1716.

[15]B. Baur, T. Schenk, W. Furholzer, J. Scheuerecker, C. Marquardt, G. Kerkhoff, and J. Hermsdorfer, Modified Pen Grip in the Treatment of Writer's Cramp [J]. Human Movement Science, 2006(25):464-473.

[16]B. C. M. Smits-Engelsman, A. S. Niemeijer, and G. P. van Galen, Fine Motor Deficiencies in Children Diagnosed as Dcd Based on Poor Grapho-Motor Ability [J]. Human Movement Science, 2001(20):161-182.

[17]B. C. M. Smits-Engelsman, Y. Westenberg, and J. Duysens, Children with Developmental Coordination Disorder Are Equally Able to Generate Force but Show More Variability Than Typically Developing Children [J]. Human Movement Science, 2008(27):296-309.

[18]B. Engel-Yeger, S. Hus, and S. Rosenblum, Age Effects on Sensory-Processing Abilities and Their Impact on Handwriting [J]. Can J Occup Ther, 2012(79):264-274.

[19]Bernard Sabbe, Wouter Hulstijn, Jacques Van Hoof, and Frans Zitman, Fine Motor Retardation and Depression [J]. Journal of Psychiatric Research, 1996(30):295-306.

[20]Beth P. Johnson, James G. Phillips, Nicole Papadopoulos, Joanne Fielding, Bruce Tonge, and Nicole J. Rinehart, Understanding Macrographia in Children with Autism Spectrum Disorders [J]. Research in Developmental Disabilities, 2013(34):2917-2926.

[21]Bouwien C. M. Smits-Engelsman, Rainer Blank, Anne-Claire Van der Kaay, Rianne Mosterd-Van der Meijs, Ellen Vlugt-Van den Brand, Helene J. Polatajko, and Peter H. Wilson, Efficacy of Interventions to Improve Motor Performance in Children with Developmental Coordination Disorder: A Combined Systematic Review and Meta-Analysis [J]. Developmental Medicine And Child Neurology, 2013(55):229-237.

[22]Brenda Rapp, and Olivier Dufor, The Neurotopography of Written Word Production: An Fmri Investigation of the Distribution of Sensitivity to Length and Frequency [J]. Journal Of Cognitive Neuroscience, 2011(23):4067-4081.

[23]C. Hook, J. Kempf, and G. Scharfenberg, A Novel Digitizing Pen for the Analysis of Pen Pressure and Inclination in Handwriting Biometrics, Biometric Authentication, Proceedings [M]. 1 ed. by D. MaltoniA. K. Jain (2004):pp. 283-94.

[24]C. J. Daly, G. T. Kelley, and A. Krauss, Relationship between

Visual-Motor Integration and Handwriting Skills of Children in Kindergarten: A Modified Replication Study [J]. American Journal of Occupational Therapy, 2003(57):459-462.

[25]C. Jolly, and E. Gentaz, Analysis of Cursive Letters, Syllables, and Words Handwriting in a French Second-Grade Child with Developmental Coordination Disorder and Comparison with Typically Developing Children [J]. Front Psychol, 2013(4):1022.

[26]C. Marquardt, W. Gentz, and N. Mai, On the Role of Vision in Skilled Handwriting. ed. by M. L. Simner, C. G. LeedhamA. J. W. Thomassen, Handwriting and Drawing Research: Basic and Applied Issues [M]. (Amsterdam: IOS Press, 1996): pp. 87-97.

[27]C. N. Liu N. M. Herbst, Automatic Signature Verification Based on Accelerometry [J]. IBM Journal of Research and Development, 1977(21(3)):245-253.

[28]C. Shah, K. Erhard, H. J. Ortheil, E. Kaza, C. Kessler, and M. Lotze, Neural Correlates of Creative Writing: An Fmri Study [J]. Human Brain Mapping, 2013 (34):1088-1101.

[29]C. W. P. Li-Tsang, R. K. C. Au, M. H. Y. Chan, L. W. L. Chan, G. M. T. Lau, T. K. Lo, and H. W. H. Leung, Handwriting Characteristics among Secondary Students with and without Physical Disabilities: A Study with a Computerized Tool [J]. Research in Developmental Disabilities, 2011(32):207-216.

[30]Carlo Di Brina, Ralph Niels, Anneloes Overvelde, Gabriel Levi, and Wouter Hulstijn, Dynamic Time Warping: A New Method in the Study of Poor Handwriting [J]. Human Movement Science, 2008(27):242-255.

[31]Cecilia W. P. Li-Tsang, Agnes S. K. Wong, Howard W. H. Leung, Joyce S. Cheng, Billy H. W. Chiu, Linda F. L. Tse, and Raymond C. K. Chung, Validation of the Chinese Handwriting Analysis System (Chas) for Primary School Students in Hong Kong [J]. Research in Developmental Disabilities, 2013(34):2872-2883.

[32]Cecilia W. P. Li-Tsang, Agnes S. K. Wong, Jackson Y. Chan, Amos Y. T. Lee, Miko C. Y. Lam, C. W. Wong, and Zhonglin Lu, An Investigation of Visual Contour Integration Ability in Relation to Writing Performance in Primary School Students [J]. Research in Developmental Disabilities, 2012(33):2271-2278.

[33]Chang, S. H. Yu, N. Y. , Motor Control in Children with Developmental Coordination Disorder-Fitts' Paradigm Test [C]. 5th Kuala Lumpur International Conference on Biomedical Engineering 2011, 1 ed. by N. A. AbuOsman, W. A. W. Abas, A. K. AbdulWahabH. N. Ting (2011): pp. 789-792.

[34]Chengzhou He, World Drama and Intercultural Performance: Western Plays on the Contemporary Chinese Stage [J]. Neohelicon, 2011 (38):397-409.

[35]Ching-Yu Cheng, Maria Schache, M. Kamran Ikram, and Terri L. Young, Nine Loci for Ocular Axial Length Identified through Genome-Wide Association Studies, Including Shared Loci with Refractive Error [J]. American Journal Of Human Genetics, 2013 (93):264-277.

[36]Cynthia S. Puranik, and Stephanie AlOtaiba, Examining the Contribution of Handwriting and Spelling to Written Expression in Kindergarten Children [J]. Reading And Writing, 2012 (25):1523-1546.

[37]D. Bullock, and S. Grossberg, Neural Dynamics of Planned Arm Movements-Emergent Invariants and Speed Accuracy Properties During Trajectory Formation [J]. Psychological Review, 1988(95):49-90.

[38]D. Bullock, S. Grossberg, and C. Mannes, A Neural-Network Model for Cursive Script Production [J]. Biological Cybernetics, 1993(70):15-28.

[39]D. C. Deno, Review of `Adaptive Neural Networks for Control of Movement Trajectories Invariant under Speed and Force Rescaling [J]. 1991, Human Movement Science, 1991(10):73-80.

[40]D. C. Shapiro, R. F. Zernicke, and R. J. Gregor, Evidence for Generalized Motor Programs Using Gait Pattern Analysis [J]. Journal of Motor Behavior, 1981(13):33-47.

[41]D. K. Burger, and A. McCluskey, Australian Norms for Handwriting Speed in Healthy Adults Aged 60～99 Years [J]. Australian Occupational Therapy Journal, 2011 (58):355-363.

[42]D. Marr, and S. Cermak, Predicting Handwriting Performance of Early Elementary Students with the Developmental Test of Visual-Motor Integration [J]. Perceptual and Motor Skills, 2002(95):661-669.

[43]D. Reynaerts D. Diddens, V. H. Brussel, Design of a Ring-Shaped Three-Axis Micro Force/Torque Sensor [J]. Sensors and Actuators A: Physical, 1995,46(1-3):225-232.

[44]G. Gangadhar, D. Joseph, and V. S. Chakravarthy, An Oscillatory Neuromotor Model of Handwriting Generation [J]. International Journal on Document Analysis and Recognition, 2007(10):69-84.

[45]G. Luria, and S. Rosenblum, A Computerized Multidimensional Measurement of Mental Workload Via Handwriting Analysis [J]. Behavior Research Methods, 2012(44):575-86.

[46]G. Luria, and S. Rosenblum, Comparing the Handwriting Behaviours of True and False Writing with Computerized Handwriting Measures [J]. Applied Cognitive Psychology, 2010(24):1115-1128.

[47]G. P. van Galen, and L. R. B. Schomaker, Fitts' Law as a Low-Pass Filter Effect of Muscle Stiffness [J]. Human Movement Science, 1992(11):11-21.

[48]G. P. Van Galen, R. R. Van Doorn, and L. R. Schomaker, Effects of Motor Programming on the Power Spectral Density Function of Finger and Wrist Movements, Journal of experimental psychology [J]. Human perception and performance, 1990(16):755-765.

[49]G. P. van Galen, S. J. Portier, B. C. Smits-Engelsman, and L. R. Schomaker, Neuromotor Noise and Poor Handwriting in Children [J]. Acta Psychologica, 1993(82):161-178.

[50]G. Pellizzer, and P. Zesiger, Hypothesis Regarding the Transformation of the Intended Direction of Movement During the Production of Graphic Trajectories: A Study of Drawing Movements in 8 to 12 Year Old Children [J]. Cortex, 2009(45):356-367.

[51]Gaetan Andre, Viviane Kostrubiec, Jean-Christophe Buisson, Jean-Michel Albaret, and Pier-Giorgio Zanone, A Parsimonious Oscillatory Model of Handwriting [J]. Biological Cybernetics, 2014(108):321-336.

[52]Gerard P. van Galen, Handwriting: Issues for a Psychomotor Theory [J]. Human Movement Science, 1991(10):165-191.

[53]Giulio E. Lancioni, Mark F. O'Reilly, Nirbhay N. Singh, Vanessa A. Green, Doretta Oliva, Francesca Buonocunto, Fabio Colonna, and Jorge Navarro, Special Text Messaging Communication Systems for Persons with Multiple Disabilities [J]. Developmental Neurorehabilitation, 2012(15):31-38.

[54]H. Cornhill, and J. Case-Smith, Factors That Relate to Good and Poor Handwriting [J]. The American Journal of occupational therapy: official

publication of the American Occupational Therapy Association, 1996(50): 732-739.

[55]H. Labat, J. Ecalle, R. Baldy, and A. Magnan, How Can Low-Skilled 5-Year-Old Children Benefit from Multisensory Training on the Acquisition of the Alphabetic Principle? [J]. Learning and Individual Differences, 2014(29):99. 106-113.

[56]H. R. Siebner, C. Limmer, A. Peinemann, P. Bartenstein, A. Drzezga, and B. Conrad, Brain Correlates of Fast and Slow Handwriting in Humans: A Pet-Performance Correlation Analysis [J]. European Journal Of Neuroscience, 2001(14):726-736.

[57]H. R. Siebner, J. M. Tormos, A. O. Ceballos-Baumann, C. Auer, M. D. Catala, B. Conrad, and A. Pascual-Leone, Low-Frequency Repetitive Transcranial Magnetic Stimulation of the Motor Cortex in Writer's Cramp [J]. Neurology, 1999(52):529-537.

[58]H. van Mier, Developmental Differences in Drawing Performance of the Dominant and Non-Dominant Hand in Right-Handed Boys and Girls [J]. Human Movement Science, 2006(25):657-677.

[59]Hiroshi Sugasawara, and Jun-ichi Yamamoto, Computer-Based Teaching of Kanji Construction and Writing in a Student with Developmental Disabilities [J]. Behavioral Interventions, 2009(24):43-53.

[60]I. Yousry, M. Wiesmann, A. Nolte, T. Schenk, G. Fesl, and T. A. Yousry, Automated and Nonautomated Handwriting Movements Have Different Fmri Activation Patterns [J]. Radiology, 1999 (213):140.

[61]Irene C. Mammarella, Sara Caviola, Cesare Cornoldi, and Daniela Lucangeli, Mental Additions and Verbal-Domain Interference in Children with Developmental Dyscalculia [J]. Research in Developmental Disabilities, 2013 (34):2845-2855.

[61]Ivonne H. F. Duiser, John van der Kamp, Annick Ledebt, and Geert J. P. Savelsbergh, Relationship between the Quality of Children's Handwriting and the Beery Buktenica Developmental Test of Visuomotor Integration after One Year of Writing Tuition [J]. Australian Occupational Therapy Journal, 2014(61):76-82.

[63]J. D. Lewis, and H. V. Knight, SelF-Concept in Gifted Youth: An Investigation Employing the Piers-Harris Subscales [J]. Gifted Child Quarterly, 2000(44):45-53.

[64] J. Danna, V. Paz-Villagran, and J. L. Velay, Signal-to-Noise Velocity Peaks Difference: A New Method for Evaluating the Handwriting Movement Fluency in Children with Dysgraphia [M]. Res Dev Disabil, 2013.

[65] J. F. Luo, B. Y. Wu, Q. S. Lin, F. Shen, and Z. C. Wu, A Novel F-Pad for Handwriting Force Information Acquisition, Intelligent Computing Theories and Applications, Icic 2012, 1 ed. by D. S. Huang, J. Ma, K. H. JoM. M. Gromiha(2012): pp. 138-144.

[66] J. F. Van Hoorn, C. G. B. Maathuis, and M. Hadders-Algra, Neural Correlates of Paediatric Dysgraphia [J]. Developmental Medicine and Child Neurology, 2013(55):65-68.

[67] J. G. Phillips, R. M. Gallucci, and J. L. Bradshaw, Functional Asymmetries in the Quality of Handwriting Movements: A Kinematic Analysis [J]. Neuropsychology, 1999(13):291-297.

[68] J. H. Yan, S. Rountree, P. Massman, R. S. Doody, and H. Li, Alzheimer's Disease and Mild Cognitive Impairment Deteriorate Fine Movement Control [J]. Journal of Psychiatric Research, 2008 (42): 1203-1212.

[69] J. Hammond, V. Jones, E. L. Hill, D. Green, and I. Male, An Investigation of the Impact of Regular Use of the Wii Fit to Improve Motor and Psychosocial Outcomes in Children with Movement Difficulties: A Pilot Study [J]. Child Care Health And Development, 2014(40):165-175.

[70] J. Kempf C. Hook, G. Scharfenberg, A Novel Digitizing Pen for the Analysis of Pen Pressure and Inclination in Handwriting Biometrics [J]. Sensors and Actuators 2004 (12):55-60.

[71] J. P. Thuring J. J. Denier, The Guiding of Human Writing Movements [J]. Kybernetik, 1965 (4):145-148.

[72] J. S. Ostrem H. D. Crane, Automatic Signature Verification Using a Three-Axis Force-Sensitive Pen, IEEE Transactions on Systems [J]. Man and Cybernetics, 1983 (13):329-337.

[73] J. Visser, Developmental Coordination Disorder: A Review of Research on Subtypes and Comorbidities [J]. Human Movement Science, 2003(22):479-493.

[74] J. W. Mitchell, and A. E. Cavanna, Handwriting Abnormality in Tourette Syndrome [J]. Neuropsychiatry Clin Neurosci, 2013(25):40-41.

[75] J. Wann, and I. Nimmo-Smith, The Control of Pen Pressure in

Handwriting a Subtle Point [J]. Human Movement Science, 1991(10):223-246.

[76]J. Westin, S. Ghiamati, M. Memedi, D. Nyholm, A. Johansson, M. Dougherty, and T. Groth, A New Computer Method for Assessing Drawing Impairment in Parkinson's Disease [J]. Journal of Neuroscience Methods, 2010(190):143-148.

[77]Jason J. S. Barton, Christopher J. Fox, Alla Sekunova, and Giuseppe Iaria, Encoding in the Visual Word Form Area: An Fmri Adaptation Study of Words Versus Handwriting [J]. Journal Of Cognitive Neuroscience, 2010(22):1649-1661.

[78]Jessika F. van Hoorn, Carel G. B. Maathuis, Lieke H. J. Peters, and Mijna Hadders-Algra, Handwriting, Visuomotor Integration, and Neurological Condition at School Age [J]. Developmental Medicine And Child Neurology, 2010(52):941-947.

[79]Jin Bo, Amy J. Bastian, Florian A. Kagerer, Jose L. Contreras-Vidal, and Jane E. Clark, Temporal Variability in Continuous Versus Discontinuous Drawing for Children with Developmental Coordination Disorder [J]. Neuroscience Letters, 2008(431):215-220.

[80]Jin Bo, and Chi-Mei Lee, Motor Skill Learning in Children with Developmental Coordination Disorder [J]. Research in Developmental Disabilities, 2013(34):2047-055.

[81]K. Banaszkiewicz, M. Rudzinska, S. Bukowczan, T. Lech, A. Izworski, J. Czarny, A. Szymachal, and A. Szczudlik, An Assessment of Bradykinesia by Means of Computerized Analysis of Spiral Drawing on the Graphic Digitizing Tablet [J]. European Journal of Neurology, 2004(11):118-119.

[82]K. E. Zenner, M. Peller, A. Knutzen, I. Holler, A. Munchau, M. Hallett, G. Deuschl, and H. R. Siebner, How to Assess Motor Impairment in Writer's Cramp [J]. Movement Disorders, 2007(22):1102-1109.

[83]K. P. Feder, and A. Majnemer, Handwriting Development, Competency, and Intervention [J]. Developmental Medicine and Child Neurology, 2007(49):312-317.

[84]K. W. Kang, and J. H. Kim, Utilization of Hierarchical, Stochastic

Relationship Modeling for Hangul Character Recognition [J]. IEEE Transactions on Pattern Analysis And Machine Intelligence, 2004(26):1185-1196.

[85]K. W. Poon, C. W. P. Li-Tsang, T. P. L. Weiss, and S. Rosenblum, The Effect of a Computerized Visual Perception and Visual-Motor Integration Training Program on Improving Chinese Handwriting of Children with Handwriting Difficulties [J]. Research in Developmental Disabilities, 2010(31):1552-1560.

[86]Karin H. James, and Laura Engelhardt, The Effects of Handwriting Experience on Functional Brain Development in Pre-Literate Children [J]. Trends in Neuroscience and Education, 2012(1):32-42.

[87]Katya Polena Feder, and Annette Majnemer, Children's Handwriting Evaluation Tools and Their Psychometric Properties [J]. Physical & Occupational Therapy in Pediatrics, 2003 (23):65-84.

[88]Kim Joris Bostroem, Heiko Wagner, Markus Prieske, and Marc de Lussanet, Model for a Flexible Motor Memory Based on a SelF-Active Recurrent Neural Network [J]. Human Movement Science, 2013(32):880-898.

[89]L. Edwards, Writing Instruction in Kindergarten: Examining an Emerging Area of Research for Children with Writing and Reading Difficulties [J]. Journal of Learning Disabilities, 2003(36):136-148.

[90]L. H. Tan, M. Xu, C. Q. Chang, and W. T. Siok, China's Language Input System in the Digital Age Affects Children's Reading Development [J]. Proceedings of the National Academy of Sciences of the United States of America, 2013(110):1119-1123.

[91]L. Hamstra-Bletz, and A. W. Blote, Development of Handwriting in Primary School: A Longitudinal Study [J]. Perceptual and Motor Skills, 1990(70):759-770.

[92]L. L. Lee, On-Line Systems for Human Signature Verificaiton [M]. (Cornell University, 1992).

[93]L. R. B. Schomaker, and R. Plamondon, The Relation between Pen Force and Pen-Point Kinematics in Handwriting [J]. Biological Cybernetics, 1990(63):277-289.

[94]Leanne M. Johnston, Yvonne R. Burns, Sandra G. Brauer, and

Carolyn A. Richardson, Differences in Postural Control and Movement Performance During Goal Directed Reaching in Children with Developmental Coordination Disorder [J]. Human Movement Science, 2002(21):583-601.

[95]Li Yin, and Rebecca Treiman, Name Writing in Mandarin-Speaking Children [J]. Journal of Experimental Child Psychology, 2013(116):199-215.

[96]Linda F. L. Tse, Kannan C. Thanapalan, and Chetwyn C. H. Chan, Visual-Perceptual-Kinesthetic Inputs on Influencing Writing Performances in Children with Handwriting Difficulties [J]. Research in Developmental Disabilities, 2014(35):340-347.

[97]M. G. Longstaff, and R. A. Heath, Spiral Drawing Performance as an Indicator of Fine Motor Function in People with Multiple Sclerosis [J]. Human Movement Science, 2006(25):474-491.

[98]M. G. Longstaff, and R. A. Heath, The Influence of Motor System Degradation on the Control of Handwriting Movements: A Dynamical Systems Analysis [J]. Human Movement Science, 2003(22):91-110.

[99]M. Genna, and A. Accardo, Gender and Age Influence in Handwriting Performance in Children and Adolescents, 5th European Conference of the International Federation for Medical and Biological Engineering [J]. Pts 1 and 2, ed. by A. Jobbagy (New York: Springer, 2012): pp. 141-144.

[100]M. J. Jongmans, E. Linthorst-Bakker, Y. Westenberg, and B. C. M. Smits-Engelsman, Use of a Task-Oriented SelF-Instruction Method to Support Children in Primary School with Poor Handwriting Quality and Speed [J]. Human Movement Science, 2003(22):549-566.

[101]M. J. Volman, and R. H. Geuze, Stability of Rhythmic Finger Movement in Children with a Developmental Coordination Disorder [J]. Motor Control, 1998(2):34-60.

[102]M. Longcamp, J. L. Anton, M. Roth, and J. L. Velay, Visual Presentation of Single Letters Activates a Premotor Area Involved in Writing [J]. Neuroimage, 2003(19):1492-500.

[103]M. W. L. Chee, B. Weekes, K. M. Lee, C. S. Soon, A. Schreiber, J. J. Hoon, and M. Chee, Overlap and Dissociation of Semantic Processing of Chinese Characters, English Words, and Pictures: Evidence from Fmri [J]. Neuroimage, 2000(12):392-403.

[104]M. Wallen, S. Duff, T. A. Goyen, and E. Froude, Respecting

the Evidence: Responsible Assessment and Effective Intervention for Children with Handwriting Difficulties [J]. Aust Occup Ther J, 2013(60):366-369.

[105]Mabel M. P. Leung, Carly S. Y. Lam, Sutie S. T. Lam, Natalie W. Y. Pao, and Cecilia W. P. Li-Tsang, Visual Profile of Children with Handwriting Difficulties in Hong Kong Chinese [J]. Research in Developmental Disabilities, 2014(35):144-152.

[106]Marcia A. B. Delcourt, Dewey G. Cornell, and Marc D. Goldberg, Cognitive and Affective Learning Outcomes of Gifted Elementary School Students [J]. Gifted Child Quarterly, 2007(51):359-381.

[107]Marie-Claude Hepp-Reymond, Vihren Chakarov, Juergen Schulte-Moenting, Frank Huethe, and Rumyana Kristeva, Role of Proprioception and Vision in Handwriting [J]. Brain Research Bulletin, 2009 (79):365-370.

[108]Mellissa M. Prunty, Anna L. Barnett, Kate Wilmut, and Mandy S. Plumb, Handwriting Speed in Children with Developmental Coordination Disorder: Are They Really Slower? [J]. Research in Developmental Disabilities, 2013(34):2927-2936.

[109] Michal Katz-Leurer Shoshana Naider-Steinhart, Analysis of Proximal and Distal Muscle Activity During Handwriting Tasks [M]. 2007.

[110]Min Xu, Henry S. R. Kao, Manlin Zhang, Stewart P. W. Lam, and Wei Wang, Cognitive-Neural Effects of Brush Writing of Chinese Characters: Cortical Excitation of Theta Rhythm, Evidence-based complementary and alternative medicine [J]. eCAM, 2013(2013):975-990.

[111]Ming-Ming Zhang, Xue-Mei Liu, and Lin He, Effect of Integrated Traditional Chinese and Western Medicine on Sars: A Review of Clinical Evidence, World Journal Of Gastroenterology, 2004(10):3500-3505.

[112] Monica M. P. Hoy, Mary Y. Egan, and Katya P. Feder, A Systematic Review of Interventions to Improve Handwriting [J]. Canadian Journal Of Occupational Therapy-Revue Canadienne D Ergotherapie, 2011 (78):13-25.

[113]N. Dounskaia, A. W. A. Van Gemmert, and G. E. Stelmach, Interjoint Coordination During Handwriting-Like Movements [J]. Experimental Brain Research, 2000(135):127-140.

[114]N. L. Graham, Dysgraphia in Dementia [J]. Neurocase, 2000(6): 365-376.

[115]N. Levit-Binnun, M. Davidovitch, and Y. Golland, Sensory and Motor Secondary Symptoms as Indicators of Brain Vulnerability [J]. Journal Of Neurodevelopmental Disorders, 2013(5): 406-413.

[116]N. van Drempt, A. McCluskey, and N. A. Lannin, A Review of Factors That Influence Adult Handwriting Performance [J]. Australian Occupational Therapy Journal, 2011 (58):321-328.

[117]Naomi Weintraub, Anat Drory-Asayag, Rivki Dekel, Hanna Jokobovits, and Shula Parush, Developmental Trends in Handwriting Performance among Middle School Children [J]. Otjr-Occupation Participation and Health, 2007 (27):104-112.

[118]P. E. Lazerges, M. Cermolacce, E. Fakra, S. Tassy, J. M. Azorin, P. Huguet, J. A. S. Kelso, and O. Oullier, Interpersonal Sensorimotor Coordination Dynamics in Schizophrenic Patients: Introducing a New Experimental Paradigm [J]. Encephale-Revue De Psychiatrie Clinique Biologique Et Therapeutique, 2011(37):S100-S109.

[119]P. I. Khalid, J. Yunus, and R. Adnan, Extraction of Dynamic Features from Hand Drawn Data for the Identification of Children with Handwriting Difficulty [J]. Research in Developmental Disabilities, 2010 (31):256-262.

[120]P. M. Fitts, The Information Capacity of the Human Motor System in Controlling the Amplitude of Movement [J]. Journal of Experimental Psychology, 1954(47):381-391.

[121]P. Mavrogiorgou, R. Mergl, P. Tigges, J. El Husseini, A. Schroter, G. Juckel, M. Zaudig, and U. Hegerl, Kinematic Analysis of Handwriting Movements in Patients with Obsessive-Compulsive Disorder [J]. Journal of Neurology Neurosurgery and Psychiatry, 2001 (70):605-612.

[122]P. Tigges, P. Mergl, T. Frodl, E. N. Meisenzahl, J. Gallinat, A. Schroter, M. Riedel, N. Muller, H. J. Moller, and U. Hegerl, Digitized Analysis of Abnormal Hand-Motor Performance in Schizophrenic Patients [J]. Schizophrenia Research, 2000(45):133-143.

[123]Quansen Sun, Zhong Jin, Pingan Wang, and Deshen Xia, An Effective Combined Feature Extraction on Handwriting Chinese Character and Recognition Algorithm [J]. Journal of Chinese Information Processing, 2005 (19):78-88.

[124]R. Blank, and G. Kluger, Changes in Elementary Finger - Hand Functions over Time in Preschool Children with Spastic Cerebral Palsy [J]. Neuroscience Letters, 2009(455):30-35.

[125]R. Blank, H. von Voss, R. von Kries, and V. Miller, Effects of Age on Distally and Proximally Generated Drawing Movements: A Kinematic Analysis of School Children and Adults [J]. Developmental Medicine and Child Neurology, 1999(41):592-596.

[126]R. Blank, V. Miller, and H. von Voss, Human Motor Development and Hand Laterality: A Kinematic Analysis of Drawing Movements [J]. Neuroscience Letters, 2000(295):89-92.

[127]R. G. Morris, and A. D. Baddeley, Primary and Working Memory Functioning in Alzheimer-Type Dementia [J]. Journal Of Clinical And Experimental Neuropsychology, 1988(10):279-296.

[128]R. Grashow, A. Spiro, K. M. Taylor, K. Newton, R. Shrairman, A. Landau, D. Sparrow, H. Hu, and M. Weisskopf, Cumulative Lead Exposure in Community-Dwelling Adults and Fine Motor Function: Comparing Standard and Novel Tasks in the Va Normative Aging Study [J]. Neurotoxicology, 2013(35):154-161.

[129]R. M. Gallucci, J. G. Phillips, J. L. Bradshaw, K. S. Vaddadi, and C. Pantelis, Kinematic Analysis of Handwriting Movements in Schizophrenic Patients [J]. Biological Psychiatry, 1997(41):830-833.

[130]R. Mergl, G. Juckel, J. Rihl, V. Henkel, M. Karner, P. Tigges, A. Schroter, and U. Hegerl, Kinematical Analysis of Handwriting Movements in Depressed Patients [J]. Acta Psychiatrica Scandinavica, 2004 (109):383-391.

[131]R. Mergl, P. Tigges, A. Schroter, H. J. Moller, and U. Hegerl, Digitized Analysis of Handwriting and Drawing Movements in Healthy Subjects: Methods, Results and Perspectives [J]. Journal of Neuroscience Methods, 1999 (90):157-169.

[132]R. P. Xia, and B. M. H. Bush, Modulation of Reflex Responses in Hand Muscles During Rhythmical Finger Tasks in a Subject with Writer's Cramp [J]. Experimental Brain Research, 2007(177):573-578.

[133]R. Plamondon, A Kinematic Theory of Rapid Human Movements . 1. Movement Representation and Generation, Biological Cybernetics, 1995

(72):295-307.

[134]R. Plamondon, Neuromuscular Studies of Handwriting Generation and Representation, Proceedings 2010 12th International Conference on Frontiers in Handwriting Recognition (ICFHR 2010):2010, 261-261.

[135]R. Plamondon, On the Origin of Asymmetric Bell-Shaped Velocity Profiles in Rapid-Aimed Movements [M]. Requin, J. And G. E. Stelmach (1991): pp. 283-296.

[136]R. S. Goonetilleke, E. R. Hoffmann, and A. Luximon, Effects of Pen Design on Drawing and Writing Performance [J]. Applied Ergonomics, 2009(40):292-301.

[137]R. W. Paine, and S. Grossberg, How Corticocerebellar Interactions Control Attentive Imitation and Predictive Learning of Sequential Handwriting Movements [J]. Society for Neuroscience Abstracts, 2000(26):Abstract No.-167. 6.

[138]R. W. Paine, S. Grossberg, and A. W. A. Van Gemmert, A Quantitative Evaluation of the Avitewrite Model of Handwriting Learning [J]. Human Movement Science, 2004(23):837-860.

[139]Rainer Blank, Bouwien Smits-Engelsman, Helene Polatajko, and Peter Wilson, European Academy for Childhood Disability (Eacd): Recommendations on the Definition, Diagnosis and Intervention of Developmental Coordination Disorder (Long Version) [J]. Developmental Medicine And Child Neurology, 2012(54):54-93.

[140]Roger Beard, and Andrew Burrell, Writing Attainment in 9-to 11-Year-Olds: Some Differences between Girls and Boys in Two Genres [J]. Language and Education, 2010(24):495-515.

[141]Réjean Plamondon, and Moussa Djioua, A Multi-Level Representation Paradigm for Handwriting Stroke Generation [J]. Human Movement Science, 2006(25):586-607.

[142]S. E. Gathercole, and S. J. Pickering, Working Memory Deficits in Children with Low Achievements in the National Curriculum at 7 Years of Age [J]. British Journal Of Educational Psychology, 2000(70):177-194.

[143]S. Graham, Handwriting and Spelling Instruction for Students with Learning Disabilities: A Review [J]. Learning Disability Quarterly, 1999 (22):78-98.

[144]S. Graham, N. Weintraub, V. Berninger, and W. Schafer, Development of Handwriting Speed and Legibility in Grades 1-9 [J]. Journal of Educational Research, 1998(92):42-52.

[145]S. Grossberg, and R. W. Paine, A Neural Model of Cortico-Cerebellar Interactions During Attentive Imitation and Predictive Learning of Sequential Handwriting Movements [J]. Neural Networks, 2000(13):999-1046.

[146]S. Grossberg, and R. W. Paine, Attentive Learning of Sequential Handwriting Movements: A Neural Network Model [M]. 1 ed. by R. SunC. L. Giles, Sequence Learning. Paradigms, Algorithms, and Applications (2001): pp. 349-387.

[147]S. H. Chang, and N. Y. Yu, Characterization of Motor Control in Handwriting Difficulties in Children with or without Developmental Coordination Disorder [J]. Developmental Medicine and Child Neurology, 2010(52):244-250.

[148]S. H. Chang, and N. Y. Yu, Evaluation and Classification of Types of Chinese Handwriting Deficits in Elementary Schoolchildren [J]. Perceptual and Motor Skills, 2005 (101): 631-647.

[149]S. H. Chang, and N. Y. Yu, The Effect of Computer-Assisted Therapeutic Practice for Children with Handwriting Deficit: A Comparison with the Effect of the Traditional Sensorimotor Approach [J]. Research in Developmental Disabilities, 2014(35): 1648-1657.

[150]S. H. Chang, N. Y. Yu, and J. J. Shie, The Preliminary Development of Computer-Assisted Assessment of Chinese Handwriting Performance [J]. Perceptual and Motor Skills, 2009(108): 887-904.

[151]S. Kiyono H. Shimizu, T. Motoki, W. Gao. An electrical pen for signature verification using a two-dimensional optical angle sensor [J]. Sensors and Actuators A: Physical, 2004, 111(2-3): 216-221.

[152]S. M. Rueckriegel, F. Blankenburg, R. Burghardt, S. Ehrlich, G. Henze, R. Mergl, and P. H. Driever, Influence of Age and Movement Complexity on Kinematic Hand Movement Parameters in Childhood and Adolescence [J]. International Journal of Developmental Neuroscience, 2008 (26):655-663.

[153]S. N. Srihari R. Plamondon, On-Line and OfF-Line Handwriting Recognition: A Comprehensive Survey [J]. IEEE Transactions on Pattern

Analysis And Machine Intelligence, 2000 (22(1)):22.

[154] S. Rosenblum, A. Y. Dvorkin, and P. L. Weiss, Automatic Segmentation as a Tool for Examining the Handwriting Process of Children with Dysgraphic and Proficient Handwriting [J]. Human Movement Science, 2006(25):608-621.

[155]S. Rosenblum, and M. Livneh-Zirinski, Handwriting Process and Product Characteristics of Children Diagnosed with Developmental Coordination Disorder [J]. Human Movement Science, 2008 (27):200-214.

[156]S. Rosenblum, and N. Regev, Timing Abilities among Children with Developmental Coordination Disorders (Dcd) in Comparison to Children with Typical Development [J]. Research in Developmental Disabilities, 2013 (34):218-227.

[157]S. Rosenblum, Handwriting Measures as Reflectors of Executive Functions among Adults with Developmental Coordination Disorders (Dcd) [J]. Front Psychol, 2013 (4):357.

[158]S. Rosenblum, M. Samuel, S. Zlotnik, I. Erikh, and I. Schlesinger [J]. Handwriting as an Objective Tool for Parkinson's Disease Diagnosis, J Neurol, 2013.

[159]S. Rosenblum, P. L. Weiss, and S. Parush, Product and Process Evaluation of Handwriting Difficulties, Educational Psychology Review [J]. 2003(15):41-81.

[160]S. Rosenblum, S. Parush, and P. L. Weiss, Computerized Temporal Handwriting Characteristics of Proficient and Non-Proficient Handwriters [J]. American Journal Of Occupational Therapy, 2003(57):129-138.

[161]S. S. T. Lam, R. K. C. Au, H. W. H. Leung, and C. W. P. Li-Tsang, Chinese Handwriting Performance of Primary School Children with Dyslexia [J]. Research in Developmental Disabilities, 2011(32):1745-1756.

[162]S. Singh, S. Goyal, S. Modi, P. Kumar, N. Singh, T. Bhatia, S. N. Deshpande, and S. Khushu, Motor Function Deficits in Schizophrenia: An Fmri and Vbm Study [J]. Neuroradiology, 2014(56):413-422.

[163]S. Vuillermot, A. Pescatore, L. Holper, D. C. Kiper, and K. Eng, An Extended Drawing Test for the Assessment of Arm and Hand Function with a Performance Invariant for Healthy Subjects [J]. Journal of Neuroscience Methods, 2009 (177):452-460.

[164]Samuel Planton, Mélanie Jucla, Franck-Emmanuel Roux, and Jean-François Démonet, The "Handwriting Brain": A Meta-Analysis of Neuroimaging Studies of Motor Versus Orthographic Processes [M]. Cortex, 2013.

[165]Sara Rosenblum, Batya Engel-Yeger, and Yael Fogel, Age-Related Changes in Executive Control and Their Relationships with Activity Performance in Handwriting [J]. Human Movement Science, 2013(178): 203-211.

[166]Sara Rosenblum, Diagnosis Method and System Based on Handwriting Analysis [M]. 2011.

[167]Sara Rosenblum, Jumana Aassy Margieh, and Batya Engel-Yeger, Handwriting Features of Children with Developmental Coordination Disorder-Results of Triangular Evaluation [J]. Research in Developmental Disabilities, 2013(34):4134-4141.

[168] Shao-Hsia Chang, and Nan-Ying Yu, Handwriting Movement Analyses Comparing First and Second Graders with Normal or Dysgraphic Characteristics [J]. Research in Developmental Disabilities, 2013(34):2433-2441.

[169]Stefan Mark Rueckriegel, Friederike Blankenburg, Roland Burghardt, Stefan Ehrlich, Günter Henze, Roland Mergl, and Pablo Hernáiz Driever, Influence of Age and Movement Complexity on Kinematic Hand Movement Parameters in Childhood and Adolescence [J]. International Journal of Developmental Neuroscience, 2008(26):655-663.

[170] Stephen Grossberg, Adaptive Resonance Theory: How a Brain Learns to Consciously Attend, Learn, and Recognize a Changing World [J]. Neural Networks, 2013(37):1-47.

[171] Stephen Grossberg, and Lance R. Pearson, Laminar Cortical Dynamics of Cognitive and Motor Working Memory, Sequence Learning and Performance: Toward a Unified Theory of How the Cerebral Cortex Works [J]. Psychological Review, 2008(115):677-732.

[172]Stephen Grossberg, Cortical and Subcortical Predictive Dynamics and Learning During Perception, Cognition, Emotion and Action, Philosophical Transactions Of the Royal Society B-Biological Sciences [J]. 2009(364):1223-1234.

[173]T. E. Eichhorn, T. Gasser, N. Mai, C. Marquardt, G. Arnold, J. Schwarz, and W. H. Oertel, Computational Analysis of Open Loop Handwriting Movements in Parkinson's Disease: A Rapid Method to Detect Dopamimetic Effects [J]. Movement Disorders, 1996(11):289-297.

[174]T. Gruber, B. Meixner, J. Prosser, and B. Sick, Handedness Tests for Preschool Children: A Novel Approach Based on Graphics Tablets and Support Vector Machines [J]. Applied Soft Computing, 2012(12):1390-1398.

[175]T. Hamamoto Y. Kato, S. Hangai, A Proposal of Writer Verification of Hand Written Objects [J]. Proceedings of 2002 IEEE International Conference on Multimedia and Expo, 2002, 585-588.

[176]T. Harada, Y. Okajima, and H. Takahashi, Three-Dimensional Movement Analysis of Handwriting in Subjects with Mild Hemiparesis [J]. Archives of Physical Medicine and Rehabilitation, 2010(91):1210-1217.

[177]T. Kushnir, Y. Arzouan, A. Karni, and D. Manor, Brain Activation Associated with Practiced Left Hand Mirror Writing [J]. Brain and Language, 2013(125):38-46.

[178]T. L. Marquardt, and Z. M. Li, Quantifying Digit Force Vector Coordination During Precision Pinch [J]. Journal of Mechanics in Medicine and Biology, 2013(13): 102-115.

[179]T. Schenk, E. U. Walther, and N. Mai, Closed-and Open-Loop Handwriting Performance in Patients with Multiple Sclerosis [J]. European Journal Of Neurology, 2000(7):269-279.

[180]T. Zimmerman J. Subrahmonia, Pen Computing: Challenges and Applications [J]. Proceedings 15th International Conference on Pattern Recognition, 2000(2):60-66.

[181]Tiago H. Falk, Cynthia Tam, Heidi Schellnus, and Tom Chau, On the Development of a Computer-Based Handwriting Assessment Tool to Objectively Quantify Handwriting Proficiency in Children [J]. Computer methods and programs in biomedicine, 2011(104):102-111.

[182]V. H. Brussel D. Reynaerts, Design of an Advaced Computer Writing Tool [J]. Proceedings of the Six International Symposium on Micro Machine and Human Science, 1995, 229-234.

[183]V. Henkel, R. Mergl, G. Juckel, D. Rujescu, P. Mavrogiorgou,

I. Giegling, H. J. Moller, and U. Hegerl, Assessment of Handedness Using a Digitizing Tablet: A New Method [J]. Neuropsychologia, 2001(39):1158-166.

[184]V. Paz-Villagran, J. Danna, and J. L. Velay, Lifts and Stops in Proficient and Dysgraphic Handwriting [J]. Human Movement Science, 2014 (33):381-394.

[185]V. W. Berninger, and J. Rutberg, Relationship of Finger Function to Beginning Writing-Application to Diagnosis of Writing Disabilities [J]. Developmental Medicine and Child Neurology, 1992(34):198-215.

[186]Van Drempt, N. McCluskey, A. Lannin, N. A., Handwriting in Healthy People Aged 65 Years and Over [J]. Australian Occupational Therapy Journal, 2011 (58):276-286.

[187]W. P. DeJong, W. Hulstijn, B. J. M. Kosterman, and B. C. M. SmitsEngelsman, Oasis Software and Its Application in Experimental Handwriting Research [C]. 1 ed. by M. L. Simner, C. G. LeedhamA. J. W. Thomassen, Handwriting and Drawing Research: Basic and Applied Issues (1996): pp. 429-40.

[188]Wang Min, Wang Bei, Zou Junzhong, and M. Nakamura, A New Quantitative Evaluation Method of Spiral Drawing for Patients with Parkinson's Disease Based on a Polar Coordinate System with Varying Origin [J]. Physica A: Statistical Mechanics and its Applications, 2012(391):4377-4388.

[189]Wataru Noda, Hiroyuki Ito, Chikako Fujita, Masafumi Ohnishi, Nobuya Takayanagi, Fumio Someki, Syunji Nakajima, Satoko Ohtake, Naoto Mochizuki, and Masatsugu Tsujii, Examining the Relationships between Attention Deficit/Hyperactivity Disorder and Developmental Coordination Disorder Symptoms, and Writing Performance in Japanese Second Grade Students [J]. Research in Developmental Disabilities, 2013(34):2909-16.

[190]X. G. Liu, C. B. Carroll, S. Y. Wang, J. Zajicek, and P. G. Bain, Quantifying Drug-Induced Dyskinesias in the Arms Using Digitised Spiral-Drawing Tasks [J]. Journal of Neuroscience Methods, 2005(144):47-52.

[191]Y. Sarbaz, F. Towhidkhah, V. Mosavari, A. Janani, and A. Soltanzadeh, Separating Parkinsonian Patients from Normal Persons Using

Handwriting Features [J]. Journal of Mechanics in Medicine and Biology, 2013(13): 457-460.

[192]Yafit Gilboa, Naomi Josman, Aviva Fattal-Valevski, Hagit Toledano-Alhadef, and Sara Rosenblum, Underlying Mechanisms of Writing Difficulties among Children with Neurofibromatosis Type 1 [J]. Research in Developmental Disabilities, 2014(35):1310-1316.

[193]Z. Wu, F. Shen, Y. Yu, and Ieee, The Design of Digital Handwriting Forces Vector Ink and Its Application in Online Signature Verification [C]. 2006 IEEE/Rsj International Conference on Intelligent Robots and Systems, Vols 1-2(New York: Ieee, 2006): pp. 4239-244.